김용재
패턴 회계학

회계편

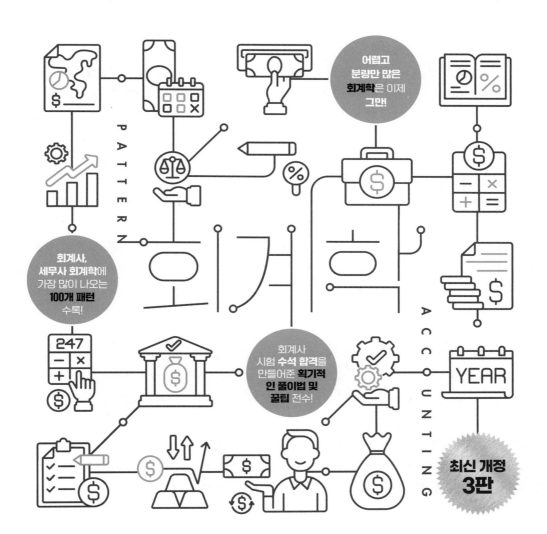

어렵고 분량만 많은 **회계학**은 이제 그만!

회계사, 세무사 회계학에 가장 많이 나오는 **100개 패턴** 수록!

회계사 시험 **수석 합격**을 만들어준 **획기적인 풀이법** 및 **꿀팁** 전수!

최신 개정 **3판**

김 용 재 편저

머리말 PREFACE

● 들어가며. 패턴 회계학 교재 소개 ●

안녕하세요 수험생 여러분, 김용재라고 합니다. 2018년 공인회계사 시험 수석 합격 후, 회계사 기출문제 풀이 영상을 유튜브에 올리다가, 이렇게 책으로 만나 뵙게 되었습니다. 교재의 설명 가운데 'CPA 김수석', 혹은 '김수석'이라는 표현이 등장할텐데, 제 닉네임이라고 생각해주시면 되겠습니다. CPA 수석 합격을 해서 이렇게 이름 붙였습니다.

저는 수험생 때 선생님들의 풀이법을 배우면서 '더 나은 방법은 없을까?' 항상 고민했습니다. 그렇게 하나씩 하나씩 기존 풀이법들을 수정하고, 더 나아가 제가 직접 풀이법들을 고안하기 시작했습니다. 풀이법들이 쌓이다 보니 전 범위에 걸쳐서 저만의 풀이법이 생겼습니다. 이것을 저는 수험생 때 노트로 만들었고, 책으로 만든 것이 이 패턴 회계학입니다.

1. 회계사 시험에 자주 출제되었던 100개 패턴에 대한 풀이법 및 기출문제 풀이

'회계사 시험은 기출이 반이다.'라고 해도 무방할 만큼 출제되었던 주제들이 반복해서 출제되는 경향이 강합니다. 저는 지난 10년간의 회계사 기출에 대한 분석을 통해 기출문제의 '패턴'을 파악했습니다. 저는 회계사 기출에 가장 많이 출제되었던 100개 패턴(고급 30개+중급 70개)을 뽑았고, 이에 대한 풀이법을 설명드린 뒤, 풀이법이 실제로 기출문제에 어떻게 적용되는지 보여드릴 것입니다. 각 패턴별로는 1~3문제씩 (대부분 2문제) 풀 겁니다.

2. 회계사, 세무사 1차 기출문제 수록

패턴 회계학은 회계사 및 세무사 1차 시험에서 출제되었던 객관식 문제들을 담고 있습니다. 그러나 회계학은 1차 시험과 2차 시험의 차이가 다른 과목에 비해 적기 때문에 본 교재의 풀이법을 2차 시험에서도 동일하게 적용하실 수 있습니다. 따라서 객관식 문제를 담고 있지만, 2차생분들께도 많은 도움이 될 것이라고 생각합니다.

특히, 제 교재에 있는 풀이법이 2차 서술형 시험을 염두에 두고 만든 것들입니다. 수험생 여러분께서는 제 교재에 있는 풀이법을 양식까지 외우셔서 답안지에 그대로 쓰시면 됩니다. 2차생분들께서는 '말문제' 내용을 다루고 있는 패턴들을 제외하고 나머지 패턴만 보시면 됩니다.

3. 문제풀이에 꼭 필요한 내용만 수록

제가 수험생 때 선생님께 자주 들었던 말이 있습니다.

'수험공부는 밑 빠진 독에 물 붓기이다.'

여러분들은 '밑 빠진 독'입니다. 여러분들은 계속해서 까먹을 것입니다. 괜찮습니다. 까먹는 건 당연합니다. 회계사 수석합격한 저도 1회독 하고 나서 다시 책을 펴니까 1도 기억이 안 났거든요.

그럼 밑 빠진 독에 물을 채우려면 어떻게 해야 될까요? 물을 빨리 부어야 합니다. 공부 속도를 빠르게 해야 된다는 거죠. 이 공부 속도를 빠르게 하기 위해서는 전 범위를 보는데 걸리는 시간을 줄이는 게 관건입니다. 어느 과목이든 이 '1회독에 걸리는 시간'을 줄이는 것이 당락을 결정합니다.

하지만 시중 회계학 교재는 분량이 너무 방대합니다. 기본서만 해도 1,000페이지가 넘죠. 이런 '벽돌'과도 같은 교재로는 2번 이상 보는 것이 사실상 불가능합니다. 별의별 내용이 다 실려 있기 때문에 아는 건 많아지겠지만, 그만큼 합격이 늦어질 수밖에 없습니다.

저는 철저한 기출 분석을 통해서 기존 회계학 교재가 담고 있던 불필요한 내용을 다 제거하고 '정말로 문제를 푸는데 필요한' 내용만 담았습니다. 기준서 원문, 그리고 그에 대한 부연 설명은 없습니다. 실제로 답안을 어떻게 써야 하는지, 패턴별 '풀이법'에 집중했습니다. 그 결과 시중에 있는 기본서의 절반 이하의 분량으로 출간될 것으로 예상합니다. 이렇게 분량이 적어야만 1회독을 빠르게 할 수 있고, 물이 빠지는 속도보다 빠르게 독을 채울 수 있습니다.

4. 수석 합격자가 직접 개발한 획기적인 풀이법 수록

저 김수석이 직접 개발한 효율적 풀이법을 여러분께 전수할 것입니다. 교재를 보시면 아시겠지만, 기존 풀이법을 그대로 사용하는 주제가 몇 없을 정도로 제가 만든 풀이법과 암기법이 대부분입니다. 제 풀이법의 위력이 이미 회계사 시험 수석 합격으로 증명되었죠. 긴장되는 상황 속에서 시간의 압박을 받으면서도 많은 문제를 빠르고 정확하게 풀 수 있었던 것은 바로 제가 만든 풀이법 덕분이었습니다. 제가 기존의 풀이법으로 공부했다면 수석 합격은 불가능했을 겁니다. 여러분들도 제 풀이법으로 푸신다면 단기간 안에 회계학 고득점, 충분히 달성할 수 있습니다.

이 책의 구성과 특징

[1] 회계사 1차 시험 합격을 위한 과목별 목표 점수 및 1차 회계학 전략

회계사 1차 시험이 550점 만점에 합격 점수가 보통 370~380점대에서 형성이 됩니다. 그런데 커트라인과 비슷한 점수를 받게 되면 1차 시험이 끝났을 때 합격을 보장할 수 없기 때문에 과감하게 2차 시험을 준비하기가 어렵습니다. 따라서 마음 편히 2차 시험을 준비하기 위해서는 500점 만점에 370점을 넘기는 것을 목표로 준비해야 합니다. 제 생각에 370점은 과목별로 다음과 같이 구성하는 것이 현실적이라고 생각합니다. 각 과목별로 아래 점수를 목표로 준비하시기 바랍니다. (제 성적 궁금해하시는 분이 많으셔서 같이 기재합니다. 그냥 재미로 보시길.)

	현실적 목표	만점	김수석 1차 성적	만점
경영학	65	80	72.5	100
경제학	55	80	92.5	100
상법	80	100	90	100
세법	70	100	90	100
회계학	99	150	129	150
합계	369	510	474 (커트라인 374.5)	550

〈회계사 1차 회계학 파트별 출제 문제 수 (괄호 안은 점수)〉

	재무회계		원가관리회계	정부회계	합계
	중급	고급			
문제	25 (75)	10 (30)	10 (30)	5 (15)	50 (150)
목표	17 (51)	7 (21)	6 (18)	3 (9)	33 (99)

1. 원가관리회계

회계학에서 원가관리회계는 41~50번까지 10문제가 출제됩니다. 원가관리회계 수험 전략은 크게 두 가지가 있습니다.

첫 번째, 찍기입니다. 맨 마지막에 배치되어 있어서 재무회계 문제를 풀면 시간이 부족해서 대부분의 수험생이 원가관리회계 문제를 못 풉니다. 만약 본인이 재무회계 실력이 부족하다고 생각하면 원가관리회계를 과감하게 버리고 찍는 것도 하나의 전략입니다. 이때, 시험 당일 자신의 운을 과신하고 로또 번호 찍듯이 답 고르지 마시고, 10문제 모두 1번으로 찍으세요. 출제진이 1번부터 5번까지 다 2문제씩 나누기 때문에 한 번호로 찍으면 2문제는 건지는데 이 번호 저 번호 찍으면 한 문제도 못 맞힐 수도 있습니다.

두 번째, 풀기입니다. 본인이 재무회계 실력이 어느 정도 된다면 원가관리회계 문제도 푸는 것이 좋겠죠. 2025년부터 회계학 1차 시험 시간이 80분에서 90분으로 증가됨에 따라 원가관리회계 문제까지 푸는 수험생이 많아질 것으로 예상합니다. 기본강의를 수강한 뒤, 패턴 회계학 원가관리회계편으로 복습하면 최소 6문제는 맞힐 수 있습니다. 분량이 적기 때문에 시간이 없더라도 충분히 소화할 수 있을 겁니다.

2. 정부회계

5문제 중 4문제를 목표로 하되, 최소 3문제는 맞혀야 합니다. 정부회계는 많은 수험생이 어려워하는 과목인데, 이 또한 패턴 회계학 정부회계편을 이용하면 3문제는 충분히 맞힐 수 있을 겁니다.

3. 재무회계

원가관리회계와 정부회계의 9문제를 제외한 24문제를 재무회계에서 맞혀야 회계학 99점이 가능합니다. 재무회계에서 24문제를 맞히기 위한 전략은 '2. 패턴 회계학 공부방법'대로만 하시면 됩니다.

[2] 패턴 회계학 공부방법

1. 수업을 듣는다.

일단 수업부터 들어주세요. 기존 강사분들과 다른 풀이법으로 문제를 풀기 때문에 수업을 듣는 것이 효율적입니다.

2. 복습을 한다.

(1) 기출문제 해설 베끼기

강의를 듣고 나서 문제를 봤을 때 스스로 문제를 어떻게 풀지 알겠다면 스스로 풀어 보세요. 하지만 스스로 잘 안 풀린다면 그냥 해설을 베끼세요. 전체 풀이과정이 눈에 보일 때까지 5번이고 10번이고 같은 문제의 해설을 베끼세요. 잘못된 방법으로 문제를 풀면서 헤매는 것보다 해설을 베끼는 것이 풀이법 습득에 훨씬 더 도움이 됩니다.

(2) 기출문제 스스로 풀기

해설 베끼기를 통해 이제는 해설을 안 보고도 기출문제를 풀 수 있다면 답을 보지 말고 스스로 기출문제를 풀어보세요. 맞혔다면 다음 패턴으로 넘어가시고, 틀렸다면 해설을 보고 틀린 부분을 파악한 뒤, 처음부터 다시 풀어보세요. 해설을 보면 알 것 같은데 막상 다시 풀어보면 못 푸는 경우가 많습니다. 스스로의 힘으로 문제를 성공적으로 풀고 나서 다음 패턴으로 넘어가세요.

3. '풀이법을 보지 않고도 풀이법이 생각날 때까지' 회독 수 늘리기

이런 방식으로 모든 패턴을 다 보시면 1회독이 끝난 겁니다. 이제는 반복이 중요합니다. 패턴별 풀이법을 간단하게 본 뒤, 기출문제를 다시 풀어보세요. 답이 기억나도 전혀 상관없습니다. 정확한 방법으로 그 답에 도달하는 것이 중요하지, 답이 몇 번인지는 전혀 중요하지 않습니다. 문제를 어떻게 풀어야 하는지가 기억이 나서 올바른 정답을 골라낼 수 있다면 성공입니다.

이 책의 구성과 특징

이렇게 회독수를 늘리다 보면 머리에 남는 부분이 점차 늘어날 겁니다. 더 이상 풀이법을 보지 않고도 문제의 풀이법이 생각날 때까지 회독수를 늘리세요. 빈 종이에 해당 패턴의 답안 양식을 그릴 수 있는 상태가 되어야 합니다. 여기까지가 제가 이 책으로 원하는 목표입니다.

저는 다른 교재를 보지 않고, 이 교재에 있는 패턴만 잘 소화하더라도 재무회계에서 목표하는 27문제를 충분히 맞힐 수 있을 것이라고 생각합니다. 2013년부터 지금까지 출제된 기출문제 중 제가 선정한 패턴에서 나온 문제들을 표시했을 때 연평균 29문제가 됩니다. 만약 문제를 보자마자 풀이법을 떠올릴 수 있는 상태가 되지 않았다면 다른 교재를 보기보다는 패턴 회계학을 반복해서 보시기 바랍니다.

4. 객관식 재무회계 교재 풀기

3번까지 성공하셨다면 그때 객관식 재무회계 문제집을 푸세요. 패턴을 모르는 상태로 문제를 푸는 것은 엄청난 시간 낭비입니다. 객관식 재무회계가 스스로의 힘으로 잘 풀리지 않는다면 과감히 접으시고 다시 패턴 회계학으로 돌아오세요.

고득점을 받기 위해서 반드시 많은 문제를 풀 필요는 없습니다. 풀이법을 정확히 숙지한 상태에서 객관식 교재를 제대로 1번만 풀면 됩니다. 저는 수험생 때 객관식 재무회계를 딱 1번만 풀었습니다. 대신 풀이법을 잘 알고 있었기 때문에 틀리는 문제가 거의 없었죠. 문제를 많이 푼다고 해서 절대 실력이 늘지 않습니다. 실력이 느는 건 풀이법을 숙지할 때입니다.

[3] 네이버카페 안내

교재를 강의 없이 혼자 보더라도 이해가 되게끔 최대한 친절히 설명을 달았습니다. 혹시라도 이해가 되지 않는 분들께서는 아래 QR코드를 찍고 네이버카페로 들어오셔서 질문해주시면 되겠습니다. 네이버에 '김용재 회계학'을 검색하셔도 들어올 수 있습니다. '회계사, 세무사, 공기업 수험생 질문' 메뉴의 '중급회계' 혹은 '고급회계' 탭에 질문글 올려주시면 됩니다. 교재를 찍어서 사진을 올리면서 질문해주시면 제가 밖에서도 답변해드릴 수 있기 때문에 더 빠르게 답변 가능합니다.

[4] 수험생 여러분께 당부사항

1. 패턴 회계학은 입문서가 아닙니다.

패턴 회계학은 회계학을 처음 배우는 분께서 보시기에는 적합하지 않은 교재입니다. 최소한 회계원리 내용을 숙지해야 패턴 회계학의 내용을 쉽게 이해할 수 있을 것입니다. 기본적으로 숙지해야 하는 회계원리 내용은 다음과 같습니다.

회계원리 주요 내용: 재무제표 작성 과정, 발생주의 회계처리, 감가상각, 유효이자율 상각

전공생이더라도 위 내용을 잘 모른다면 회계원리 강의부터 수강하길 바랍니다. 다른 교수님의 회계원리 강의를 수강하셔도 괜찮습니다.

2. 여러분은 '회계학'을 배우는 것이 아닙니다.

여러분은 회계학이 아닌 '시험 문제 풀이 방법'을 배우는 수험생입니다. 수단과 방법을 가리지 말고 어떻게든 한 문제라도 더 맞히면 됩니다. 따라서 본 교재는 오로지 '시험 문제 풀이'에 초점을 맞추고 있습니다. 이론적 배경은 중요하지 않습니다. 그렇다 보니 결론만 있고, 설명이 없어서 이해가 가지 않는 부분도 있을 것입니다. 설명이 없는 것은 문제 풀이에 도움이 되지 않기 때문에 달아놓지 않은 것입니다. '왜' 그렇게 푸는지는 중요하지 않습니다. 여러분은 '어떻게' 푸는 것인지에만 집중하세요.

3. 이 시험은 구석에서 나오는 어렵고 지엽적인 문제를 맞혀서 붙는 시험이 아닙니다.

회계사 수험생분들께서 저에 대해 갖고 계신 오해가 있습니다.

'김수석은 수석했으니까 모든 내용을 다 알았겠지?'

단호하게 말씀드립니다. 아니요. 전 모든 내용을 다 아는 상태로 시험장에 가지 않았습니다. 오히려 저는 교재에 있는 내용 중에서 시험에 자주 나오지 않는 내용을 상당히 많이 쳐냈습니다. 이 시험은 늘 나오는 빈출 주제에서 출제된 문제를 실수 없이 맞혀서 붙는 시험입니다.

공부를 하다 보면 제 교재에서는 다루지 않지만, 다른 책에서는 다루는 주제들을 발견하실 겁니다. 절대로 불안해하지 마세요. 제 교재에서 다루지 않는 주제들은 시험에 자주 나오지 않기 때문에 뺀 것입니다. 다른 교재에 있는 모든 주제들을 공부하게 되면 오히려 빈출 주제를 몰라서 틀릴 위험이 큽니다. 시험 합격 전까지는 시험에 자주 나오는 주제들을 위주로 공부하시고, 나머지 주제들은 시험 합격 이후에

이 책의 구성과 특징

배우셔도 전혀 늦지 않습니다. 불안해하지 마시고, 저만 따라오시면 합격의 달콤함을 분명 맛보시게 될 겁니다.

　합격의 그날까지 여러분과 함께 하겠습니다. 제가 여러분을 합격으로 안내하는 가이드가 될 겁니다. 자 그럼, 합격으로 향하는 첫 걸음, 김용재의 패턴 회계학 지금부터 시작합니다!

수험생 여러분의 합격을 진심으로 기원하며
CPA 김수석, 김용재 회계사 올림

튜토리얼

[1] 김수석이 자주 사용하는 표현 설명

1. OCI vs PL

(1) OCI (Other Comprehensive Income): 기타포괄손익

수익과 비용 중 K-IFRS에서 나열하고 있는 몇 가지 항목을 의미한다. 유, 무형자산의 재평가잉여금, 기타포괄손익-공정가치 측정 금융자산의 평가손익, 해외사업장환산차이, 재측정요소, 위험회피적립금 등이 있다.

(2) PL (Profit and Loss): 당기손익

회계상 수익, 비용은 PL(당기손익)과 OCI(기타포괄손익) 둘로 나뉜다. OCI에 해당하지 않는 수익과 비용은 전부 PL에 해당한다. 개별 주제에서 각 수익, 비용이 OCI에 해당하는지 PL에 해당하는지 설명할 것이니 반드시 기억해두자.

2. NI vs CI

당기순이익(NI) (= ΣPL)
+
기타포괄이익(OCI)
총포괄이익(CI)

(1) NI (Net Income): 당기순이익

PL에 해당하는 수익 전체에서 PL에 해당하는 비용 전체를 차감한 이익을 의미한다.

(2) CI (Comprehensive Income): (총)포괄이익

CI는 'NI+OCI'를 의미한다. 당기순이익은 OCI에 해당하지 않는 수익과 비용만을 이용해서 계산한 이익이다. 여기에 '기타'포괄이익을 더한 이익을 '총'포괄이익이라고 부른다. 총을 떼고 포괄이익이라고도 부른다.

튜토리얼

3. BV vs FV

(1) BV (Book Value): 장부금액

BV는 자산, 부채가 장부(재무상태표)에 기록되어 있는 금액을 의미한다. 계정별 BV는 다음과 같이 계산된다.

> 유형자산의 BV = 취득원가 – 감가상각누계액 – 손상차손누계액
> 사채의 BV = 액면금액 – 사채할인발행차금 + 사채할증발행차금
> 매출채권의 BV = 매출채권(총액) – 대손충당금

(2) FV (Fair Value): 공정가치

공정가치는 측정일에 시장참여자 사이의 정상거래에서 자산을 매도할 때 받거나 부채를 이전할 때 지급하게 될 가격이다. 쉽게 생각해서, 장부금액은 취득원가로부터 도출되는 과거 정보인 반면, 공정가치는 측정일 현재 시장에서 형성된 '시가' 정도로 이해하면 된다.

4. CF (Cash Flow): 현금흐름

사채나 채권 등의 현금흐름을 CF로 줄여서 표시할 것이다. 또한, 현금흐름표에서 영업활동현금흐름을 '영업CF', 재무활동현금흐름을 '재무CF' 등으로 표시할 것이다.

5. PV vs AC

(1) PV (Present Value): 현재가치

현재가치는 미래현금흐름을 이자율로 할인한 금액을 의미한다.

(2) AC (Amortised Cost): 상각후원가

상각후원가는 유효이자율 상각 혹은 감가상각 후 원가를 의미한다. 유효이자율 상각을 하는 채권이나 채무는 각 연도별 현재가치가 상각후원가가 된다. 상각후원가는 현재가치와 비슷한 의미라고 생각하면 된다.

6. R (Rate): 이자율

(1) 시장이자율

기업이 사채를 발행하여 자금을 조달할 때 시장에서 부담하는 이자율. 기업의 신용도에 따라 결정된다.

(2) 유효이자율

채권이나 사채를 유효이자율 상각할 때 사용하는 이자율. 일반적으로는 사채의 발행일의 시장이자율이 유효이자율이 된다. 사채발행비나 채권 취득 시 부대비용이 존재하면 '새로운 유효이자율'을 구해서 유효이자율 상각을 해야 한다.

(3) 현행이자율

현재의 시장이자율. 채권의 잔여 현금흐름을 현행이자율로 할인하면 공정가치를 구할 수 있다.

(4) 역사적이자율

유효이자율 상각 시 맨 처음에 적용했던 유효이자율을 의미한다. AC금융부채나 AC금융자산은 유효이자율을 바꾸지 않고, 계속해서 역사적이자율로 상각한다.

7. B/S vs I/S

(1) B/S (Balance Sheet) 재무상태표
(2) I/S (Income Statement) 포괄손익계산서

8. 발행금액 vs 액면금액

발행금액은 주식이나 채권을 발행할 때 수취하는 금액을 의미한다. 반면, 액면금액은 주식이나 채권을 발행할 때 주식 혹은 채권에 기록되어 있는 금액을 의미한다.

주식의 액면금액에 발행 주식 수를 곱하면 자본금을 구할 수 있다. 채권의 액면금액과 발행금액과의 차이는 할인(or 할증)발행차금으로 계상된다.

튜토리얼

패턴 0. 김수석의 문제 풀이 꿀팁

본격적으로 재무회계 패턴에 들어가기에 앞서 문제풀이에 필요한 기본기에 대해서 설명할 것이다.

[1] 문제 풀이의 기본 MIND

1. 문제를 보자마자 계산기부터 들지 말자.

-문제를 풀 때 가장 먼저 할 일은 마지막 줄에 있는 요구사항을 먼저 읽는 것이다.

CPA 수험생들을 가르칠 때, 많은 수험생들이 문제를 보자마자 하는 잘못된 행동이 있었다. 요구사항을 파악하기도 전에 계산기부터 드는 것이다. 김수석도 과거 수험생 때 그랬고, 수많은 문제를 틀렸다. 수험생들이 문제를 보자마자 달려들 때면 꼭 해주고 싶은 말이 있다.

'뭘 구할건데?'

당연히 대답하지 못할 것이다. 문제를 안 읽었기 때문이다. 뭘 구할지 모르면 풀이 속도가 느려진다. 문제를 안 읽으면 일단 출발은 한다. 근데 방향 없이 출발한다. 여기저기 내가 가고 싶은 데로 가다가 그제서야 요구사항을 읽고 답을 구한다. 정확한 풀이법으로 풀어도 시간이 빠듯한데, 시간 낭비를 하면 제한된 시간 안에 모든 문제를 절대로 풀 수 없다.

2. 제시된 자료는 수동적으로 '읽는 것'이 아니라 능동적으로 '찾는 것'이다.

회계학 시험이 어려운 이유는 회계 이론이 어려운 것도 있지만, 지문이 상당히 긴 것도 한 몫한다. 글로 서술된 부분도 상당히 긴데, 재무제표와 같은 표까지 등장해서 지면이 꽉 차기 일쑤이다. 이렇게 긴 문제를 접했을 때 넋 놓고 그냥 문제를 처음부터 끝까지 읽으면, 다 읽고 나면 '무슨 내용이었지?' 하면서 문제를 다시 읽어야 한다.

이는 자료를 단순히 '읽었기' 때문이다. 회계학 문제는 자료가 정말 방대해서 한 번에 문제에 제시된 자료를 전부 기억할 수 없다. 따라서 앞서 말했듯이 1)문제의 요구사항을 먼저 파악한 뒤, 2)요구사항을 구하기 위해 필요한 자료를 하나씩 '찾아야' 한다.

위 내용을 종합하면 문제 풀이 순서는 다음과 같다. 회계학뿐 아니라 계산문제가 등장하는 모든 과목에 적용되는 대원칙이다.

① 문제의 마지막 부분을 먼저 봐서 요구사항을 파악한다.
② 각 패턴에 해당하는 표나 그림을 그린다.
③ (문제를 '읽지' 말고) 필요한 숫자들을 '찾아서' 표에 채워 넣는다.
④ 마지막으로, 숫자들을 계산하여 답을 구한다.
계산은 식을 다 세워놓고 가장 마지막에 하는 과정이다. 계산부터 하는 사람은 하수이다.

위 과정을 진행하는 과정에서 막힌다면 과감히 멈추고 다음 문제로 넘어가야 한다. 실전에서 문제를 풀다가 막혔을 때는 1도 고민하지 말고 바로 다음 문제로 넘어가길. 뒤에도 풀 문제는 많다. 각 단계별로 막히는 상황은 다음과 같다.

① 요구사항을 읽어도 무슨 뜻인지 모르겠는 경우
② 패턴에 해당하는 풀이법이 생각나지 않는 경우
③ 표에 채워 넣어야 할 숫자가 문제에서 보이지 않는 경우
④ 계산이 어렵거나, 계산을 했는데 보기에 답이 없는 경우

특히, ④번 내가 잘 알고 있는 주제이고, 풀 수 있더라도 계산이 오래 걸리는 문제의 경우에는 별(☆) 표시 해두고 시간이 남으면 마지막에 풀자. 복잡한 문제 1문제를 맞히는 것보다, 쉬운 문제 2문제를 푸는 것이 더 이득이다.

[2] 말문제 풀이 팁
말문제는 '다음 중 옳은/옳지 않은 것을 고르시오.'의 형태를 가진 문제를 말한다.

1. 옳지 않은 것을 고르는 문제에서는 '않은'에 X표 치기

회계학 시험에서는 대부분이 계산문제로 나오긴 하지만, 말문제도 매년 꾸준히 나오는 편이다. 그리고 말문제의 출제 유형은 딱 두 가지이다. 옳은 것 고르기, 옳지 않은 것 고르기. 둘 중에서는 옳은 것을 고르는 문제보다는 옳지 않은 것을 고르는 문제가 훨씬 많이 출제된다. 5지 선다형인 회계사 시험에서 옳은 것을 고르는 문제에서는 4개의 틀린 선지를 만들어야 하지만, 옳지 않은 것을 고르는 문제에서는 틀린 선지를 1개만 만들면 되기 때문이다.

튜토리얼

출제자의 입장에서 틀린 선지를 만드는 것이 여간 어려운 일이 아니다. 틀린 선지라 하더라도 변별력을 갖기 위해선 그럴듯하게 보여야 하며, 잘못 만들면 출제 오류가 될 수도 있다. 따라서 대부분의 말문제는 옳지 않은 것을 고르는 문제로 출제된다. 옳지 않은 것을 고르는 문제에서는 '않은'에 크게 X표를 쳐주자. 잘못해서 옳은 것을 고르는 문제로 착각했다면 ①번에 옳은 선지가 나왔을 때 맞다고 체크하고 넘어갈 수도 있다. X표를 쳐주는 것만으로도 실수를 줄일 수 있을 것이다.

2. 계산형 말문제는 넘기고 마지막에 풀기

말문제는 대부분 선지만 보고 판단할 수 있게 출제되지만, 계산문제로 나오는 경우가 있다. 계산형 말문제는 풀지 말고 넘기고 시간이 남으면 마지막에 돌아와서 풀자.

예제1. 다음 중 옳지 않은 것은?
① 무상증자 시 자본은 불변이다.
② 주식배당 시 자본은 증가한다.
③ 현금배당 시 자본은 감소한다.
④ 주식분할 시 자본은 불변이다.

예제2. 다음 중 옳은 것은?
① 20X1년에 당기순이익이 ₩20,000 증가한다.
② 20X2년에 당기순이익이 ₩10,000 감소한다.
③ 20X2년 말 현재 재평가잉여금 잔액은 ₩10,000이다.
④ 20X2년 말 재무상태표에 보고되는 토지 금액은 ₩100,000이다.

위의 두 문제 가운데 어느 문제가 더 시간이 오래 걸릴까? 문제 1과 같은 말문제는 선지만 보고 맞는지 판단하면 되지만, 문제 2와 같은 계산문제는 최소한 3개는 계산해야 답을 구할 수 있다. '~은 얼마인가?'와 같은 일반 계산문제에 비해 3배는 시간이 더 걸릴 수도 있다. 이런 계산형 말문제는 나중에 풀자. 안 풀 문제를 골라내는 것도 실력이다.

[3] 계산기 사용법–CPA 김수석 유튜브 채널 참조

회계사, 세무사 시험은 계산기를 들고 갈 수 있는 시험이다. 따라서 계산기를 잘 쓰지 못하면 제한된 시간 안에 많은 문제를 풀어내기 어렵다. 김수석이 회계사 교재를 쓰기 전에 유튜브를 했었는데, 유튜브 채널에 계산기 사용법과 관련된 영상들이 있으니 다음 영상은 꼭 보길 바란다. 재무회계 전반에 걸쳐 자주 등장하는 현재가치를 쉽게 하기 위해서는 위 내용을 잘 숙지하고 있어야 한다. 바쁘더라도 다음 영상은 꼭 보시길. 유튜브 채널명은 '김용재 회계학'이니 구독하고, 이외에도 다양한 강의 및 꿀팁 영상이 있으니 참고하기 바란다.

(1) 아직도 카시오 계산기 K를 쓸 줄 모른다고?
(2) 펜, 현가계수 없이 계산기만 써서 현재가치를 구한다고?
(3) 유효이자율 상각표를 30초 안에 그린다고?

위 영상에서는 대부분의 수험생이 사용하는 카시오 JS-40B 계산기의 사용법을 설명한다. 카시오 계산기가 다른 계산기에 비싸긴 한데(3, 4만원 정도) 소음이 적다. 김수석도 가격 때문에 싼 계산기를 사용하다가 도서관에서 쪽지 몇 번 받고 나서 계산기를 바꿨다. 본 교재에 카시오 계산기를 기준으로 어떻게 계산기를 누르면 답이 나오는지 설명한 부분도 있기 때문에 패턴 회계학을 공부하는 수험생은 꼭 카시오 계산기를 사용하길 바란다.

목차 contents

목차 contents

|심화 패턴|

본 교재는 회계사 1차 시험을 정조준하고 있지만, 2차 시험에도 도움이 되는 부분을 많이 싣고 있습니다. 1차 시험에는 거의 출제되지 않고, 2차 시험 위주로 출제되는 패턴에는 심화 표시를 하였습니다. 2차생이나, 여유가 있는 1차생분들께서는 심화 패턴도 공부하시고, 당장 1차 시험을 합격해야 하는 분들께서는 심화 패턴을 넘어가시고, 2차 때 보시기를 권합니다.

김 용 재 패 턴
회 계 학
중 급 회 계 편

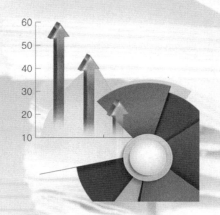

이 장의 출제 뽀인트!

재고자산이란, 정상적인 영업과정에서 판매를 위하여 보유하거나 생산 중인 자산을 말한다. 원재료, 재공품, 제품 및 상품 등이 재고자산에 해당한다. 재고자산은 회계사 시험에 평균 1.5문제 정도 출제되는 중요한 주제이며, 출제되는 주제도 굉장히 다양하다. 1장에서 다루는 패턴 중 기말 재고자산에 포함될 항목과 저가법은 출제 빈도가 매우 높으므로 반드시 숙지하자.

재고자산

기말 재고자산에 포함될 항목

회사의 실제 재고가 창고에 있는 실사 재고와 정확히 일치하지 않을 수 있다. 이와 관련하여 창고 실사 자료와 함께 추가 자료를 제시하고, 기말 현재 정확한 재고자산원가를 구하는 방식의 문제가 빈번히 출제되었다. 기말 재고자산원가를 구한 뒤 기초재고와 매입액을 조정하여 매출원가를 구하는 형식의 문제가 출제되기도 하였다.

1 미착품

미착품이란 기말 현재 운송중인 상품을 말한다. 미착품은 인도조건에 따라 미착품의 소유권이 결정된다.

(1) 선적지 인도조건: 선적하는 순간 소유권이 이전되므로 구매자의 재고자산
(2) 도착지 인도조건: 재고가 도착해야 소유권이 이전되므로 판매자의 재고자산

 미착품 처리 방법

	구매자	판매자
선적지 인도	O	X
도착지 인도	X	O

미착품은 인도조건만 봐서는 회사의 재고자산인지 아닌지 파악할 수 없다. 회사가 구매자인지, 판매자인지 확인한 뒤, 인도조건을 따져보아야 한다. 가령, 도착지 인도 조건으로 판매한 조건은 판매자의 창고에 없지만, 아직 소유권이 이전되지 않았으므로 판매자의 재고로 본다.

2 적송품 (위탁판매)

위탁자(CPA김수석)가 상품(교재) 판매를 수탁자(서점)에게 위탁한 경우, 수탁자가 보유하고 있는 상품을 적송품이라고 부른다. 위탁자는 수탁자가 판매할 때 수익을 인식하며, 그 전까지 수탁자가 보유하고 있는 상품은 위탁자의 재고자산에 가산해야 한다. 반대로 수탁자(서점)의 입장에서는 재고가 수탁자의 창고에 있더라도, 이는 위탁자의 재고이므로 실사 수량에서 차감해야 한다.

3 시송품

시송품이란 먼저 상품을 사용해보고 나중에 구매를 결정하도록 고객에게 보낸 상품을 말한다. 시송품은 고객이 구매 의사를 밝혔을 때 수익을 인식하며, 그 전까지 고객이 보유하고 있는 상품은 판매자의 재고자산에 포함된다.

(1) 예상구매비율 추정 여부에 따른 매출과 매출원가 인식(예외)

고객의 예상구매비율	매출액	매출원가
합리적 추정 가능 (예외)	총 매출액 × 예상구매비율	시송품 원가 × 예상구매비율
합리적 추정 불가 (원칙)	0	0 (전부 기말 재고자산)

시송품은 고객의 구매비율을 합리적으로 추정할 수 있다면 해당 비율만큼 매출과 매출원가를 인식한 후, 실제 금액이 확정되면 그 차이만을 조정한다. 반면, 구매비율을 합리적으로 추정할 수 없는 경우에는 원칙대로 매출과 매출원가를 인식하지 않고, 전부 판매자의 재고자산에 포함시킨 뒤, 고객이 구매의사를 밝힐 때 매출과 매출원가를 인식한다.

4 저당상품

저당상품이란 회사가 자금을 차입하면서 대여자에게 담보로 제공한 재고를 의미한다. '담보제공재고'라고도 한다. 저당상품은 차입금 상환 전까지 대여자가 보관하지만 소유권이 이전된 것이 아니므로 차입자의 재고자산에 포함된다. 차입자가 차입금을 상환하지 못하여 대여자가 담보를 행사했을 때 차입자의 재고자산에서 제거한다.

5 할부판매 vs 선수금 판매: 소유권 이전은 대금 회수 여부와 무관! ★중요!

	먼저	나중에
할부판매	자산 이전	대금 수령
선수금 판매	대금 수령	자산 이전

회계는 발생주의를 기반으로 하므로 대금 회수 여부와 상관없이 자산의 소유권은 자산이 이전될 때 같이 넘어간다.

(1) 할부판매

할부판매상품은 인도가 되는 시점에 구매자에게 소유권이 이전된다. 스마트폰 할부 구입을 생각해보자. 할부 대금을 모두 지급하지 않았다 하더라도 스마트폰의 소유권은 구매자에게 있다. 할부판매는 대금 지급만 여러 차례로 나누어 이루어질 뿐 일반 판매와 동일하다.

(2) 선수금 판매

선수금 판매는 할부판매와 반대로, 대금을 먼저 지급하고 자산을 그 이후에 이전받는 거래를 의미한다. 선수금 판매도 할부판매와 마찬가지로, 인도가 되는 시점에 구매자에게 소유권이 이전된다. 회계는 발생주의를 기반으로 한다는 것을 기억하면 헷갈리지 않을 것이다.

6 재구매조건부판매

판매 후에 재구매하기로 하는 조건이 있다면 경우에 따라 정상적인 판매 혹은 차입으로 본다.

거래 구분 (재고의 소유자)	(1) 재구매 가격	(2) 풋옵션의 상태
판매거래 (구매자)	공정가치 (위험 이전 O)	깊은 외가격 (그대로 니꺼)
차입거래 (판매자)	약정금액 (위험 이전 X)	깊은 내가격 (다시 내꺼)

(1) 재구매 가격에 따른 구분

재구매조건부판매는 '받을 돈'이 변동할 위험을 부담하는 사람이 재고의 소유자가 된다. 자산을 나중에 '공정가치'에 재구매하기로 한 경우 자산의 가격 변동 위험을 구매자가 갖는다. 따라서 이 경우 판매 거래로 보며, 자산의 소유권은 구매자에게 이전되었다고 본다.
반면 나중에 '약정금액'에 재구매하기로 한 경우 구매자는 정해진 가격만 지급하면 되기 때문에 자산의 가격 변동 위험을 판매자가 갖는다. 따라서 이 경우 차입 거래로 보며, 자산의 소유권은 그대로 판매자에게 있다.

(2) 풋옵션의 상태에 따른 구분

풋옵션은 나중에 자산을 '팔 수 있는' 권리이다. 구매자가 풋옵션을 갖는다면 나중에 자산을 되팔 수 있다.

만약 되팔 수 있는 가격이 자산의 매입가격보다 싸다면 풋옵션을 행사했을 때 손해를 보기 때문에 구매자는 풋옵션을 행사하지 않을 것이다. 이처럼 옵션을 행사하지 않는 상태를 '깊은 외가격 상태'라고 부르며, 고객은 자산을 되팔지 않고 그대로 보유하게 된다. 따라서 풋옵션이 깊은 외가격 상태라면 판매로 본다.

만약 되팔 수 있는 가격이 자산의 매입가격보다 비싸다면 풋옵션을 행사했을 때 이득을 보기 때문에 구매자는 풋옵션을 행사할 것이다. 이처럼 옵션을 행사하는 상태를 '깊은 내가격 상태'라고 부르며, 자산은 회사로 돌아온다. 따라서 풋옵션이 깊은 내가격 상태라면 자산을 담보로 차입한 것으로 보고 회사의 자산에 포함시킨다.

(3) 차입으로 보는 경우: 원가를 가산

차입으로 보는 경우 회사의 재고에 포함되는데, 이때 재고의 원가를 기말 실지 재고에 가산해야 한다. 문제에서 재고의 원가와 재매입가격을 동시에 제시할 텐데 재매입가격을 가산하지 않도록 주의하자.

7 인도결제판매

인도결제판매란 자산의 인도 이후에 결제가 이루어지는 판매를 의미한다. 자산의 인도 이후에 결제가 이루어진다는 점에서 할부판매와 유사하다. 하지만 할부판매는 자산의 인도 시점에 자산의 소유권이 이전되는 반면, 인도결제판매는 결제까지 완료되어야 자산의 소유권이 이전된다. '인도결제판매'라는 거래 자체가 결제가 완료되어야 소유권이 넘어가는 형태의 거래이기 때문이다.

김수석의 핵심 콕! 재고자산에 포함될 항목 요약

미착품	선적지 인도조건 시 구매자, 도착지 인도조건 시 판매자의 재고	
적송품 (위탁판매)	수탁자가 판매할 때 수익 인식	창고 밖에 있지만 재고에 포함
시송품	고객이 구매 의사를 밝혔을 때 수익 인식	
저당상품	대여자가 보관해도 차입자의 재고	
할부판매&선수금 판매	자산 인도 시점에 소유권 이전	
재구매조건부 판매	공정가치 재구매 or 풋옵션이 깊은 외가격 상태이면 판매	
인도결제판매	자산 인도 후 결제까지 완료되어야 소유권 이전	

> ※ 주의 **기말 재고자산에 포함된다고 무조건 더하지 말고, 재고자산에 포함되지 않는다고 무조건 빼지 말 것!**
>
> 위 표에 따라 기말 재고자산에 포함된다고 무조건 더하지 말고, 재고자산에 포함되지 않는다고 무조건 빼지 말자. 회사가 현재 해당 재고를 자산에 포함시켰는 지를 보고 판단해야 한다. 기말 재고자산에 포함되는데 회사가 이미 포함 시켰다면 조정할 필요 없이 그냥 두면 된다. 기말 재고자산에 포함되지 않는데 회사가 포함시키지 않은 경우에도 마찬가지이다. 따라서 회사가 해당 재고를 어떻게 처리하였는지 반드시 비교해보고 계산해야 한다.

예제

01 (주)대한이 실지재고조사법으로 재고자산을 실사한 결과 20X1년말 현재 창고에 보관하고 있는 재고자산의 실사금액은 ₩5,000,000으로 집계되었다. 추가자료는 다음과 같다.

> (1) 20X1년 10월 1일 (주)대한은 (주)서울에 원가 ₩500,000의 상품을 인도하고, 판매대금은 10월말부터 매월 말일에 ₩200,000씩 4개월에 걸쳐 할부로 수령하기로 하였다.
> (2) (주)대한은 20X1년 11월 1일에 (주)충청과 위탁판매계약을 맺고 원가 ₩2,000,000의 상품을 적송하였다. (주)충청은 20X1년말까지 이 중 60%만을 판매완료하였다.
> (3) 20X1년말 (주)대한은 (주)경기에 원가 ₩1,200,000의 상품을 ₩1,600,000에 판매 즉시 인도하면서, (주)경기가 (주)대한에게 동 상품을 ₩1,800,000에 재매입하도록 요구할 수 있는 풋옵션을 부여하는 약정을 체결하였다.
> (4) 20X1년 12월 1일에 (주)대한은 제품재고가 없어 생산중인 제품에 대한 주문을 (주)강원으로부터 받아 이를 수락하고 동 제품에 대한 판매대금 ₩1,500,000을 전부 수령하였다. 20X1년말 현재 동 제품은 생산이 완료되었으며 (주)대한은 이를 20X2년 1월 5일에 (주)강원에 인도하였다. 동 제품의 제조원가는 ₩1,000,000이고 실사금액에 포함되어 있다.

추가자료의 내용을 반영하면 (주)대한의 20X1년말 재무상태표에 보고될 재고자산은 얼마인가?

2015. CPA

① ₩4,800,000   ② ₩5,200,000   ③ ₩6,000,000
④ ₩6,200,000   ⑤ ₩7,000,000

01.

	회사	정답	조정
실사 금액			5,000,000
(1) 장기할부판매	재고 X	재고 X	–
(2) 적송품	재고 X	재고 O	800,000
(3) 재구매 조건부 판매	재고 X	재고 O	1,200,000
(4) 선수금 판매	재고 O	재고 O	–
실제 금액			7,000,000

(1) 장기할부판매: 판매대금 수령여부와 관계없이 매출이 발생한 것이므로 재고자산에 포함X

(2) 적송품: 2,000,000 × (1 – 60%) = 800,000

(3) 재구매 조건부 판매: 풋옵션의 행사가가 현재 판매가를 기준으로 깊은 내가격이기 때문에 풋옵션이 행사될 가능성이 높다. 따라서 재고는 다시 돌아올 것이므로 재고자산에 포함한다. 올바른 기말 재고자산을 구하는 것이므로 원가인 1,200,000을 가산한다.

(4) 선수금 판매: 수익 인식 시점은 '재고자산의 통제가 이전될 때'이다. 제품이 X2년에 이전되므로 X1년말까지는 재고자산에 포함되어야 한다. 실사금액에 포함되어 있으므로 조정할 필요는 없다.

 ⑤

02 (주)대한이 재고자산을 실사한 결과 20X1년 12월 31일 현재 창고에 보관중인 상품의 실사금액은 ₩2,000,000인 것으로 확인되었다. 추가자료 내용은 다음과 같다.

> (1) (주)대한이 20X1년 12월 21일 (주)서울로부터 선적지인도조건(F.O.B. shipping point)으로 매입한 원가 ₩250,000의 상품이 20X1년 12월 31일 현재 운송 중에 있다. 이 상품은 20X2년 1월 5일 도착예정이며, 매입 시 발생한 운임은 없다.
> (2) (주)대한은 20X1년 10월 1일에 (주)부산으로부터 원가 ₩150,000의 상품에 대해 판매를 수탁받았으며 이 중 원가 ₩40,000의 상품을 20X1년 11월 15일에 판매하였다. 나머지 상품은 20X1년 12월 31일 현재 (주)대한의 창고에 보관 중이며 기말 상품의 실사액에 포함되었다. 수탁 시 발생한 운임은 없다.
> (3) (주)대한은 20X1년 12월 19일에 (주)대전에게 원가 ₩80,000의 상품을 ₩120,000에 판매 즉시 인도하고 2개월 후 ₩130,000에 재구매하기로 약정을 체결하였다.
> (4) 20X1년 11월 10일에 (주)대한은 (주)강릉과 위탁판매계약을 체결하고 원가 ₩500,000의 상품을 적송하였으며, (주)강릉은 20X1년 12월 31일 현재까지 이 중 80%의 상품을 판매하였다. 적송 시 발생한 운임은 없다.
> (5) (주)대한은 단위당 원가 ₩50,000의 신상품 10개를 20X1년 10월 15일에 (주)광주에게 전달하고 20X2년 2월 15일까지 단위당 ₩80,000에 매입할 의사를 통보해 줄 것을 요청하였다. 20X1년 12월 31일 현재 (주)대한은 (주)광주로부터 6개의 상품을 매입하겠다는 의사를 전달받았다.

위의 추가자료 내용을 반영한 이후 (주)대한의 20X1년 12월 31일 재무상태표에 표시될 기말상품재고액은 얼마인가? 단, 재고자산감모손실 및 재고자산평가손실은 없다고 가정한다.

2019. CPA

① ₩2,330,000   ② ₩2,430,000   ③ ₩2,520,000
④ ₩2,530,000   ⑤ ₩2,740,000

02.

	회사	정답	조정
실사 금액			2,000,000
(1) 선적지인도조건 매입	재고 X	재고 O	250,000
(2) 수탁재고	재고 O	재고 X	(110,000)
(3) 재구매 조건부 판매	재고 X	재고 O	80,000
(4) 적송품	재고 X	재고 O	100,000
(5) 시송품	재고 X	재고 O	200,000
실제 금액			2,520,000

(1) 선적지인도조건 매입: 기말 현재 재고가 운송 중이므로 회사의 재고에 포함되어야 하나, 실사금액에 포함되어 있지 않으므로 가산해야 한다.

(2) 수탁재고: (주)대한이 아닌 (주)부산의 재고이므로 재고자산에 포함되면 안 된다.
150,000 − 40,000 = 110,000

(3) 재구매 조건부 판매: 약정금액 재구매 약정을 체결하였으므로 재고자산에 포함한다.

(4) 적송품: 500,000 × (1 − 80%) = 100,000

(5) 시송품: 10개를 고객에게 전달하여 이 중 6개만 매입 의사를 표시하였으므로, 4개는 재고자산에 가산해야 한다. 50,000 × 4개 = 200,000

답 ③

02 저가법 ★중요!

저가법이란, 재고자산을 과거에 사온 금액과 실제로 팔아서 남길 수 있는 금액 중 작은 금액으로 측정하는 것을 말한다. 재고자산 저가법은 2년에 한 번꼴로 출제되는 아주 중요한 주제이다. 저가법은 아래 표에 숫자만 채워 넣으면 답을 쉽게 구할 수 있으니 반드시 맞히자.

1 일반적인 저가법 풀이법

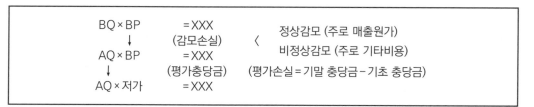

STEP 1 수량, 단가 채우기

저가법 계산을 위해서는 우선 문제에서 제시한 수치들을 도표화 해야 한다. 다음은 위 표의 좌측에 표시된 항목들의 의미이다.

> BQ(Book Quantity): 장부상 수량
> BP(Book Price): 장부상 단가. 취득원가를 의미한다.
> AQ(Actual Quantity): 실제 수량
> 저가: min[BP, NRV]
> −NRV(순실현가능가치) = 판매가격 − 추가 완성원가 − 판매비

※주의 저가는 NRV가 아니다!

많은 수험생들이 문제에 제시된 NRV를 보자마자 저가 금액을 채운다. 저가는 NRV가 아니라 BP와 비교했을 때 작은 것이라는 점을 주의하자.

STEP 2 감모손실

감모란, 장부 수량과 비교했을 때 실제 수량이 감소한 것을 말한다. 감모가 발생한 경우 감모손실을 인식하며, 이를 정상 감모와 비정상 감모로 구분한다.

STEP 3 평가충당금

1. NRV > BP: 평가충당금 X!

'AQ × BP'와 'AQ × 저가'의 차이를 평가충당금으로 계상한다. NRV가 BP보다 큰 경우 저가는 BP가 되며, 평가충당금이 0이 된다는 것을 주의하자.

2. 평가손실 = 기말 평가충당금 - 기초 평가충당금

위 표에서 'AQ × BP'와 'AQ × 저가'의 차이를 평가충당금이라고 표시해놓았다. 재고자산평가충 당금은 재고자산의 차감적 평가계정으로, 취득원가와 저가 재고의 차이 금액을 의미한다.

평가손실은 손익계산서상 항목으로 변동분을 의미하고, 평가충당금은 재무상태표 상 항목으로 잔액을 의미한다. 따라서 충당금 기초 금액을 확인한 후, 기말 잔액과의 차이분을 손실로 계상 한다. 만약 기초 충당금이 없는 경우에는 기말 충당금이 곧 당기 평가손실이 된다.

반대로, 기초 충당금만 있고 기말 충당금이 없는 경우에는 평가충당금을 환입하며, 비용을 감소 시킨다.

STEP 4 기타비용

재고와 관련하여 발생하는 비용은 크게 세 가지이다. 일반적인 매출원가, 감모손실, 평가손실. IFRS에서는 이 세 가지를 '비용'으로 인식하라고 규정할 뿐, 구체적인 비용의 계정과목을 규정 하지 않고 있다. 따라서 문제의 가정에 따라 감모손실과 평가손실을 매출원가에 포함시킬 수도 있고, 기타비용으로 처리할 수도 있다. 일반적으로는 정상감모와 평가손실을 매출원가로, 비정 상감모만 기타비용으로 처리하지만, 문제마다 가정이 다르므로 가정을 잘 따져보고, 기타비용 금액을 뽑아보자.

STEP 5 답 구하기

1. 기말 재고: 마지막 줄 금액 (감모손실과 평가충당금 차감 후 순액)

취득원가에서 감모손실과 평가손실까지 반영한 금액이 기말 재고의 실제 금액이다. 표에서 가 장 마지막 줄에 있는 'AQ X 저가' 금액으로 답하면 된다.

2. 매출원가＝기초 재고(순액)＋매입액－기말 재고(순액)－기타비용 ⭐중요!

재고자산			
기초(순액)	①ＸＸＸ	매출원가	⑤ＸＸＸ
		기타비용	④ＸＸＸ
매입	②ＸＸＸ	기말(순액)	④ＸＸＸ
계	②ＸＸＸ	계	③ＸＸＸ

① 기초 재고 금액을 적는다. 단, 기초 충당금이 있는 경우 충당금을 차감한 순액을 적는다.

② 기초 재고액에 매입액을 가산하여 판매가능상품(기초＋매입) 금액을 구한다.

③ 대차는 일치하므로 대변에도 판매가능상품 금액을 적는다.

④ Step 4에서 구한 기타비용과 기말 재고 순액(마지막 줄 금액)을 적는다.

⑤ 대변에 빈 금액을 매출원가로 채워주면 끝!

예제

01 다음의 자료는 (주)민국의 20X1년도 재고자산과 관련된 내용이다.

■ 기초재고자산: ₩485,000
재고자산평가충당금(기초): 없음
당기매입액: ₩4,000,000
■ (주)민국은 재고자산감모손실과 재고자산평가손실을 매출원가에 포함한다.

상품	장부재고	실지재고	단위당 원가	단위당 순실현가능가치
A	1,000개	900개	₩100	₩110
B	400개	350개	₩200	₩180
C	500개	500개	₩250	₩220

(주)민국이 20X1년도 포괄손익계산서에 인식할 매출원가는?　　　2017. CPA

① ₩4,202,000　　　② ₩4,215,000　　　③ ₩4,222,000
④ ₩4,237,000　　　⑤ ₩4,242,000

01.

Step 1. 수량, 단가 채우기

	A	B	C
BQ×BP	1,000개×@100 = 100,000	400개×@200 = 80,000	500개×@250 = 125,000
감모손실	(10,000)	(10,000)	–
AQ×BP	900개×@100 = 90,000	350개×@200 = 70,000	500개×@250 = 125,000
평가충당금	–	(7,000)	(15,000)
AQ× 저가	900개×@100 = 90,000	350개×@180 = 63,000	500개×@220 = 110,000

Step 2. 감모손실
10,000 + 10,000 = 20,000

Step 3. 평가충당금
기말 평가충당금: 7,000 + 15,000 = 22,000
기초 평가충당금은 없으므로 평가손실은 22,000이다.

Step 4. 기타비용
문제에서 감모손실과 평가손실 모두 매출원가에 포함한다고 제시했으므로 기타비용은 없다.

Step 5. 답 구하기

재고자산

기초(순액)	485,000	매출원가	4,222,000
		기타비용	–
매입	4,000,000	기말(순액)	263,000
계	4,485,000	계	4,485,000

빠른 풀이〉
기타비용은 없으며, 문제에서 매출원가를 물었기 때문에 표의 마지막 줄(기말 재고 순액)을 바로 계산한 다음, 매출원가를 구하면 된다.
1. 기말 재고(순액): 90,000 + 63,000 + 110,000 = 263,000
2. 매출원가: 485,000 + 4,000,000 - 263,000 = 4,222,000

 ③

02 (주)한국이 보유하고 있는 재고자산의 품목(A)와 품목(B)는 서로 다른종목이며, 재고자산을 저가법으로 평가할 때 종목기준을 적용하고 있다. 20X1년의 기초재고자산은 ₩200,000이며 20X1년 중에 매입한 재고자산의 품목(A)와 품목(B)의 합계는 총 ₩6,000,000이다. 단, 기초의 재고자산평가충당금은 없다. 아래에서는 (주)한국이 20X1년 12월 31일 현재 실지재고조사를 통해 보유중인 재고자산의 수량 및 단위당 가치에 대한 현황을 나타내고 있다.

항목	장부수량	실제수량	단위당 취득원가	단위당 순실현가능가치
품목(A)	500개	400개	₩400	₩450
품목(B)	500개	450개	₩100	₩80

(주)한국이 재고자산과 관련하여 20X1년도에 당기비용으로 인식할 금액은 얼마인가? 만약 20X2년 12월 31일 현재 재고자산 품목(B)의 단위당 순실현가능가치가 ₩120으로 회복될 경우, 재고자산평가손실환입액으로 인식할 금액은 얼마인가? 단, (주)한국은 판매가격의 하락으로 인해 감액된 재고자산 품목(B)의 수량을 20X2년 12월 31일까지 계속 보유하고 있으며, 20X2년도 중 품목(B)의 추가취득은 없다고 가정한다. 2016. CPA

	20X1년도 당기비용	20X2년도 품목(B)의 재고자산평가손실환입액
①	₩5,900,000	₩18,000
②	₩5,950,000	₩18,000
③	₩5,959,000	₩9,000
④	₩5,995,000	₩9,000
⑤	₩6,004,000	₩9,000

02.

문제에서 당기비용을 물었기 때문에 매출원가와 기타비용을 나눌 필요가 없다. 따라서 기말 재고 순액만 계산한 뒤, T계정에 대입하면 된다.

1. X1년도 총 비용

	A	B
BQ×BP		
감모손실		
AQ×BP		450개×@100 = 45,000
평가충당금		(9,000)
AQ× 저가	400개×@400 = 160,000	450개×@80 = 36,000

기말 재고(순액): 160,000 + 36,000 = 196,000

X1년도 총 비용: 200,000 + 6,000,000 − 196,000 = 6,004,000

재고자산

기초(순액)	200,000	매출원가 &기타비용	6,004,000
매입	6,000,000	기말(순액)	196,000
계	6,200,000	계	6,200,000

2. X2년도 재고자산평가손실 환입액: 9,000

X2년도에 순실현가능가치가 BP(100)을 넘기 때문에 X2년도 기말 평가충당금은 0이 되며, X1년도에 계상한 평가충당금을 전부 환입하면 된다.

 ⑤

2 확정판매계약 시 NRV 심화

기말 재고에 대해 확정판매계약을 체결한 경우, 해당 재고는 판매될 가격이 정해진 것이므로, NRV는 다음과 같이 달라진다. 여기서도 NRV가 저가가 되는 것이 아니라, 각 경우의 NRV와 BP 중 작은 것이 저가가 된다.

1. 기말 재고 수량〉계약 수량

(1) 계약 수량 이내의 재고: NRV = 계약 가격

(2) 계약 수량 초과분: NRV = 판매가격 - 추가 완성원가 - 판매비 (원래 NRV 공식)

2. 기말 재고 수량〈계약 수량

(1) 기말 재고 수량: NRV = 계약 가격

(2) 부족한 계약 수량: 손실충당부채 설정 = 부족분 × (취득원가 - 계약 가격)

계약 수량이 보유하는 재고 수량을 초과하고, 제조원가가 계약 가격을 초과하는 경우에는 판매를 할 때마다 손실이 발생한다. 따라서 위 식에 따라 계산된 금액만큼 충당부채를 설정한다.

3 저가법 평가 단위

저가법의 항목별, 조별 적용은 허용하나, 전체 재고를 한 번에 적용하는 총계 적용은 불가능하다. 저가법은 말문제로 거의 출제되지 않지만, 간단한 내용이므로 알아두자.

예제

03 유통업을 영위하고 있는 (주)대한은 확정판매계약(취소불능계약)에 따른 판매와 시장을 통한 일반 판매를 동시에 수행하고 있다. (주)대한이 20X1년 말 보유하고 있는 상품재고 관련 자료는 다음과 같다.

■ 기말재고 내역

항목	수량	단위당 취득원가	단위당 일반판매가격	단위당 확정판매 계약가격
상품A	300개	₩500	₩600	–
상품B	200개	₩300	₩350	₩280
상품C	160개	₩200	₩250	₩180
상품D	150개	₩250	₩300	–
상품E	50개	₩300	₩350	₩290

■ 재고자산 각 항목은 성격과 용도가 유사하지 않으며, (주)대한은 저가법을 사용하고 있고, 저가법 적용 시 항목기준을 사용한다.

■ 확정판매계약(취소불능계약)에 따른 판매 시에는 단위당 추정 판매비용이 발생하지 않을 것으로 예상되며, 일반 판매 시에는 단위당 ₩20의 추정 판매비용이 발생할 것으로 예상된다.

■ 재고자산 중 상품B, 상품C, 상품E는 모두 확정판매계약(취소불능계약) 이행을 위해 보유 중이다.

■ 모든 상품에 대해 재고자산 감모는 발생하지 않았으며, 기초의 재고자산평가충당금은 없다.

(주)대한의 재고자산 평가와 관련된 회계처리가 20X1년도 포괄손익계산서의 당기순이익에 미치는 영향은 얼마인가?

2020. CPA

① ₩11,800 감소 ② ₩10,800 감소 ③ ₩9,700 감소
④ ₩8,700 감소 ⑤ ₩7,700 감소

해설

03.

	A	B	C	D	E
BQ×BP AQ×BP	300개×@500 = 150,000	200개×@300 = 60,000	160개×@200 = 32,000	150개×@250 = 37,500	50개×@300 = 15,000
평가충당금	–	4,000	3,200	–	500
AQ× 저가	300개×@500 = 150,000	200개×@280 = 56,000	160개×@180 = 28,800	150개×@250 = 37,500	50개×@290 = 14,500

문제에서 '평가와 관련된 회계처리가 당기순이익에 미치는 영향'을 물었기 때문에 평가충당금을 구해야 한다. 문제에서 감모는 발생하지 않았다고 가정했으므로 문제에 제시된 수량은 BQ이자 AQ이다. 따라서 위 표의 첫 번째 줄은 생략하고 두 번째, 세 번째 줄을 구한 뒤 차이를 계산한다.

항목별 저가
A: min[500, 600 – 20] = 500
B: min[300, 280] = 280
C: min[200, 180] = 180
D: min[250, 300 – 20] = 250
E: min[300, 290] = 290
- B,C,E는 확정판매계약이 되어 있으므로 계약 가격이 NRV가 된다. 계약 가격과 BP 중 작은 금액이 저가이며, 계약 가격을 바로 저가로 쓰지 않도록 주의하자.

기말 평가충당금(= 평가손실): 4,000 + 3,200 + 500 = 7,700
- 기초 평가충당금은 없다고 했으므로 기말 평가충당금이 곧 당기 평가손실이 된다.

참고 '기말 재고 수량〈계약 수량'인 경우
문제의 조건과 달리 C의 확정판매수량이 200개라고 가정해보자. C는 160개를 보유하고 있으므로, 40개가 부족하다. 이 경우 40개는 추가로 구입해서 확정판매를 해야 하는데, 200원에 사서 180원에 팔기 때문에 확정판매 시 개당 20원(= 200 – 180)씩 손해가 발생한다. 따라서 손실충당부채를 '40개 × @20 = 800'만큼 설정하면서 비용을 인식한다. 이 경우 평가와 관련된 총 비용은 8,500(= 7,700 + 800)이 된다.

 답 ⑤

원재료의 저가법 적용

원재료의 저가법 적용에는 원재료만의 두 가지 특징이 있다.

1 원재료의 NRV: 현행대체원가

원재료 가격이 하락하여 제품의 원가가 순실현가능가치를 초과할 것으로 예상된다면 해당 원재료를 순실현가능가치로 감액한다. 이 경우 원재료의 현행대체원가는 순실현가능가치에 대한 최선의 이용가능한 측정치가 될 수 있다. 현행대체원가는 쉽게 말해서 현재 자산의 구입 가격을 뜻한다. 원재료는 판매를 목적으로 하는 것이 아니라 구입해서 제품 생산에 투입하는 것을 목적으로 하기 때문에 구입 가격을 사용한다. 수험 목적상 현행대체원가의 의미는 중요하지 않으며, 원재료는 현행대체원가를 쓴다는 것만 기억하면 된다.

2 완성될 제품이 원가 이상으로 판매되는 경우 감액하지 않는다. ★중요!

저가법 문제에서 원재료가 출제되었다면 100% 건드리는 사항이다. 원재료는 앞서 언급했듯이 그 자체로 판매되는 것이 아니라 제품 생산에 투입되기 때문에 원재료의 평가손실을 인식하면 제품 원가가 낮아져 매출원가가 낮아진다. 원재료의 평가손실을 인식하더라도 매출원가 감소로 인해 손익효과가 상쇄되므로 원재료를 감액하는 것은 무의미하다. 따라서 **해당 원재료가 투입되는 제품이 원가 이상으로 판매되는 경우에는 원재료의 평가손실을 인식하지 않는다.**

> **김수석의 핵심 콕!** 원재료 저가법 풀이 순서
>
> ① 원재료가 투입되는 제품이 원가 이상으로 판매되는지 확인 - YES → 원재료 평가손실 X
>   ↓ NO
> ② 현행대체원가와 비교하여 저가법 적용!
>
> 원재료의 현행대체원가를 보고 바로 저가법을 적용하려고 하지 말고, 제품의 저가법 적용 여부를 먼저 판단해야 한다.

01 (주)한국은 하나의 원재료를 가공하여 제품을 생산하고 있다. (주)한국은 재고자산에 대하여 실지재고조사법과 가중평균법을 적용하고 있다. 다만, (주)한국은 감모손실을 파악하기 위하여 입·출고수량을 별도로 확인하고 있다. (주)한국의 원재료와 제품재고 등에 대한 정보는 다음과 같다.

---

(1) 원재료
- 20X1년초 장부금액은 ₩25,000(수량 500단위, 단가 ₩50)이며, 20X1년도 매입액은 ₩27,000(수량 500단위, 단가 ₩54)이다.
- 입·출고 기록에 의한 20X1년말 원재료 재고수량은 500단위이나 재고조사 결과 460단위가 있는 것으로 확인되었다.
- 20X1년말 원재료 단위당 현행대체원가는 ₩50이다.

(2) 제품
- 20X1년초 장부금액은 ₩100,000(수량 500단위, 단가 ₩200)이며, 20X1년도 당기제품제조원가는 ₩200,000(수량 500단위, 단가 ₩400)이다.
- 입·출고 기록에 의한 20X1년말 제품 재고수량은 200단위이나 재고조사 결과 150단위가 있는 것으로 확인되었다.
- 20X1년말 제품의 단위당 판매가격은 ₩350이며, 단위당 판매비용은 ₩30이다.

(3) 기타
- 20X0년말까지 재고자산평가손실은 발생하지 않았다.

동 재고자산과 관련하여 (주)한국의 20X1년도 재고자산평가손실과 재고자산감모손실 합계액은 얼마인가?

2013. CPA

① ₩15,600   ② ₩16,000   ③ ₩16,420
④ ₩17,080   ⑤ ₩18,000

01.

평가손실과 감모손실 합계: 15,000 + 2,080 = 17,080

	제품 (1순위)	원재료 (2순위)
BQ×BP	200개×@300 = 60,000	500개×@52 = 26,000
감모손실	15,000	2,080
AQ×BP	150개×@300 = 45,000	460개×@52 = 23,920
평가충당금	–	–
AQ× 저가	150개×@300 = 45,000	460개×@52 = 23,920

(1) BP

제품: (100,000 + 200,000)/(500 + 500) = 300

원재료: (25,000 + 27,000)/(500 + 500) = 52

- 회사는 재고자산에 대하여 실지재고조사법과 가중평균법을 적용하고 있다. 총평균법을 적용한다는 뜻이다. 기초 재고와 당기 원재료 매입액 및 당기제품제조원가를 한꺼번에 평균하여 단가를 구한다.

(2) 저가

제품: 'NRV = 350 − 30 = 320〉300(BP)'이므로 BP인 300이 그대로 저가가 된다.

원재료: 제품이 저가법을 적용하지 않으므로 원재료도 평가손실을 인식하지 않는다. 기억하자. '제품에 대해 평가손실을 인식할 때' 원재료의 BP를 현행대체원가와 비교하는 것이다.

X0년말까지 재고자산평가손실은 발생하지 않았으므로, X1년초 재고자산평가충당금은 없다. 기초, 기말 평가충당금 모두 0이므로 평가손실은 0이다.

 ④

02 다음은 제조업을 영위하는 (주)대한의 20X1년도 기말재고자산과 관련된 자료이다.

재고자산	장부재고	실지재고	단위당 원가	단위당 순실현가능가치
원재료	500kg	400kg	₩50/kg	₩45/kg
제품	200개	150개	₩300/개	₩350/개

(주)대한은 재고자산감모손실과 재고자산평가손실(환입)을 매출원가에서 조정하고 있다. 재고자산평가충당금(제품)의 기초잔액이 ₩3,000 존재할 때, (주)대한의 20X1년도 매출원가에서 조정될 재고자산감모손실과 재고자산평가손실(환입)의 순효과는 얼마인가? 단, (주)대한은 단일 제품만을 생산·판매하고 있으며, 기초재공품과 기말재공품은 없다. 2018. CPA

① 매출원가 차감 ₩3,000   ② 매출원가 가산 ₩5,000

③ 매출원가 가산 ₩15,000   ④ 매출원가 가산 ₩17,000

⑤ 매출원가 가산 ₩20,000

해설

02.

	제품 (1순위)	원재료 (2순위)
BQ×BP	200개 × @300 = 60,000	500kg × @50 = 25,000
감모손실	15,000	5,000
AQ×BP	150개 × @300 = 45,000	400kg × @50 = 20,000
평가충당금	–	–
AQ× 저가	150개 × @300 = 45,000	400kg × @50 = 20,000

(1) 저가
제품: 'NRV = 350〉300(BP)'이므로 BP인 300이 그대로 저가가 된다.
원재료: 제품이 저가법을 적용하지 않으므로 원재료도 평가손실을 인식하지 않는다.

(2) 감모손실: 5,000 + 15,000 = 20,000

(3) 평가손실: 0 – 3,000(기초 충당금) = (–)3,000 (환입)
위 표에서 계산되는 금액은 기말 평가충당금이므로, 평가손실 계산 시에는 기초 평가충당금을 항상 주의하자.

(4) 평가손실과 감모손실 합계: 20,000 – 3,000 = 17,000
감모손실, 평가손실(환입)을 매출원가에서 조정하고 있으므로 매출원가에 17,000이 가산된다.

답 ④

▶ **소매재고법**

소매재고법은 회계사 1차 시험에는 2015년에 마지막으로 출제된 이후로 현재까지 출제되지 않고 있다. 하지만 2차 시험에는 자주 등장하는 주제이므로 시간이 없는 1차생들은 넘긴 후에, 2차 시험 준비할 때 공부해도 좋다. 동차를 목표로 하는 1차생은 공부하는 것이 좋다.

STEP 0 표 그리기: 〈순순비, 정종, 순비는 (–), 정종은 (+)〉

	원가	매가		원가	매가
기초	XXX	XXX	매출	⑤	XXX
매입	XXX	XXX	정상		XXX
순인상		XXX	종업원할인		XXX
순인하		(XXX)			
비정상		(XXX)	기말	④	③XXX
계	①XXX	②XXX	계	①XXX	②XXX

소매재고법 문제를 풀기 위해서는 위 표를 그려야 한다. 위 표는 재고자산 T계정으로, 차변에 기초와 매입 등이 오며, 대변에 매출과 기말 등이 온다. 표의 각 항목들의 정의는 수험목적 상 중요하지 않으며, 정확한 금액을 표의 올바른 위치에 넣기만 하면 된다.

1. (순)매입, (순)매출, 순인상, 순인하
매입, 매출과 관련하여 에누리, 할인 등 차감항목이 제시되었다면 차감 후 '순' 수치들을 표에 기록해야 한다. 순인상, 순인하도 마찬가지로 각각 인상액과 인하액에 취소액을 차감한 금액들이다.

2. 정상, 비정상: 파손
정상과 비정상은 각각 정상파손과 비정상파손을 의미한다. 감모와 같다고 보아도 무방하다.

3. 순순비, 정종, 순비는 (–), 정종은 (+)
위 표를 쉽게 외우기 위해서 "순순비, 정종, 순비는 마이너스, 정종은 플러스"를 열 번만 소리내어 읽어보자. 표의 왼쪽에 순인상, 순인하, 비정상감모가 오고, 오른쪽에 정상과 종업원할인이 온다. 그리고 순인하와 비정상은 음수로 적고, 정상과 종업원할인은 양수로 적는다.

차변 합계 구하기

문제에서 각 금액들을 원가와 매가로 나누어 제시할 것이다. 모든 금액의 원가와 매가가 제시되는 것은 아니다. 문제에서 매가만 제시하였다면 매가만 대입하면 되고, 원가와 매가 모두 제시하였다면 둘 다 대입하면 된다. 표를 그린 뒤 각 칸에 알맞게 숫자를 기입한 뒤, 차변 합계를 구하자.

STEP 2 **차변 합계를 대변 합계에 적기**

위 표는 재고자산 T계정을 표시한 것으로, 대차가 일치해야 한다. Step 1에서 구한 차변 합계를 대변 합계에도 똑같이 적는다. ①원가 합계 금액을 대변에 똑같이 적고, ②매가 합계 금액을 대변에 똑같이 적는다.

STEP 3 **기말 재고 매가 구하기**

②매가 대변 합계에서 기말 재고 매가를 제외한 나머지 금액을 전부 차감하여, ③기말 매가 금액을 구한다.

Step 3 – 1. 원가율 구하기

평균법 원가율: ①원가 총계/②매가 총계
 – 저가법 적용 시: ①원가 총계/(②매가 총계 + 순인하)
FIFO(선입선출법) 원가율: (①원가 총계 – 기초 원가)/(②매가 총계 – 기초 매가)
 – 저가법 적용 시: (①원가 총계 – 기초 원가)/(②매가 총계 – 기초 매가 + 순인하)

1. FIFO(선입선출법, First in, First out)
FIFO는 먼저 들어온 것부터 순서대로 팔렸다고 가정하므로 기초 재고는 기말에 남아 있지 않다. 따라서 원가율 계산 시 분자와 분모 모두에서 기초 재고 금액을 차감해주어야 한다.

2. 저가법
저가법 적용 시에는 원가율 계산 시 분모에 순인하를 가산한다. 이 경우 분모가 커져서 원가율은 낮아지고, 기말 재고자산 원가 금액이 작아진다. 기말 재고가 작아지는 방법이라서 '저가법'이라고 부른다. 전혀 논리적인 근거 없이 관행적으로 순인하를 가산하는 것이므로 '왜 순인하를 가산하는지' 궁금해하지 말자.

기말 재고 원가 구하기

> ④기말 재고자산 원가 = ③기말 재고자산 매가 × 원가율

원가율은 매가 대비 원가의 비율이기 때문에 원가를 구하기 위해서는 매가에 원가율을 곱해주면 된다.

 매출원가 구하기

> ⑤매출원가 = ①원가 합계 − ④기말 재고자산 원가

대변에 원가 합계 금액 중 기말 재고자산 원가를 제외한 금액은 매출원가가 된다.

예제

01 (주)한국백화점은 선입선출법에 의한 저가기준 소매재고법을 이용하여 재고자산을 평가하고 있으며, 재고자산 관련자료는 다음과 같다.

	원 가	소 매 가
기초재고액	₩2,000,000	₩3,000,000
당기매입액	6,000,000	9,600,000
매입운반비	100,000	
매입할인	318,000	
당기매출액		10,000,000
종업원할인		500,000
순인상액		200,000
순인하액		300,000

(주)한국백화점이 20X1년도 포괄손익계산서에 인식할 매출원가는 얼마인가? 2013. CPA

① ₩6,502,000　　　　② ₩6,562,000　　　　③ ₩6,582,000

④ ₩6,602,000　　　　⑤ ₩6,642,000

해설

01.

	원가	매가		원가	매가
기초	2,000,000	3,000,000	매출	⑤6,602,000	10,000,000
매입	5,782,000	9,600,000	정상		
순인상		200,000	종업원할인		500,000
순인하		(300,000)			
비정상			기말	④1,180,000	③2,000,000
계	①7,782,000	②12,500,000	계	①7,782,000	②12,500,000

순매입액 : 6,000,000 + 100,000 − 318,000 = 5,782,000

원가율(FIFO, 저가법) = (7,782,000 − 2,000,000)/(12,500,000 − 3,000,000 + 300,000) = 59%

기말 재고자산 원가: 2,000,000 × 59% = 1,180,000

매출원가: 7,782,000 − 1,180,000 = 6,602,000

답 ④

02 유통업을 영위하고 있는 (주)세무는 저가기준으로 가중평균 소매재고법을 적용하고 있다. (주)세무의 재고자산과 관련된 자료가 다음과 같을 때, 매출총이익은? (단, 정상파손은 매출원가로 처리하고, 비정상파손은 기타비용으로 처리한다.) 2023. CTA

구분	원가	판매가
기초재고	₩80,000	₩100,000
총매입액	806,000	1,000,000
매입할인	50,000	–
총매출액	–	1,050,000
매출환입	–	24,000
순인상액	–	95,000
순인하액	–	50,000
정상파손	–	50,000
비정상파손	10,000	15,000

① ₩221,000　　　　② ₩227,800　　　　③ ₩237,800

④ ₩245,000　　　　⑤ ₩261,800

해설

02.

	원가	매가		원가	매가
기초	80,000	100,000	매출	⑤788,200	1,026,000
매입	756,000	1,000,000	정상		50,000
순인상		95,000	종업원할인		
순인하		(50,000)			
비정상	(10,000)	(15,000)	기말	④37,800	③54,000
계	①826,000	②1,130,000	계	①826,000	②1,130,000

원가율(평균법, 저가법): 826,000/(1,130,000 + 50,000) = 70%

기말 재고자산 원가: 54,000 × 70% = 37,800

매출원가: 826,000 – 37,800 = 788,200

매출총이익: 1,026,000 – 788,200 = 237,800

답 ③

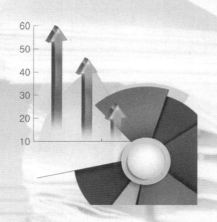

📢 **이 장의 출제 뽀인트!** ★★

유형자산이란 재화나 용역의 생산 또는 관리활동에 사용할 목적으로 보유하는 물리적 형태가 있는 자산을 의미한다. 유형자산에는 토지, 건물, 기계장치, 차량운반구, 비품 등이 있다.

유형자산은 회계사 1차 시험에서 평균적으로 3문제 이상 출제되는 주제이며, 출제되는 패턴도 매우 다양하다. 본 장에서 배우는 패턴 중 출제 빈도가 높았던 패턴은 차입원가 자본화, 정부보조금, 재평가모형이다. 본 장의 분량이 다소 많을 수 있는데, 포기하지 말고 힘내자. 한 패턴씩 보다 보면 충분히 끝낼 수 있을 것이다.

CHAPTER

02

유형자산

이 패턴의 출제경향 ▶ 교환

교환이 회계사 1차 시험에는 자주 출제되지 않다가, 21년도에 정말 오랜만에 출제된 후 22년까지 2년 연속으로 출제되었다. 앞으로도 1차 시험에 가끔 출제될 것으로 예상되며, 김수석의 풀이법만 숙지하면 쉽게 풀 수 있는 주제이므로 교환 문제는 틀리지 말자.

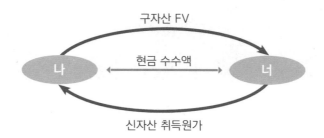

	상업적 실질이 있는 경우		상업적 실질 결여 or 신뢰성 있는 FV 측정 불가
	일반적인 경우	신 자산의 FV가 더 신뢰성 있는 경우	
Step 1.	구 자산 FV 적기	신 자산 FV 적기	구 자산 BV 적기
Step 2.	현금 수수액 적기		
Step 3.	주고 받은 것이 일치하도록 상대방 자산의 금액 채우기		
Step 4.	처분손익 = 구 자산 FV – BV		처분손익 = 0

STEP 1 구 자산 (or 신 자산) FV 적기

구 자산이란 교환으로 제공하는 자산을, 신 자산이란 교환을 통해 취득하는 자산을 의미한다. 나에서 너쪽으로 화살표를 그리고, 문제에서 제시한 구 자산의 FV를 적는다. 단, 두 가지 예외가 있다.

1. 신 자산의 FV가 더 신뢰성 있는 경우

구 자산 FV는 비워둔 채로, 신 자산 취득원가 자리에 문제에서 제시한 신 자산의 FV를 적는다.

2. 상업적 실질이 결여된 경우 or 신뢰성 있게 공정가치 측정 불가

공정가치 평가를 수행하지 않으므로 구 자산 FV 자리에 구 자산의 BV를 적는다.

STEP 2 현금 수수액

현금 수수액을 가운데 적는다. 현금을 받았다면 '나'쪽으로 화살표를 그리고, 현금을 지급했다면 '너'쪽으로 화살표를 그리자.

STEP 3 주고 받은 것이 일치하도록 상대방 자산의 금액 채우기

Step 1, 2에 걸쳐서 그림에 있는 3줄 가운데 2줄을 채웠다. '준 것'과 '받은 것'이 일치하도록 나머지 한 줄을 채우자.

※ 주의 FV의 신뢰성에 따른 교환 문제 풀이 순서

FV의 신뢰성	문제에서 쓰는 값	직접 구하는 값
구 자산 > 신 자산	구 자산의 FV 사용하여	신 자산의 FV를 구하기
구 자산 = 신 자산		
구 자산 < 신 자산	신 자산의 FV 사용하여	구 자산의 FV를 구하기

문제에서 더 신뢰성이 있다고 한 자산은 자료에 제시한 FV를 그대로 갖다 쓰고, 현금 수수액을 반영하여 나머지 자산의 FV를 다시 구하면 된다. 신뢰성에 대한 언급이 없는 경우에는 구 자산의 FV가 더 신뢰성 있다고 생각하고 문제를 풀자.

STEP 4 처분손익 = 구 자산 FV - BV or 0

1. 상업적 실질이 있는 경우: **처분손익=구 자산 FV-구 자산 BV**

상업적 실질이 있는 경우 그림을 그려서 파악한 구 자산의 FV에서 구 자산의 BV를 차감하여 처분손익을 구할 수 있다.

2. 상업적 실질이 결여 되었거나, 공정가치를 신뢰성 있게 측정할 수 없는 경우: **처분손익=0**

이 경우에는 구 자산의 FV를 구하지 않고, 바로 처분손익을 0이라고 답하면 된다.

01 다음의 각 독립적인 상황(상황 1, 상황 2)에서 (주)대한의 유형자산(기계장치) 취득원가는 각각 얼마인가?

2022. CPA

상황 1	• (주)대한은 기계장치(장부금액 ₩800,000, 공정가치 ₩1,000,000)를 (주)민국의 기계장치와 교환하면서 현금 ₩1,800,000을 추가로 지급하였다. • (주)대한과 (주)민국 간의 기계장치 교환은 상업적 실질이 있는 거래이다.
상황 2	• (주)대한은 기계장치를 (주)민국의 기계장치와 교환하였다. • (주)대한과 (주)민국의 기계장치에 대한 취득원가 및 감가상각누계액은 각각 다음과 같다.

구분	(주)대한	(주)민국
취득원가	₩2,000,000	₩2,400,000
감가상각누계액	1,200,000	1,500,000

• (주)대한과 (주)민국 간의 기계장치 교환은 상업적 실질이 결여된 거래이다.

	상황1	상황2
①	₩2,700,000	₩800,000
②	₩2,700,000	₩900,000
③	₩2,800,000	₩800,000
④	₩2,800,000	₩900,000
⑤	₩3,100,000	₩2,000,000

해설

01.

⟨상황 1 – 상업적 실질이 있는 경우⟩

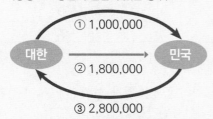

① 상업적 실질이 있으므로, 대한이 제공하는 자산의 FV인 1,000,000을 먼저 쓴다.
② 대한이 기계장치에 추가로 현금 1,800,000을 지급하였으므로 화살표를 민국 쪽으로 그린다.
③ 대한이 총 2,800,000을 주었으므로 민국으로부터 받는 신자산의 취득원가도 2,800,000이다.

⟨상황 2⟩

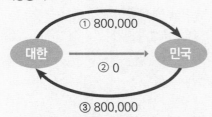

① 상업적 실질이 없으므로, 대한이 제공하는 자산의 BV인 800,000(= 2,000,000 – 1,200,000)을 먼저 쓴다.
② 현금 수수액은 없다.
③ 대한이 총 800,000을 주었으므로 민국으로부터 받는 신자산의 취득원가도 800,000이다.

참고 **대한의 유형자산처분손익**
상황 1: 구 자산 FV – BV = 1,000,000 – 800,000 = 200,000 이익
상황 2: 0 (상업적 실질 결여)

답 ③

02 (주)세무와 (주)한국은 다음과 같은 기계장치를 서로 교환하였다. 교환과정에서 (주)세무는 (주)한국에게 현금 ₩20,000을 지급하였다.

구분	(주)세무	(주)한국
취득원가	₩500,000	₩350,000
감가상각누계액	220,000	20,000
공정가치	270,000	300,000

동 거래에 관한 설명으로 옳은 것은?   2019. CTA

① 교환거래에 상업적 실질이 있으며, 각 기계장치의 공정가치가 신뢰성 있게 측정된 금액이라면 (주)세무가 교환취득한 기계장치의 취득원가는 ₩300,000이다.

② 교환거래에 상업적 실질이 있으며, 각 기계장치의 공정가치가 신뢰성 있게 측정된 금액이라면 (주)한국이 교환취득한 기계장치의 취득원가는 ₩290,000이다.

③ 교환거래에 상업적 실질이 있으며, (주)세무가 사용하던 기계장치의 공정가치가 명백하지 않을 경우 (주)세무가 교환취득한 기계장치의 취득원가는 ₩280,000이다.

④ 교환거래에 상업적 실질이 없으면 (주)세무만 손실을 인식한다.

⑤ 교환거래에 상업적 실질이 있으며, 각 기계장치의 공정가치가 신뢰성 있게 측정된 금액이라면 (주)세무와 (주)한국 모두 손실을 인식한다.

해설

02.
패턴 0에서 언급했듯, 계산형 말문제였고, 각 선지별로 다른 상황을 주었기 때문에 시간이 많이 소요되는 문제이다. 현장에서는 풀지 말고 넘겼어야 한다.
① 상업적 실질 O, FV가 신뢰성 있게 측정-(주)세무 입장

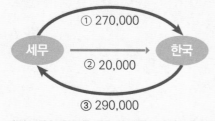

(주)세무의 입장을 물었기 때문에 (주)세무의 공정가치를 기준으로 (주)한국의 공정가치를 다시 계산해야 한다. (주)세무가 교환취득한 기계장치의 취득원가는 ₩290,000이다. (X)

② 상업적 실질 O, FV가 신뢰성 있게 측정-(주)한국 입장

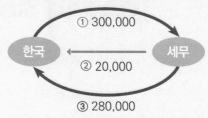

①번과 같은 상황이지만, (주)한국의 입장을 물었으므로 (주)한국의 공정가치를 기준으로 신자산의 취득원가를 계산해야 한다. (주)한국이 교환취득한 기계장치의 취득원가는 ₩280,000이다. (X)

③ 상업적 실질 O, 세무의 FV가 명백 X

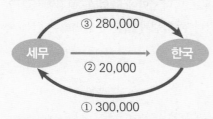

세무 입장임에도 불구하고 세무의 공정가치가 명백하지 않으므로 한국의 FV를 먼저 적는다. (주)세무가 교환취득한 기계장치의 취득원가는 ₩300,000이다. (X)

참고 (주)세무의 유형자산처분손익
: 280,000(다시 구한 세무의 FV) - 280,000(세무의 BV) = 0
-세무의 FV가 명백하지 않으므로, 한국의 FV를 바탕으로 세무의 FV를 문제에 제시된 270,000이 아닌 280,000으로 다시 구했다. 유형자산처분손익은 280,000을 기준으로 계산해야 한다.

④ 교환거래에 상업적 실질이 없으면 계산해보지 않고도 양사 모두 처분손익은 0이다. (X)

⑤ 상업적 실질 O, FV가 신뢰성 있게 측정
양사의 처분손익은 '구 자산의 FV-구 자산의 BV'로 계산된다. 양사 모두 손실을 인식하므로 맞는 선지이다. (O)
세무: 270,000-280,000(세무의 BV)=(-)10,000 손실
한국: 300,000-330,000(한국의 BV)=(-)30,000 손실

답 ⑤

차입원가 자본화란, 자산의 취득과 관련하여 발생한 차입원가(=이자비용)도 취득부대비용으로 보아 차입원가를 자산의 취득원가에 가산하는 것을 말한다. 차입원가 자본화는 회계사, 세무사 1차 시험 모두에서 거의 매년 출제되는 아주 중요한 주제이다. 하지만 문제를 푸는데 시간이 오래 걸리는 주제여서 김수석은 수험생 때 차입원가 자본화 문제는 무조건 마지막에 풀었다. 실전에서 차입원가 자본화 문제가 출제된다면 마지막에 푸는 것을 추천한다. 차입원가 자본화 풀이법은 반복 숙달하여 빠르고, 정확하게 풀 수 있도록 하자.

1 공사를 시작한 해의 차입원가 자본화

STEP 1 연평균 지출액

1. 연도와 12.31(or 완공일) 쓰기

X1	12.31 or 완공일

어느 연도의 차입원가를 자본화하는지 좌측 상단에 기재하고, 그 우측에 마감일을 쓴다. 당해연도에 공사가 마감되면 공사 완공일을, 마감되지 않으면 12.31을 쓴다.

2. 지출일과 지출액 쓰기

1.1	지출액
3.1	지출액

공사 지출일을 좌측에 쓰고, 그 옆에 일자별 지출액을 기재한다.

3. 정부보조금, 유상증자 심화

7.1	(보조금)

문제에서 정부보조금이나 유상증자가 제시되면 수령일을 좌측에 쓰고, 그 옆에 금액을 음수로 적는다. 정부보조금이나 유상증자로 현금을 수령하면 그만큼 회사가 '차입금을 통해 조달하여' 공사에 지출한 금액은 감소하기 때문이다.

4. 연평균 지출액 구하기

X1		12.31 or 완공일
1.1	지출액 × 월수/12	= XXX
3.1	지출액 × 월수/12	= XXX
7.1	(보조금) × 월수/12	= (XXX)
		연평균 지출액

일자별 지출액을 1번에서 쓴 12.31(or 완공일)까지 월할로 평균한다. 1.1에 지출했다면 12/12를, 3.1에 지출했다면 10/12를 곱해서 더한다. 이것이 연평균 지출액이다. 월수 계산 시 실수를 많이 하니 월수 계산에 주의하자.

STEP 2 특정차입금 자본화

특정	차입금 × 월수/12	= XXX	(이자율)	→ 특정차입금 자본화액
일시	(일시투자) × 월수/12	= (XXX)	(이자율)	→ (일시투자 차감액)

1. 차입금×월수/12=연평균 차입금

특정차입금 금액을 연평균 지출액과 동일한 방식으로 월할 계산한다. 단, 이 기간에 차입 기간과 건설 기간이 겹치는 기간만 포함되어야 한다.

(1) 특정차입금 중 건설 기간과 겹치지 않는 기간 심화

특정차입금은 적격자산을 위해 차입한 것이므로 특정차입금 중 건설 기간과 겹치지 않는 부분은 일반차입금으로 본다. 이 부분은 Step 3에서 일반차입금과 같이 처리해야 한다. 최근에 개정된 부분이므로 출제할 가능성은 낮다.

2. 특정차입금 자본화액: 연평균 차입금(이자율)→특정 차입금 자본화액

연평균차입금을 구했다면 옆에 괄호 열고 이자율을 쓴 뒤, 둘을 곱해서 특정 차입금 자본화액을 구한다.

> **※주의 차입금 자본화액 계산식에 대한 이해**
>
> ① $1,000,000 × 9/12 × 12\% = 90,000$
>
> ② $1,000,000 × 9/12 = 750,000,\ 750,000 × 12\% = 90,000$
>
> ③ $1,000,000 × 9/12 = 750,000(12\%) → 90,000$
>
> ① 만약 연 이자율 12%인 특정차입금 ₩1,000,000을 4.1~12.31까지 차입한 경우 이자비용의 계산식이다.
>
> ② 월할 평균을 먼저 하여 연평균 차입금을 먼저 구한 뒤, 이자율을 마지막에 구해도 된다.
>
> ③ ②번 식을 한 줄로 표현한 것이다.
>
> 2차 주관식 답안에서 '$1,000,000 × 9/12 = 750,000 × 12\% = 90,000$'이라고 쓰면 등식이 성립하지 않기 때문에 이자율을 괄호 안에 넣고 화살표로 뺀 뒤 이자비용을 적은 것이다. 일반차입금도 같은 방식으로 계산한다.

3. 일시투자: (일시투자액) × 월수/12 = (XXX)(이자율) → (일시투자 차감액)

특정차입금을 차입하여 일시 투자한 경우 투자액에서 발생한 이자수익을 특정 차입금 자본화액에서 차감한다. 일시투자 차감액은 특정 차입금 자본화액과 같은 방식으로 계산하면 된다. 단, 일시투자액과 일시투자 차감액을 괄호 열고 음수로 적는다는 점만 달라진다.

> ※ 주의 **일반차입금의 일시투자는 무시!** 심화
>
> 일시투자를 반영하는 것은 '특정'차입금만이다. 일반차입금을 일시투자하더라도 차입원가 자본화 과정에서 달라지는 것은 없다. 문제에서 일반차입금의 일시투자가 제시되면 무시하자.

STEP 3 일반차입금 가중평균차입이자율 및 한도 계산

R	= 이자비용 계/연평균 차입금			
A	차입금 × 월수/12	= XXX	(이자율)	→ 이자비용
B	차입금 × 월수/12	= XXX	(이자율)	→ 이자비용
계		연평균 차입금		이자비용 계

1. 차입금 × 월수/12 = 연평균 일반차입금(이자율) → 이자비용

일반차입금도 특정차입금과 마찬가지로 연평균 차입금을 구한 뒤, 이자율을 곱해서 이자비용을 계산한다. 단, 특정차입금과 달리 일반차입금은 그해의 차입 기간 전체에 대해서 자본화를 한다. 따라서 일반차입금 자본화액을 계산할 땐 건설기간을 고려할 필요가 없다.

또한, Step 2에서 특정차입금 자본화 시 특정차입금 중 건설 기간과 겹치지 않았던 부분은 일반차입금으로 보아 다른 일반차입금과 같이 처리해야 한다.

2. R(일반차입금 가중평균차입이자율) = 이자비용 계/연평균 일반 차입금 계

1.에서 구한 이자비용 계를 연평균 일반차입금 계로 나누면 일반차입금의 가중평균차입이자율이 계산된다. 본서에서는 이 이자율을 R이라고 표시할 것이다.

 김수석의 **핵심** 록! **특정차입금 vs 일반차입금**

	특정차입금	일반차입금
자본화 기간	차입기간 ∩ 건설기간	차입기간
일시투자액	특정차입금 자본화액에서 차감	무시

특정차입금과 일반차입금은 자본화 기간과 일시투자액 처리 방법에서 차이가 있다. 특정차입금은 차입 기간과 건설 기간이 겹치는 기간만 자본화하지만, 일반차입금은 건설 기간을 고려하지 않고 차입기간에 발생한 이자비용 전부를 자본화한다. 또한, 특정차입금은 일시투자액을 자본화액에서 차감하지만, 일반차입금의 일시투자액은 문제에 제시되었을 때 그냥 무시하면 된다.

STEP 4 일반차입금 자본화

특정	차입금 × 월수/12	= XXX	(이자율)	→ 특정차입금 자본화액
일시	(일시투자) × 월수/12	= (XXX)	(이자율)	→ (일시투자 차감액)
일반	(연평균 지출액	− XXX)	(R)	→ 일반차입금 자본화액 (한도: 이자비용 계)
				차입원가 자본화액

1. XXX=연평균 특정 차입금−연평균 일시 투자액

Step 2에서 연평균 특정 차입금과 연평균 일시 투자액을 계산했었다. '특정' 줄에 있는 XXX에서 '일시' 줄에 있는 XXX를 빼서 그 아래에 적으면 된다. 이렇게 계산된 금액을 Step 1에서 구한 연평균 지출액에서 차감한 뒤, Step 3에서 구한 R을 곱하면 일반차입금 자본화액이 계산된다.

2. 일반차입금 자본화액 한도: 이자비용 계 ★중요!

일반차입금 자본화액에는 한도가 존재한다. Step 3에서 구한 이자비용 합계가 일반차입금 자본화액의 한도이다. 한도를 초과하지 않으면 일반차입금 자본화액을 특정차입금 자본화액과 더하면 되고, 한도를 초과한다면 한도를 특정차입금 자본화액과 더해야 한다. 일반차입금 자본화액의 한도는 자주 출제되는 사항이므로 반드시 주의하자.

X1		12.31 or 완공일		
1.1	지출액 × 월수/12	= XXX		
3.1	지출액 × 월수/12	= XXX		
7.1	(보조금) × 월수/12	= (XXX)		
		연평균 지출액		
특정	차입금 × 월수/12	= XXX	(이자율)	→ 특정차입금 자본화액
일시	(일시투자) × 월수/12	= (XXX)	(이자율)	→ (일시투자 차감액)
일반	(연평균 지출액	− XXX)	(R)	→ 일반차입금 자본화액 (한도: 이자비용 계)
				차입원가 자본화액
R	= 이자비용 계/연평균 차입금			
A	차입금 × 월수/12	= XXX	(이자율)	→ 이자비용
B	차입금 × 월수/12	= XXX	(이자율)	→ 이자비용
계		연평균 차입금	이자비용 계	

차입원가 자본화 풀이법을 요약한 것이다. 문제를 보자마자 풀이법이 떠오를 때까지 많이 연습하자. 2차 답안지에도 이대로 쓰면 된다.

2 차입원가 자본화 말문제 내용 심화

차입원가 자본화는 1차 시험에서 대부분 계산문제로 출제된다. 다음은 말문제로 출제될 수 있는 내용을 정리한 것이며, 적격자산의 정의는 2차 서술형으로 나올 수 있으니 2차생은 기억하자.

1. 적격자산의 정의

의도된 용도로 사용하거나 판매가능한 상태에 이르게 하는 데 상당한 기간을 필요로 하는 자산. 금융자산과 생물자산은 최초 인식 시 (순)공정가치로 평가하므로 적격자산에 해당하지 않는다는 것을 기억하자.

2. 일시적인 지연이 필수적인 경우에도 차입원가 자본화를 멈추지 않는다.

계산문제에서 일시적인 지연이 발생했다고 하더라도 무시하고 앞에서 설명한 풀이법대로 문제를 풀면 된다.

예제

01 (주)갑은 20X1년초에 기계장치 제작을 개시하였으며, 동 기계장치는 차입원가를 자본화하는 적격자산이다. 기계장치는 20X2년말에 완성될 예정이다. (주)갑은 기계장치 제작을 위해 20X1년초에 ₩60,000과 20X1년 7월 1일에 ₩40,000을 각각 지출하였다.

(주)갑의 차입금 내역은 다음과 같다.

차입금	차입일	차입금액	상환일	이자율	이자지급조건
A	20X1.1.1	₩40,000	20X1.12.31	8%	단리/매년말지급
B	20X1.1.1	₩10,000	20X1.12.31	12%	단리/매년말지급
C	20X1.7.1	₩30,000	20X2. 6.30	10%	단리/매년말지급

이들 차입금 중에서 차입금 A는 기계장치 제작을 위한 특정차입금이다. 차입금 B와 C는 일반목적 차입금이다. 한편 (주)갑은 20X1년 1월 1일에 ₩10,000의 정부보조금을 수령하여 이를 기계장치 제작에 사용하였다.

제작중인 동 기계장치에 대하여 20X1년에 자본화할 차입원가는 얼마인가? 단, 정부보조금은 원가차감법으로 회계처리한다.

2012. CPA

① ₩5,600 　　　　② ₩5,700 　　　　③ ₩5,900
④ ₩6,440 　　　　⑤ ₩7,400

01.

X1		12.31			
1.1	60,000 × 12/12	= 60,000			
1.1	(10,000) × 12/12	= (10,000)			
7.1	40,000 × 6/12	= 20,000			
		70,000			
특정	40,000 × 12/12	= 40,000	(8%)	→ 3,200	
일반	(70,000	− 40,000)	(10.8%)	→ 3,240	(한도: 2,700)
				5,900	
R	= 2,700/25,000 = 10.8%				
B	10,000 × 12/12	= 10,000	(12%)	→ 1,200	
C	30,000 × 6/12	= 15,000	(10%)	→ 1,500	
계		25,000		2,700	

Step 1. 연평균 지출액

1. 연도와 12.31(or 완공일) 쓰기

X1년의 차입원가를 자본화하므로 좌측 상단에 X1을 기재하고, X2년에 완성되므로 오른쪽에 12.31을 쓴다.

2. 지출일과 지출액 쓰기

1.1	60,000
1.1	(10,000)
7.1	40,000

지출일 옆에 지출액을 쓴다. 정부보조금은 음수로 적는다.

3. 연평균 지출액 구하기

X1		12.31
1.1	60,000 × 12/12	= 60,000
1.1	(10,000) × 12/12	= (10,000)
7.1	40,000 × 6/12	= 20,000
		70,000

12.31까지 월할로 평균한다.

Step 2. 특정차입금 자본화: 차입금 × 월수/12 = 연평균 차입금(이자율) → 특정 차입금 자본화액

특정	40,000 × 12/12	= 40,000	(8%)		→ 3,200

1. 차입금 × 월수/12 = 연평균 차입금

   특정차입금 A는 1.1부터 12.31까지 차입하였다. 전부 건설 기간과 겹치므로 12개월을 전부 자본화한다.

2. 특정차입금 자본화액: 연평균 차입금(이자율)→특정 차입금 자본화액

   이자율이 8%이므로 자본화액은 3,200이다.

Step 3. 일반차입금 가중평균차입이자율 및 한도 계산

R	= 2,700/25,000 = 10.8%			
B	10,000 × 12/12	= 10,000	(12%)	→ 1,200
C	30,000 × 6/12	= 15,000	(10%)	→ 1,500
계		25,000		2,700

1. 차입금 × 월수/12 = 연평균 일반차입금(이자율) → 이자비용

   일반차입금 자본화액을 계산할 땐 건설기간을 고려할 필요가 없다. 당기 중 차입 기간 전체를 자본화한다. C는 7.1부터 차입하였으므로 당기 중에는 6개월만 자본화한다.

2. R(일반차입금 가중평균차입이자율) = 이자비용 계/연평균 일반 차입금 계

   2,700을 25,000으로 나누면 R을 계산할 수 있다.

Step 4. 일반차입금 자본화: (연평균 지출액 − XXX) × R (한도: 이자비용 계)

특정	40,000 × 12/12	= 40,000	(8%)	→ 3,200	
일반	(70,000	− 40,000)	(10.8%)	→ 3,240	(한도: 2,700)
				5,900	

1. XXX = 연평균 특정 차입금 − 연평균 일시 투자액

   일시투자가 없으므로, 연평균 특정 차입금 40,000을 그 아래에 바로 적는다. Step 1에서 구한 연평균 지출액 70,000에서 40,000을 차감한 뒤, R 10.8%을 곱하면 일반차입금 자본화액이 계산된다.

2. 일반차입금 자본화액 한도: 이자비용 계

   Step 3에서 구한 이자비용 합계 2,700이 일반차입금 자본화액의 한도이다. 일반차입금 자본화액 한도에 걸렸기 때문에 자본화액은 3,200 + 2,700 = 5,900이다.

답 ③

02 (주)대한은 20X1년 7월 1일에 공장건물을 신축하기 시작하여 20X2년 10월 31일에 해당 공사를 완료하였다. (주)대한의 동 공장건물은 차입원가를 자본화하는 적격자산이다.

> • 공장건물 신축 관련 공사비 지출 내역은 다음과 같다.
>
> | 구분 | 20X1.7.1. | 20X1.10.1. | 20X2.4.1. |
> |---|---|---|---|
> | 공사비 지출액 | ₩1,500,000 | ₩3,000,000 | ₩1,000,000 |
>
> • (주)대한은 20X1년 7월 1일에 ₩200,000의 정부보조금을 수령하여 즉시 동 공장건물을 건설하는 데 모두 사용하였다.
> • 특정차입금 ₩2,500,000 중 ₩300,000은 20X1년 7월 1일부터 9월 30일까지 연 4% 수익률을 제공하는 투자처에 일시적으로 투자하였다.
> • (주)대한의 차입금 내역은 다음과 같으며, 모든 차입금은 매년 말 이자지급 조건이다.
>
> | 차입금 | 차입일 | 차입금액 | 상환일 | 연 이자율 |
> |---|---|---|---|---|
> | 특정 | 20X1.7.1. | ₩2,500,000 | 20X2.8.31. | 5% |
> | 일반 | 20X1.1.1. | 2,000,000 | 20x3.12.31. | 4% |
> | 일반 | 20X1.7.1. | 4,000,000 | 20X2.12.31. | 8% |

(주)대한이 동 공사와 관련하여 20X1년에 자본화할 차입원가는 얼마인가? 단, 연평균지출액, 이자수익 및 이자비용은 월할로 계산한다.

2022. CPA

① ₩73,000 　　　　② ₩83,000 　　　　③ ₩92,500

④ ₩148,500 　　　　⑤ ₩152,500

해설

02.

```
X1                          12.31
7.1    1,500,000 × 6/12    = 750,000
7.1    (200,000) × 6/12    = (100,000)
10.1   3,000,000 × 3/12    = 750,000
                            1,400,000

특정    2,500,000 × 6/12   = 1,250,000    (5%)    →62,500
일시    (300,000) × 3/12   = (75,000)     (4%)    →(3,000)
일반    (1,400,000         − 1,175,000)   (6%)    →13,500    (한도: 240,000)
                                                  73,000

R     = 240,000/4,000,000 = 6%
일반   2,000,000 × 12/12   = 2,000,000    (4%)    →80,000
일반   4,000,000 × 6/12    = 2,000,000    (8%)    →160,000
계                          4,000,000             240,000
```

답 ①

3 공사 두 번째 해의 차입원가 자본화

당기에 공사를 시작한 것이 아니라, 전기부터 차입원가 자본화를 시작했다면 풀이법이 조금 달라진다. 기존 풀이법과의 차이점을 중심으로 설명하겠다.

X2		완공일			
1.1	전기지출액 × 월수/12	= XXX			
1.1	지출액 × 월수/12	= XXX			
3.1	지출액 × 월수/12	= XXX			
7.1	(보조금) × 월수/12	= (XXX)			
	①	연평균 지출액			
특정	차입금 × 월수/12	= XXX	(이자율)	→ 특정차입금 자본화액	
일시	(일시투자) × 월수/12	= (XXX)	(이자율)	→ (일시투자 차감액)	
일반	(연평균 지출액	− XXX)	(R)	→ 일반차입금 자본화액	(한도: 이자비용 계)
				차입원가 자본화액	
R	= 이자비용 계/연평균 차입금				
A	차입금 × 월수/12	= XXX	(이자율)	→ 이자비용	
B	차입금 × 월수/12	= XXX	(이자율)	→ 이자비용	
계		연평균 차입금		이자비용 계	

1. 전기 지출액

공사를 당기에 시작한 것이 아니라서 전기에 발생한 지출액이 있다면, 왼쪽에 1.1을 쓴 뒤, 그 옆에 전기의 총 지출액을 적는다. 전기 지출액은 전기부터 계속해서 돈을 빌린 상태이므로 1.1부터 이자가 붙는다. 따라서 1.1부터 완공일까지 연평균 지출액을 구한다.

만약 X1년에 공사를 시작하여 X2년의 차입원가 자본화액을 묻는다면 X1년의 총 지출액이 필요하므로 X1년도 지출액 아래에 밑줄을 긋고 ① 위치에 총 지출액을 적자.

2. 전기 차입원가 자본화액 포함 여부 심화

전기 지출액을 적을 땐, 문제의 가정에 따라 전기 차입원가 자본화액을 포함할 수도 있고, 포함하지 않을 수도 있다. 대부분의 문제에서는 전기 차입원가 자본화액을 포함하지 않는 것으로 가정한다. 하지만 다음 문장이 제시된다면 전기 지출액에 전기의 차입원가 자본화액을 포함시켜야 한다. 매월말 장부금액에는 차입원가 자본화액도 포함되어 있기 때문이다.

'적격자산 평균지출액은 건설중인 자산의 매월말 장부금액 가중평균으로 한다.'

예제

03 (주)대한은 20X1년 3월 1일부터 공장건물 신축공사를 실시하여 20X2년 9월 30일에 해당 공사를 완료하였다. 동 공장건물은 차입원가를 자본화하는 적격자산이다. (주)대한의 신축공사와 관련된 자료는 다음과 같다.

구분	20X1.3.1.	20X1.10.1.	20X2.1.1.	20X2.9.1.
공사대금 지출액	₩300,000	₩400,000	₩300,000	₩120,000

종류	차입금액	차입기간	연 이자율
특정차입금A	₩240,000	20x1. 3.1.~20x2. 9.30.	6%(단리)
일반차입금B	₩240,000	20x1. 3.1.~20x2. 6.30.	6%(단리)
일반차입금C	₩60,000	20x1. 6.1.~20x2.12.31.	9%(단리)

20X1년 3월 1일의 지출액에는 공장건물 건설과 관련하여 동 일자에 수령한 정부보조금(상환의무 없음) ₩200,000이 포함되어 있다. 특정차입금A 중 ₩100,000은 20X1년 4월 1일부터 20X1년 9월 30일까지 연 이자율 3%(단리)의 정기예금에 예치하였다. (주)대한이 20X2년도에 자본화할 차입원가는 얼마인가? 단, 전기 이전에 자본화한 차입원가는 연평균 지출액 계산 시 포함하지 아니하며, 연평균 지출액, 이자수익 및 이자비용은 월할로 계산한다. 그리고 모든 차입금과 정기예금은 매월 말 이자 지급(수취) 조건이다. 2023. CPA

① ₩16,450 ② ₩21,900 ③ ₩23,400
④ ₩42,700 ⑤ ₩53,200

해설

03.

(1) 전기 지출액: 300,000 + 400,000 − 200,000(정부보조금) = 500,000

    – 전기 이전에 자본화한 차입원가는 연평균 지출액 계산 시 포함하지 않으므로, X1년도 차입원가 자본화 금액
은 구하지 않아도 된다.

(2) 차입원가 자본화액: 23,400

```
X2                              9.30
전기    500,000 × 9/12          =375,000
1.1     300,000 × 9/12          =225,000
9.1     120,000 × 1/12          =10,000
                                 610,000


특정    240,000 × 9/12          =180,000      (6%)      →10,800
일반    (610,000                 −180,000)     (7%)      →30,100      (한도: 12,600)
                                                          23,400


R      =12,600/180,000=7%
B       240,000 × 6/12          =120,000       (6%)      →7,200
C       60,000 × 12/12          =60,000        (9%)      →5,400
계                               180,000                 12,600
```

 ③

1 감가상각방법

1. 감가상각비 계산식 및 상각률

회계학 시험에서 출제되는 감가상각방법은 다음의 4가지가 있다. 같은 줄에 써놓은 방법끼리는 상각률만 다를 뿐, 계산 식은 같다. 앞으로 감가상각 대상 자산의 내용연수를 'n', 잔존가치를 's'라고 표시하겠다.

	감가상각비 계산 식
정액법, 연수합계법	(취득원가 – s) × 상각률
정률법, 이중체감법	기초 장부금액 × 상각률 = (취득원가 – 기초 감가상각누계액) × 상각률

유형자산의 장부금액은 '취득원가-감가상각누계액-손상차손누계액'을 의미한다. 손상차손누계액이 없다면 장부금액은 '취득원가-감가상각누계액'이다.

	상각률
정액법	1/n
연수합계법	내용연수를 역수로 표시한 당년도 수÷내용연수 합계
정률법	문제상 상각률
이중체감법	2/n

참고로, 연수합계법의 상각률의 분모인 '내용연수 합계'는 다음과 같이 구한다.

$1+2+3+\cdots+n=n(n+1)/2$

2. 김수석의 감가상각 표기 방법

감가상각을 할 때에는 5가지를 적자. ①취득시점, ②취득원가, ③내용연수, ④잔존가치, ⑤상각방법. 본서에서 'X1', 'X2'와 같이 연도를 표시한 것은 전부 기말 기준을 의미한다. X1년초는 X0년말과 일치하므로 'X0'으로 표기할 것이다.

자산과 관련된 정보를 적은 다음, 화살표를 아래쪽으로 뻗으면서 그 옆에 괄호 열고 감가상각비를 적는다. 가령, ₩10,000짜리 유형자산을 X1년 1월 1일에 취득하여 내용연수 4년, 잔존가치 ₩1,000, 정액법으로 상각한다면 다음과 같이 표시한다.

X0	10,000	n = 4, s = 1,000, 정액
	↓ (2,250)	
X1	7,750	

2 특정 시점(X2말)의 장부금액을 빠르게 구하기

문제에서 특정 시점의 장부금액을 구하고 싶다면 감가상각비를 구하지 않고 바로 계산이 가능하다.

	X2말 감가상각누계액	X2말 장부금액
1. 정액법	① (취득원가 − s) × 2/n	② 취득원가 − X2말 감가상각누계액
2. 연수합계법 (n = 4 가정 시)	① (취득원가 − s) × (4 + 3)/10	② 취득원가 − X2말 감가상각누계액
3. 정률법, 이중체감법	② 취득원가 − X2말 장부금액	① 취득원가 × $(1 − 상각률)^2$

1. 정액법, 연수합계법: 감누->BV 순

정액법과 연수합계법은 위 표의 식을 이용하여 감가상각누계액을 먼저 구한 뒤, 취득원가에서 빼면 된다.

2. 정률법, 이중체감법: BV->감누 순

정률법과 이중체감법은 매년 기초 장부금액 중 상각률에 해당하는 금액만큼 상각하고, (1−상각률)만큼 남기기 때문에, 매년 (1−상각률)을 제곱하여 곱하면 바로 장부금액을 계산할 수 있다. 감가상각누계액을 구하고 싶다면 취득원가에서 장부금액을 빼면 된다.

3 기중 취득 및 기중 처분 자산의 감가상각 ★중요!

1. 정액법

앞에서 배운 감가비 계산 식은 '1년치' 감가상각비를 계산하는 식이다. 만약 감가상각대상 자산을 1월 1일이 아닌 기중에 취득 및 처분한 경우에는 1년치 감가상각비를 월할 상각해야 한다. 가령, 7월 1일에 취득했다면 1년치 감가비를 계산한 다음 ×6/12를 해야 한다. 회계학뿐 아니라 세법에서도 매우 자주 출제되는 사항이므로 감가상각 시에는 반드시 취득, 처분일을 확인하자.

2. 연수합계법: 얘만 연도가 걸쳐 있으면 나눠서 계산할 것!

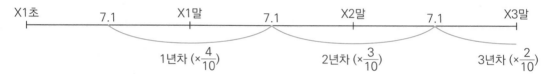

정액법과 달리 연수합계법은 매년 상각률이 달라진다. 이때 상각률은 회계연도가 아니라 취득 시점으로부터의 경과 연수에 따라 달라진다. 예를 들어, 내용연수가 4년이라면 '취득 시점으로부터' 1년간은 상각률이 4/10, 그다음 1년간은 3/10이 된다. X1년 7월 1일에 취득한 자산에 대해 내용연수 4년, 연수합계법을 적용한다면 위 그림과 같이 X1.7.1~X2.6.30까지는 4/10을, X2.7.1~X3.6.30까지는 3/10을 이용해야 한다.

3. 정률법 및 이중체감법: 기본식대로 풀 것!

정률법과 이중체감법도 원칙대로 하면 연수합계법처럼 '연차별' 상각비를 구하고, 이를 각 회계연도에 배분해야 한다. 하지만 그렇게 할 필요 없이, 원래 계산식 대로 '기초 미상각잔액 × 상각률'로 감가상각 해주어도 동일한 결과가 나온다.

> **사례**
>
> (주)김수석은 20X1년 10월 1일에 기계장치를 ₩1,100,000에 취득하였다. 내용연수는 4년으로 추정되며, 잔존가치는 ₩100,000이다. 상각률은 0.451이다. 20X1년~20X3년까지의 연도별 감가상각비를 구하시오.

답

시점	원칙	기초 미상각잔액 × 상각률	감가상각비
X1년	1,100,000 × 0.451 × 3/12	1,100,000 × 0.451 × 3/12	124,025
X2년	1,100,000 × 0.451 × 9/12 +1,100,000 × 0.549 × 0.451 × 3/12	975,975 × 0.451	440,165
X3년	1,100,000 × 0.549 × 0.451 × 9/12 +1,100,000 × 0.549^2 × 0.451 × 3/12	535,810 × 0.451	241,650

기초 취득 가정 시 각 연차별 상각비는 다음과 같다.
- 1년차 상각비: 1,100,000 × 0.451
- 2년차 상각비: 1,100,000 × 0.549 × 0.451
- 3년차 상각비: 1,100,000 × 0.549^2 × 0.451

정률법의 장부금액을 빠르게 구하는 방법에서 서술한 것처럼, 취득원가에 (1−상각률)을 제곱하면 장부금액을 구할 수 있고, 여기에 다시 상각률을 곱하면 해당 연도 감가상각비를 구할 수 있다. 이를 월할 해준 것이 표 왼편에 있는 '원칙' 식이다.

하지만 이렇게 풀면 시간이 너무 오래 걸리고, 복잡하다. 계산기를 이용해서 '기초 미상각잔액 × 상각률'을 해도 동일한 결과가 나오는 것을 확인하고, 앞으로는 이 방법을 이용하자. 왜 두 방법이 동일한 지는 문제를 푸는 데 필요하지 않으므로 생략하겠다. 결과적으로는, **연수합계법**만 원칙대로 계산하면 된다.

사례

(주)대한은 20X1년 10월 1일에 취득원가 ₩650,000, 잔존가치 ₩50,000의 기계장치를 취득한 후 사용해오고 있다. 이 기계장치의 내용연수가 3년이라고 할 때, 각 상황별로 20X2년말 재무상태표에 보고되어야 할 이 기계장치의 장부금액을 구하시오.

상황 1. 감가상각방법으로 정률법을 사용하는 경우 (상각률 0.425)

상황 2. 감가상각방법으로 정액법을 사용하는 경우

상황 3. 감가상각방법으로 연수합계법을 사용하는 경우

답

	상황 1: 정률법
X1년 감가상각비	650,000 × 0.425 × 3/12=69,063
X2년 감가상각비	(650,000−69,063) × 0.425=246,898
X2말 감가상각누계액	69,063+246,898=315,961
X2말 장부금액	650,000−315,961=334,039

	상황 2: 정액법	상황 3: 연수합계법
X1년 감가상각비	(650,000 − 50,000) × 1/3 × 3/12 = 50,000	(650,000−50,000) × 3/6 × 3/12 =75,000
X2년 감가상각비	(650,000 − 50,000) × 1/3 = 200,000	(650,000−50,000) × 3/6 × 9/12 + (650,000−50,000) × 2/6 × 3/12 = 275,000
X2말 감가상각누계액	50,000 + 200,000 = 250,000	75,000 + 275,000 = 350,000
X2말 장부금액	650,000 − 250,000 = 400,000	650,000 − 350,000 = 300,000

정액법과 연수합계법은 '취득원가−잔존가치'에 상각률의 누적액을 곱해서 X2년말 감가상각누계액을 한 번에 구할 수도 있다.

정액법=(650,000−50,000)×(1/3×15/12)=250,000

연수합계법=(650,000−50,000)×(3/6+2/6×3/12)=350,000

예제

01 (주)대한은 20X1년 9월 1일 내용연수 5년의 기계장치를 취득하였다. 이 기계장치는 정률법을 사용하여 감가상각하며, 감가상각률은 36%이다. 20X2년도에 인식한 감가상각비는 ₩253,440이다. 20X3년도에 인식할 기계장치의 감가상각비는 얼마인가? 단, 계산 방식에 따라 단수차이로 인해 오차가 있는 경우, 가장 근사치를 선택한다. 2014. CPA

① ₩ 85,899 　　　　② ₩ 91,238 　　　　③ ₩ 102,005
④ ₩ 103,809 　　　　⑤ ₩ 162,202

해설

01.

X1.9.1	취득원가	n = 5, r = 36%
	↓	
X1	704,000	
	↓ (253,440)	
X2	450,560	
	↓ (162,202)	
X3		

X1년말 장부금액 = 253,440/36% = 704,000
X2년말 장부금액 = 704,000 × (1 – 36%) = 450,560
X3년도 감가상각비 = 450,560 × 36% = 162,202

빠른 풀이〉
X3년도 감가상각비 = 253,440 × (1 – 36%) = 162,202

계산기 사용법 253,440×36% –
매년 기초 장부금액의 36%를 상각하고, (1 – 36%)만큼 비례적으로 남기 때문에, 당기 감가상각비에 (1 – 36%)를 곱하면 차기 감가상각비를 구할 수 있다.

참고 취득원가
X1년말 장부금액 = 취득원가 × (1 – 36% × 4/12) = 704,000
→ 취득원가 = 800,000
취득원가를 구한 뒤 X3년의 감가상각비를 구한 학생도 있을 텐데, 취득원가는 800,000이다.

 ⑤

4 감가상각의 변경

감가상각의 변경은 회계추정의 변경에 해당하며, 전진법을 적용한다. 전진법을 적용한다는 것은 과거에 인식했던 감가상각비를 수정하지 않고, 감가상각 변경 효과를 남은 기간에 반영하겠다는 것을 의미한다. 감가상각의 변경은 다음 4가지 요소를 변경할 경우 발생한다.

1. 추가 지출

자본적 지출이 발생하는 경우 장부금액에 가산하고, 그 가산된 금액을 기준으로 감가상각한다. 자본적 지출은 시간의 흐름 없이 금액만 변동하기 때문에 감가상각($\downarrow$)과 구분하기 위하여 '$\downarrow$'으로 표기하겠다.

2. 상각 방법 변경

상각 방법이 변경되는 경우 변경 시점의 장부금액을 남은 기간 동안 새로운 상각 방법으로 상각하면 된다. 전진법을 적용하기 때문이다.

3. n(내용연수): '잔여'내용연수 확인!

내용연수가 바뀌는 경우, 이미 지나간 기간은 차감한 수정된 '잔여'(=잔존)내용연수로 상각한다. 가령, 내용연수가 5년인 자산에 대해서 2년 경과 후 내용연수를 6년으로 수정한다면, 정액법 가정 시 상각률은 1/6이 아닌 1/4가 된다. 이미 지나간 기간은 차감한 잔여내용연수로 상각률을 계산해야 한다.

문제에서 수정 후 '잔여내용연수'를 직접 주는 경우도 있는데, 이때는 문제에 제시된 잔여내용연수를 바로 사용하면 된다.

한편, 내용연수가 바뀌지 않더라도, 이미 지나간 기간이 있으므로 상각률이 바뀌니 주의하자. 내용연수가 5년인 자산에 대해서 2년 경과 후 '잔존가치'만 바꿨다고 하자. 내용연수는 바뀌지 않았지만 경과한 기간으로 인해 정액법 가정 시 상각률은 1/5가 아닌 1/3이 된다.

4. s(잔존가치): 0이 아닌지 항상 확인!

잔존가치를 바꾸면 바꾼 잔존가치로 남은 기간동안 상각하면 된다. 잔존가치를 바꿨을 때는 실수를 안 하는데 오히려 안 바꿨을 때 잔존가치를 차감하지 않는 실수를 종종 한다. 잔존가치를 바꾸지 않았다면 취득 시 가정한 잔존가치를 계속해서 사용하면 된다. 대부분의 문제에서는 잔존가치를 0으로 제시하지만, 0이 아닐 수도 있으므로 잔존가치를 바꾸지 않더라도 잔존가치를 항상 확인하는 습관을 갖자.

예제

02 (주)한국은 20×1년 1월 1일에 기계장치를 ₩450,000에 취득하면서 운송비와 설치비로 ₩50,000을 지출하였다. 이 기계장치는 내용연수 5년, 잔존가치 ₩0으로 정액법을 적용하여 감가상각하고 있다. 20×3년 1월 1일 사용 중이던 동 기계장치의 생산능력을 높이고 사용기간을 연장하기 위해 ₩100,000을 지출하였으며, 일상적인 수선을 위해 ₩5,000을 지출하였다. 지출의 결과로 기계장치의 내용연수는 5년에서 7년으로 연장되었으며 잔존가치는 ₩50,000으로 변경되었다. (주)한국이 20×3년도에 인식해야 할 감가상각비는? (단, 원가모형을 적용하며 손상차손은 없다)

2019. 국가직 9급

① ₩50,000
② ₩60,000
③ ₩70,000
④ ₩80,000

해설

02.

```
X0    500,000              n=5, s=0
X1    ↓ (200,000)=(500,000-0) × 2/5
X2    300,000
    ↙
      400,000 n=7-2=5, s=50,000
```

(1) 취득원가: X1초 운송비와 설치비는 취득부대비용이므로 취득원가에 가산한다.
(2) 후속 지출: X3초 사용기간을 연장하기 위한 지출은 자본적 지출로 취득원가에 가산하지만, 일상적인 수선은 수익적 지출로 당기비용 처리한다.
(3) 내용연수 변경: 내용연수가 5년에서 7년으로 연장되었는데, 7로 나누는 것이 아니라, 경과연수 2년을 고려하여 5로 나눈다는 것에 주의한다. 출제자는 7로 나누었을 때 계산되는 50,000도 ①번에 함정으로 끼워 놓았다.
X3년도 감가상각비: (400,000-50,000)/5=70,000

 답 ③

5. 감가상각요소 변경 후 연수합계법을 적용하는 경우 상각률

: '남은 기간을 대상으로 변경 시점이 1기인 것처럼' 상각

연수합계법의 상각률은 '4/10, 3/10, …'의 방식으로 줄어든다. 기존에 연수합계법을 적용하다가 감가상각요소가 변경할 수도 있고, 다른 상각 방법을 적용하다가 연수합계법으로 변경할 수도 있다. 어느 상황이든 무언가가 바뀌면 지나간 것은 무시하고 남은 기간만을 대상으로 상각률을 구하자. 잔여내용연수가 3년이면 3/6, 4년이면 4/10과 같이 말이다. 잔여내용연수만 보고 변경 시점이 상각 첫해라고 생각하면 된다.

예제

03 (주)한국은 20X1년 1월 1일에 영업용 건물(취득원가 ₩100,000, 잔존가치 ₩0, 내용연수 10년, 정액법 감가상각)을 취득하여 원가모형을 적용하고 있다. 20X3년 1월 1일에 ₩30,000의 수선비가 지출되었고, 이로 인하여 내용연수가 2년 연장될 것으로 추정하였다. 수선비는 자산화하기로 하였으며, (주)한국은 감가상각방법을 20X3년초부터 연수합계법으로 변경하기로 하였다.

영업용 건물의 회계처리가 (주)한국의 20X3년도 당기순이익에 미치는 영향은? 단, 단수차이로 인해 오차가 있다면 가장 근사치를 선택한다.

2017. CPA

① ₩11,000 감소   ② ₩14,545 감소   ③ ₩16,666 감소

④ ₩20,000 감소   ⑤ ₩21,818 감소

해설

03.

```
X0      100,000           n = 10, s = 0, 정액
        ↓ (10,000)
X1       90,000           n = 9
        ↓ (10,000)
X2       80,000
      ↘ 110,000           n = 8 + 2, 연수합계
        ↓ (20,000)
X3
```

X3년도 감가상각비: (110,000 − 0) × 10/55 = 20,000

– 감가상각요소 변경 후 연수합계법을 적용하는 경우 '남은 기간을 대상으로 변경 시점이 1기인 것처럼' 상각하면 된다고 설명했다. 잔여 내용연수가 10년이므로 상각률의 분모는 10 × 11/2 = 55이고, 분자는 10이 된다.

답 ④

패턴 08 정부보조금

정부보조금은 유형자산 등을 취득할 때 정부로부터 수령하는 보조금을 말한다. 유형자산 취득 시 정부보조금이 있는 경우 회계처리에 대해서 배울 것이다. 정부보조금은 회계사 1차 시험에 2년에 한 번꼴로 출제되는 주제이다. 이론은 다소 복잡할 수 있지만, 김수석의 꿀팁에서 설명하는 간편법만 숙지하면 문제를 굉장히 쉽게 풀 수 있으므로 이론이 이해가 가지 않는다면 간편법이라도 기억해서 반드시 맞히자.

1 정부보조금 회계처리 방법

IFRS에서 인정하는 정부보조금의 회계처리 방법은 원가차감법과 이연수익법 두 가지가 있다.

1. 원가차감법

원가차감법은 정부보조금을 유형자산의 차감적 평가계정으로 계상하는 방법이다. 쉽게 생각해서, 감가상각누계액과 같은 역할이라고 보면 된다. 유형자산을 100원에 취득 시 10원의 보조금을 받았다면 회사 입장에서는 90원을 지급하고 취득한 것이므로 취득원가를 90원으로 보는 관점이다. 감가상각비는 100원을 기준으로 계산하지만, 실질적인 취득원가는 90원이므로 정부보조금 10원에 해당하는 감가상각비는 취소시켜주어야 한다. 따라서 원가차감법에 따르면 정부보조금을 환입하면서 감가상각비를 감소시킨다.

2. 이연수익법

이연수익법은 정부보조금을 부채(이연수익)로 계상하는 방법이다. 여기에 등장하는 '이연수익'은 선수수익과 같은 말이다. 보조금을 부채로 계상한 뒤, 보조금 환입액만큼 수익을 인식하면서 부채와 상계한다.

	원가차감법				이연수익법			
자산 취득 시	유형자산	총 취득원가	현금	XXX	유형자산	총 취득원가	현금	XXX
			정부보조금 (유형자산)	보조금			정부보조금 (이연수익)	보조금
매기말	감가비	총 감가비	감누	총 감가비	감가비	총 감가비	감누	총 감가비
	정부보조금	보조금 환입액	감가상각비	보조금 환입액	정부보조금	보조금 환입액	기타수익	보조금 환입액
자산 처분 시	현금	처분가액	유형자산	총 취득원가	현금	처분가액	유형자산	총 취득원가
	감누	누적 감가비			감누	누적 감가비		
	정부보조금 (유형자산)	보조금 잔액			정부보조금 (이연수익)	보조금 잔액		
	처분손익 XXX (방법 무관)				처분손익 XXX (방법 무관)			

2 정부보조금 환입액

> 정부보조금 환입액 = 정부보조금 × 감가상각비/(취득원가 – 잔존가치)

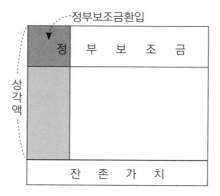

정부보조금 환입액은 정부보조금에 상각률을 곱해서 계산한다. 상각대상자산이 상각된 비율만큼 정부보조금도 제거해야 하기 때문이다. 상각률은 '감가상각비/(취득원가-잔존가치)'로 구한다. 분모에 있는 '취득원가-잔존가치'가 상각대상금액이고, 그 중 감가상각비의 비율이 상각률이기 때문이다. 잘 이해가 가지 않는 학생은 위 그림을 참고하자. 전체 면적이 취득원가이고, 제일 아래에 있는 것이 잔존가치이다. 전체 면적 중에서 잔존가치를 제외한 나머지를 전부 상각해야 하는데, 이 중 당기에 상각한 부분이 왼쪽에 세로로 길게 있는 네모이다. 상각대상금액 중에서 상각액에 해당하는 부분만큼 정부보조금을 환입해야 하므로 정부보조금 왼쪽에 있는 진한 색으로 표시된 작은 네모만큼 환입하면 된다.

3 장부금액 및 감가상각비

	원가차감법	이연수익법
장부금액	취득원가 – 감누 – 보조금 잔액	취득원가 – 감누
감가상각비	감가상각비 – 보조금 환입액	감가상각비

1. 원가차감법

원가차감법은 정부보조금을 유형자산의 차감으로 본다. 따라서 장부금액 계산 시 취득원가에서 감누를 차감한 뒤, 정부보조금 잔액까지 차감해야 한다. 감가비 계산 시에는 보조금 환입액을 감가비에서 차감한다.

2. 이연수익법

이연수익법은 정부보조금을 부채로 본다. 따라서 장부금액 계산 시 정부보조금을 차감하지 않으며, 보조금 환입액은 수익으로 인식하므로, 감가비에서 차감하지 않는다.

4 처분손익: 무조건 정부보조금을 차감한 순액으로 구할 것!

> 처분손익 = 처분가액 – 원가차감법에 따른 장부금액

처분손익은 처분가액에서 원가차감법에 따른 장부금액을 차감하면 된다. 이연수익법을 적용하더라도 남은 부채(이연수익)를 모두 처분손익에 반영하기 때문이다.

 **핵심록!** 정부보조금 회계처리 방법에 따른 처리 방법 요약

	원가차감법	이연수익법
정부보조금 처리 방법	자산의 차감 → 감가비와 상계	부채 → 수익
장부금액	취득원가 – 감누 – 보조금 잔액	취득원가 – 감누
감가상각비	감가상각비 – 보조금 환입액	감가상각비
유형자산처분손익	처분가액 – (취득원가 – 감누 – 보조금 잔액)	

장부금액과 감가상각비는 회계처리 방법에 따라 달라지지만, 처분손익은 두 방법 동일하다는 것을 기억하자.

 **꿀팁!** 원가차감법을 적용하고, 정액법이나 연수합계법으로 상각하는 경우 간편법

: 정부보조금을 차감한 금액을 취득원가로 볼 것! ★**중요!**

취득원가 순액 = 취득원가 총액 − 정부보조금

정부보조금 문제는 주로 원가차감법을 적용하고, 정액법이나 연수합계법으로 상각하는 경우로 출제된다. 이 경우 취득원가 총액에서 정부보조금을 차감한 금액을 취득원가로 보고 감가상각비, 장부금액 등 문제의 요구사항을 구하면 된다.

가령, 유형자산을 100원에 취득 시 10원의 보조금을 받았다면 취득원가를 90원으로 보고 감가상각비, 장부금액, 처분손익을 구하면 된다. 이렇게 풀어도 되는 이유는 정액법이나 연수합계법의 경우 감가상각률과 정부보조금이 상각되는 비율이 같은 방식으로 계산되기 때문이다. **정률법이나 이중체감법의 경우에도 정부보조금 환입액 공식은 정액법이나 연수합계법과 같다.** 따라서 정률법이나 이중체감법은 상각률과 정부보조금 환입률이 다르다. 그렇기 때문에 정률법이나 이중체감법은 취득원가 순액으로 문제의 요구사항을 구하면 안 된다. 이유는 중요하지 않으므로 이해가 되지 않으면 결론만 기억하자.

5 정부가 시장이자율보다 낮은 이자율로 대출해주는 경우 정부보조금

정부보조금 = 대출액 × (시장R − 정부R) × '시장R'의 연금현가계수

정부보조금에는 현금 보조뿐만 아니라, 저리 대출도 있다. 이 경우 위 계산 식을 이용하여 정부보조금을 구한다. 시장이자율보다 이자율이 싸기 때문에 매년 '대출액 × (시장R − 정부R)'만큼 이자를 적게 지급한다. 이를 '시장이자율'로 할인하면 정부보조금이 계산된다. 시장이자율로 할인하는 이유는 시장이자율이 시장에서 거래되는 이자율, 쉽게 말해서 이자율의 시세이기 때문이다. 이해가 안 되면 그냥 외우자. 정부보조금을 계산한 이후에는 일반적인 현금 보조금과 같은 방식으로 문제를 풀면 된다.

01 (주)성서전자는 정부의 전략산업육성지침에 따라 기계장치 구입자금의 일부를 정부로부터 보조받았다. (주)성서전자는 국고보조금 ₩20,000,000을 이용하여 20X1년 1월 1일에 취득원가 ₩100,000,000의 기계장치를 구입하였다. 정부보조금에 부수되는 조건은 이미 충족되었고 상환의무가 없으며 국고보조금은 기계장치 구입 당일에 수취하였다. 동 기계장치의 잔존가치는 없으며, 내용연수는 10년, 감가상각방법은 정액법으로 결정되었다. (주)성서전자는 동 기계장치를 20X5년 12월 31일에 ₩35,000,000에 처분하였다.

다음 중 동 기계장치와 관련된 기록을 설명한 것으로 맞는 것은 어느 것인가? (단, 법인세 효과는 고려하지 않는다.) 2011. CPA

① 자산관련정부보조금은 재무상태표에 이연수익으로 표시(이연수익법)하거나 자산의 장부금액을 결정할 때 차감하여 표시(원가차감법)하는 방법이 있는데 한국채택국제회계기준에서는 이연수익법을 허용하지 않고 있다.

② 이연수익법을 적용하면 20X1년 12월 31일 현재 재무상태표에 보고되는 유형자산의 순장부금액이 ₩90,000,000으로 원가차감법을 적용했을 때의 ₩72,000,000보다 크다.

③ 이연수익법과 원가차감법 모두 20X1년도 포괄손익계산서상 정부보조금수익은 ₩2,000,000이다.

④ 이연수익법을 적용하면 20X5년도 포괄손익계산서상 유형자산처분이익 ₩5,000,000이 당기손익에 반영되지만, 원가차감법을 적용하면 유형자산처분손실 ₩5,000,000이 당기손익에 반영된다.

⑤ 이연수익법과 원가차감법 모두 20X1년 12월 31일 현재 재무상태표에 동 거래와 관련하여 부채가 보고되지 않는다.

해설

01.
계산 없이 문장만 읽어봐도 답을 고를 수 있는 문제였다.

빠른 풀이법〉
① IFRS는 이연수익법과 원가차감법 모두 인정한다. (X)
② 정확한 금액을 계산해야 하므로 △ 표시하고 넘어간다.
③ 원가차감법을 적용하는 경우 정부보조금 상각액을 수익이 아닌 감가상각비의 감소로 인식한다. (X)
④ 어느 방법을 적용하더라도 유형자산처분손익은 일치한다. (X)
⑤ 이연수익법을 적용하는 경우 정부보조금이 이연수익(부채)으로 계상된다. (X)

②번을 제외하고 전부 틀린 문장이므로 ②번을 답으로 표시하고 넘어간다. 시간이 남으면 다시 돌아와서 계산을 해보면 된다.

참고
② X1년 말 정부보조금 잔액: 20,000,000 × 9/10 = 18,000,000
　　X1년 말 유형자산 장부금액
　　 – 이연수익법: 100,000,000 × 9/10 = 90,000,000
　　 – 원가차감법: 90,000,000 – 18,000,000
　　 = (100,000,000 – 20,000,000) × 9/10 = 72,000,000 (간편법)
③ 정부보조금 환입액: 20,000,000 × 10,000,000/(100,000,000 – 0) = 2,000,000
④ 유형자산처분손익: 35,000,000 – (100,000,000 – 20,000,000) × 5/10 = (–)5,000,000 (손실)

처분 시 회계처리〉

현금	35,000,000	기계장치	100,000,000
감가상각누계액	50,000,000		
국고보조금	10,000,000		
유형자산처분손실	5,000,000		

 ②

02 (주)코리아는 20X1년 1월 1일 지방자치단체로부터 자금을 전액 차입하여 기계장치를 ₩200,000에 구입하였다. 지방자치단체로부터 수령한 차입금은 20X5년 12월 31일에 상환해야 하며, 매년말에 액면이자율 연2%를 지급하는 조건이다. (주)코리아가 구입한 기계장치의 추정내용연수는 5년이고, 잔존가치는 ₩0이며 정액법으로 감가상각한다. 20X1년 1월 1일 구입당시의 시장이자율은 연10%이며, 10%의 현가계수는 아래의 표와 같다.

기간	단일금액 ₩1의 현가	정상연금 ₩1의 현가
4	0.6830	3.1699
5	0.6209	3.7908

20X1년 1월 1일에 (주)코리아가 지방자치단체로부터 수령한 차입금 중 정부보조금으로 인식할 금액과 20X1년 12월 31일 현재 기계장치의 장부금액은 각각 얼마인가? 정부보조금은 전액 기계장치 구입에만 사용하여야 하며, 자산의 취득원가에서 차감하는 원가(자산)차감법을 사용하여 표시한다. 단, 소수점 첫째자리에서 반올림하며, 계산결과 단수차이로 인한 약간의 오차가 있으면 가장 근사치를 선택한다.

2015. CPA

	정부보조금	기계장치의 장부금액
①	₩50,720	₩99,343
②	₩50,720	₩123,605
③	₩60,657	₩134,474
④	₩60,657	₩124,474
⑤	₩60,657	₩111,474

해설

02.

(1) 정부보조금: 200,000 × (10% − 2%) × 3.7908 = 60,652 → 60,657(단수차이)

객관식 보기 상 60,652와 가장 가까운 60,657을 정부보조금으로 본다.

시장이자율이 10%이므로 문제에서도 10%의 현가계수를 제공해주었다.

(2) 기계장치 장부금액: (200,000 − 60,657) × 4/5 = 111,474

잔존가치가 0, 정액법, 원가차감법이므로 취득원가 순액에 4/5를 곱하면 장부금액을 구할 수 있다.

답 ⑤

유형자산은 원가모형이나 다음 패턴에서 배울 재평가모형으로 평가한다. 원가모형이란 유형자산의 취득원가에서 감가상각누계액과 손상차손누계액을 차감한 금액을 장부금액으로 표시하는 방법을 말한다.

회계사 1차 시험에 출제된 원가모형과 재평가모형의 문제 수를 합치면 평균적으로 매년 1문제 가량 출제되었으며, 원가모형보다는 재평가모형의 출제 빈도가 더 높다.

X0	취득원가		n, s, 상각방법	
	↓ (감가상각비)			
X1	상각 후 원가			
	↓ (감가상각비)			
X2	상각 후 원가(A)	― (손상차손) →	회수가능액 = MAX[사용가치, 순공정가치]	
	↓ (감가상각비)		↓ (감가상각비) n = 잔존내용연수, s	
X3	환입 한도	← 손상차손환입 ―	상각 후 원가	

STEP 1 1차 상각

문제에 제시된 방법으로 감가상각한다.

STEP 2 손상: 무조건 큰 거!

회수가능액 = MAX[사용가치, 순공정가치]
순공정가치=공정가치−처분부대비용
사용가치=PV(자산이 창출할 CF)
① 숫자 하나만 제시하면: 그 금액
② 숫자 두 개를 제시하면: 한글 읽을 필요 없이 무조건 큰 금액!

손상징후가 있는 연도에는 감가상각 후, 회수가능액이 상각후원가보다 작다면 손상차손(PL)을 인식한다. 회수가능액은 위와 같이 계산한다.

STEP 3 ─ 2차 상각: 잔존내용연수, 잔존가치 주의!

1. 잔존내용연수

다시 상각을 시작할 때 정액법이라 하더라도, '잔존내용연수'를 이용하기 때문에 상각률이 달라진다. 지나간 기간은 차감하고 상각률을 다시 구하자.

2. 잔존가치

대부분의 문제에서는 잔존가치를 0으로 제시하지만, 0이 아닐수도 있으니 잔존가치도 항상 주의하자.

STEP 4 ─ 손상차손환입: 한도 주의! ★중요!

> 손상차손환입 한도 = 손상을 인식하지 않았을 경우의 장부금액
> = 손상 인식 이전 금액에서 한 번 더 상각한 금액

손상이 회복된 경우에는 손상차손환입(PL)을 인식한다. 이때, **원가모형에는 손상차손환입에 한도가 존재**한다. 기준서 상 손상차손환입 한도는 '손상을 인식하지 않았을 경우의 장부금액'이다. 이를 구하기 위해서는 손상차손을 인식하기 전 상각 후 원가에서 한 번 더 상각하면 된다. 풀이법 그림에서 A에서 X3년 말까지 한 번 더 상각한 금액이 손상차손환입 한도이다. 대부분의 문제는 정액법을 가정하므로 같은 금액만큼 더 상각하면 쉽게 환입 한도를 계산할 수 있다.

예제

01 (주)ABC는 20X1년 1월 1일에 내용연수 5년, 잔존가치 ₩0인 기계장치를 ₩200,000에 취득하여 제품을 생산하고 있으며 감가상각은 정액법을 사용한다. 20X1년 12월 31일 기계장치의 순공정가치가 ₩100,000이고 사용가치는 ₩120,000이며, 손상차손의 인식조건을 충족하였다. 그로부터 2년 후 20X3년 12월 31일에 기계장치의 회수가능액이 ₩150,000으로 상승하였다. (주)ABC가 자산에 대해 원가모형으로 회계처리 할 때 20X3년도에 손상차손환입으로 인식할 금액은 얼마인가?

2014. CPA

① ₩ 90,000 ② ₩ 60,000 ③ ₩ 50,000

④ ₩ 20,000 ⑤ ₩ 10,000

해설

01.
손상차손환입: 20,000

```
        X0    200,000      n = 5, s = 0, 정액
               ↓ (40,000)
        X1    160,000    ─ (40,000) →    120,000(큰거)    n = 4, s = 0, 정액
               ↓ (40,000)                  ↓ (30,000)
        X2    120,000                     90,000
               ↓ (40,000)                  ↓ (30,000)
        X3     80,000(한도)  ← 20,000 ─    60,000
```

X3년말에 회수가능액이 150,000까지 상승하지만, 원가모형에는 손상차손환입에 한도가 있으므로 한도인 80,000까지만 환입해야 한다.

답 ④

02 (주)대한은 20X1년 1월 1일에 현금 ₩80,000을 지급하고 기계장치를 취득하였다. (주)대한은 동 기계장치에 대해 내용연수는 5년, 잔존가치는 ₩0으로 추정하였으며 감가상각방법으로 정액법을 사용하기로 하였다. 20X1년 말 동 기계장치에 자산손상 사유가 발생하여 (주)대한은 자산손상을 인식하기로 하였다. 20X1년 12월 31일 현재 동 기계장치의 회수가능액은 ₩50,000이다. (주)대한은 20X2년 1월 1일 동 기계장치의 잔존 내용연수를 6년으로, 잔존가치를 ₩5,000으로 재추정하여 변경하였다. 20X2년 12월 31일 현재 동 기계장치의 회수가능액은 ₩30,000이다. (주)대한이 20X2년 12월 31일 재무상태표에 동 기계장치의 손상차손누계액으로 표시할 금액은 얼마인가? 단, (주)대한은 동 기계장치에 대해 원가모형을 선택하여 회계처리하고 있다.
2019. CPA

① ₩21,500 　　　② ₩25,000 　　　③ ₩26,500
④ ₩28,500 　　　⑤ ₩30,000

해설

02.
X2년말 손상차손누계액: 14,000+12,500=26,500
−손상차손누계액은 손상차손의 누적액을 의미한다.

```
        X0    80,000      n = 5, s = 0, 정액
               ↓ (16,000)
        X1    64,000    ─ (14,000) →    50,000    n = 6, s = 5,000, 정액
                                          ↓ (7,500)
        X2                               42,500   ─ (12,500) →   30,000
```

답 ③

유형자산 재평가모형 ★중요!

1 유형자산 재평가모형 풀이법

유형자산 취득 후 공정가치 변동을 인식하지 않았던 원가모형과 달리 재평가모형 적용 시에는 유형자산을 매년 말 공정가치로 평가한다. 재평가모형도 원가모형과 마찬가지로 손상차손을 인식할 수 있는데, 재평가모형의 손상은 다음 패턴에서 배울 것이다.

X0	취득원가	n, s, 상각방법		
	↓ (감가상각비)			
X1	상각 후 원가	$-$ ⊕ 평가이익 →	FV_1	잔존n, s
		↓ (감가상각비)		
X2		상각 후 원가	$-$ ⊖ 기존 OCI →	FV_2
			(-) 추가 평가손실	

STEP 1 1차 상각

문제에 제시된 방법으로 감가상각한다.

STEP 2 1차 평가

최초 평가에서 인식한 평가이익은 OCI(기타포괄손익)로, 평가손실은 PL(당기손실)로 인식한다. 따라서 재평가 첫 해에는 OCI(재평가잉여금) 혹은 PL(재평가손실)이 계상된다. 편의상 OCI는 원 안에 들어있는 ⊕, ⊖로 표시하고, PL은 괄호 안에 있는 (+), (-)로 표시하겠다. 실전에서도 'OCI', 'PL'을 매번 적는 것보다, 동그라미나 괄호로 구분하는 것이 더 빠를 것이다. 김수석의 교재로 공부하는 수험생은 웬만하면 이 표기법을 따라 하길 바란다.

STEP 3 2차 상각: 잔존내용연수, 잔존가치 주의!

재평가 완료 후, 다시 상각을 해야 한다. 원가모형에서 언급한 바와 같이, 잔존내용연수와 잔존가치를 주의하여 상각하자.

STEP 4 2차 평가

"올라가면 OCI, 내려가면 PL, 상대방 것이 있다면 제거 후 초과분만 인식"

상황	1차 평가		2차 평가
①	이익 (OCI)	이익	OCI
②		손실	기존에 인식한 OCI 제거 후, 초과손실은 PL(재평가손실 인식)
③	손실 (PL)	이익	기존에 인식한 PL 제거 후(재평가이익 인식), 초과이익은 OCI
④		손실	PL

재평가모형에서 최초 평가이익은 OCI, 최초 평가손실은 PL로 인식한다. 만약 2차 평가 시에도 평가손익이 같은 방향으로 발생하면 (①, ④번 상황), 기존에 인식했던 OCI 또는 PL을 추가로 인식하면 된다.

만약 1차 평가와 2차 평가의 방향이 다르다면 (②, ③번 상황), 기존에 인식했던 OCI 또는 PL을 제거하고, 초과분만 PL 또는 OCI로 인식해야 한다. OCI는 이익이든, 손실이든 '재평가잉여금' 계정 하나로 표시하지만, PL은 '재평가이익'과 '재평가손실'로 구분하여 표시한다. 이 재평가 논리를 한 문장으로 요약한 것이 "올라가면 OCI, 내려가면 PL, 상대방 것이 있다면 제거 후 초과분만 인식"이다. 입으로 10번만 소리내어 읽어보면 재평가 논리를 기억할 수 있을 것이다.

> **※주의 당기손익에 미치는 영향: 감가비를 빼먹지 말 것!**
>
> 유형자산 원가모형이든, 재평가모형이든 문제에서 당기손익에 미치는 영향을 물으면 대부분의 수험생은 손상차손(환입) 및 재평가 과정에 집중하게 된다. 하지만 당기손익에 미치는 영향은 이것이 다가 아니다. 바로 감가상각비가 있다. 평가 과정에서 인식한 손익에 감가상각비까지 차감해야 한다는 것을 주의하자.

STEP 5 재평가모형 적용 시 처분손익

> 유형자산처분손익(PL) = 처분가액 – 장부금액
> (재평가잉여금은 재분류조정 X)

감누		감누		유형자산		취득원가
현금		처분가액				
처분 손익(PL) = 처분가액 – 장부금액						
(재평가잉여금		XXX		이익잉여금		XXX)

재평가모형을 적용하는 유형자산을 처분할 때 기존에 인식한 OCI(재평가잉여금)은 재분류조정 하지 않는다. OCI가 처분손익에 미치는 영향이 없으므로 OCI를 무시한 채로 처분가액과 장부 금액을 비교하여 처분손익을 계산하면 된다. 유형자산처분손익은 이익이든, 손실이든 무관하게 당기손익 항목이다. 재평가 과정과 헷갈리지 않도록 하자.

대신, 유형자산이 제거되면서 OCI는 이익잉여금으로 직접 대체할 수 있다. 이익잉여금 대체는 선택 회계처리이므로 생략할 수 있다.

2 재평가모형 회계처리: 무시할 것! 심화

> ① 비례수정법: 취득원가와 감가상각누계액을 비례하여 조정
> ② 감가상각누계액제거법: 감가상각누계액을 전액 제거하고, 취득원가를 공정가치와 일치시킴

재평가모형의 회계처리 방식에는 두 가지가 있다. 비례수정법은 취득원가와 감누를 비례적으로 변화시켜 장부금액을 공정가치에 일치시킨다. 반면, 감누제거법은 기존에 인식한 감누를 전부 제거한 뒤, 취득원가를 공정가치에 일치시킨다. 아래 사례를 참고하자.

사례

(주)김수석은 20X1년 1월 1일 기계장치를 ₩500,000에 구입하였다. 내용연수는 5년, 잔존가치는 ₩0으로 추정되며, 정액법을 적용한다. (주)김수석은 유형자산에 대해 재평가모형을 사용하며, 20X1년말의 공정가치는 ₩600,000이다. 비례수정법과 감가상각누계액제거법을 이용하여 20X1년 재평가 회계처리를 하시오.

답

X0	500,000	n = 5, s = 0, 정액	
	↓ (100,000)	= (500,000 − 0) × 1/5	
X1	400,000	— ⊕ 200,000 →	600,000

	재평가 전		재평가 후	
			비례수정법	감누제거법
취득원가	500,000	x1.5	750,000	600,000
감가상각누계액	(100,000)	x1.5	(150,000)	–
장부금액	400,000	x1.5	600,000	600,000

(1) 비례수정법

장부금액이 400,000에서 600,000으로 1.5배가 되기 때문에 취득원가와 감누 모두 1.5배가 되어야 한다.

기계장치	250,000	감가상각누계액	50,000
		OCI(재평가잉여금)	200,000

(2) 감누제거법

기존에 인식한 감누 100,000을 전부 제거한 뒤, 취득원가를 공정가치인 600,000에 일치시킨다.

기계장치	100,000	OCI(재평가잉여금)	200,000
감가상각누계액	100,000		

문제에서 재평가모형의 회계처리 방법을 제시할 수도 있고, 제시하지 않을 수도 있다. 하지만 문제를 풀 때는 문제에 제시된 회계처리 방법을 무시하자. 회계처리 방법과 무관하게 장부금액(취득원가-감누), 당기손익, 기타포괄손익은 동일하기 때문이다. 회계처리 방법에 따라 차이가 나는 것은 취득원가와 감가상각누계액인데, 재평가모형 문제에서 그 둘을 묻는 경우는 없기 때문에 그림을 그려서 장부금액의 변화만 제대로 파악하면 된다.

3 자산을 사용하면서 재평가잉여금을 이익잉여금으로 대체하는 경우 〔심화〕

〈상각 – 대체 – 평가〉

X0　취득원가　　n, s, 상각방법

↓ (감가상각비)

X1　상각 후 원가　－ ⊕ 평가이익 →　FV₁　　잔존n, s

↓ ① (상각)

X2　　　　　　　　상각 후 원가　－ ③ 평가 →　FV₂

② 대체 ↻

X1년도 FV가 BV보다 커서 재평가잉여금을 계상했다고 가정해보자. 이 재평가잉여금은 처분할 때 이익잉여금으로 대체해도 되지만, 자산을 사용하면서 이익잉여금으로 대체해도 된다. 대부분의 문제에서는 자산을 사용하면서 재평가잉여금을 이익잉여금으로 대체하지 않는다고 가정하니 공격적으로 준비할 수험생은 이 내용을 넘어가도 좋다.

만약 자산을 사용하면서 대체하는 경우에는 상각 후, 이익잉여금 대체를 한 뒤, 평가를 한다. 순서를 다르게 하면 다른 결과가 나오므로 반드시 순서를 기억하자. '상각-대체-평가'이다. 대체는 유형자산의 장부금액 변화 없이 OCI만 변화하는 것이므로 김수석은 대체를 제자리에서 도는 모양 (↻)으로 표시하겠다. 대체 후에는 다시 공정가치 평가를 하는데, 이잉 대체를 하여 OCI 잔액이 감소했기 때문에, 평가손익의 OCI/PL 배분이 달라진다. 반드시 '상각-대체-평가' 순서대로 진행해야 하는 이유가 바로 이 때문이다.

> 이익잉여금 대체액 = 재평가잉여금 × 상각률

이익잉여금 대체액은 재평가잉여금에 상각률을 곱한 금액이다. 정률법을 적용하면 문제에 주어진 상각률을 쓰면 되고, 연수합계법을 적용하면 재평가 시점이 상각 첫해라고 생각하고 상각률을 계산하면 된다. 대부분은 정액법을 적용하므로 이잉 대체액을 아래 방법으로 구하자.

 **정액법으로 상각하는 경우 이익잉여금 대체액**

정액법 상각 시 이익잉여금 대체액 = 재평가잉여금/잔존내용연수

정액법 상각 시 이익잉여금 대체액은 재평가잉여금을 잔존내용연수로 나누면 쉽게 구할 수 있다. 정액법 상각 시 상각률은 1/잔존내용연수이기 때문이다. 이렇게 매년 같은 금액을 대체하야 내용연수 말에 남는 재평가잉여금 없이 전부 대체된다. 대부분의 문제는 정액법으로 출제되므로, 원칙대로 계산하는 것이 어렵다면 이 식이라도 외우자. 본 패턴의 예제 1번을 이익잉여금 대체하는 것으로도 풀었으니, 해설을 참고하자.

예제

01 (주)한국은 20X5년 1월 1일에 기계장치 1대를 ₩300,000에 취득하여 생산에 사용하였다. 동 기계장치의 내용연수는 5년, 잔존가치는 ₩0이며, 정액법으로 감가상각한다. (주)한국은 동 기계장치에 대하여 재평가모형을 적용하여 매년말 감가상각 후 주기적으로 재평가하고 있다. 동 기계장치의 각 회계연도말 공정가치는 다음과 같다.

구 분	20X5년말	20X6년말	20X7년말
공정가치	₩250,000	₩150,000	₩130,000

(주)한국이 위 거래와 관련하여 20X6년도에 인식할 재평가손실과 20X7년도에 인식할 재평가잉여금은 각각 얼마인가? 단, 손상차손은 고려하지 않으며, 재평가잉여금을 이익잉여금으로 대체하지 않는다. 또한 기존의 감가상각누계액 전부를 제거하는 방법을 적용한다.

2015. CPA

	20X6년도 재평가손실	20X7년도 재평가잉여금
①	₩10,000	₩2,500
②	₩27,500	₩2,500
③	₩27,500	₩10,000
④	₩37,500	₩2,500
⑤	₩37,500	₩10,000

해설

01.

```
X4   300,000    n = 5, s = 0, 정액
      ↓ (60,000)
X5   240,000   ─ ⊕ 10,000 → 250,000      n = 4, s = 0, 정액
                              ↓ (62,500)
                   ─ ⊖ 10,000 →
X6                 187,500                150,000    n = 3
                   (−) 27,500
                                          ↓ (50,000)
                              ─ ( + )27,500 →
X7                            100,000                130,000
                                  ⊕ 2,500
```

X6년도 재평가손실(PL): 27,500
X7년도 재평가잉여금: 2,500

재평가잉여금을 이익잉여금으로 대체하지 않는다. 또한, 감누 전액 제거법을 적용한다고 주었지만 회계처리 방법은 신경 쓸 필요 없다.

참고 자산을 사용하면서 이익잉여금 대체 시

```
X4   300,000    n = 5, s = 0, 정액
      ↓ (60,000)
X5   240,000    ─ ⊕ 10,000 → 250,000     n = 4, s = 0, 정액
                              ↓ (62,500)
                   ─ ⊖ 7,500 →
X6                 187,500                150,000    n = 3
                   (−) 30,000
              ⊖ 2,500 ↻                   ↓ (50,000)
X7                            100,000    ─ ( + )30,000 → 130,000
```

이익잉여금 대체액: 10,000/4 = 2,500
– 재평가잉여금 중 2,500을 이익잉여금으로 대체하면 남은 OCI 금액이 달라지므로, 그 이후 평가손익의 PL과 OCI 금액이 달라진다. 이익잉여금으로 대체하는 경우와 대체하지 않는 경우를 비교하면서 보자.

답 ②

02 (주)브룩은 20X1년 1월 1일 기계장치를 ₩1,000,000에 취득하고 재평가모형을 적용하기로 하였다. 동 기계장치의 내용연수는 5년, 잔존가치는 ₩0이며 정액법으로 감가상각한다. 기계장치의 20X1년말 공정가치는 ₩780,000이며, 20X2년말 공정가치는 ₩650,000이다. 동 기계장치와 관련하여 20X2년도 포괄손익계산서상 당기순이익과 기타포괄이익에 미치는 영향은 각각 얼마인가? 단, 재평가잉여금은 이익잉여금으로 대체하지 않으며, 감가상각비 중 자본화한 금액은 없다. 또한 법인세효과는 고려하지 않는다.

2013. CPA

	당기순이익	기타포괄이익
①	₩195,000 감소	₩65,000 증가
②	₩180,000 감소	₩50,000 증가
③	₩175,000 감소	₩45,000 증가
④	₩20,000 증가	₩65,000 감소
⑤	영향없음	₩65,000 증가

해설

02.

```
X0    1,000,000        n = 5, s = 0, 정액
        ↓ (200,000)
X1      800,000      ─ (−) 20,000 →    780,000        n = 4, s = 0, 정액
                                         ↓ (195,000)
X2                                      585,000      ─ ( + ) 20,000 →    650,000
                                                      ⊕ 45,000
```

PL에 미치는 영향: (−)195,000 (감가비) + 20,000 (재평가이익) = 175,000 감소
OCI에 미치는 영향: 45,000 증가
- PL에 미치는 영향 계산 시 감가비를 빼놓지 않도록 주의하자.

재평가잉여금을 이익잉여금으로 대체하지 않는다. 또한, 회계처리 방법이 답에 영향을 미치지 않으므로 아예 주지도 않았다. 제시되었더라도 신경 쓸 필요 없다.

 ③

패턴 11 재평가모형 손상차손

〈내려갈 땐 회수가능액으로, 올라갈 땐 공정가치로〉

X0	취득원가		n, s, 상각방법			
	↓ (감가상각비)					
X1	상각 후 원가	—	FV	→	회수가능액	잔존 n, s
			(−) PL		↓ (감가상각비)	
X2	FV	←	회수가능액	—	상각 후 원가	
			(+) PL			
			⊕ OCI			

STEP 1 1차 상각

문제에 제시된 방법으로 감가상각한다.

STEP 2 평가 및 손상: 손상도 재평가의 일부

재평가모형에서 손상징후가 발생하는 경우 공정가치 평가와 함께 손상차손을 인식해야 한다. 회수가능액이 FV보다 작을 때에만 손상징후가 발생한 것으로 보며, 회수가능액이 FV보다 클 때에는 손상차손을 인식하지 않는다.

재평가모형의 손상차손은 앞 패턴에서 배운 재평가과정의 일부로 본다. 따라서 공정가치는 무시하고 바로 회수가능액으로 감액하면 된다. 재평가 논리에 따라 재평가로 인한 손실과 손상차손을 PL로 인식하되, 기존에 OCI가 있다면 제거 후 초과분만 PL로 인식하면 된다.

STEP 3 2차 상각: 잔존내용연수, 잔존가치 주의!

재평가 및 손상 후, 다시 상각을 해야 한다. 앞서 언급한 바와 같이, 잔존내용연수와 잔존가치를 주의하여 상각하자.

STEP 4 환입 및 평가: 재평가모형과 동일하게 처리

손상이 회복되었으므로 공정가치 평가와 함께 손상차손환입을 인식해야 한다. 이때, 회수가능액까지 감액시켰던 손상차손과 달리 손상차손환입 시에는 공정가치까지 증가시켜야 한다. 재평가모형은 원가모형과 달리 손상차손환입에 한도가 없다. 공정가치까지 쭉 증가시키면 된다.

재평가 논리에 따라 기존에 인식한 PL이 있으므로, 손상차손환입 시 평가이익은 PL을 제거하면서 추가 이익을 OCI로 처리하면 된다.

이때, Step 2와 4에서 손상차손(환입)과 재평가손익(PL)을 구분할 필요는 없다. PL의 총액만 구할 수 있으면 되고, 각 계정과목의 금액은 구하지 않아도 된다. PL과 OCI만 정확하게 구할 수 있다면 답을 고를 수 있게끔 문제를 출제하기 때문이다.

 **내려갈 땐 회수가능액으로, 올라갈 땐 공정가치로**

회수가능액은 손상차손의 기준금액이다. 손상징후가 있을 때는 회수가능액까지 손상차손을 인식하지만, 손상이 회복되면 회수가능액은 쓸모없는 정보이다. 따라서 내려갈 땐 (손상차손) 회수가능액으로, 올라갈 땐 공정가치로 평가하면 된다.

예제

01 (주)한국은 설비자산을 20X1년 초에 ₩400,000에 취득하여, 매년 말 재평가모형을 적용한다. 이 설비자산의 잔존가치는 ₩0, 내용연수는 8년이며, 정액법으로 감가상각한다. 20X2년 초 설비자산의 잔존내용연수를 4년으로 변경하였다. 20X2년 말 설비자산에 대해서 손상을 인식하기로 하였다. 다음은 설비자산의 공정가치와 회수가능액에 대한 자료이다. 20X2년에 당기손익으로 인식할 손상차손은? (단, 설비자산을 사용하는 기간 동안에 재평가잉여금을 이익잉여금으로 대체하지 않는다.)

2015. CTA

구분	공정가치	회수가능액
20X1년 말	₩380,000	₩385,000
20X2년 말	₩270,000	₩242,000

① ₩11,000　　　② ₩13,000　　　③ ₩15,000

④ ₩19,000　　　⑤ ₩28,000

해설

01.

```
X0    400,000      n = 8, s = 0, 정액
       ↓ (50,000)
X1    350,000   — ⊕ 30,000 →   380,000    n = 4, s = 0, 정액
                                ↓ (95,000)
X2                              285,000   — ⊖ 30,000 →   242,000
                                            (−) 13,000
```

(1) X1년말 재평가
X1년도에는 회수가능액이 공정가치 이상이므로 손상을 인식하지 않는다. 따라서 회수가능액은 무시하고 공정가치로 재평가한다.
(2) X2년말 재평가&손상
X2년도에는 문제에서 손상을 인식한다고 했기 때문에 공정가치를 무시하고 회수가능액까지 장부금액을 감소시키면 된다. 기존에 인식했던 재평가잉여금 30,000을 제거하고, 추가분 13,000만 PL로 인식하면 된다.
(3) PL로 인식할 손상차손: **13,000**

참고 X2년 회계처리

X2말	감가상각비	95,000	설비자산	95,000
	재평가잉여금	30,000	설비자산	43,000
	PL(손상차손)	**13,000**		

📖 ②

02 차량운반구에 대해 재평가모형을 적용하고 있는 (주)대한은 20X1년 1월 1일에 영업용으로 사용할 차량운반구를 ₩2,000,000(잔존가치: ₩200,000, 내용연수: 5년, 정액법 상각)에 취득하였다. 동 차량운반구의 20X1년 말 공정가치와 회수가능액은 각각 ₩1,800,000으로 동일하였으나, 20X2년 말 공정가치는 ₩1,300,000이고 회수가능액은 ₩1,100,000으로 자산손상이 발생하였다. 동 차량운반구와 관련하여 (주)대한이 20X2년 포괄손익계산서에 당기비용으로 인식할 총 금액은 얼마인가? 단, 차량운반구의 사용기간 동안 재평가잉여금을 이익잉여금으로 대체하지 않는다.

2021. CPA

① ₩200,000 　　② ₩360,000 　　③ ₩400,000

④ ₩540,000 　　⑤ ₩600,000

02.

X2년 총비용: 400,000(감가비) + 140,000(손상차손) = 540,000

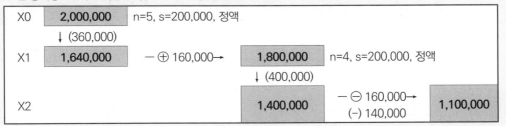

참고 **X2년 회계처리**

X2말	감가상각비	400,000	차량운반구	400,000
	재평가잉여금	160,000	설비자산	300,000
	PL(손상차손)	140,000		

답 ④

취득 시		유형자산	XXX	현금	지출액
				충당부채	PV
매년 말	상각	감가비	XXX	감누	XXX
	이자	이자비용	XXX	충당부채	XXX
충당부채 재평가		유형자산	XXX	충당부채	XXX
복구비용 지출 시		충당부채	예상 복구원가	현금	실제 복구원가
		PL XXX			

 STEP 1 **취득 시: 복구충당부채 금액을 취득원가에 가산**

> 복구충당부채 = 예상 복구원가 × 단순현가계수
> 유형자산 취득원가 = 지출액 + 복구충당부채

사용 완료 후 원상복구의무가 있는 자산은 예상되는 복구원가의 현재가치를 복구충당부채로 계상하고, 복구충당부채 금액을 유형자산의 취득원가에 가산한다. 예상 복구원가는 자산의 사용완료 후 한 번만 발생하는 지출이므로 단순현가계수를 곱해야 한다.

 STEP 2 **매년 말: 유형자산 감가상각 & 복구충당부채 유효이자율 상각**

1. 유형자산 감가상각
유형자산의 취득원가에는 복구충당부채가 가산되어 있으므로, 이 금액을 기준으로 감가상각비를 계산한다.

2. 복구충당부채 유효이자율 상각

> 이자비용 = 기초 충당부채 × 유효 R
> n년 말 충당부채 = X1년 초 충당부채 × $(1 + 유효 R)^n$

복구충당부채는 마지막에만 현금흐름이 있으므로 이자비용이 전부 복구충당부채의 장부금액에 가산된다. 따라서 최초에 인식한 충당부채 금액에 $(1+유효 R)$을 반복해서 곱하면 원하는 시점의 충당부채를 계산할 수 있다. 가령, X1년 초 충당부채 ₩700, 유효이자율 10%이면 X2년 말 충당부채를 다음과 같이 계산할 수 있다.

X2년 말 충당부채=$700 \times (1.1)^2$=847 (계산기 사용법 $1.1 \times \times 700 = =$)

3. 당기비용=감가상각비+이자비용

문제에서 복구충당부채와 관련한 당기비용을 물었다면 감가비와 이자비용의 합으로 답하면 된다. 이자비용을 빠트리지 않도록 주의하자.

STEP 3 복구충당부채 재평가: 현행 R로 할인하여 차액은 유형자산 BV에 반영 심화

복구충당부채는 예상 복구원가를 현재가치한 금액이므로, 자산을 사용하면서 예상 복구원가가 달라질 수 있다. 예상 복구원가가 변경된 경우 '현행이자율'로 복구충당부채 금액을 다시 구한다. 이때, 복구충당부채의 변동액을 손익으로 인식하는 것이 아니라, 유형자산의 장부금액에 반영한다.
참고로, 재평가모형을 적용한다면 복구충당부채의 재평가 과정을 다르게 처리하는데 이는 1차 시험에서는 출제될 확률이 거의 없다.

STEP 4 복구비용 지출 시

복구충당부채는 예상 복구원가의 현재가치이므로, 내용연수 종료 시 복구충당부채의 장부금액은 예상 복구원가가 된다. 하지만 이 금액은 '예상액'이므로 실제 복구원가와 차이가 날 수 있다. 복구비용 지출 시 복구충당부채 장부금액을 제거하고, 실제 복구원가만큼 현금을 지급하며, 대차차액을 PL(당기손익)으로 인식한다.

01 20X1년 1월 1일 (주)대한은 (주)민주로부터 축사를 구입하면서 5년 동안 매년말 ₩100,000씩 지급하기로 했다. (주)대한의 내재이자율 및 복구충당부채의 할인율은 연 10%이다.

축사의 내용연수는 5년이고 잔존가치는 없으며 정액법으로 감가상각 한다. 축사는 내용연수 종료 후 주변 환경을 원상회복하는 조건으로 허가받아 취득한 것이며, 내용연수 종료시점의 원상회복비용은 ₩20,000으로 추정된다. (주)대한은 축사의 내용연수 종료와 동시에 원상회복을 위한 복구공사를 하였으며, 복구비용으로 ₩17,000을 지출하였다.

현가계수표

기간 \ 할인율	단일금액 ₩1의 현재가치 10%	정상연금 ₩1의 현재가치 10%
5년	0.6209	3.7908

위의 거래에 대하여 옳지 않은 설명은? 필요시 소수점 첫째자리에서 반올림하고, 단수 차이로 오차가 있는 경우 ₩10 이내의 차이는 무시한다.

2017. CPA

① 축사의 취득원가는 ₩391,498이다.
② 축사의 20X1년 감가상각비는 ₩78,300이다.
③ 축사의 20X2년 복구충당부채 증가액은 ₩1,366이다.
④ 축사의 20X3년말 복구충당부채 장부금액은 ₩16,529이다.
⑤ 축사의 20x5년 복구공사손실은 ₩3,000이다.

해설

01.
① 축사의 취득원가: 12,418 + 379,080 = 391,498 (O)
　복구충당부채: 20,000 × 0.6209 = 12,418
　장기미지급금: 100,000 × 3.7908 = 379,080
② X1년 감가비: (391,498 − 0)/5 = 78,300 (O)
③ X2년 복구충당부채 증가액: 12,418 × 1.1 × 0.1 = 1,366 (O)
④ X3년말 복구충당부채 잔액: 12,418 × 1.1 × 1.1 × 1.1 = 16,528 (단수차이) (O)

계산기 사용법 1.1××12,418===

⑤ X5년 복구공사이익: 20,000 − 17,000 = 3,000 이익 (X)
– 복구비용을 20,000으로 추정하였는데 실제로 17,000만 지출하였으므로 3,000 이익이다.

회계처리〉
답은 위에 있는 식으로 풀고, 회계처리는 참고 목적으로만 보자. 실전에서는 회계처리까지 할 시간이 없다.

취득 시		축사	391,498	미지급금 충당부채	379,080 12,418
X1말	상각	감가비	78,300	감누	78,300
	이자	이자비용	1,242	충당부채	1,242
	상환	이자비용 미지급금	37,908 62,092	현금	100,000
X2말	상각	감가비	78,300	감누	78,300
	이자	이자비용	1,366	충당부채	1,366
	상환	이자비용 미지급금	31,699 68,301	현금	100,000
X3말	상각	감가비	78,300	감누	78,300
	이자	이자비용	1,503	충당부채	1,503
	상환	이자비용 미지급금	24,869 75,131	현금	100,000
X5말 복구비용 지출 시		충당부채	20,000	현금 이익	17,000 3,000

– X4말, X5말 상각/이자/상환 회계처리는 문제에서 묻지 않았으므로 생략하였다.

 ⑤

02 (주)대한은 20X1년 7월 1일 폐기물처리장을 신축하여 사용하기 시작하였으며, 해당 공사에 대한 대금으로 ₩4,000,000을 지급하였다. 이 폐기물처리장은 내용연수 4년, 잔존가치는 ₩46,400, 원가모형을 적용하며 감가상각방법으로는 정액법을 사용한다. (주)대한은 해당 폐기물처리장에 대해 내용연수 종료시점에 원상복구의무가 있으며, 내용연수 종료시점의 복구비용(충당부채의 인식요건을 충족)은 ₩800,000으로 예상된다. (주)대한의 복구충당부채에 대한 할인율은 연 10%이며, 폐기물처리장 관련 금융원가 및 감가상각비는 자본화하지 않는다. (주)대한의 동 폐기물처리장 관련 회계처리가 20X1년도 포괄손익계산서의 당기순이익에 미치는 영향은 얼마인가? 단, 금융원가 및 감가상각비는 월할 계산하며, 단수차이로 인해 오차가 있다면 가장 근사치를 선택한다. 2020. CPA

할인율	10%
기간	단일금액 ₩1의 현재가치
3년	0.7513
4년	0.6830

① ₩1,652,320 감소 ② ₩1,179,640 감소 ③ ₩894,144 감소
④ ₩589,820 감소 ⑤ ₩374,144 감소

해설

02.
X1년 당기비용: 562,500(감가비) + 27,320(이자비용) = 589,820

(1) X1년 감가비: (4,546,400 − 46,400)/4 × 6/12 = 562,500
    복구충당부채: 800,000 × 0.6830 = 546,400
    축사의 취득원가: 4,000,000 + 546,400 = 4,546,400

(2) X1년 이자비용: 546,400 × 10% × 6/12 = 27,320

− 7.1에 취득하였기 때문에 감가비와 이자비용의 월할상각에 유의하자.

답 ④

Memo

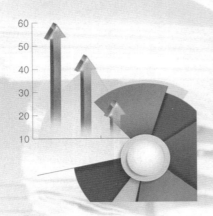

김 용 재 패 턴
회 계 학
중급회계편

투자부동산이란, 임대수익이나 시세차익 또는 둘 다를 얻기 위하여 소유자가 보유하고 있는 부동산을 말한다. 투자부동산은 회계사 시험에서 평균적으로 2년에 1번꼴로 출제되는 주제이다. 무형자산이란 물리적 실체는 없지만 식별가능한 비화폐성 자산을 말한다. 무형자산은 회계사 시험에 거의 매년 출제되는 주제이다.

투자부동산과 무형자산 둘 다 내용이 적고 간단하기 때문에 조금만 공부하면 쉽게 문제를 맞힐 수 있는 가성비가 매우 좋은 주제이다. 분량 많은 유형자산에 치여 지쳐있겠지만 조금만 더 힘을 내길...!

투자부동산 및 무형자산

패턴 13 투자부동산 평가모형

1 원가모형 VS 공정가치모형

투자부동산은 공정가치모형과 원가모형 중 하나를 선택하여 모든 투자부동산에 적용한다.

	원가모형	공정가치모형
감가상각	O	X
공정가치 평가	X	O (평가손익 PL)

1. 원가모형

원가모형은 유형자산 기준서를 준용하여, 유형자산 원가모형과 동일하게 감가상각한다.

2. 공정가치모형

공정가치모형은 감가상각하지 않고, 공정가치로 평가만 하면서 평가손익은 당기손익으로 인식한다.

> **※ 주의 공정가치 모형은 감가상각 X! ★중요!**
>
> 투자부동산이 출제될 경우 대부분 공정가치모형을 적용한다. 공정가치모형은 상각하지 않고, 공정가치 평가만 하기 때문에 문제에 감가상각방법, 내용연수, 잔존가치 등이 제시되어 있더라도 절대 상각해서는 안 된다. 문제에서 제시한 공정가치만 보면서 평가만 해주면 된다.

2 유·무형자산 및 투자부동산의 평가모형 변경 심화

유·무형자산 및 투자부동산의 평가모형 변경은 회계정책 변경에 해당한다. 평가모형은 장부상에 자산을 어떻게 표시할 것을 의미하므로 회계정책이다. 정책변경은 원칙적으로 소급법을 적용해야 하나, 평가모형 변경에 대해서는 전진법을 적용하는 예외가 있다.

Before	After	처리	비고
유·무형 원가모형	유·무형 재평가모형	전진법	소급법 면제 (혜택)
유·무형 재평가모형	유·무형 원가모형	소급법	소급법 적용 (원칙)
투부 원가모형	투부 공정가치모형		

1. 유·무형자산 원가모형→유·무형자산 재평가모형: 소급법 면제 (혜택)

유·무형자산에 대해 원가모형을 적용하다가 최초로 재평가모형을 적용하는 경우 소급법을 면제해주고 있다. 회계정책의 변경에 해당하므로 원칙적으로는 소급법을 적용해야 하나, 재평가모형이 더욱 신뢰성 있는 방법이기에, 재평가모형을 장려하기 위해 기준서에서 혜택을 준 것으로 기억하자.

2. 유·무형자산 재평가모형→유·무형자산 원가모형 & 투자부동산 원가모형→공정가치 모형
: 소급법 적용 (원칙)

1번 규정만 예외적으로 소급법을 면제해주는 것이지, 나머지 평가모형의 변경은 원칙대로 소급법을 적용한다. 재평가모형에서 원가모형으로 가는 경우에는 오히려 정보의 신뢰성이 저해되기 때문에 혜택을 주지 않으며, 회사가 투자부동산을 보유하는 경우는 많지 않기 때문에 투자부동산에 대해 공정가치 모형을 적용하는 경우에도 혜택을 주지 않았다고 생각하자.

예제

01 유통업을 영위하는 (주)대한은 20X1년 1월 1일 건물을 ₩10,000에 취득하였다. 건물의 내용연수는 10년, 잔존가치는 ₩0이며, 정액법으로 상각한다. 다음은 20X1년초부터 20X2년말까지의 동 건물에 관한 공정가치 정보이다.

20X1년초	20X1년말	20X2년말
₩10,000	₩10,800	₩8,800

(주)대한이 동 건물을 다음과 같은 방법(A~C)으로 회계처리하는 경우, 20X2년도 당기순이익 크기 순서대로 올바르게 나열한 것은? 단, 손상차손은 고려하지 않으며, 동 건물의 회계처리를 반영하기 전의 20X2년도 당기순이익은 ₩10,000이라고 가정한다. 2018. CPA

> A 원가모형을 적용하는 유형자산
> B 재평가모형을 적용하는 유형자산(단, 재평가잉여금은 건물을 사용함에 따라 이익잉여금에 대체한다고 가정함)
> C 공정가치모형을 적용하는 투자부동산

① A 〉 B 〉 C   ② A 〉 C 〉 B   ③ B 〉 A 〉 C

④ C 〉 B 〉 A   ⑤ A 〉 B = C

해설

01.

X2년도 당기순이익 크기: A〉B〉C

A. 원가모형 적용 유형자산 (감가비만 인식): 10,000–1,000=9,000

X0	10,000	n = 10, s = 0, 정액
	↓ (1,000)	
X1	9,000	
	↓ (1,000)	
X2	8,000	

B. 재평가모형 적용 유형자산 (감가비 & 재평가): 10,000–1,200=8,800

X0	10,000	n = 10, s = 0, 정액			
	↓ (1,000)				
X1	9,000	— ⊕1,800 →	10,800	n = 9, s = 0, 정액	
			↓ (1,200)		
X2		↻ ⊖200	9,600	— ⊖800 →	8,800

– 이잉 대체 금액: 1,800/9 = 200

C. 공정가치모형 적용 투자부동산 (평가손익만 인식): 10,000–2,000=8,000

X0	10,000	
	↓ 800	
X1	10,800	
	↓ (2,000)	
X2	8,800	

답 ①

02 (주)대한은 20X1년 초 건물을 ₩1,000,000에 취득하여 투자부동산으로 분류하고 원가모형을 적용하여 정액법으로 감가상각(내용연수 10년, 잔존가치 ₩0)하였다. 그러나 20X2년에 (주)대한은 공정가치모형이 보다 더 신뢰성 있고 목적적합한 정보를 제공하는 것으로 판단하여, 동 건물에 대하여 공정가치모형을 적용하기로 하였다. 동 건물 이외의 투자부동산은 없으며, 원가모형 적용 시 20X1년 말 이익잉여금은 ₩300,000이었다. 건물의 공정가치가 다음과 같은 경우, 동 건물의 회계처리와 관련된 설명 중 옳지 않은 것은? 단, 이익잉여금 처분은 없다고 가정한다.

2019. CPA

구분	20X1년 말	20X2년 말
건물의 공정가치	₩950,000	₩880,000

① 20X2년 말 재무상태표에 표시되는 투자부동산 금액은 ₩880,000이다.

② 20X2년도 포괄손익계산서에 표시되는 투자부동산평가손실 금액은 ₩70,000이다.

③ 20X2년 재무제표에 비교 표시되는 20X1년 말 재무상태표상 투자부동산 금액은 ₩950,000이다.

④ 20X2년 재무제표에 비교 표시되는 20X1년도 포괄손익계산서상 감가상각비 금액은 ₩100,000이다.

⑤ 20X2년 재무제표에 비교 표시되는 20X1년 말 재무상태표상 이익잉여금 금액은 ₩350,000이다.

해설

02.

수정 전〉 원가모형: 감가비만 인식

X0	1,000,000	n = 10, s = 0, 정액
	↓ (100,000)	
X1	900,000	

수정 후〉 FV모형: 평가손익만 인식

X0	1,000,000
	↓ (50,000)
X1	950,000
	↓ (70,000)
X2	880,000

유형자산의 재평가모형 최초 도입과 달리, 투자부동산에 대해서 원가모형을 적용하다가 공정가치모형을 적용하는 경우에는 소급법의 면제를 적용받지 못한다. 따라서 원칙적으로 소급법을 적용해야 한다.

① X2말 투부 잔액: 880,000

② X2년 평가손익: 70,000 손실

③ X1말 투부 잔액: 950,000 (소급 적용)

④ 소급 적용하므로 공정가치모형을 적용하며, 감가상각비는 표시되지 않는다. (X)

⑤ X1말 이잉: 300,000 + 100,000(감가비 부인) − 50,000(평가손실 인식) = 350,000

− 이익잉여금은 NI의 누적액이다. X1년 NI가 50,000 증가하므로 이잉도 50,000 증가한다.

 ④

투자부동산 계정 재분류

부동산은 보유 목적에 따라 투자부동산, 유형자산, 재고자산으로 분류할 수 있으며, 보유 목적이 달라지면 계정을 재분류하게 된다.

1 재분류 전 or 후에 원가모형 적용

1) 재분류를 하기 전에 투자부동산을 원가모형으로 평가하다가 다른 계정으로 재분류하는 경우,
2) 다른 계정에서 투자부동산으로 재분류한 후 원가모형을 적용하는 경우에는 **대체 전 자산의 장부금액을 승계하며 자산의 원가를 변경하지 않는다.** 자산의 원가가 불변이므로 재분류 과정에서 손익도 발생하지 않는다.

2 재분류 전 or 후에 공정가치모형 적용

재분류 전 or 후에 공정가치모형을 적용한다면 재분류 시점의 공정가치로 평가하는데, 재분류 전후 계정에 따라 평가손익 처리 방법(PL or OCI)이 달라진다.

1. 투자부동산→유형자산(자가사용부동산), 투자부동산↔재고자산: 당기손익

위 그림에서 실선으로 표시된 재분류는 평가손익을 당기손익으로 인식한다.

2. 유형자산(자가사용부동산)→투자부동산: 재평가모형 논리대로 회계처리

유일하게 유형자산에서 투자부동산으로 재분류하는 경우에만 재평가모형 논리대로 회계처리한다. 오르면 OCI, 내려가면 PL로 인식한다. 재분류 전에 유형자산에 대해서 원가모형을 적용했는지, 재평가모형을 적용했는지는 재분류 과정에 영향을 미치지 않는다.

 **팁!** 계정 재분류 시 평가손익 처리방법 암기법: 변경 전 계정을 따라간다!

변경 전 계정의 원래 평가손익 처리 방법에 따라 계정 재분류 시 평가손익 처리방법이 결정된다. 투자부동산, 재고자산은 원래 평가손익을 당기손익으로 인식한다. 투자부동산의 공정가치모형, 재고자산의 저가법 모두 당기손익으로 인식한다. 따라서 투자부동산이나 재고자산에서 출발해서 타 계정으로 대체 시 평가손익도 당기손익으로 인식한다.

반면, 유형자산은 재평가모형 적용 시 재평가모형 논리를 적용하므로, 따라서 타 계정으로 대체 시 평가손익도 재평가모형 논리대로 인식한다. '유형자산 평가모형에 원가모형도 있지 않음?'과 같은 질문은 하지 않길 바란다. 기존 유형자산에 대해서 원가모형을 적용하더라도 계정 재분류 시에는 재평가모형 논리를 적용한다. 규정이니 그냥 외우자.

※ 주의 **계정 재분류(전진법) VS 평가모형 변경(소급법)**

투자부동산의 계정 재분류를 패턴 13에서 다룬 유·무형자산 및 투자부동산의 평가모형 변경과 헷갈리지 않도록 주의하자. 계정 재분류는 부동산의 '사용 목적'이 바뀔 때 그에 따라 '계정과목'을 바꾸는 것을 의미한다. 이는 상황이 바뀐 것이므로 회계추정의 변경으로 보며, 과거 재무제표를 수정하지 않고 전진법을 적용한다. 반면 평가모형 변경은 바뀌는 것이 없는데 회사의 판단에 따라 장부상에 자산을 표시하는 방법을 바꾼 것이므로 회계정책의 변경으로 보며, 원칙적으로 소급법을 적용한다.

예제

01 (주)세무는 20X1년 1월 1일에 투자목적으로 건물(취득원가 ₩2,000,000, 잔존가치 ₩0, 내용연수 4년, 공정가치모형 적용)을 구입하였다. 20X2년 7월 1일부터 (주)세무는 동 건물을 업무용으로 전환하여 사용하고 있다. (주)세무는 동 건물을 잔여내용연수 동안 정액법으로 감가상각(잔존가치 ₩0)하며, 재평가모형을 적용한다. 공정가치의 변동내역이 다음과 같을 때, 동 거래가 20X2년도 (주)세무의 당기순이익에 미치는 영향은? (단, 감가상각은 월할상각한다.)

2016. CTA

구분	20X1년 말	20X2년 7월 1일	20X2년 말
공정가치	₩2,200,000	₩2,400,000	₩2,500,000

① ₩480,000 감소 　　② ₩280,000 감소 　　③ ₩200,000 증가

④ ₩300,000 증가 　　⑤ ₩580,000 증가

해설

01.

X2년도 PL에 미치는 영향: 200,000 − 480,000 = (−)280,000 감소

```
X0        2,000,000
          ↓ 200,000
X1        2,200,000
          ↓ 200,000
X2.7.1    2,400,000        n = 2.5, s = 0, 정액
          ↓ (480,000)
X2        1,920,000    — ⊕580,000 →        2,500,000
```

(1) 투자부동산 → 유형자산 재분류: FV 평가하면서 차액은 PL로 인식한다.

(2) 유형자산 재평가모형: 재분류 이후에 재평가모형을 적용하므로 감가상각 후 FV 평가를 한다.

　감가비: (2,400,000 − 0) × 1/2.5 × 6/12 = 480,000

　이때 내용연수는 '2.5 = 4 − 1.5'이고, 7.1에 계정 재분류가 이루어지므로 월할 상각에 유의한다.

답 ②

02 (주)대한은 20X1년 1월 1일에 취득하여 본사 사옥으로 사용하고 있던 건물(취득원가 ₩2,000,000, 내용연수 20년, 잔존가치 ₩200,000, 정액법 상각)을 20X3년 7월 1일에 (주)민국에게 운용리스 목적으로 제공하였다. (주)대한은 투자부동산에 대해서 공정가치모형을 적용하고 있으며, 유형자산에 대해서는 원가모형을 적용하고 있다. 건물의 공정가치는 다음과 같다.

20X2년 말	20X3년 7월 1일	20X3년 말
₩2,000,000	₩2,500,000	₩3,000,000

(주)대한의 건물에 대한 회계처리가 20X3년도 당기순이익에 미치는 영향은 얼마인가? 단, 감가상각비는 월할로 계산한다.

2023. CPA

① ₩45,000 감소   ② ₩455,000 증가   ③ ₩500,000 증가

④ ₩600,000 증가   ⑤ ₩1,180,000 증가

해설

02.

X0	2,000,000	n=20, s=200,000, 정액
	↓ (180,000)	
X2	1,820,000	
	↓ (45,000)	
X3.7.1	1,775,000	— ⊕725,000 → 2,500,000
		↓ (+)500,000
X3		3,000,000

X3년 당기순이익: -(1) + (2) = **455,000**

(1) 감가상각비: (1,820,000 - 200,000)/20 × 6/12 = 45,000

(2) 투자부동산평가이익: 3,000,000 - 2,500,000 = 500,000
투자부동산 공정가치모형은 감가상각을 하지 않고, 평가손익만 PL로 인식한다.

(3) 재분류 손익: 2,500,000 - 1,775,000 = 725,000 (OCI)
유형자산을 공정가치모형을 적용하는 투자부동산으로 재분류하였으므로, 재분류 시 공정가치 평가하며, 평가손익은 재평가모형 논리대로 인식한다. 평가증이므로 재평가잉여금(기타포괄이익)을 인식하며, 당기순이익에 미치는 영향이 없다.

 ②

투자부동산 말문제

투자부동산 말문제는 각 상황에 따라 투자부동산에 해당하는지, 해당하지 않는지를 구분하는 것이 중요하다. 다음 표에 있는 내용은 전부 외우자.

투자부동산 O	투자부동산 X
임대 및 장기 시세차익 목적	자가사용부동산 (유형자산)
장래 용도를 결정하지 못한 채로 보유하고 있는 토지	
(금융리스로 보유하여) 운용리스로 제공	금융리스로 제공 (처분임 – 내 자산 아님)
제공하는 용역이 부수적인 경우	제공하는 용역이 유의적인 경우 (호텔)
미래에 투자부동산으로 사용하기 위하여 건설중인 자산	미래에 자가사용하기 위하여 건설중인 자산 (유형자산) 제3자를 위하여 건설중인 부동산 (재고자산)
	연결재무제표 상에서 지배기업과 종속기업 간에 리스한 부동산 (자가사용부동산)
일부 임대, 일부 자가사용: 부분별 매각 불가능시 '자가 사용부분이' 경미할 때만 전체를 투자부동산으로 분류 (그렇지 않으면 전체를 유형자산으로 분류.)	

1. 장래 용도를 결정하지 못한 채로 보유하고 있는 토지: 투자부동산

기업이 투자목적으로 나대지를 보유하고 있는 경우가 있다. 기업은 재무상태표에 투자부동산으로 계상되는 것을 피하고자 보유 목적이 시세차익이라고 밝히지 않고, 미정이라고 주장할 수 있다. 이런 경우 기준서에 따라 해당 토지를 투자부동산으로 간주한다.

2. 운용리스 (투자부동산) VS 금융리스 (내 자산이 아님)

운용리스는 소유권이 이전되지 않는 반면, 금융리스는 소유권이 이전된다. 따라서 직접 보유 또는 금융리스를 통해 보유하고 운용리스로 제공하는 건물은 투자부동산으로 계상하지만, 금융리스로 제공한 부동산은 아예 자산이 아니다.

3. 제공하는 용역: 유의적인 경우 유형자산(호텔), 유의적이지 않으면 투자부동산

부동산 소유자가 부동산 이용자에게 제공하는 용역이 유의적이라면 유형자산으로, 유의적이지 않다면 투자부동산으로 분류한다. 일반적으로 부동산 임대 시 보안과 관리용역을 제공하는데, 이는 유의적이지 않은 용역으로 보고 투자부동산으로 분류한다. 반면, 호텔에서 제공하는 주기적인 침구 교체, 청소 등은 유의적인 용역으로 보고 유형자산으로 분류한다.

4. 건설중인 자산: 완공 후 목적에 따라 분류

건설중인 자산은 완공 후의 목적에 따라 계정을 분류한다. 완공 후 자가사용할 것이라면 유형자산으로, 제 3자에게 판매할 것이라면 재고자산으로, 임대 및 시세차익 목적으로 보유할 것이라면 투자부동산으로 분류한다.

한편, 건설중인 자산을 투자부동산으로 분류하고, 공정가치모형 적용 시에는 완공 후 본 계정 대체 시 공정가치 평가를 하며, 평가손익을 당기손익으로 인식한다.

5. 지배기업 또는 종속기업에게 부동산을 리스한 경우: 연결재무제표 상 유형자산으로 분류

지배기업과 종속기업은 개별기업의 관점에서는 별도의 기업이지만, 연결 실체의 관점에서는 하나의 기업이다. 따라서 지배기업과 종속기업 간에 부동산을 리스한 경우 연결재무제표에서는 투자부동산으로 분류하지 않는다. (자가사용부동산으로 분류)

6. 일부 임대, 일부 자가사용: 분리 매각할 수 없다면 '자가 사용 부분이' 경미한 경우에만 전체를 투자부동산으로 분류

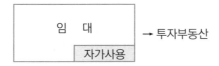

부동산 중 일부분은 임대수익이나 시세차익을 얻기 위하여 보유하고, 일부분은 자가사용하기 위하여 보유하는 경우, 부동산을 분리 매각할 수 있다면 분리하여 회계처리한다. 하지만 분리 매각할 수 없다면 '자가 사용 부분이 경미한 경우에만' 전체를 투자부동산으로 분류한다. (그렇지 않은 경우는 전체를 유형자산으로 분류한다.)

7. 제3자에게서 받는 보상은 '받을 수 있게 되는 시점'에 (not 받은 시점에) 당기손익으로 인식

투자부동산의 손상, 멸실 또는 포기로 제3자에게서 받는 보상은 받을 수 있게 되는 시점에 당기손익으로 인식한다. 실제 보상을 받은 시점이 아닌 받을 수 있게 되는 시점에 수익을 인식한다는 점을 기억하자. 회계는 발생주의를 적용하므로 당연한 규정이라고 생각하면 기억하기 쉬울 것이다.

예제

01 투자부동산의 분류에 관한 설명으로 옳지 않은 것은?   2018. CTA 수정

① 부동산 중 일부는 시세차익을 얻기 위하여 보유하고, 일부분은 재화의 생산에 사용하기 위하여 보유하고 있으나, 이를 부분별로 나누어 매각할 수 없고, 재화의 생산에 사용하기 위하여 보유하는 부분이 경미한 경우 전체 부동산을 투자부동산으로 분류한다.

② 공정가치모형을 적용하는 경우, 투자부동산의 공정가치 변동으로 발생하는 손익은 발생한 기간의 당기손익에 반영한다.

③ 장래 자가사용할지 또는 통상적인 영업과정에서 단기간에 판매할지를 결정하지 못한 토지는 자가사용부동산이며 투자부동산으로 분류하지 않는다.

④ 건물의 소유자가 그 건물 전체를 사용하는 리스이용자에게 보안과 관리용역을 제공하는 경우에는 당해 건물을 투자부동산으로 분류한다.

⑤ 재고자산을 공정가치로 평가하는 투자부동산으로 대체하는 경우, 재고자산의 장부금액과 대체시점의 공정가치의 차액은 당기손익으로 인식한다.

해설

01.
장래에 사용목적으로 결정하지 못한 채로 보유하는 토지는 **투자부동산**으로 분류한다.

④ '보안과 관리용역'은 부동산 제공자가 부동산 이용자에게 제공하는 부수적인 용역의 예이다. 부수적인 용역을 제공하므로 투자부동산으로 분류하는 것이 맞다.

답 ③

02 투자부동산의 회계처리에 대하여 옳지 않은 설명은? 2017. CPA

① 금융리스를 통해 보유하게 된 건물을 운용리스로 제공하고 있다면 해당 건물은 투자부동산으로 분류한다.

② 공정가치로 평가하게 될 자가건설 투자부동산의 건설이나 개발이 완료되면 해당일의 공정가치와 기존 장부금액의 차액은 당기손익으로 인식한다.

③ 운용리스로 제공하기 위하여 직접 소유하고 있는 미사용 건물은 투자부동산에 해당된다.

④ 지배기업이 보유하고 있는 건물을 종속기업에게 리스하여 종속기업의 본사 건물로 사용하는 경우 그 건물은 지배기업의 연결재무제표에서 투자부동산으로 분류할 수 없다.

⑤ 투자부동산의 손상, 멸실 또는 포기로 제3자에게서 받는 보상은 보상금을 수취한 시점에서 당기손익으로 인식한다.

해설

02.
보상금은 수취한 시점이 아니라 받을 수 있게 되는 시점에 당기손익으로 인식한다.

④ 지배기업이 보유하는 건물을 종속기업에게 리스하는 경우 연결재무제표에서 투자부동산이 아닌 자가사용부동산으로 분류한다. 투자부동산으로 분류할 수 '없다'고 얘기하고 있으므로 올바른 문장이다.

 ⑤

16 무형자산 기준서 ★중요!

1 무형자산의 최초 인식

1. 원칙: 원가 측정

무형자산을 최초로 인식할 때에는 원가로 측정한다.

2. 사업결합 시: 공정가치 측정

사업결합으로 취득하는 무형자산의 원가는 취득일의 공정가치로 한다. 이는 '사업결합' 기준서에 따른 것으로, 사업결합으로 인수하는 모든 자산과 부채는 공정가치로 계상하기 때문이다.

3. 무형자산의 인식 조건

다음의 조건을 모두 충족하는 경우에만 무형자산을 인식한다.
(1) 자산에서 발생하는 미래경제적효익이 기업에 유입될 가능성이 높다.
(2) 자산의 원가를 신뢰성 있게 측정할 수 있다.

4. 개별 취득하는 무형자산과 사업결합으로 취득하는 무형자산은 자산에서 발생하는 미래경제적효익이 기업에 유입될 가능성이 높다는 발생가능성 인식기준을 '항상' 충족하는 것으로 본다. ★중요!

다른 말문제에서 '항상'이라는 문장이 나오면 틀린 문장이다. 하지만 여기에서는 유일하게 '항상'이 맞는 문장이니 외워두자.

2 무형자산으로 인식할 수 없는 항목 ★중요!

1. 내부창출 영업권

내부적으로 창출한 영업권은 자산으로 인식하지 않는다.

2. 내부창출 브랜드 등

내부적으로 창출한 브랜드, 제호, 출판표제, 고객 목록과 이와 실질이 유사한 항목은 무형자산으로 인식하지 않는다. 사업을 전체적으로 개발하는 데 발생한 원가와 구별할 수 없기 때문이다.

3 내부적으로 창출한 무형자산

1. 연구단계: 비용, 개발단계: 조건부 자산

연구단계에서 발생한 지출은 비용으로, 개발단계에서 발생한 지출은 자산 인식요건을 모두 충족하는 경우 자산으로 인식한다. 여기서 개발단계가 '조건부' 자산화라는 것에 주의하자. 개발단계에서 발생한 지출이 자산화된다고 언급하면 틀린 선지이다. 개발단계의 자산 인식 요건은 수험 목적상 중요하지 않으므로 생략한다.

연구개발비

> 연구단계를 초반단계로, 개발단계를 후반단계로 이해하면 될 것이다. 어떤 단계가 초반단계인지 외우기 위해서는 '연구개발비'를 떠올리자. 연구가 앞에 있으므로 이를 초반단계, 개발이 뒤에 있으므로 어느 정도 진행이 된 후반단계로 기억하면 쉽다.

2. 보수주의 규정

> ① 연구단계와 개발단계를 구분할 수 없는 경우에는 모두 연구단계로 본다.
> ② 최초에 비용으로 인식한 무형항목에 대한 지출은 이후에 자산으로 인식할 수 없다.

①번과 ②번 규정은 모두 보수주의에 따른 규정이다. 연구단계와 개발단계 중 애매할 땐 비용으로 인식하도록 연구단계로 보며, 최초에 비용으로 인식한 항목은 계속해서 비용으로 인식하게끔 규정하고 있다.

3. 연구단계와 개발단계의 사례

연구단계: 지식, 여러 가지 대체안	개발단계: 최종 선정안, 주형, 시제품, 시험공장
새로운 지식을 얻고자 하는 활동 **연구결과**나 기타 지식을 탐색, 평가, 최종 선택, 응용하는 활동 여러 가지 대체안을 탐색하는 활동 여러 가지 대체안을 최종 선택하는 활동	최종 선정안을 설계, 제작, 시험하는 활동 공구, 지그, 주형, 금형 등을 설계하는 활동 시제품과 모형을 설계, 제작, 시험하는 활동 경제적 규모가 아닌 시험공장을 설계, 건설, 가동하 는 활동

위는 연구단계와 개발단계에 해당하는 기준서 상 사례들이다. 위 사례들이 출제되기 때문에 사례를 보고 연구단계인지, 개발단계인지 구분할 수 있어야 한다. 기준서 원문을 외우는 것은 어렵기 때문에 다른 색으로 표시한 키워드로 구분하자.

 **지식 → 여러 가지 대체안 (연구) / → 최종 선정안 (개발)**

기준서를 보면 지식의 진화 과정을 알 수 있다. 처음에는 지식에서 출발해서 여러 가지 대체안을 거쳐 최종 선정안으로 좁혀진다. 이 중 지식과 여러 가지 대체안까지는 연구단계, 최종 선정안은 개발단계에 해당한다.

4 무형자산의 측정

1. 무형자산도 원가모형과 재평가모형 모두 적용 가능 (=유형자산)

무형자산도 유형자산과 마찬가지로 재평가모형을 적용할 수 있다. '무형자산은 원가모형만 적용할 수 있다'라고 한다면 틀린 문장이다.

2. 상각하지 않는 무형자산: 내용연수가 비한정인 무형자산 ex)영업권

내용연수가 비한정인 무형자산은 상각하지 아니한다. 상각하지 않으므로, 손상징후와 무관하게 매년 손상검사를 수행해야 한다.
영업권은 내용연수가 비한정인 무형자산의 사례에 해당한다. 따라서 영업권도 손상징후와 무관하게 매년 손상검사를 수행해야 한다.

3. 내용연수가 비한정인 무형자산

내용연수가 비한정인 경우에는 비한정이라는 가정의 적정성을 매년 검토해야 하며, 비한정이라는 가정이 더 이상 적절하지 않으면 상각을 시작한다.

4. 무형자산의 내용연수

"계약상 권리 또는 기타 법적 권리로부터 발생하는 무형자산의 내용연수는 그러한 계약상 권리 또는 기타 법적 권리의 기간을 초과할 수는 없지만, 자산의 예상사용기간에 따라 더 짧을 수는 있다."

권리로부터 발생하는 무형자산은 그 권리가 보장된 기간에만 사용할 수 있으므로 내용연수가 그를 초과할 수는 없지만, 짧을 수는 있다는 뜻이다.

5. 무형자산의 상각방법

> 무형자산의 상각방법은 자산의 경제적 효익이 소비될 것으로 예상되는 형태를 반영한 방법이어야 한다. / 다만, 그 형태를 신뢰성 있게 결정할 수 없는 경우에는 정액법을 사용한다.

6. 무형자산의 잔존가치

내용연수가 유한한 무형자산의 잔존가치는 다음 중 하나에 해당하는 경우를 제외하고는 영(0)으로 본다.

> ① 내용연수 종료 시점에 제3자가 자산을 구입하기로 한 약정이 있다.
> ② 활성시장이 내용연수 종료 시점에 존재할 가능성이 높고 잔존가치를 그 활성시장에 기초하여 결정할 수 있다.

여기에서 ②번 규정은 중요하지 않으며, ①번 규정에 집중하자. 일반적으로 무형자산의 잔존가치는 0으로 보나, 구입 약정이 있는 경우 약정액을 잔존가치로 한다. '구입 약정이 있어도 잔존가치를 0으로 본다.'라고 틀린 문장이 제시된 적이 있으므로 주의하자.

 **무형자산의 상각: 무형자산은 답정너다!**

> 무형자산은 '답정너'라고 생각하면 상각 규정을 정확하게 기억할 수 있다. 상각방법의 첫 번째 줄에서는 '체계적인 방법'으로 배분하라고 기업에게 재량권을 주고 있지만, 그 뒤에 '웬만하면 정액법을 사용해라'라는 규정이 달려 있다.
>
> 잔존가치도 마찬가지이다. 예외적인 경우에는 0이 아닐수도 있지만, 특별한 경우가 아니면 '웬만하면 0으로' 상각하라고 하고 있다.
>
> 정확히 기억하자. '반드시 정액법, 0으로' 상각해야 하는 것은 아니다. 원칙적으로는 다른 방법으로 상각할 수 있지만, 이 방식을 유도하고 있는 것이다.

예제

01 무형자산과 관련된 다음의 설명 중 옳지 않은 것은? 2014. CPA

① 무형자산을 최초로 인식할 때에는 원가로 측정한다.

② 최초의 비용으로 인식한 무형자산에 대한 지출은 그 이후에 무형자산의 인식요건을 만족하게 된 경우에 한하여 무형자산의 원가로 다시 인식할 수 있다.

③ 무형자산을 창출하기 위한 내부 프로젝트를 연구단계와 개발단계로 구분할 수 없는 경우에는 그 프로젝트에서 발생한 지출은 모두 연구단계에서 발생한 것으로 본다.

④ 내부적으로 창출한 브랜드, 제호, 출판표제, 고객 목록과 이와 실질이 유사한 항목은 무형자산으로 인식하지 않는다.

⑤ 계약상 권리 또는 기타 법적 권리로부터 발생하는 무형자산의 내용연수는 그러한 계약상 권리 또는 기타 법적 권리의 기간을 초과할 수는 없지만, 자산의 예상사용 기간에 따라 더 짧을 수는 있다.

해설

01.
최초에 비용으로 인식한 무형자산에 대한 지출은 그 이후에 무형자산의 원가로 인식할 수 없다.

답 ②

02 무형자산의 인식과 측정에 대한 다음 설명 중 옳지 않은 것은? 2023. CPA 수정

① 개별 취득하는 무형자산과 사업결합으로 취득하는 무형자산은 무형자산 인식조건 중 자산에서 발생하는 미래경제적효익이 기업에 유입될 가능성이 높다는 조건을 항상 충족하는 것은 아니다.

② 무형자산을 최초로 인식할 때에는 원가로 측정하며, 사업결합으로 취득하는 무형자산의 원가는 취득일 공정가치로 한다.

③ 무형자산의 상각방법은 자산의 경제적 효익이 소비될 것으로 예상되는 형태를 반영한 방법이어야 한다. 다만, 그 형태를 신뢰성 있게 결정할 수 없는 경우에는 정액법을 사용한다.

④ 내부적으로 창출한 영업권과 내부 프로젝트의 연구단계에서 발생한 지출은 자산으로 인식하지 않는다.

⑤ 내용연수가 유한한 무형자산을 내용연수 종료 시점에 제3자가 구입하기로 약정한 경우, 잔존가치는 영(0)으로 보지 않는다.

해설

02.
개별 취득하는 무형자산과 사업결합으로 취득하는 무형자산은 무형자산 인식조건 중 자산에서 발생하는 미래경제적효익이 기업에 유입될 가능성이 높다는 조건을 항상 충족하는 것으로 본다.

 ①

03 (주)한국은 제품 공정 A를 연구개발하고 있으며 20X5년 동안에 공정 A 연구개발을 위해 지출한 금액은 ₩100,000이었다. 이 금액 중 ₩70,000은 20X5년 10월 1일 이전에 지출되었고, ₩30,000은 20X5년 10월 1일부터 12월 31일까지 지출되었다. 공정 A는 20X5년 10월 1일에 무형자산 인식기준을 충족하게 되었다. 또한 (주)한국은 20X6년 중 공정 A를 위해 추가로 ₩30,000을 지출하였다. 공정 A가 갖는 노하우의 회수가능액(그 공정이 사용가능하기 전에 해당 공정을 완료하기 위한 미래 현금유출액 포함)은 다음과 같다.

구 분	20X5년말	20X6년말
회수가능액	₩20,000	₩70,000

(주)한국의 20X5년도와 20X6년도의 순이익에 미치는 영향은 각각 얼마인가? 단, 무형자산에 대해 상각하지 않으며, 원가모형을 적용한다. 또한, 20X5년도는 손상 조건을 충족하고, 20X6년도는 손상회복 조건을 충족한다.

2015. CPA

	20X5년도	20X6년도
①	₩80,000 감소	₩20,000 감소
②	₩80,000 감소	₩10,000 증가
③	₩70,000 감소	₩20,000 감소
④	₩70,000 감소	₩10,000 감소
⑤	₩70,000 감소	₩10,000 증가

해설

03.

X5.10.1	30,000		
	↓		
X5	30,000	─ (10,000) →	20,000
	↓ 60,000		↓ 50,000
	↓		↓
X6	60,000(한도)	← **1**0,000 ─	50,000

(1) x5년도 PL: (−)70,000(연구개발비) − 10,000(손상차손) = 80,000 감소
   연구개발비(비용): 70,000
   개발비(무형자산)의 취득원가: 30,000
   − x5.10.1에 무형자산 인식기준을 충족하였으므로 10.1 이후 지출만 자산으로 계상한다.

   손상차손: 30,000 − 20,000 − 10,000
   − 무형자산을 상각하지 않는다고 가정했기 때문에 손상만 인식한다.

(2) x6년도 PL: 10,000 증가
   손상차손환입: 10,000
   − 원가모형을 적용하므로 '손상을 인식하지 않았을 경우 장부금액'까지만 장부금액을 환입할 수 있다. 손상을
     인식하지 않았다면 무형자산의 장부금액은 '30,000(최초 취득원가) + 30,000(x6년도 지출액) = 60,000'
     이므로 환입액은 10,000이다.

답 ②

Memo

김용재패턴
회계학
중급회계편

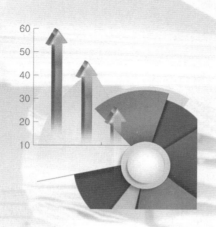

📢 이 장의 출제 뽀인트!*★

금융부채란 일반적으로 거래상대방에게 현금 등 금융자산을 인도하기로 한 계약상 의무를 말한다. 본 장에서는 사채의 회계처리에 대해 배울 것이다. 사채는 당기손익-공정가치 측정 금융부채로 분류하지 않으면 상각후원가 측정 금융부채로 분류한다. 당기손익-공정가치 측정 금융부채는 출제 빈도가 낮기 때문에 본서에는 설명을 생략할 것이며, 본서에 등장하는 모든 금융부채는 상각후원가 측정 금융부채를 가정한다.

회계사 1차 시험에서 금융부채는 평균적으로 1문제 정도 출제되며, 22년과 21년에는 2문제씩 출제되었다. 본 장에서는 현재가치 계산 및 유효이자율 상각이 필수이므로, 회계원리에서 해당 내용을 복습하고 나서 본 장을 공부하면 훨씬 수월하게 이해할 수 있을 것이다.

금융부채

1 유효이자율 상각표

금융부채 문제를 풀기 위해서 유효이자율 상각표를 그리는 것은 기본이다. 사례를 통해 유효이자율 상각표를 빠르게 그리는 방법을 설명한다.

사례

(주)수석은 X1년 초 액면금액 ₩1,000,000, 만기 3년, 액면이자율 8%, 이자 지급일 매년 12월 31일인 사채를 발행하였다. 사채 발행 시 시장이자율이 10%일 때 사채의 발행금액을 구하고, 유효이자율 상각표를 그리시오.

할인율	단일금액 ₩1의 현재가치			정상연금 ₩1의 현재가치		
	1년	2년	3년	1년	2년	3년
8%	0.92593	0.85734	0.79383	0.92593	1.78327	2.57710
10%	0.90909	0.82645	0.75131	0.90909	1.73554	2.48685

	유효이자(10%)	액면이자(8%)	상각액	장부금액
X0		80,000×2.48685+1,000,000×0.75131≒		950,263
X1	95,026	80,000	15,026	965,289
X2	96,529	80,000	16,529	981,818
X3	98,182	80,000	18,182	1,000,000

STEP 1 현재가치(= 발행금액) 구하기

사채의 현재가치=80,000 × 2.48685+1,000,000 × 0.75131=950,258

→표에는 단수차이 없이 950,263으로 적음

계산기 사용법 80,000×2.48685M+ 1,000,000×.75131M+ MR

STEP 2 | 기말 장부금액 = 기초 장부금액 × (1 + 유효이자율) − 액면이자

1. 계산기 사용법 950,263 × 10% + −80,000 =

%까지 누르고 화면에 뜬 95,026을 유효이자 란에 적는다. 그 상태로 +를 누르고, 액면이자 80,000을 빼면 상각액을 굳이 적지 않고도 X1말 잔액 965,289을 바로 구할 수 있다. 위 표에는 이해를 돕기 위해 상각액을 적었지만, 김수석은 현역 때 시간을 아끼기 위해서 상각표를 그릴 때 상각액을 생략했었다. 계산기에 '기초 BV × 유효R% + −액면이자 ='을 계속해서 누르면 상각을 손쉽게 할 수 있다.

2. 차기 상각액 = 당기 상각액 × (1 + 유효이자율)

위 사례의 상각표에서 상각액끼리는 다음의 관계가 성립한다.

15,026 × 1.1 = 16,529, 16,529 × 1.1 = 18,182

15,026 × 1.1^2 = 18,182

'1.1 × × 15,026 = ='을 눌러보면 =을 한 번 눌렀을 때는 16,529이지만 두 번 누르면 18,182이 되는 것을 확인할 수 있다.

이유는 중요하지 않으며, 성질만 기억하자. 예제 1번(19년 회계사 기출)을 풀기 위해서는 이 성질을 알아야 한다.

3. X1말, X2말 장부금액 바로 구하기

(1) X1말 장부금액

① 950,263 × 1.1 − 80,000 = 965,289

   X1년초 장부금액에서 1년간 상각한 금액이다.

② 1,000,000 × 0.82645 + 80,000 × 1.73554 = 965,293

   X1년말은 만기까지 2년이 남아있으므로, 2년 현가계수를 이용해서 현재가치를 구해도 된다.

(2) X2말 장부금액

① 965,289 × 1.1 − 80,000 = 981,818

   X1년말 장부금액에서 1년간 상각한 금액이다.

② 1,000,000 × 0.90909 + 80,000 × 0.90909 = 981,817

   X2년말은 만기까지 1년이 남아있으므로, 1년 현가계수를 이용해서 현재가치를 구해도 된다.

③ (1,000,000 + 80,000) / 1.1 = 981,818

   만기가 1년 남았을 때는 현가계수를 이용하지 않고, 직접 할인하는 것이 빠르다.

2 사채발행비가 유효이자율에 미치는 영향: 유효이자율 상승!

$$PV \downarrow = \sum \frac{CF_n}{(1 + R \uparrow)^n}$$

사채발행비가 존재한다면 유효이자율은 상승한다. 위 식을 보자. 사채발행비가 존재하면 사채 발행 시 현금 수령액(PV)은 감소한다. 미래 현금흐름(CF)은 고정인데, 차변에 있는 현금 수령액이 감소하였으므로, 등식을 맞추기 위해서는 이자율이 상승할 수 밖에 없다.

우리는 공학용 계산기가 아닌 쌀집 계산기를 쓰기 때문에 새로운 유효이자율을 직접 구할 수가 없다. 따라서 사채발행비가 있는 경우 문제에서 사채발행비를 고려한 '새로운 유효이자율'을 제시해 줄 것이다. 시장이자율은 무시하고 유효이자율을 사용하면 된다.

$$새로운 \ 유효이자율 = \frac{X1년도 \ 이자비용}{X1년초 \ PV - 사채발행비}$$

문제에서 새로운 유효이자율을 주지 않는 경우에는 X1년도 이자비용을 줄 것이다. 이때는 역으로 위 식을 이용하여 유효이자율을 계산하면 된다. 예제 2번을 참고하기 바란다.

01 (주)대한은 20X1년 1월 1일 만기가 2년을 초과하는 사채를 발행하였으며, 이는 회사의 유일한 사채이다. 동 사채는 액면이자를 매년 12월 31일에 지급하며, 액면금액을 만기일에 일시상환하는 조건이다. 사채 발행 이후 발행조건의 변경은 없다. 동 사채에 대한 20X1년도와 20X2년도의 관련 이자 정보는 다음과 같다.

구분	20X1년도	20X2년도
연도말 액면이자 지급액	₩120,000	₩120,000
포괄손익계산서상 연간 이자비용	₩148,420	₩152,400

상기 사채의 발행시점의 유효이자율은 얼마인가? 단, 사채발행비와 조기상환, 차입원가 자본화는 발생하지 않았으며, 단수차이로 인해 오차가 있다면 가장 근사치를 선택한다.

2019. CPA

① 14% ② 15% ③ 16%
④ 17% ⑤ 18%

해설

01.

	유효이자(14%)	액면이자	상각액	BV
X0				
X1	148,420	120,000	28,420	
X2	152,400	120,000	32,400	

X2년도 상각액: 152,400 − 120,000 = 32,400
X1년도 상각액: 148,420 − 120,000 = 28,420
32,400/28,420 = 1 + 유효R
→ 유효R = 14%

📖 ①

02 (주)민국은 20X1년 1월 1일 액면금액 ₩1,000,000, 액면이자율 연 5%(매년 말 이자지급), 3년 만기인 회사채를 발행하고 상각후원가측정금융부채로 분류하였다. 사채발행당시 시장이자율은 연 8%이었으며, 사채할인발행차금에 대하여 유효이자율법으로 상각한다. 한편, (주)민국이 동 사채를 발행하는 과정에서 직접적인 사채발행비 ₩47,015이 발생하였으며, (주)민국은 동 사채와 관련하여 20X1년도 포괄손익계산서상 이자비용으로 ₩87,564를 인식하였다. 동 사채와 관련하여 (주)민국이 20X2년도 포괄손익계산서상 이자비용으로 인식할 금액은 얼마인가? (단, 8%, 3기간 기간 말 단일금액 ₩1의 현가계수는 0.7938이며, 8%, 3기간 정상연금 ₩1의 현가계수는 2.5771이다. 계산금액은 소수점 첫째자리에서 반올림하며, 단수차이로 인해 약간의 오차가 있으면 가장 근사치를 선택한다. 또한 법인세 효과는 고려하지 않는다.)

2011. CPA

① ₩91,320   ② ₩92,076   ③ ₩93,560

④ ₩94,070   ⑤ ₩95,783

해설

02.

	유효이자(10%)	액면이자(5%)	상각액	BV
X0				875,640
X1	87,564	50,000	37,564	913,204
X2	91,320			

X1초 PV: 1,000,000 × 0.7938 + 50,000 × 2.5771 = 922,655
X1초 사채의 BV: 922,655 − 47,015 = 875,640
− 사채발행비로 인해 현금 유입액이 감소하므로 사채의 장부금액도 감소한다.

사채발행비를 고려한 유효이자율: 87,564/875,640 = 10%
− 문제에서 X1년도 이자비용을 제시했으므로 이자비용을 기초 장부금액으로 나누면 유효이자를 계산할 수 있다.

X2년도 이자비용: 913,204 × 10% = 91,320

 ①

기중상환 ★중요!

사채의 상환이 기중에 이루어지는 경우 다음과 같이 사채상환손익을 계산한다.

> 사채상환손익 = 상환 시 총부채 − 상환금액
> ① = 상환 시 사채의 BV + 미지급이자 − 상환금액
> ② = 기초 사채의 BV + 상각액 + 미지급이자 − 상환금액
> ③ = 기초 사채의 BV + 유효이자 − 상환금액
> ④ = 기초 사채의 BV × (1 + 유효R × 경과 월수/12) − 상환금액

① 사채상환손익은 총부채에서 상환금액을 차감하여 구한다. 그런데 상환이 기중에 이루어진다면 미지급이자가 존재한다. 따라서 '상환 시 사채의 장부금액 + 미지급이자'가 총부채가 되며, 이 금액에서 상환금액을 차감해야 상환손익을 계산할 수 있다.

② 상환 시에는 기초에서 시간이 경과했기 때문에 사채의 장부금액을 기초 장부금액과 상각액의 합으로 표현할 수 있다.

③ ②번식으로 계산하기 위해서는 유효이자를 먼저 구한 뒤 액면이자와 상각액을 따로 구해야 하는 번거로움이 있다. 따라서 ③번식을 이용한다. 상각액은 유효이자에서 미지급이자를 차감한 금액이므로, '상각액 + 미지급이자'를 유효이자로 대체할 수 있다.

④ 기중에 상환하는 것이기 때문에 유효이자가 1년치 이자가 아닌 상환 시점까지의 이자가 된다. 마지막 유효이자 계산 시 월할 상각하는 것에 유의하자.

이를 그림으로 표현하면 다음과 같다. 상환금액이 상환 시 총부채보다 커서 상환손실이 나오는 것을 가정하고 그림을 그렸는데, 상환손실 자리에 음수가 온다면 상환이익을 의미한다. 실전에서는 그림을 그릴 시간이 없다. 마지막 ④번식을 이용하여 사채상환손익을 계산하자.

상환금액			
상환 시 총부채			상환손실
상환 시 사채 BV		미지급이자	상환손실
기초 사채 BV	상각액	미지급이자	상환손실
기초 사채 BV	유효이자(이자비용)		상환손실
기초 사채 BV	총 비용		

 **기중 상환하는 해의 당기손익에 미치는 영향**

> 당기손익 = 상환손익 − 이자비용 = 기초 사채 BV − 상환금액

사채가 상환되는 해의 당기손익은 이자비용과 상환손익의 합이다. 이자비용은 당기손익을 감소시키므로, 상환손익에서 이자비용을 차감하면 된다. 이는 위 표를 보면 상환금액에서 기초 사채 장부금액을 차감한 것과 일치한다. 문제에서 당기손익을 묻는다면 상환손익을 따로 구하지 말고, 바로 당기손익을 구하자. 본 패턴의 예제 2번을 참고하자.

※ 주의 사채상환 시 미지급이자 포함 여부

미지급이자 포함 시 상환손익: 기초 사채의 BV + 상각액 + 미지급이자 − 상환금액
미지급이자 제외 시 상환손익: 기초 사채의 BV + 상각액 − 상환금액

본 패턴의 예제 1번과 2번 모두 '미지급이자 포함'이라고 명시하고 있다. 만약 미지급이자를 제외한다면 상환손익 계산 식이 위와 같이 달라진다. 문제에서 상환금액이 미지급이자를 포함한 대가인지, 제외한 대가인지 반드시 확인하자.

일반적으로 기중 상환 시에는 미지급이자를 포함하고, 기말 상환 시에는 미지급이자를 제외한다. 미지급이자는 대부분 기말에 지급하므로 기중 상환 시에는 미지급이자가 있지만, 기말 상환 시에는 미지급이자가 없기 때문이다.

예제

01 (주)대경은 20X1년 1월 1일 액면금액 ₩1,000,000, 액면이자율 연 7%(매년말 이자지급), 3년 만기인 회사채를 발행하고 상각후원가측정금융부채로 분류하였다. 사채발행 당시 시장이자율은 연 9%이었으며, 사채할인발행차금에 대하여 유효이자율법으로 상각한다. 한편, (주)대경이 동 사채를 발행하는 과정에서 직접적인 사채발행비 ₩24,011이 발생하였다. (주)대경은 동 사채와 관련하여 20X1년도 포괄손익계산서상 이자비용으로 ₩92,538을 인식하였다. (주)대경이 20X2년 5월 31일에 상기 사채를 ₩1,050,000(미지급이자 포함)에 매입하였다면, 사채상환손실은 얼마인가? 계산과정에서 소수점 이하의 첫째자리에서 반올림한다. 그러나 계산방식에 따라 단수차이로 인해 오차가 있는 경우, 가장 근사치를 선택한다. 또한 법인세 효과는 고려하지 않는다. 2014. CPA

할인율	단일금액 ₩1의 현재가치			정상연금 ₩1의 현재가치		
	1년	2년	3년	1년	2년	3년
7%	0.9346	0.8734	0.8163	0.9346	1.8080	2.6243
9%	0.9174	0.8417	0.7722	0.9174	1.7591	2.5313

① ₩ 12,045   ② ₩ 39,254   ③ ₩ 50,000

④ ₩ 62,585   ⑤ ₩ 76,136

해설

01.

	유효이자(10%)	액면이자(7%)	상각액	BV
X0				925,380
X1	92,538	70,000	22,538	947,918
X2.5.31	39,497			

X1초 PV: 1,000,000 × 0.7722 + 70,000 × 2.5313 = 949,391
X1초 BV: 949,391 − 24,011 = 925,380
사채발행비를 고려한 유효이자: 92,538/925,380 = 10%

X1말 BV: 925,380 × 1.1 − 70,000 = 947,918
상환손익: 947,918 × (1 + 10% × 5/12) − 1,050,000 = (−)62,585 손실

계산기 사용법 0.1×5/12 + 1×947,918 − 1,050,000 =
– 이자율 월할 계산을 먼저 한 뒤, 기초 BV를 곱하는 것이 편리하다.

참고 X2.5.31 금액 분석

상환금액 1,050,000			
총 부채 987,415			상환손실 62,585
상환 시 사채 BV 958,248		미지급이자 29,167	상환손실 62,585
기초 사채 BV 947,918	상각액 10,330	미지급이자 29,167	상환손실 62,585
기초 사채 BV 947,918	유효이자 39,497		상환손실 62,585
기초 사채 BV 947,918	총 비용 102,082		

사채 상환 시 총 부채는 사채의 장부금액과 미지급이자 부분으로 나뉜다. 위 금액 분석은 참고 목적으로만 보고 실전에서는 '기초 사채의 BV × (1 + 유효R × 경과 월수/12) − 상환금액'의 방식으로 상환손익을 빠르게 구하자.

사채 장부금액: 947,918 + 10,330 = 958,248
미지급이자: 70,000 × 5/12 = 29,167
총 부채: 958,248 + 29,167 = 987,415

참고 미지급이자 제외하고 상환 시 사채상환손익
상환손익: 958,248 − 1,050,000 = (−)91,752 손실
문제에서는 ₩1,050,000(미지급이자 포함)에 매입하였다고 가정하였는데, 만약 미지급이자를 제외하고 ₩1,050,000에 매입하였다면 상환손익은 위와 같다. 1,050,000이 미지급이자를 포함한 '총 부채'를 갚기 위한 대가가 아닌, 사채 BV만을 갚기 위한 대가이므로 사채 BV와 비교해야 한다.

답 ④

02 (주)한국은 20X1년 1월 1일 액면금액 ₩1,000,000, 액면이자율 연8%(매년말 이자지급), 3년 만기인 회사채를 발행하고 상각후원가측정금융부채로 분류하였다. 사채발행 당시 시장이자율은 연10%이었으며, 사채발행차금에 대하여 유효이자율법으로 상각한다. (주)한국은 20X2년 7월 1일에 동 사채를 모두 ₩1,000,000(경과이자포함)에 매입하였으며, 이 중 액면금액 ₩400,000은 매입 즉시 소각하고, 나머지 액면금액 ₩600,000은 20X2년 12월 31일에 재발행하였다. 20X2년 7월 1일의 시장이자율은 연8%이고, 20X2년 12월 31일의 시장이자율은 연10%이다. 동 사채와 관련된 회계처리가 (주)한국의 20X2년 당기순이익에 미치는 영향은 얼마인가? 단, 현가계수는 아래의 현가계수표를 이용하며, 계산과정에서 소수점 이하의 첫째자리에서 반올림하고, 단수차이로 인해 오차가 있는 경우 가장 근사치를 선택한다.

2015. CPA

할인율	단일금액 ₩1의 현가			정상연금 ₩1의 현가		
	1년	2년	3년	1년	2년	3년
8%	0.9259	0.8573	0.7938	0.9259	1.7832	2.5770
10%	0.9091	0.8264	0.7513	0.9091	1.7355	2.4868

① ₩95,024 감소 ② ₩76,988 감소 ③ ₩34,732 감소

④ ₩1,680 증가 ⑤ ₩18,206 증가

해설

02.

	유효이자(10%)	액면이자(8%)	상각액	BV
X0				950,244
X1	95,024	80,000	15,024	965,268
X2.7.1	48,263			

빠른 풀이〉X2년 PL에 미치는 영향 = 기초 사채 BV − 상환금액

= 965,268 − 1,000,000 = (−)34,732 감소

X1초 PV: 1,000,000 × 0.7513 + 80,000 × 2.4868 = 950,244

X1말 BV: 950,244 × 1.1 − 80,000 = 965,268

= 1,000,000 × 0.8264 + 80,000 × 1.7355 = 965,240 (단수차이)

– 3기간 현재가치한 후 1년을 상각하든, 2기간 현재가치를 하든 금액은 똑같다.

참고 X2.7.1 금액 분석

상환금액 1,000,000			
총 부채 1,013,531			상환이익 (13,531)
상환 시 사채 BV 973,531		미지급이자 40,000	상환이익 (13,531)
기초 사채 BV 965,268	상각액 8,263	미지급이자 40,000	상환이익 (13,531)
기초 사채 BV 965,268	유효이자 48,263		상환이익 (13,531)
기초 사채 BV 965,268	총 비용 34,732		

상환이익: 965,268 × (1 + 10% × 6/12) − 1,000,000 = 13,531 이익

이자비용: 965,268 × 10% × 6/12 = 48,263

X2년 PL에 미치는 영향: 13,531 − 48,263 = (−)34,732 감소

참고 X2년 회계처리

X2.7.1〉상각 & 기중 상환

이자비용	48,263	미지급이자	40,000	
		사채	8,263	┘ 973,531
사채	973,531	현금	1,000,000	
미지급이자	40,000	상환이익	13,531	

자기사채 매입 시 사채를 제거하므로, 사채 소각 시에는 회계처리가 없다.

X2.12.31〉재발행 시

현금	589,097	사채	589,097

PV: (600,000 × 1.08) × 0.9091 = 589,097

– 액면이자율이 8%이므로 총 648,000을 X2.12.31의 시장이자율인 10%로 할인해야 한다.

상환 후 재발행 시까지는 이자비용을 인식하지 않으며, 재발행 시에는 사채의 장부금액만큼 현금이 유입되므로 손익이 발생하지 않는다.

답 ③

패턴 19 권면상 발행일과 실제 발행일이 다른 경우 ★중요!

채권에 기재된 발행일과 실제 발행일이 다를 수도 있다. 이에 대해 사례로 설명한다.

사례

(주)한국은 액면금액 ₩1,000,000(표시이자율 연 8%, 사채권면상 발행일 20X1년 1월 1일, 만기 3년, 매년말 이자지급)인 사채를 20X1년 4월 1일에 발행하였다. 권면상 발행일인 20X1년 1월 1일의 시장이자율은 연 10%이며, 실제 발행일(20X1년 4월 1일)의 시장이자율은 연 12%이다. 현가계수는 아래 표를 이용한다.

현가계수표

할인율 기간	단일금액 ₩1의 현재가치			정상연금 ₩1의 현재가치		
	8%	10%	12%	8%	10%	12%
3년	0.7938	0.7513	0.7118	2.5771	2.4868	2.4018

(주)한국이 사채발행으로 20X1년 4월 1일 수취하는 금액은? 단, 단수차이로 인해 오차가 있다면 가장 근사치를 선택한다.

2017. CPA

① ₩911,062 　② ₩931,062 　③ ₩938,751 　④ ₩958,751 　⑤ ₩978,751

STEP 1 실제 발행일의 이자율을 사용하여 1월 1일의 현재가치를 구하기

채권에 기재된 발행일과 실제 발행일이 다르게 발행될 수도 있다. 이 경우 가장 먼저 할 일은 실제 발행일이 아닌 1월 1일의 현재가치를 구하는 것이다. 이때, 권면상 발행일이 아닌 '실제 발행일'의 이자율을 이용하여 현재가치해야 한다는 점을 주의하자. 따라서 12%의 현가계수인 0.7118과 2.4018로 현재가치를 계산해야 한다.

X1초 PV: 1,000,000 × 0.7118 + 80,000 × 2.4018 = 903,944

STEP 2 1년치 상각표 그리기

	유효이자(12%)	액면이자(8%)	상각액	BV
X0				903,944
X1.4.1				
X1	108,473			

실제 발행일은 4월 1일이지만, 1월 1일에 발행했다고 가정하고 원래 유효이자율 상각표와 같은 방법으로 1년치 유효이자를 표시한다. 단, 1.1과 12.31 사이에 한 줄이 더 들어가야 하므로 한 줄 띄워서 적자.

STEP 3 1년치 이자를 월할 상각하여 발행일의 상각표 그리기

	유효이자(12%)	액면이자(8%)	상각액	BV
X0				903,944
X1.4.1	27,118			
X1	108,473			

↗×월수/12

Step 2에서 구한 1년치 이자를 월할 상각해서 발행일의 상각표를 그려서 상각표를 완성한다. 실제 발행일이 4월 1일이므로 3개월치 이자만 쓴다.

STEP 4 발행 시 현금 수령액 및 이자비용

> 1. 발행 시 현금 수령액 = 사채의 기초 BV × (1 + 유효R × 경과 월수/12)
> 2. X1년도 이자비용 = 유효이자 × 잔존 월수/12

본 패턴에서는 위 두 가지를 많이 묻는다. 답은 위 식을 이용하여 계산한다.

1. 발행 시 현금 수령액

앞 패턴 '기중상황'에서 사채 상환 시 총부채를 '사채의 기초 BV × (1 + 유효R × 경과 월수/12)'로 계산하였다. 발행 시 현금 수령액도 같은 식으로 계산된다. 위 식이 기중 사채 금액이므로 상환 시점에서는 해당 금액이 총 부채 금액이 되고, 발행 시점에서는 해당 금액만큼 현금을 수령하게 된다.

현금 수령액: 903,944 × (1 + 12% × 3/12) = 931,062

2. 사채를 발행한 해의 이자비용

사채를 발행한 해의 이자비용을 물은 경우 월할 상각에 주의하자. Step 3에서 12개월치와 3개월치 이자를 구하지만, 이자비용은 사채 발행 시점부터 발생한다. 따라서 9개월치 이자가 이자비용으로 계상된다.

X1년도 이자비용: 108,473 × 9/12 = 81,355

참고 **현금 수령액의 내역**

사채 발행 시 현금 수령액은 사채의 장부금액과 미지급이자 부분으로 나뉜다.

	유효이자(12%)	액면이자(8%)	상각액	BV
X0				903,944
X1.4.1	27,118	20,000	7,118	911,062
X1	108,473	80,000		

사채 장부금액: 903,944 + 7,118 = 911,062

미지급이자: 80,000 × 3/12 = 20,000

총 현금 수령액: 911,062 + 20,000 = 931,062

답 ②

예제

(주)대한이 발행한 상각후원가(AC)로 측정하는 금융부채(사채)와 관련된 다음 〈자료〉를 이용하여 1번과 2번에 대해 답하시오.

〈자료〉

액면금액	₩3,000,000
사채권면 상 발행일	20X1년 1월 1일
사채 실제 발행일	20X1년 3월 1일
표시이자율	연 6%(매년 12월 31일에 지급)
사채권면 상 발행일의 유효이자율	연 6%
상환만기일	20X3년 12월 31일(만기 일시상환)

현가계수표

할인율 / 기간	단일금액 ₩1의 현재가치			정상연금 ₩1의 현재가치		
	6%	7%	8%	6%	7%	8%
1년	0.9434	0.9346	0.9259	0.9434	0.9346	0.9259
2년	0.8900	0.8734	0.8573	1.8334	1.8080	1.7832
3년	0.8396	0.8163	0.7938	2.6730	2.6243	2.5770

01 다음 (A) 또는 (B)의 조건으로 사채를 발행하는 경우, (주)대한이 20X1년 3월 1일에 사채 발행으로 수취하는 금액에 대한 설명으로 옳은 것은? 단, 이자는 월할로 계산하며, 단수차이로 인해 오차가 있다면 가장 근사치를 선택한다. *2021. CPA*

> (A) 사채 실제 발행일의 유효이자율이 연 8%인 경우
> (B) 사채 실제 발행일의 유효이자율이 연 7%인 경우

① (A)가 (B)보다 수취하는 금액이 ₩76,014만큼 많다.
② (A)가 (B)보다 수취하는 금액이 ₩72,159만큼 많다.
③ (A)가 (B)보다 수취하는 금액이 ₩76,014만큼 적다.
④ (A)가 (B)보다 수취하는 금액이 ₩72,159만큼 적다.
⑤ (A)와 (B)의 수취하는 금액은 동일하다.

01.
현금 수령액 = 사채의 기초 BV × (1 + 유효R × 경과 월수/12)

(1) A(유효R = 8%)
1.1 BV: 3,000,000 × 0.7938 + 180,000 × 2.5770 = 2,845,260
현금 수령액 = 2,845,260 × (1 + 8% × 2/12) = 2,883,197

(2) B(유효R = 7%)
1.1 BV: 3,000,000 × 0.8163 + 180,000 × 2.6243 = 2,921,274
현금 수령액 = 2,921,274 × (1 + 7% × 2/12) = 2,955,356

A가 B보다 수취하는 금액이 **72,159**(= 2,955,356 − 2,883,197)만큼 적다.

A와 B 모두 구해야 되기 때문에 시간이 많이 소요되는 문제이다. 실전에서는 넘긴 후 시간이 남으면 마지막에 풀었어야 한다. 시간이 부족했다면 최소한 ③번과 ④번 중에서 찍었어야 한다. A가 B보다 유효이자율이 높기 때문에 현금 수령액은 적기 때문이다.

📖 ④

02 (주)대한은 20X3년 4월 1일에 사채액면금액 중 30%를 경과이자를 포함하여 현금 ₩915,000에 조기상환하였다. 위 〈자료〉에서 사채 실제 발행일(20X1년 3월 1일)의 유효 이자율이 연 8%인 경우, (주)대한이 조기상환시점에 사채상환손실로 인식할 금액은 얼마인가? 단, 이자는 월할로 계산하며, 단수차이로 인해 오차가 있다면 가장 근사치를 선택한다.

2021. CPA

① ₩9,510 ② ₩14,030 ③ ₩15,000
④ ₩31,700 ⑤ ₩46,800

해설

02.
사채상환손익 = 사채의 기초 BV × (1 + 유효R × 경과 월수/12) − 상환금액
  = 2,944,311 × (1 + 8% × 3/12) × 30% − 915,000 = (−)14,041 손실 (단수차이)

– X3년 초 BV: (2,845,260 × 1.08 − 180,000) × 1.08 − 180,000 = 2,944,311
  (X1년 초 BV 2,845,260은 예제 1번에서 A상황에서 구한 금액이므로, 다시 구할 필요가 없다.)
– 30%를 상환하였으므로 상환 시점 총부채에 30%를 곱해야 한다.

빠른 풀이〉X3년 초 BV 구하기
(3,000,000 + 180,000)/1.08 = 2,944,444
– X1년초 BV에서 2번 상각하는 것보다, X3년말의 현금흐름을 1번 할인하는 것이 더 편하다. 이 금액으로 계산하면 손실이 14,000(= 2,944,444 × (1 + 8% × 3/12) × 30% − 915,000)으로 계산되는데 이 금액이 정확한 금액이고, 정답인 14,030은 단수차이가 있는 금액이다. 객관식이기 때문에 가장 가까운 금액을 답으로 하면 된다.

참고 유효이자율 상각표

	유효이자(8%)	액면이자(6%)	BV
X0			2,845,260
X1.3.1	37,937		
X1	227,621	180,000	2,892,881
X2	231,431	180,000	2,944,311

예제 1번의 A 현금수령액: 2,845,260 + 37,937 = 2,883,197

 ②

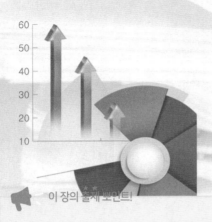

김용재 패턴
회 계 학
중급회계편

이 장의 출제포인트!

〈금융자산 기준서 개정 이후 회계사 시험에서 출제된 금융자산 주제〉

	23	22	21	20	19	18
말문제				1	1	1
FVOCI금융자산			1	1		
AC금융자산 손상					1	1
FVOCI금융자산 손상	1			1		
계정 재분류			1			
AC금융자산 중도 처분		1				
AC금융자산 조건변경	1	1				
합계	2	2	2	3	2	2

본 장에서 다룰 금융자산은 지분상품과 채무상품으로 나뉜다. 지분상품은 주식을, 채무상품은 채권을 의미한다.

2018년도에 금융상품 기준서 개정 이후 세무사 시험에는 지분상품 문제가 출제되었지만, 회계사 시험에서는 아직 지분상품 문제가 출제되지 않았으며, 전부 채무상품에 대한 문제였다. 회계사 준비생 중에서 시간이 없는 수험생은 패턴 20 지분상품 회계처리를 넘기고 패턴 21 채무상품 회계처리부터 봐도 좋을 듯하다.

05

금융자산

20 채무상품 회계처리

구분		보유 목적		취득부대비용	이자수익	FV 평가손익	처분손익
		CF 수취	매도				
채무 상품	AC	O	X	취득원가에 가산	유효이자	해당 없음	PL
	FVOCI	O	O			OCI	
	FVPL	X	O	당기비용	액면이자	PL	

1 보유 목적에 따른 계정 분류

1. AC 금융자산 (상각후원가 측정 금융자산): 계약상 현금흐름 수취

채무상품의 원리금 수취를 목적으로 취득하는 경우 AC 금융자산으로 분류한다.

2. FVOCI 금융자산 (기타포괄손익－공정가치 측정 금융자산): 계약상 현금흐름 수취 & 매도

채무상품의 원리금 수취와 동시에 매도를 목적으로 취득하는 경우 FVOCI 금융자산으로 분류한다.

3. FVPL 금융자산 (당기손익－공정가치 측정 금융자산): 위 둘이 아닌 경우 (매도만)

채무상품이 위 두 가지 분류에 해당하지 않는 경우 FVPL 금융자산으로 분류한다. 위 두 가지 목적이 아닌 경우이므로 매도만을 목적으로 한다고 이해하면 된다.

2 취득부대비용

지분상품 중 FVOCI는 취득부대비용을 취득원가에 가산하나, FVPL은 예외적으로 당기비용 처리한다고 배웠다. 채무상품도 마찬가지이다. FVPL만 취득부대비용을 당기비용 처리하고, 나머지 AC와 FVOCI는 취득원가에 가산한다.

 **'취득부대비용 ₩10,000을 포함하여 총 ₩100,000을 지급하였다.'**

계정 분류	취득원가
FVPL	총 지급 대가 − 취득부대비용 = 90,000
AC, FVOCI	총 지급 대가 = 100,000

문제에서 취득원가를 제시할 때 위처럼 취득부대비용을 포함해서 제시하기도 한다. 이 경우 FVPL은 취득부대비용을 차감하여 취득원가(₩90,000)를 구해야 하고, AC와 FVOCI는 총 지급 대가(₩100,000)를 취득원가로 보면 된다. 주식도 취득부대비용을 같은 방식으로 처리하면 된다.

3 AC 금융자산 회계처리

AC 금융자산은 보유 목적이 시세차익이 아닌 정해진 현금흐름 수취이므로 공정가치 평가를 하지 않는다. 공정가치 평가를 하지 않는 대신, 유효이자율 상각하여 상각후원가(AC)로 계상한다.

4 FVOCI 금융자산 회계처리 : 취소-상각-평가 중요!

FVOCI 금융자산은 원리금 수취와 매도 모두를 표현해야 하기 때문에 유효이자율 상각과 공정가치 평가를 해야 한다. FVOCI 금융자산의 회계처리를 요약한 것이 '취소-상각-평가'이다. FVOCI 금융자산 회계처리는 회계사, 세무사 시험 모두 자주 출제되는 주제이므로 반드시 잘 숙지하자.

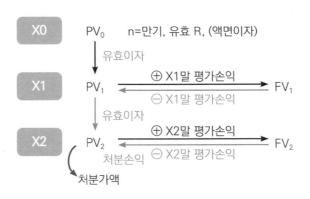

STEP 1 상각: 유효이자율 상각

가장 먼저 할 일은 발행일의 현재가치(PV_0)를 구하는 것이다. X0은 X1년초를, PV_0은 X1년초의 현재가치를 의미한다. PV_0 옆에 만기, 유효이자율, 액면이자를 적어두면 보다 편하게 상각을 할 수 있다.

PV_0에서 유효이자율 상각을 수행하여 PV_1을 만든다. 이때 화살표를 아래로 뻗으면서 옆에 유효이자를 적자. 당기손익에 미치는 영향을 물었을 때 이자수익을 빠트리는 실수를 방지할 수 있다.

STEP 2 평가: 공정가치 평가

PV_1을 기말 공정가치(FV_1)로 평가한다. 이때 평가손익은 OCI로 인식한다.

STEP 3 취소: 전기말 평가 회계처리 역분개

X2년 초가 되면 X1년 말에 인식한 평가 회계처리를 역분개한다. 본서에서는 이 역분개를 '취소'라고 부르겠다. 이 취소를 통해 사채의 장부금액이 FV_1에서 PV_1으로 다시 돌아간다.

STEP 4 상각: 유효이자율 상각

취소 이후에는 다시 유효이자율 상각을 하여 PV_2로 간다. 취소를 통해 PV_1으로 되돌아왔기 때문에 기존 상각표를 이용하면 된다.

STEP 5 공정가치 평가

X1년과 동일한 방법으로 다시 공정가치(FV_2)로 평가하면서 평가손익을 OCI로 인식하면 된다.

STEP 6 처분

FVOCI 금융자산의 처분손익(PL) = 처분가액 − 처분 시점의 PV

대부분의 문제에서는 FVOCI 금융자산을 1월 1일에 처분한다. 1월 1일에 처분해야 처분하는 해에 유효이자율 상각을 안 해도 되기 때문이다. 해가 바뀌었으므로 다시 취소를 한 뒤, 처분가액에서 처분 시점의 PV를 차감하면 처분손익을 구할 수 있다. 처분손익은 당기손익(PL)로 인식한다.

사례

(주)김수석은 X1년 1월 1일에 액면금액 ₩1,000,000, 액면이자율 8%, 만기 3년인 (주)대한의 회사채를 ₩950,258에 취득하였다. X1년 1월 1일 시장이자율은 10%이며, 동 회사채의 공정가치는 X1년 말 ₩1,050,000, X2년말 ₩970,000이다. 한편, (주)김수석은 X3년 1월 1일에 동 회사채 전부를 ₩1,000,000에 처분하였다. (주)김수석이 회사채를 각각 (1)AC 금융자산, (2)FVOCI 금융자산으로 분류한 경우 X1년초부터 X3년초까지 회계처리를 수행하시오.

해설

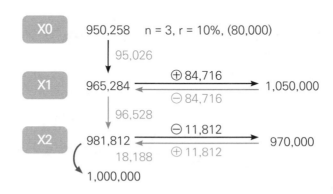

회계처리〉

	AC 금융자산			FVOCI 금융자산		
X1.1.1	AC 950,258		현금 950,258	FVOCI 950,258		현금 950,258
X1.12.31 – 상각	현금 80,000 AC 15,026		이자수익 95,026	현금 80,000 FVOCI 15,026		이자수익 95,026
X1.12.31 – 평가	– 회계처리 없음 –			FVOCI 84,716		OCI 84,716
X2.1.1 – 취소	– 회계처리 없음 –			OCI 84,716		FVOCI 84,716
X2.12.31 – 상각	현금 80,000 AC 16,528		이자수익 96,528	현금 80,000 FVOCI 16,528		이자수익 96,528
X2.12.31 – 평가	– 회계처리 없음 –			OCI 11,812		FVOCI 11,812
X3.1.1 – 취소	– 회계처리 없음 –			FVOCI 11,812		OCI 11,812
X3.1.1 – 처분	현금 1,000,000		AC 981,812 처분이익 18,188	현금 1,000,000		FVOCI 981,812 처분이익 18,188

"FVOCI 금융자산은 하루종일 도서관에 있다가 잠만 집에서 자는 수험생과 같다."

AC 금융자산과 FVOCI 금융자산의 관계를 잘 표현한 말이라고 생각한다. 여러분이 그림과 회계처리를 보고 직접 느끼길 바란다. 위 표현이 무슨 말인지 모르겠으면 표현은 넘어가도 좋다. 이해를 돕기 위한 표현일 뿐, 기억할 필요는 없다.

AC 금융자산과 FVOCI 금융자산 모두 유효이자율 상각표에 따라 상각 회계처리를 수행하므로 FVOCI는 1년 내내 AC로 계상된다. 그러다 기말이 되면 FVOCI는 재무상태표에 공정가치로 표시해야 되기 때문에 12월 31일에 평가를 한다. 그리고 하루가 지나 1월 1일이 되면 12월 31일에 한 공정가치 평가 회계처리를 역분개해서 AC로 돌아간다. 이것이 바로 '취소'이다. 취소로 AC로 돌아갔기 때문에 X2년도에도 똑같이 상각, 평가 회계처리를 수행하면 된다.

하루종일 도서관(AC)에 있다가, 잠은 집에서(FV) 자야 하니 집으로 가지만, 눈을 뜨자마자 다시 도서관(AC)으로 오는 수험생과 같다고 표현한 것이다.

 **Why?** **FVOCI금융자산이 '취소' 회계처리를 하면 재분류 조정이 되는 이유**

FVOCI 회계처리를 할 때 '굳이 번거롭게 취소를 해야 되냐'고 생각할 수도 있다. 실제로 교수님들 가운데에서는 취소를 하지 않고, 취소와 평가를 합쳐서 하나의 분개로 하시는 분도 있다. 왜 굳이 번거롭게 취소를 해야되는지 회계처리로 보여주겠다. 위 사례에서 '취소' 역분개를 안 했을 때의 처분 시 회계처리는 다음과 같다.

	FVOCI 금융자산 (취소 O)		FVOCI 금융자산 (취소 X)	
X3.1.1 – 취소	FVOCI 11,812	OCI 11,812	현금 1,000,000	FVOCI 970,000
X3.1.1 – 처분	현금 1,000,000	FVOCI 981,812 처분이익 18,188		OCI 11,812 처분이익 18,188

오른쪽 회계처리가 기준서 상 회계처리이고, 취소를 하면 왼쪽의 회계처리가 된다. 회계처리 방법의 차이일 뿐, 둘은 동일한 회계처리이다. FVOCI 금융자산 평가손익은 재분류 조정 대상이므로 금융자산 처분 시 OCI가 제거되면서 처분이익에 반영된다. 하지만 오른쪽처럼 회계처리를 하게 되면 처분 시 재분류조정을 하지 않는 실수를 저지를 가능성이 높다. 반대로 취소 분개를 하면 자동으로 재분류 조정이 되므로 실수의 가능성을 줄일 수 있다.

 **FVOCI금융자산의 당기손익=AC금융자산의 당기손익** ★중요!

AC와 FVOCI는 기말 재무상태표에 표시되는 금액만 다를 뿐 실질이 같다. 따라서 채무상품을 어느 계정으로 분류하든 당기손익은 일치한다.

(1) FVOCI 금융자산의 당기손익: 취소, 평가 없이 AC 금융자산 기준으로 계산!

위 성질을 이용하여, FVOCI의 당기손익(이자수익, 처분손익)을 묻는 문제에서는 번거롭게 취소 및 평가 회계처리를 할 필요 없이, AC금융자산 기준으로 계산해도 된다.

사례에서 AC 금융자산의 X2년말(=X3년초) 장부금액이 981,812이므로 처분이익은 18,188으로 계상된다. 이는 FVOCI금융자산으로 분류할 때의 처분이익과 일치한다. 취소 분개를 통해 OCI를 재분류 조정 했기 때문이다.

(2) FVOCI 금융자산의 기타포괄손익: 취소, 평가를 해야 함

> ① 당기말 재무상태표 상 기타포괄손익누계액(잔액) = 당기말 평가 OCI
> ② 손익계산서상 기타포괄손익(변동분) = 당기말 OCI − 전기말 OCI

그렇다면, FVOCI 금융자산은 어느 경우에 원칙대로 취소와 평가를 해야 할까? OCI를 물어볼 때에만 취소와 평가를 하면 된다.

기초에 취소를 통해 전기 OCI를 제거했기 때문에 기말에 평가 회계처리로 인식한 OCI 금액이 곧 기말 OCI 잔액이 된다. 만약 손익계산서 상 기타포괄손익(변동분)을 묻는다면 기말에 인식한 OCI 금액에서 기초에 취소를 통해 제거한 전기말 OCI를 차감하면 된다.

	X1년	X2년
재무상태표 상 OCI (잔액)	84,716	(−)11,812
손익계산서 상 OCI (변동분)	84,716	(−)11,812 − 84,716 = (−)96,528

5 FVPL 금융자산 회계처리: 액면이자만 이자수익

FVPL 금융자산은 액면이자만 이자수익으로 인식하고, 기말에 공정가치로 평가하면서, 평가손익을 PL로 인식한다. FVPL은 다른 채무상품(AC, FVOCI)과 달리 유효이자율 상각을 하지 않는다는 것을 기억하자. 유효이자율 상각을 하면 상각액을 이자수익(PL)으로 인식하는데 FVPL은 평가손익도 PL이므로 이자수익과 평가손익을 구분하는 실익이 없기 때문이다.

FVPL 금융자산을 처분할 때 발생하는 처분손익은 AC 금융자산과 마찬가지로 PL로 인식한다. 채무상품은 계정 분류와 무관하게 처분손익을 전부 PL로 인식한다.

 김수석의 **핵심** 콕! 금융자산의 계정별 회계처리 요약 ⭐중요!

구분		취득부대비용	배당금수익(주식) 및 이자수익(채권)	FV 평가손익	처분손익
지분상품	FVOCI	취득원가에 가산	PL	OCI	0 (평가 후 처분)
	FVPL	당기비용		PL	PL
채무상품	AC	취득원가에 가산	유효이자	없음	PL
	FVOCI			OCI	PL(재분류 조정)
	FVPL	당기비용	액면이자	PL	PL

지분상품과 채무상품의 계정 분류별 회계처리를 하나의 표로 요약한 것이다. 위 표만 외워도 1문제는 확실히 맞힐 수 있으니 반드시 잘 기억하자.

예제

01 (주)대한은 20X1년 1월 1일에 (주)민국이 발행한 사채(액면금액 ₩1,000,000, 만기 3년, 표시이자율 연 6%(매년 12월 31일에 이자지급), 만기 일시상환, 사채발행시점의 유효이자율 연 10%)를 ₩900,508에 취득(취득 시 신용이 손상되어 있지 않음)하여 기타포괄손익−공정가치로 측정하는 금융자산(FVOCI 금융자산)으로 분류하였다. 20X1년 말과 20X2년 말 동 금융자산의 공정가치는 각각 ₩912,540과 ₩935,478이며, 손상이 발생하였다는 객관적인 증거는 없다. 한편 (주)대한은 20X3년 1월 1일에 동 금융자산 전부를 ₩950,000에 처분하였다. (주)대한의 동 금융자산이 20X2년도 포괄손익계산서의 기타포괄이익과 20X3년도 포괄손익계산서의 당기순이익에 미치는 영향은 각각 얼마인가? 단, 단수차이로 인해 오차가 있다면 가장 근사치를 선택한다. 2020. CPA

	20X2년도 기타포괄이익에 미치는 영향	20X3년도 당기순이익에 미치는 영향
①	₩10,118 감소	₩13,615 감소
②	₩10,118 감소	₩14,522 증가
③	₩18,019 감소	₩13,615 감소
④	₩18,019 감소	₩14,522 증가
⑤	₩18,019 감소	₩49,492 증가

해설

01.

X2년도 OCI: 18,019 − 28,137 = (−)10,118 감소

−X2년도 '포괄손익계산서의' OCI를 물었으므로 변동분을 구해야한다.

X3년도 PL(처분손익): 950,000 − 963,615 = (−)13,615 감소

X0	900,508	n = 3, r = 10%, (60,000)	
	↓ 90,051		
X1	930,559	— ⊖18,019 → ← ⊕18,019 —	912,540
	↓ 93,056		
X2	963,615	— ⊖28,137 → ← ⊕28,137 —	935,478
	↳ (13,615)		
	950,000		

 ①

02 (주)대한은 (주)민국이 20X1년 1월 1일에 발행한 액면금액 ₩100,000(만기 3년(일시상환), 표시이자율 연 10%, 매년 말 이자지급)의 사채를 동 일자에 ₩95,198(유효이자율 연 12%)을 지급하고 취득하였다. 동 금융자산의 20X1년 말과 20X2년 말의 이자수령 후 공정가치는 각각 ₩93,417과 ₩99,099이며, (주)대한은 20X3년 초 ₩99,099에 동 금융자산을 처분하였다. 동 금융자산과 관련한 다음의 설명 중 옳지 않은 것은? 단, 필요 시 소수점 첫째자리에서 반올림한다.

2021. CPA

① 금융자산을 상각후원가로 측정하는 금융자산(AC 금융자산)으로 분류한 경우에 기타포괄손익-공정가치로 측정하는 금융자산(FVOCI 금융자산)으로 분류한 경우보다 (주)대한의 20X1년 말 자본총액은 더 크게 계상된다.

② 금융자산을 상각후원가로 측정하는 금융자산(AC 금융자산)으로 분류한 경우 (주)대한이 금융자산과 관련하여 20X1년의 이자수익으로 인식할 금액은 ₩11,424이다.

③ 금융자산을 상각후원가로 측정하는 금융자산(AC 금융자산)으로 분류한 경우와 기타포괄손익-공정가치로 측정하는 금융자산(FVOCI 금융자산)으로 분류한 경우를 비교하였을 때, 금융자산이 (주)대한의 20X2년 당기손익에 미치는 영향은 차이가 없다.

④ 금융자산을 기타포괄손익-공정가치로 측정하는 금융자산(FVOCI 금융자산)으로 분류한 경우 금융자산과 관련한 (주)대한의 20X2년 말 재무상태표 상 기타포괄손익누계액은 ₩882이다.

⑤ 금융자산을 상각후원가로 측정하는 금융자산(AC 금융자산)으로 분류한 경우에 기타포괄손익-공정가치로 측정하는 금융자산(FVOCI 금융자산)으로 분류한 경우보다 (주)대한이 20X3년 초 금융자산 처분 시 처분이익을 많이 인식한다.

02.

X0	95,198	n = 3, r = 12%, (10,000)		
	↓ 11,424			
X1	96,622	— ⊖3,205 → ← ⊕3,205 —		93,417
	↓ 11,595			
X2	98,217	— ⊕882 → ← ⊖882 —		99,099
	↙ 882			
	99,099			

① 자본 총액은 기말 자산에 비례한다. AC로 분류하는 경우 기말 금융자산 BV은 96,622이지만, FVOCI로 분류하는 경우 공정가치인 93,417이므로 AC로 분류할 때 자본총액이 더 크다. (O)

② X1년도 이자수익: 95,198 × 12% = 11,424 (O)

③ AC로 분류하든, FVOCI로 분류하든 당기손익은 일치한다. 계산해서 판단하는 문장이 아니다. (O)

④ X2년말 OCI 잔액: 882 (O)

　– X1년에 인식한 OCI 3,205는 취소를 통해 제거하므로 X2년에 인식한 OCI가 곧 잔액이 된다.

⑤ AC로 분류하든, FVOCI로 분류하든 당기손익은 일치한다. 따라서 처분손익도 일치한다. (X)

📇 ⑤

03 20X1년 1월 1일에 (주)대한은 (주)한국이 동 일자에 발행한 액면가액 ₩1,000,000, 표시이자율 연 8%(이자는 매년말 후급)의 3년 만기 사채를 ₩950,220에 취득하였다. 취득 당시 유효이자율은 연 10%이었다. 동 사채의 20X1년말 공정가치는 ₩970,000이었으며, 20X2년초에 ₩975,000에 처분하였다. (주)대한의 동 사채에 대한 회계처리로서 옳지 않은 것은?

2014. CPA 수정

① 당기손익 – 공정가치 측정 금융자산으로 분류되었다면, 20X1년 당기순이익은 ₩99,780 증가한다.

② 기타포괄손익 – 공정가치 측정 금융자산으로 분류되었다면, 20X1년 당기순이익은 ₩95,022 증가한다.

③ 상각후원가 측정 금융자산으로 분류되었다면, 20X1년 당기순이익은 ₩95,022 증가한다.

④ 기타포괄손익 – 공정가치 측정 금융자산으로 분류되었다면, 20X2년 당기순이익은 ₩5,000 증가한다.

⑤ 상각후원가 측정 금융자산으로 분류되었다면, 20X2년 당기순이익은 ₩9,758 증가한다.

해설

03.

① FVPL 분류 시 X1년 PL: 80,000 + 19,780 = 99,780 증가
 – 이자수익(액면이자): 80,000
 – 평가이익: 970,000 – 950,220 = 19,780
②, ③ X1년도 PL: 95,022 (이자수익)
④, ⑤ X2년도 PL: 975,000 – 965,242 = 9,758 (처분이익)
AC로 분류하든, FVOCI로 분류하든 PL에 미치는 영향은 일치한다. 편의상 AC를 가정하고 PL을 계산하자. 문제에서 PL만 물었기 때문에 실전에서는 아래 그림처럼 평가와 취소는 할 필요가 없다.

```
X0        950,220       n = 3, R = 10%, (80,000)
          ↓ 95,022
X1        965,242       — ⊕4,758 →        970,000
                        ← ⊖4,758 —
          ↓ 9,758
          975,000
```

참고 회계처리

	AC 금융자산				FVOCI 금융자산			
X1.1.1	AC	950,220	현금	950,220	FVOCI	950,220	현금	950,220
X1.12.31 – 상각	현금 AC	80,000 15,022	이자수익	95,022	현금 FVOCI	80,000 15,022	이자수익	95,022
X1.12.31 – 평가	– 회계처리 없음 –				FVOCI	4,758	OCI	4,758
X2.1.1 – 취소	– 회계처리 없음 –				OCI	4,758	FVOCI	4,758
X2.1.1 – 처분	현금	975,000	AC 처분이익	965,242 9,758	현금	975,000	FVOCI 처분이익	965,242 9,758

	FVPL 금융자산			
X1.1.1	FVPL	950,220	현금	950,220
X1.12.31 – 이자	현금	80,000	이자수익	80,000
X1.12.31 – 평가	FVPL	19,780	PL	19,780
X2.1.1 – 처분	현금	975,000	FVOCI 처분이익	970.000 5,000

 ④

채무상품의 손상은 회계사 시험에 거의 매년 출제될 정도로 매우 중요한 주제이다. 하지만 현재가치 및 유효이자율 상각을 자유자재로 하지 못한다면 꽤나 어려울 수 있다. 회계사 수험생들은 반드시 많은 연습을 통해 이 주제를 정복하길 바란다.

사채를 취득하였으나, 채무자의 신용 하락으로 정해진 현금흐름을 받지 못할 것으로 예상되는 경우, 투자자는 손상차손을 인식한다. 본서에서는 AC 금융자산과 FVOCI 금융자산의 신용손상에 대해 다룰 것이다. FVPL 금융자산은 매기말 공정가치 평가를 하므로 손상을 인식하지 않고, 평가로 갈음한다.

1 AC 금융자산의 신용손상: 상각-손상-상각-환입

채무상품의 손상은 풀이법이 유형자산 원가모형 손상차손(환입)과 유사하며, 아래와 같이 계단 그림을 그려서 풀 것이다.

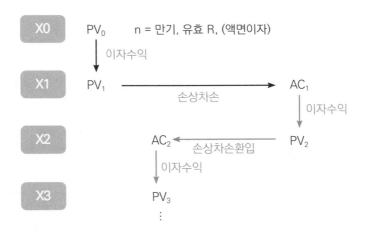

STEP 1 상각: 유효이자율 상각

다른 사채와 마찬가지로, 발행일의 현재가치(PV_0)를 먼저 구한 뒤, '손상 징후가 발생한 시점까지' 유효이자율 상각을 수행한다. 위 그림에서는 X1년에 손상이 발생하였다고 가정하고 X1년까지만 상각하였는데, X1년 이후에 손상이 발생했을 수도 있으므로 손상 시점을 확인하자.

STEP 2 손상: 역사적 R 이용

손상징후가 발생한 해에는 손상차손을 당기손익(PL)으로 인식한다. 손상차손은 다음과 같이 계산한다.

> 손상차손 = PV(못 받을 것으로 예상되는 현금흐름)

손상차손은 쉽게 말해서 '떼이는 돈의 현재가치'이다. 실제로 돈을 못 받게 되는 시점에 비용으로 인식하는 것이 아니라, 매기말 미래 현금흐름을 추정하여 비용을 미리 인식하는 것이다. 따라서 못 받을 것으로 예상되는 현금흐름의 현재가치만큼 손상차손으로 인식한다.

이때 주의할 점은, 역사적 이자율(사채 발행 시의 이자율)을 이용하여 현재가치해야 한다는 것이다. 앞서 설명했듯, AC 금융자산은 공정가치 평가를 하지 않고 유효이자율 상각표에 따라 상각한다. 실제로 시장이자율은 시시각각 바뀌지만, 유효이자율 상각표는 발행 시 시장이자율로 계속해서 상각한다. 이는 손상이 있을 때에도 마찬가지이다. AC는 공정가치를 반영하지 않기 때문에 기존에 사용하던 역사적 이자율로 손상차손을 인식하고, 손상 이후 이자수익도 역사적 이자율로 계산한다.

STEP 3 상각: 역사적 R 이용

> 이자수익 = (손상 전 BV − 손상차손) × 역사적 이자율

손상을 인식한 후 다음 해에 다시 유효이자율 상각을 한다. 이때 이자수익은 위와 같이 계산한다. 여기에서도 역사적 이자율을 사용한다는 것을 주의하자. 손상차손을 역사적 이자율로 계산했기 때문에, 그 이후에 상각을 할 때에도 역사적 이자율을 이용해야 한다.

STEP 4 환입: 역사적 R 이용

> 손상차손환입 = PV(못 받을 줄 알았는데 받을 것으로 예상되는 현금흐름)

손상을 인식한 이후에는, 채권에 대해서 못 받을 것으로 예상하는 금액을 계속하여 재추정한다. 재추정하다 보면 못 받을 줄 알았는데, 채무자의 재무 상태가 개선될 수도 있다. 이때는 못 받을 것으로 예상했던 금액 중 받을 수 있을 것으로 예상하는 금액에 대해서 손상차손환입을 인식해야 한다. 손상차손환입은 위와 같이 계산하며, 이때에도 역사적 이자율을 이용해야 한다는 점을 주의하자. AC 금융자산은 시작부터 끝까지 계속해서 역사적 이자율만 쓴다.

 **금융자산에는 손상차손환입 한도가 없는 이유**

유형자산 원가모형에서는 손상차손환입 한도가 매우 중요했었다. 하지만 금융자산에서는 손상차손환입 한도를 신경 쓸 필요가 없다. 손상이 회복되었더라도 어차피 최초에 계약한 현금흐름보다 더 주는 일은 없기 때문이다. 따라서 유형자산처럼 한도를 신경 쓸 필요 없이, 마음 편히 환입을 인식하면 된다.

예제

01 (주)대한은 (주)민국이 발행한 사채(발행일 20X1년 1월 1일, 액면금액 ₩3,000,000으로 매년 12월 31일에 연 8% 이자지급, 20x4년 12월 31일에 일시상환)를 20X1년 1월 1일에 사채의 발행가액으로 취득하였다(취득 시 신용이 손상되어 있지 않음). (주)대한은 취득한 사채를 상각후원가로 측정하는 금융자산으로 분류하였으며, 사채발행시점의 유효이자율은 연 10%이다. (주)대한은 (주)민국으로부터 20X1년도 이자 ₩240,000은 정상적으로 수취하였으나 20X1년 말에 상각후원가로 측정하는 금융자산의 신용이 손상되었다고 판단하였다. (주)대한은 채무불이행확률을 고려하여 20X2년부터 20x4년까지 다음과 같은 현금흐름을 추정하였다.

> • 매년 말 수취할 이자 : ₩150,000
> • 만기에 수취할 원금 : ₩2,000,000

또한 (주)대한은 (주)민국으로부터 20X2년도 이자 ₩150,000을 수취하였으며, 20X2년 말에 상각후원가로 측정하는 금융자산의 채무불이행확률을 합리적으로 판단하여 20X3년부터 20x4년까지 다음과 같은 현금흐름을 추정하였다.

> • 매년 말 수취할 이자 : ₩210,000
> • 만기에 수취할 원금 : ₩2,000,000

(주)대한이 20X2년도에 인식할 손상차손환입은 얼마인가? 단, 단수차이로 인해 오차가 있다면 가장 근사치를 선택한다.

2019. CPA

기간 \ 할인율	단일금액 ₩1의 현재가치		정상연금 ₩1의 현재가치	
	8%	10%	8%	10%
1년	0.9259	0.9091	0.9259	0.9091
2년	0.8573	0.8264	1.7832	1.7355
3년	0.7938	0.7513	2.5770	2.4868
4년	0.7350	0.6830	3.3120	3.1698

① ₩0　　　② ₩104,073　　　③ ₩141,635

④ ₩187,562　　　⑤ ₩975,107

해설

01.

X2년 손상차손환입: 60,000 × 1.7355 = 104,130 (단수차이)

– X2년말 현재 앞으로 2년간 60,000(= 210,000 − 150,000)씩 더 받을 수 있게 되었으므로 60,000에 연금현가계수를 곱한 금액만큼 환입을 인식하면 된다. 손상차손환입을 물었기 때문에 X1년초부터 상각할 필요 없이, 계산 한 번에 답을 구할 수 있는 문제였다.

참고 계단 그림

X0	2,809,752	n = 4, R = 10%, (240,000)		
	↓ 280,975			
X1	2,850,727	—(975,112) →	1,875,615	n = 3, R = 10%, (150,000)
			↓ 187,562	
X2	2,017,307	←104,130—	1,913,177	

X1초 PV: 3,000,000 × 0.6830 + 240,000 × 3.1698 = 2,809,752

X1말 상각후원가: 2,809,752 × 1.1 − 240,000 = 2,850,727

X1년 손상차손: (3,000,000 − 2,000,000) × 0.7513 + (240,000 − 150,000) × 2.4868 = 975,112

X1말 BV: 2,850,727 − 975,112 = 1,875,615

X2말 상각후원가: 1,875,615 × 1.1 − 150,000 = 1,913,177

X2말 BV: 1,913,177 + 104,130 = 2,017,307

답 ②

02 (주)대한은 (주)민국이 다음과 같이 발행한 사채를 20X1년 1월 1일에 취득하고 상각후원가로 측정하는 금융자산으로 분류하였다.

- 발행일 : 20X1년 1월 1일
- 액면금액 : ₩1,000,000
- 이자지급 : 연 8%를 매년 12월 31일에 지급
- 만기일 : 20X3년 12월 31일(일시상환)
- 사채발행 시점의 유효이자율 : 연 10%

20X1년말 위 금융자산의 이자는 정상적으로 수취하였으나, (주)민국의 신용이 손상되어 (주)대한은 향후 이자는 수령하지 못하며 만기일에 액면금액만 수취할 것으로 추정하였다. 20X1년도 (주)대한이 동 금융자산의 손상차손으로 인식할 금액(A)과 손상차손 인식 후 20X2년도에 이자수익으로 인식할 금액(B)은 각각 얼마인가? 단, 20X1년말 현재 시장이자율은 연 12%이며, 단수차이로 인해 오차가 있다면 가장 근사치를 선택한다. 2018. CPA

기간 \ 할인율	단일금액 ₩1의 현재가치		정상연금 ₩1의 현재가치	
	10%	12%	10%	12%
1년	0.9091	0.8928	0.9091	0.8928
2년	0.8264	0.7972	1.7355	1.6900
3년	0.7513	0.7118	2.4868	2.4018

	20X1년도 손상차손(A)	20X2년도 이자수익(B)
①	₩168,068	₩82,640
②	₩168,068	₩95,664
③	₩138,868	₩82,640
④	₩138,868	₩95,664
⑤	₩138,868	₩115,832

해설

02.

빠른 풀이〉

(1) 손상차손: 80,000 × 1.7355 = 138,840 (단수차이)

(2) X2년도 이자수익: 826,400 × 10% = 82,640 (단수차이)

- X1년말 BV: 1,000,000 × 0.8264 = 826,400

- 손상차손이 발생하더라도 그 이후의 상각은 역사적 이자율(10%)로 이루어진다. 현행이자율(12%)을 이용하지 않도록 주의하자.

참고 **채권 계단 그림**

다음 계단 그림은 X1초부터 상각하여 단수차이가 발생한다. 실전에서는 위의 빠른 풀이처럼 X1년말 BV를 바로 구한 다음 이자수익을 구하자.

X0	950,244	n = 3, R = 10%, (80,000)		
	↓ 95,024			
X1	965,268	— (138,840) →	826,428	n = 2, R = 10%, 0
			↓ 82,643	
X2			909,071	

답 ③

FVOCI 금융자산의 신용손상

1 FVOCI 금융자산의 신용손상: 상각-손상-평가, 취소-상각-환입-평가

AC 금융자산의 손상 회계처리에 평가와 취소만 추가하면 FVOCI 금융자산의 손상 회계처리가 된다.

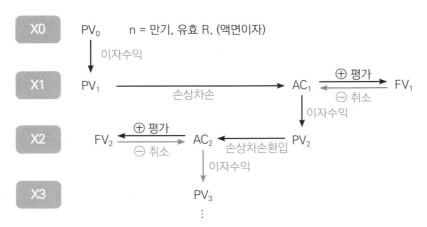

STEP 1 상각 및 손상

AC 금융자산과 동일한 방법으로 이자수익 및 손상차손을 인식한다. 여기까지 하면 AC와 같은 금액이 된다.

STEP 2 평가

FVOCI는 AC와 1년 내내 같은 금액이지만, 기말에는 공정가치로 평가해야 한다. 따라서 마지막에 공정가치 평가 회계처리가 추가된다. 손상차손 인식 후 금액에서 공정가치로 평가를 하면서 평가손익을 OCI로 인식한다.

STEP 3 취소

해가 바뀌면 전기말에 인식한 평가 회계처리를 역분개해서 제거한다.

STEP 4 상각 및 환입

AC 금융자산과 동일한 방법으로 이자수익 및 손상차손환입을 인식한다. AC와 동일한 방법으로 진행되기 때문에 FVOCI 금융자산도 역사적 이자율을 사용하여 이자수익과 손상차손환입을 계산한다.

STEP 5 평가

X2년 말에도 FVOCI는 공정가치로 표시되므로 공정가치로 평가를 하면서 평가손익을 OCI로 인식한다. X3년 초에는 이를 취소한 뒤, 상각하면 된다.

김수석의 꿀팁! FVOCI 금융자산의 당기손익=AC 금융자산의 당기손익

이전 패턴에서 언급했듯이, FVOCI 금융자산의 당기손익은 AC 금융자산의 당기손익과 일치한다. 손상 및 환입이 있을 때에도 마찬가지이다. FVOCI의 회계처리는 AC와 완벽히 동일한 상태에서 평가와 취소만 추가되는 것인데, 평가와 취소는 OCI로 인식하기 때문이다. 따라서 손상이 있더라도 FVOCI 금융자산의 당기손익을 묻는다면 취소, 평가 회계처리를 생략하고 AC 금융자산 기준으로 계산하면 된다.

01 (주)대한은 (주)민국이 다음과 같이 발행한 사채를 20X1년 1월 1일에 발행가액으로 현금 취득(취득 시 신용이 손상되어 있지 않음)하고, 기타포괄손익-공정가치로 측정하는 금융 자산(FVOCI 금융자산)으로 분류하였다.

- 사채발행일: 20X1년 1월 1일
- 액면금액: ₩1,000,000
- 만기일: 20X3년 12월 31일(일시상환)
- 표시이자율: 연 10%(매년 12월 31일에 지급)
- 사채발행시점의 유효이자율: 연 12%

20X1년 말 (주)대한은 동 금융자산의 이자를 정상적으로 수취하였으나, (주)민국의 신용이 손상되어 만기일에 원금은 회수가능 하지만 20X2년부터는 연 6%(표시이자율)의 이자만 매년 말 수령할 것으로 추정하였다. 20X1년 말 현재 동 금융자산의 공정가치가 ₩800,000 인 경우, (주)대한의 20X1년도 포괄손익계산서의 당기순이익과 기타포괄이익에 미치는 영향은 각각 얼마인가? 단, 단수차이로 인해 오차가 있다면 가장 근사치를 선택한다. 2020. CPA

기간 \ 할인율	단일금액 ₩1의 현재가치			정상연금 ₩1의 현재가치		
	6%	10%	12%	6%	10%	12%
1년	0.9434	0.9091	0.8929	0.9434	0.9091	0.8929
2년	0.8900	0.8264	0.7972	1.8334	1.7355	1.6901
3년	0.8396	0.7513	0.7118	2.6730	2.4868	2.4019

	당기순이익에 미치는 영향	기타포괄이익에 미치는 영향
①	₩67,623 감소	₩14,239 감소
②	₩67,623 감소	₩98,606 감소
③	₩67,623 감소	₩166,229 감소
④	₩46,616 증가	₩98,606 감소
⑤	₩46,616 증가	₩166,229 감소

해설

01.

X0	951,990	n = 3, R = 12%, (100,000)			
	↓ 114,239				
X1	966,229	— (67,604) →	898,625	— ⊖98,625 → ← ⊕98,625 —	800,000
X2 (참고)			↓ 107,835 946,460		

(1) X1년 PL: 114,239(이자수익) − 67,604(손상차손) = 46,635 증가 (단수차이)

X1초 PV: 1,000,000 × 0.7118 + 100,000 × 2.4019 = 951,990

X1년 손상차손 = 40,000 × 1.6901 = 67,604

– X2년말부터 2년간 40,000씩 못받게 되었으므로 연금현가계수를 곱하면 손상차손을 구할 수 있다.

(2) X1년 OCI: 800,000 − 898,625 = (−)98,625 감소 (단수차이)

참고 **회계처리**

X1.1.1	FVOCI	951,990	현금	951,990
X1.12.31 – 상각	현금 FVOCI	100,000 14,239	이자수익	114,239
X1.12.31 – 손상	PL(손상차손)	67,604	FVOCI	67,604
X1.12.31 – 평가	OCI	98,625	FVOCI	98,625
X2.1.1 – 취소	FVOCI	98,625	OCI	98,625
X2.12.31 – 상각	현금 FVOCI	60,000 47,835	이자수익	107,835

X2년에는 X1년말 평가 회계처리를 취소한 뒤, 유효이자율 상각부터 진행하면 된다. X2년말부터는 40,000씩 못받으므로 현금으로 수취하는 이자는 60,000이다.

답 ④

02 (주)대한은 (주)민국이 20X1년 1월 1일에 발행한 사채를 발행일에 취득하였으며, 취득 시 동 사채를 기타포괄손익–공정가치 측정 금융자산(FVOCI 금융자산)으로 분류하였다. (주)민국의 사채는 다음과 같은 조건으로 발행되었다.

- 액면금액: ₩1,000,000
- 만기일: 20X3년 12월 31일(일시상환)
- 표시이자율: 연 4%, 매년 말 지급
- 유효이자율: 연 6%

(주)대한은 (주)민국으로부터 20X1년도 표시이자는 정상적으로 수취하였으나, 20X1년 말에 상기 사채의 신용이 손상되어 향후 표시이자 수령 없이 만기일에 원금의 80%만 회수가능할 것으로 추정하였다. (주)대한은 20X2년에 예상대로 이자는 회수하지 못하였으나, 20X2년 말 현재 상황이 호전되어 사채의 만기일에 원금의 100%를 회수할 수 있을 것으로 추정하였다(이자는 회수불가능). 상기 사채의 20X1년 말과 20X2년 말 현재 공정가치는 각각 ₩700,000과 ₩820,000이다.

(주)대한의 상기 금융자산이 (1) 20X1년도 총포괄이익에 미치는 영향과 (2) 20X2년도 당기순이익에 미치는 영향은 각각 얼마인가? 단, 단수차이로 인해 오차가 있다면 가장 근사치를 선택한다.   2023. CPA

할인율 기간	단일금액 ₩1의 현재가치		정상연금 ₩1의 현재가치	
	4%	6%	4%	6%
1년	0.9615	0.9434	0.9615	0.9434
2년	0.9246	0.8900	1.8861	1.8334
3년	0.8890	0.8396	2.7751	2.6730

	(1) 20X1년도 총포괄이익	(2) 20X2년도 당기순이익
①	₩206,520 감소	₩213,200 증가
②	₩206,520 감소	₩231,400 증가
③	₩186,520 감소	₩213,200 증가
④	₩186,520 감소	₩231,400 증가
⑤	₩186,520 감소	₩121,200 증가

해설

02.

X0   946,520   n=3, R=6%, (40,000)

      ↓ 56,791

X1   963,311   —(251,311)→   712,000   ⊖12,000→ / ←⊕12,000—   700,000

      ↓ 42,720

X2   754,720   —(+)188,680→   943,400   ⊖123,400→   820,000

(1) X1년 총포괄손익: ① − ② + ③ = 56,791 − 251,311 − 12,000 = (−)206,520

    ① 이자수익: 946,520 × 6% = 56,791

    ② 손상차손: 963,311 − 712,000 = 251,311

      − X1년 말 상각후원가: 800,000 × 0.89 = 712,000

    ③ 공정가치평가손익: 700,000 − 712,000 = (−)12,000

   별해 총포괄손익 = 기말 자산(사채, 현금) − 기초 자산

     : (700,000 + 40,000) − 946,520 = (−)206,520

(2) X2년 당기순이익: ① + ② = 231,400

    ① 이자수익: 712,000 × 6% = 42,720

    ② 손상차손환입: 943,400 − 754,720 = 188,680

     −X2년 말 상각후원가: 1,000,000 × 0.9434 = 943,400

답 ②

조건 변경 ★중요!

> **이 패턴의 출제경향 ▷ 조건 변경**
>
> 조건 변경은 최근 들어 굉장히 중요한 주제이다. 회계사 1차 시험에 자주 출제되다가 이제는 세무사 1차 시험에도 등장했다. 회계사 2차 시험에서도 정말 자주 출제되는 주제이므로 잘 숙지해두는 것이 좋다.
>
> 하지만 조건 변경은 상황도 정확하게 파악해야 하고, 계산도 복잡하기 때문에 난이도가 상당히 높은 주제이다. 풀이법을 정확히 숙지했더라도 실전에서 많은 시간이 소요되기 때문에 너무 어렵다고 생각되는 수험생은 1차 시험에서는 본 패턴을 넘어가는 것도 좋다.

1 조건 변경 VS 손상

본 패턴에서 다루고 있는 조건 변경과 이전 패턴에서 다룬 손상은 모두 미래현금흐름이 줄어든다는 공통점이 있다. 문제의 상황을 파악하지 못하면 엉뚱한 풀이법을 사용할 수 있으므로 손상과 조건 변경의 상황이 어떻게 다른지 정확히 이해하자.

1. 손상: 못 받을 금액을 '추정'하는 것 → 무조건 역사적 이자율 사용

반면 손상은 채무자와의 계약 없이, 못 받을 금액을 채권자가 스스로 '추정'하는 것을 의미한다. 이전 패턴에서 배운 것처럼 미래현금흐름을 지속적으로 재추정하여 손상차손환입을 인식할 수도 있는데, 이는 손상이 추정을 기반으로 하기 때문이다. 이전 패턴에서 강조했듯이, 손상은 손상차손, 이자수익, 손상차손환입 모두 역사적 이자율을 이용하여 계산한다.

2. 조건 변경: 계약에 의해 현금흐름을 '조정'하는 것 → 실질적인지 따져볼 것!

조건 변경은 채무자가 채권자와 계약을 통해 미래현금흐름을 '조정'하는 것을 의미한다. 후술할 것이지만, 조건 변경은 실질적인지 여부에 따라 적용하는 이자율이 달라진다.

2 조건 변경 회계처리

STEP 1 조건 변경 시점까지 상각하기

우선은 발행일의 현재가치를 구한 뒤, 조건 변경이 이루어진 시점까지 유효이자율 상각을 한다. 여기까지 상각한 금액을 본서에서 '변경 전 PV'라고 부르겠다.

STEP 2 조건 변경 후의 현금흐름을 '역사적' 이자율로 현재가치하기

조건 변경이 이루어진다면 조건 변경 후의 현금흐름을 역사적 이자율로 현재가치한다. 이렇게 계산된 현재가치를 '변경 후 PV'라고 부르겠다.

STEP 3 조건 변경이 실질적인지 판단하기 (=제거 조건 충족)

Step 1에서 구한 변경 전 PV와 Step 2에서 구한 변경 후 PV의 차이가 10%보다 크면 실질적 조건 변경으로 보고, 10%보다 작으면 실질적이지 않은 조건 변경으로 본다. 이때, 10%의 기준은 변경 전 PV이다. 따라서 다음 식을 이용하여 실질적인지 여부를 판단하면 된다.

변경 전 PV × 90%〉변경 후 PV: 실질적 O

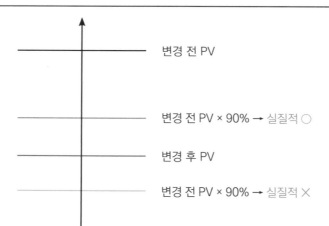

위 그림을 참고하자. 변경 전 PV와 변경 후 PV를 수직선 위에 표시한 뒤, 변경 전 PV × 90%가 변경 후 PV보다 아래에 오면(작으면) 실질적이지 않은 것이고, 변경 전 PV × 90%가 변경 후 PV보다 위에 오면(크면) 실질적인 것이다.

STEP 4 채권, 채무 금액 조정하기 & 이자수익 인식하기

	(1) 실질적 X (기존 채권)	(2) 실질적 O (새로운 채권)
변경 후 사채 BV	역사적 R로 할인한 미래현금흐름	현행 R로 할인한 미래현금흐름
변경 후 이자손익	변경 후 사채 BV × 역사적 이자율	변경 후 사채 BV × 현행 이자율
조건변경손익	변경 전 PV – 변경 후 사채 BV	

1. 조건 변경이 실질적이지 않은 경우: 기존 채권-역사적 R 사용

만약 조건 변경이 실질적이지 않다면, 기존 채권으로 본다. 따라서 미래현금흐름을 역사적 이자율로 할인한 금액이 사채의 장부금액이 된다. 이 금액은 실질적 여부를 판단할 때 기준이었던 변경 후 PV와 같은 금액이다. 사채의 BV가 역사적 이자율로 할인한 금액이므로, 그 후의 이자수익도 역사적 이자율로 계산한다.

2. 조건 변경이 실질적인 경우: 새로운 채권-현행 R 사용

만약 조건 변경이 실질적이라면, 기존 채권을 제거하고, 새로운 채권을 차입한 것으로 본다. 따라서 현행이자율(조건 변경일의 이자율)을 이용하여 사채 금액을 재계산해야 한다. 미래현금흐름을 현행이자율로 할인한 금액이 사채의 장부금액이 되며, 그 후의 이자수익도 현행이자율로 계산한다.

3. 조건변경손익: 채권자는 손실, 채무자는 이익

조건변경 시 채권, 채무 금액은 감소하게 된다. **채권자 입장에서는 자산이 감소하는 것이므로 조건변경'손실'을 인식하지만, 채무자 입장에서는 부채가 감소하는 것이므로 조건변경'이익'을 인식한다.** 문제에서 조건변경손익의 금액 뿐만 아니라 손실인지, 이익인지도 같이 묻기 때문에 잘 구분하자.

예제

01 (주)대한은 20X1년 1월 1일에 (주)민국의 사채를 발행가액으로 취득하였으며 사채의 발행조건은 다음과 같다(취득 시 신용이 손상되어 있지 않음). (주)대한은 사업모형 및 사채의 현금흐름 특성을 고려하여 취득한 사채를 상각후원가로 측정하는 금융자산으로 분류하였다.

> - 사채발행일 : 20X1년 1월 1일
> - 만기일 : 20X3년 12월 31일(일시상환)
> - 액면금액 : ₩1,000,000
> - 이자지급 : 매년 12월 31일에 연 7% 지급
> - 사채발행시점의 유효이자율 : 연 10%

20X3년 1월 1일에 (주)대한과 (주)민국은 다음과 같은 조건으로 재협상하여 계약상 현금흐름을 변경하였으며, 20X3년 1월 1일의 현행이자율은 연 13%이다. (주)대한은 재협상을 통한 계약상 현금흐름의 변경이 금융자산의 제거조건을 충족하지 않는 것으로 판단하였다.

> - 만기일 : 20x5년 12월 31일로 연장(일시상환)
> - 이자지급 : 20X3년부터 매년 12월 31일에 연 5% 지급

(주)대한이 계약상 현금흐름의 변경과 관련하여 인식할 변경손익은 얼마인가? 단, 단수차이로 인해 오차가 있다면 가장 근사치를 선택한다.

2019. CPA

기간 \ 할인율	단일금액 ₩1의 현재가치		정상연금 ₩1의 현재가치	
	10%	13%	10%	13%
1년	0.9091	0.8850	0.9091	0.8850
2년	0.8264	0.7831	1.7355	1.6681
3년	0.7513	0.6931	2.4868	2.3612

① ₩0　　　　　② ₩97,065 이익　　　　　③ ₩97,065 손실

④ ₩161,545 이익　　　⑤ ₩161,545 손실

01.

X0	925,376	n=3, R=10%, (70,000)	
	↓ 92,538		
X1	947,914		
	↓ 94,791		
X2	972,705	— **(97,065)** →	875,640

Step 1. 조건 변경 시점까지 상각하기
  X1초 PV: 1,000,000 × 0.7513 + 70,000 × 2.4868 = 925,376
  X2말 PV: (925,376 × 1.1 − 70,000) × 1.1 − 70,000 = 972,705
  ≒(1,000,000 + 70,000)/1.1 = 972,727

Step 2. 조건 변경 후의 현금흐름을 '역사적' 이자율로 현재가치하기
  X3초 조건 변경 후 PV: 1,000,000 × 0.7513 + 50,000 × 2.4868 = 875,640
  X3년초부터 X5년말까지는 3년이므로 액면금액에 3년 단순현가계수를 곱하고, 액면이자
  (1,000,000 × 5% = 50,000)에 3년 연금현가계수를 곱한다.

Step 3. 조건 변경이 실질적인지 판단하기
  원래는 실질적 조건 변경을 판단해야 하나, 문제에서 제거조건을 충족하지 않았다고 가정했으므로 판단을 생략
  한다.

Step 4. 채권, 채무 금액 조정하기 & 이자수익 인식하기
  조건 변경이 실질적이지 않으므로, 역사적 이자율(10%)을 그대로 사용한다.

(1) 조건변경손익: 875,640 − 972,705 = (−)97,065 손실
 − (주)대한은 사채의 투자자로, 채권이 감소하는 것이므로 손실이 계상된다.

 ③

02 (주)대한은 20X1년 1월 1일에 (주)민국에게 사채(액면금액 ₩1,000,000, 3년 만기, 표시 이자율 연 10%, 매년 말 이자지급)를 발행하였으며, 동 사채를 상각후원가로 측정하는 금융부채로 분류하였다. 사채발행일의 시장이자율은 연 12%이다. (주)대한은 20X1년 12월 31일 동 사채의 만기를 20x4년 12월 31일로 연장하고 매년 말 연 4%의 이자를 지급하는 조건으로 (주)민국과 합의하였다. 조건 변경 전 20X1년 12월 31일 사채의 장부금액은 ₩966,218이며, 현행시장이자율은 연 15%이다. (주)대한이 20X1년 12월 31일 동 사채의 조건변경으로 인식할 조정손익은 얼마인가? 단, 단수차이로 인해 오차가 있다면 가장 근사치를 선택한다.

2022. CPA

할인율	단일금액 ₩1의 현재가치			정상연금 ₩1의 현재가치		
기간	10%	12%	15%	10%	12%	15%
3년	0.7513	0.7118	0.6575	2.4868	2.4018	2.2832

① 조정이익 ₩217,390 ② 조정이익 ₩158,346 ③ ₩0
④ 조정손실 ₩158,346 ⑤ 조정손실 ₩217,390

해설

02.

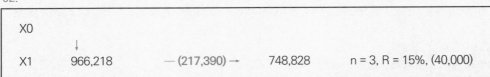

X0				
↓				
X1	966,218	— (217,390) →	748,828	n = 3, R = 15%, (40,000)

Step 1. 조건 변경 시점까지 상각하기
문제에서 조건 변경 전 X1말 장부금액을 966,218로 제시해주었다.

Step 2. 조건 변경 후의 현금흐름을 '역사적' 이자율로 현재가치하기
X1말 조건 변경 후 PV: 1,000,000 × 0.7118 + 40,000 × 2.4018 = 807,872

Step 3. 조건 변경이 실질적인지 판단하기
966,218 × 0.9 = 869,596>807,872 (실질적)

Step 4. 채권, 채무 금액 조정하기 & 이자수익 인식하기
조건 변경이 실질적이므로 현행 이자율로 다시 할인한다.

(1) 조건변경이익: 966,218 – 748,828 = **217,390**
  – X1말 조건 변경 후 PV(현행 이자율 – 15%): 1,000,000 × 0.6575 + 40,000 × 2.2832 = 748,828
  – (주)대한은 사채의 발행자로, 부채가 감소하는 것이므로 이익이 계상된다.

답 ①

03 (주)대한은 20X1년 1월 1일 다음과 같은 사채를 발행하고 상각후원가로 측정하는 금융부채로 분류하였다.

> • 발행일 : 20X1년 1월 1일
> • 액면금액 : ₩1,000,000
> • 이자지급 : 연 8%를 매년 12월 31일에 지급
> • 만기일 : 20X3년 12월 31일(일시상환)
> • 사채발행 시점의 유효이자율 : 연 10%

(주)대한은 20X2년초 사채의 만기일을 20x4년 12월 31일로 연장하고 표시이자율을 연 3%로 조건을 변경하였다. 20X2년초 현재 유효이자율은 연 12%이다. 사채의 조건변경으로 인해 (주)대한이 20X2년도에 인식할 조건변경이익(A)과 조건변경 후 20X2년도에 인식할 이자비용(B)은 각각 얼마인가? 단, 단수차이로 인해 오차가 있다면 가장 근사치를 선택한다.

2018. CPA

기간 \ 할인율	단일금액 ₩1의 현재가치		정상연금 ₩1의 현재가치	
	10%	12%	10%	12%
1년	0.9091	0.8928	0.9091	0.8928
2년	0.8264	0.7972	1.7355	1.6900
3년	0.7513	0.7118	2.4868	2.4018

	20X2년도 조건변경이익(A)	20X2년도 이자비용(B)
①	₩139,364	₩94,062
②	₩139,364	₩82,590
③	₩139,364	₩78,385
④	₩181,414	₩82,590
⑤	₩181,414	₩94,062

해설

03.

X0	950,244	n = 3, R = 10%, (80,000)		

↓ 95,024

X1　　965,268　　— (181,414) →　　783,854　　n = 3, R = 12%, (30,000)

↓ 94,062

X2　　　　　　　　　　　　　　　847,916

Step 1. 조건 변경 시점까지 상각하기

　X1초 PV: 1,000,000 × 0.7513 + 80,000 × 2.4868 = 950,244

　X1말 PV: 950,244 × 1.1 − 80,000 = 965,268

Step 2. 조건 변경 후의 현금흐름을 '역사적' 이자율로 현재가치하기

　X2초 조건 변경 후 PV: 1,000,000 × 0.7513 + 30,000 × 2.4868 = 825,904

Step 3. 조건 변경이 실질적인지 판단하기

　965,268 × 0.9 = 868,741〉825,904 (실질적)

Step 4. 채권, 채무 금액 조정하기 & 이자수익 인식하기

　조건 변경이 실질적이므로 현행 이자율로 다시 할인한다.

(1) 조건변경이익: 965,268 − 783,854 = 181,414

− X2초 조건 변경 후 PV(현행 이자율 − 12%): 1,000,000 × 0.7118 + 30,000 × 2.4018 = 783,854

− (주)대한은 사채의 발행자로, 부채가 감소하는 것이므로 이익이 계상된다.

(2) X2년도 이자비용: 783,854 × 12% = 94,062

− 조건 변경이 실질적이어서 부채를 12%로 할인했기 때문에 이자비용도 12%로 인식한다.

답 ⑤

금융상품 말문제

1 금융자산의 제거 요건 ★중요!

매각 거래	현금	XXX	금융자산	XXX
	처분손익 XXX			
차입 거래	현금	XXX	차입금	XXX

대가를 받고 금융자산을 처분하였을 때, 자산의 소유권이 넘어가면 이를 매각 거래로 보고 자산을 장부에서 제거한다. 반면 자산의 소유권이 넘어가지 않는다면 이를 차입 거래로 보고 자산을 장부에 그대로 둔 채 차입금을 계상한다.

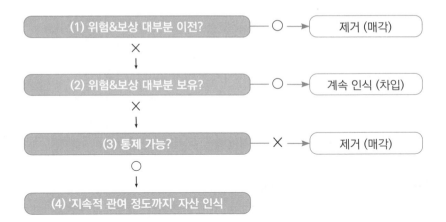

자산의 소유권 이전 여부는 위 순서도에 따라 판단한다. (1)~(4)까지 순서를 외울 필요는 없으며, 각 상황에서 제거할지, 계속 인식할지를 구분할 수 있으면 된다. 금융자산의 제거 요건은 말문제로 자주 출제되는 주제이므로 잘 알아두자.

특히, (4)번에서 통제가 가능하다면 지속적 관여 정도까지만 자산을 인식한다는 점이 중요하다. 통제 불가능할 때 지속적 관여 자산을 인식하는 것이 아님에 주의하자. 통제가 가능해야 지속적 관여할 자산도 있는 것이다. 지속적 관여 자산의 회계처리는 1차 시험에 나올 가능성이 작다고 생각하여 본서에서는 생략한다.

2 매각 거래 VS 차입 거래 기준서 사례

다음은 위험과 보상의 대부분을 이전하는 경우와 보유하는 경우의 기준서 상 사례이다. 패턴 1의 '재구매조건부판매'에서 설명한 내용과 많이 겹치기 때문에 비교하면서 볼 것을 추천한다.

〈매각 거래〉 : 위험과 보상의 대부분을 이전	〈차입 거래〉 : 위험과 보상의 대부분을 보유

(1) 양도자가 콜, 양수자가 풋 보유
  → 깊은 외가격 상태: 행사 X (그대로 니꺼)
(2) 양도자가 공정가치 재매입
(3) 조건 없는 매도
	(1) 양도자가 콜, 양수자가 풋 보유
	  → 깊은 내가격 상태: 행사 O (다시 내꺼)
	(2) 양도자가 확정가격 (+ 이자수익) 재매입
	(3) 유가증권 대여 계약

1. 거래 취소 권리 (양도자가 콜, 양수자가 풋 보유)

양도자가 콜옵션(살 수 있는 권리)을 보유하거나, 양수자가 풋옵션(팔 수 있는 권리)을 보유하는 경우 거래를 취소할 수 있다. 깊은 외가격이라면 옵션 행사를 하지 않아 거래가 그대로 유지되므로 매각 거래로 본다. 반면, 깊은 내가격이라면 옵션 행사를 하여 거래가 취소되므로 차입 거래로 본다.

2. 양도자가 공정가치 재매입 (매각) VS 약정가 재매입 (차입)

자산을 나중에 '공정가치'에 재구매하기로 한 경우 자산의 가격 변동 위험을 구매자가 갖는다. 따라서 이 경우 판매 거래로 보며, 자산의 소유권은 구매자에게 이전되었다고 본다.

반면 나중에 '확정가격' 또는 확정가격에 이자수익을 가산한 금액에 재구매하기로 한 경우 구매자는 정해진 가격만 지급하면 되기 때문에 자산의 가격 변동 위험을 판매자가 갖는다. 따라서 이 경우 차입 거래로 보며, 자산의 소유권은 그대로 판매자에게 있다.

3. 조건 없는 매도 (매각) VS 유가증권 대여 계약 (차입)

조건 없는 매도는 매각 거래이고, 유가증권 대여 계약은 차입 거래이다. 매도는 판 것이고, 대여는 빌려준 것이다.

3 최초 지정: 지정은 최초 인식시점에서만 가능, 취소 불가 심화

금융상품은 원칙적으로 각 사업모형에 따라 정해진 계정으로 분류해야 한다. 하지만 다음의 경우에는 원칙을 벗어나서 금융상품의 계정을 지정할 수 있다. 각 규정이 출제될 가능성은 크지 않기 때문에 가볍게 읽어보고 넘어가자.

대신에, '지정은 최초 인식시점에서만 가능하며, 한 번 지정하면 이를 취소할 수 없다.'는 내용은 꼭 기억하자. '지정 후 이를 취소할 수 있다.'로 틀린 문장이 출제된 적이 있으므로 주의하자.

1. 지분상품의 FVOCI 금융자산으로 선택 (FVOCI 선택 금융자산)

지분상품은 원칙적으로 FVPL 금융자산으로 분류하나, 단기매매목적이 아니고 조건부 대가도 아닌 경우 FVOCI 금융자산으로 선택할 수 있다.

2. FVPL 금융자산 및 FVPL 금융부채 지정

회계불일치를 제거하거나 유의적으로 줄이기 위해 채무상품 중 AC 금융자산 또는 FVOCI 금융자산으로 분류될 항목을 FVPL 금융자산으로 지정할 수 있다.

금융부채는 원칙적으로 상각후원가로 측정한다. (AC 금융부채) 예외적으로 회계불일치를 제거하거나 유의적으로 줄이기 위해 FVPL 금융부채로 지정할 수 있다. 회계불일치는 고급회계에서 배우기 때문에 고급회계를 배우지 않은 수험생은 고급회계를 배우고 나서 본 규정을 공부하자.

예제

01 기업회계기준서 제1109호 '금융상품' 중 금융자산의 제거에 대한 다음 설명 중 옳지 않은 것은? *2020. CPA 수정*

① 금융자산의 현금흐름에 대한 계약상 권리를 양도하고 위험과 보상의 대부분을 이전하면 당해 금융자산을 제거한다.

② 양도자가 금융자산의 소유에 따른 위험과 보상의 대부분을 보유하면, 당해 금융자산을 계속하여 인식한다.

③ 금융자산의 현금흐름에 대한 계약상 권리를 양도하고, 위험과 보상의 대부분을 보유하지도 않고 이전하지도 않으면서 당해 금융자산을 통제하고 있지 않다면 당해 금융자산을 제거한다.

④ 양도자가 금융자산의 소유에 따른 위험과 보상의 대부분을 소유하지도 아니하고 이전하지도 아니한 상태에서, 양도자가 금융자산을 통제하고 있다면 당해 금융자산을 제거하고 양도함으로써 발생하거나 보유하게 된 권리와 의무를 각각 자산과 부채로 인식한다.

⑤ 양도자가 확정가격이나 매도가격에 대여자의 이자수익을 더한 금액으로 재매입하기로 하고 금융자산을 매도한 경우, 양도자는 금융자산의 소유에 따른 위험과 보상의 대부분을 보유하고 있는 것이다.

해설

01.
양도자가 위험과 보상의 대부분을 소유하지도 않고, 이전하지도 않은 상태에서 양도자가 통제하고 있다면 '지속적으로 관여하는 정도까지' 자산을 인식한다.
⑤ 양도자가 약정가격 재매입 시 차입 거래로 본다. (O)

답 ④

02 기업회계기준서 제1109호 '금융상품'에 관한 다음 설명 중 옳은 것은? 2018. CPA

① 회계불일치 상황이 아닌 경우의 금융자산은 금융자산의 관리를 위한 사업모형과 금융자산의 계약상 현금흐름 특성 모두에 근거하여 상각후원가, 기타포괄손익 - 공정가치, 당기손익 - 공정가치로 측정되도록 분류한다.

② 당기손익 - 공정가치로 측정되는 지분상품에 대한 특정 투자의 후속적인 공정가치 변동은 최초 인식시점이라도 기타포괄손익으로 표시하는 것을 선택할 수 없다.

③ 금융자산의 전체나 일부의 회수를 합리적으로 예상할 수 없는 경우에도 해당 금융자산의 총장부금액을 직접 줄일 수는 없다.

④ 기타포괄손익 - 공정가치 측정 금융자산의 손상차손은 당기손실로 인식하고, 손상차손환입은 기타포괄손익으로 인식한다.

⑤ 회계불일치를 제거하거나 유의적으로 줄이는 경우에는 최초 인식 시점에 해당 금융자산을 기타포괄손익 - 공정가치 측정 항목으로 지정할 수 있으며, 지정 후 이를 취소할 수 있다.

해설

02.
② 지분상품을 FVOCI 금융자산으로 선택하는 것은 '최초 인식시점에는' 가능하다.
③ 회수를 합리적으로 예상할 수 없는 경우 손상차손을 인식하여 총장부금액을 직접 줄일 수 있다.
④ FVOCI 금융자산도 AC 금융자산과 마찬가지로 손상차손과 손상차손환입은 모두 PL로 인식한다.
⑤ 회계불일치를 제거하거나 유의적으로 줄이는 경우 FVOCI 금융자산이 아닌 FVPL 금융자산으로 지정할 수 있으며, 지정 후 이를 취소할 수 없다.

 답 ①

금융자산 재분류

채무상품은 보유 목적(사업모형)에 따른 계정 분류가 달라지므로, 보유 목적이 달라지면 계정도 바뀌어야 한다. 본 패턴에서는 사업모형의 변화에 따라 계정을 재분류하는 경우 회계처리에 대해 배울 것이다.

1 AC 금융자산에서 다른 계정으로 재분류: FV로 평가

AC 금융자산은 다른 금융자산과 달리 공정가치 평가를 하지 않는다. 따라서 다른 계정으로 재분류 시 공정가치로 평가해야 하며, 어느 계정으로 재분류하는지에 따라 평가손익의 구분이 달라진다. FVOCI로 재분류하면 평가손익을 OCI로 인식하고, FVPL로 재분류하면 평가손익을 PL로 인식한다.

2 FVOCI 금융자산에서 다른 계정으로 재분류

FVOCI는 평가손익을 OCI로 인식한다. 다른 계정으로 재분류하면 이 OCI를 제거해야 하는데, 어느 계정으로 재분류하는지에 따라 제거 방법이 달라진다.

1. to AC: OCI만 뗐다(취소), 붙였다(평가)

FVOCI의 회계처리를 '취소-상각-평가'로 설명했었다. FVOCI는 항상 AC와 같은데, 기말 재무상태표에 표시할 때만 공정가치로 평가한다. 따라서 1.1에는 FV에서 AC로 가면서 전기 말에 인식한 OCI를 제거하고(취소), 12.31에는 AC에서 FV로 평가하면서 OCI를 계상한다(평가).
AC와 FVOCI 사이의 재분류는 FVOCI 회계처리의 취소, 평가와 같다. FVOCI에서 AC로 재분류하는 것은 '취소' 회계처리와 일치하며, AC에서 FVOCI로 재분류하는 것은 '평가' 회계처리와 일치한다. 따라서 AC와 FVOCI 사이의 재분류가 있으면 OCI만 뗐다, 붙이면 된다.

2. to FVPL

FVOCI와 FVPL 모두 채무상품을 FV로 계상하므로 재분류가 있더라도 자산의 금액 변동은 없다. 다만, FVOCI는 기존에 인식한 평가손익(OCI)이 있으므로 이를 재분류 조정하면서 PL로 바꿔주면 된다. 평가이익이 계상되어 있다고 가정할 때 회계처리는 다음과 같다.

FVPL	XXX	FVOCI	XXX	
OCI	XXX	PL	XXX	(재분류조정)

3 FVPL 금융자산에서 다른 계정으로 재분류

FVPL 금융자산은 유효이자율 상각하지 않고 매년 말 공정가치로 평가만 하기 때문에, 기존에 사용하던 상각표가 없다. 따라서 상각후원가가 없으며 기존에 계상된 금액(FV) 그대로 계정명만 교체한다. 재분류 회계처리는 다음과 같다.

FVPL→AC	AC	XXX	FVPL	XXX
FVPL→FVOCI	FVOCI	XXX	FVPL	XXX

사례

(주)김수석은 (주)대한의 회사채를 보유하고 있다. X1년 12월 31일 현재 회사채의 상각후원가는 ₩9,000이고, 공정가치는 ₩10,000이다. (주)김수석이 X1년 12월 31일 사업모형을 변경한다고 할 때, 다음의 각 상황에 맞추어 X2년 1월 1일의 회계처리를 수행하시오.

(1) AC금융자산으로 분류하다가 FVOCI금융자산으로 재분류하는 경우
(2) AC금융자산으로 분류하다가 FVPL금융자산으로 재분류하는 경우
(3) FVOCI금융자산으로 분류하다가 AC금융자산으로 재분류하는 경우
(4) FVOCI금융자산으로 분류하다가 FVPL금융자산으로 재분류하는 경우
(5) FVPL금융자산으로 분류하다가 AC금융자산으로 재분류하는 경우
(6) FVPL금융자산으로 분류하다가 FVOCI금융자산으로 재분류하는 경우

회계처리〉

AC : FV 평가	(1) AC→FVOCI				(2) AC→FVPL			
	FVOCI	10,000	AC OCI	9,000 1,000	FVPL	10,000	AC PL	9,000 1,000
FVOCI : OCI 제거	(3) FVOCI → AC				(4) FVOCI → FVPL			
	AC OCI	9,000 1,000	FVOCI	10,000	FVPL OCI	10,000 1,000	FVOCI PL	10,000 1,000
FVPL : 계정만 교체	(5) FVPL → AC				(6) FVPL → FVOCI			
	AC	10,000	FVPL	10,000	FVOCI	10,000	FVPL	10,000

4 재분류 이후 이자수익

1. AC ↔ FVOCI: 기존 유효이자율 상각표 사용

AC와 FVOCI 사이의 재분류는 OCI만 뗐다, 붙이면 된다고 설명했었다. 원래 AC와 FVOCI는 같은 유효이자율 상각표로 상각을 하므로, 재분류가 있더라도 기존의 유효이자율 상각표를 그대로 사용하면서 이자수익을 인식하면 된다.

2. to FVPL: 액면이자

FVPL 금융자산은 유효이자율 상각하지 않고, 액면이자만 이자수익으로 인식한다. 따라서 FVPL로 재분류했다면 액면이자만 이자수익으로 인식하면 된다.

3. from FVPL: 새로운 유효이자율 상각표 사용

FVPL 금융자산은 액면이자를 이자수익으로 인식하므로, 기존에 사용하던 상각표가 없다. 따라서 FVPL에서 다른 계정으로 재분류했다면 재분류일의 공정가치를 기준으로 새로운 유효이자율 상각표를 그린 뒤, 이자수익을 인식하면 된다. 이 경우는 유효이자율이 바뀌기 때문에 출제될 가능성이 거의 없다.

5 재분류일: 다음 해 1.1

금융자산의 계정 재분류는 재분류일부터 전진적으로 적용한다. 여기서 '재분류일'이란 재분류를 한 다음 해의 1.1을 의미한다. 본 패턴 3번 문제를 보면 '20X2년 중에' 재분류가 이루어지지만, 회계처리는 X3.1.1에 한다. 따라서 재분류 과정에서 인식하는 평가손익도 X3년도에 인식한다. 재분류를 한 해에 평가손익을 인식하지 않도록 주의하자.

6 손실충당금이 있는 경우: 순액 기준으로 평가손익 계산할 것 심화

계정 재분류 전에 손실충당금이 있을 수도 있다. 이 경우 평가손익은 손실충당금을 차감한 순액 기준으로 계산한다. AC 금융자산과 FVOCI 금융자산 사이의 재분류는 손실충당금을 그대로 두고, 재분류 후 FVPL로 분류하는 경우에는 손실충당금을 제거한다. 재분류 전에 FVPL로 분류하는 경우에는 손상을 인식하지 않으므로 손실충당금이 존재하지 않는다.

 금융자산 재분류

재분류 전	재분류 후	금액 변화	평가 차액	이자수익
AC :FV 평가손익	FVOCI	AC → FV	OCI 인식 (평가)	Old 상각표
	FVPL		PL	액면이자
FVOCI :OCI 제거 방법	AC	FV → AC	OCI 제거 (취소)	Old 상각표
	FVPL	FV → FV	OCI → PL (재분류 조정)	액면이자
FVPL :금액 그대로 계정만 대체	AC	FV → FV	N/A	New 상각표 (현행R)
	FVOCI			

금융자산 재분류는 위 표만 외우면 손쉽게 문제를 풀 수 있으니 표를 완벽하게 외우자. 말문제로 출제될 수도 있으므로 다음 기준서 원문도 같이 읽어보자.

(1) AC→FVOCI: FV 평가, 평가손익 OCI, 기존 이자율
금융자산을 상각후원가 측정 범주에서 기타포괄손익-공정가치 측정 범주로 재분류하는 경우에 재분류일의 공정가치로 측정한다. 금융자산의 재분류 전 상각후원가와 공정가치의 차이에 따른 손익은 기타포괄손익으로 인식한다. 유효이자율과 기대신용손실 측정치는 재분류로 인해 조정되지 않는다.
(2) AC→FVPL: FV 평가, 평가손익 PL
금융자산을 상각후원가 측정 범주에서 당기손익-공정가치 측정 범주로 재분류하는 경우에 재분류일의 공정가치로 측정한다. 금융자산의 재분류 전 상각후원가와 공정가치의 차이에 따른 손익은 당기손익으로 인식한다.
(3) FVOCI→AC: 처음부터 AC였던 것처럼, OCI 제거, 기존 이자율
금융자산을 기타포괄손익-공정가치 측정 범주에서 상각후원가 측정 범주로 재분류하는 경우에 재분류일의 공정가치로 측정한다. 그러나 재분류 전에 인식한 기타포괄손익누계액은 자본에서 제거하고 재분류일의 금융자산의 공정가치에서 조정한다. 따라서 최초 인식시점부터 상각후원가로 측정했었던 것처럼 재분류일에 금융자산을 측정한다. 재분류에 따라 유효이자율과 기대신용손실 측정치는 조정하지 않는다.
(4) FVOCI→FVPL: 계속 FV, OCI 재분류조정
금융자산을 기타포괄손익-공정가치 측정 범주에서 당기손익-공정가치 측정 범주로 재분류하는 경우에 계속 공정가치로 측정한다. 재분류 전에 인식한 기타포괄손익누계액은 재분류일에 재분류조정으로 자본에서 당기손익으로 재분류한다.
(5) FVPL→AC: 계속 FV
금융자산을 당기손익-공정가치 측정 범주에서 상각후원가 측정 범주로 재분류하는 경우에 재분류일의 공정가치가 새로운 총장부금액이 된다
(6) FVPL→FVOCI: 계속 FV
금융자산을 당기손익-공정가치 측정 범주에서 기타포괄손익-공정가치 측정 범주로 재분류하는 경우에 계속 공정가치로 측정한다.

예제

01 금융자산의 재분류시 회계처리에 관한 설명으로 옳지 않은 것은?   2018. CTA

① 상각후원가측정금융자산을 당기손익 – 공정가치측정금융자산으로 재분류할 경우 재분류일의 공정가치로 측정하고, 재분류 전 상각후원가와 공정가치의 차이를 당기손익으로 인식한다.

② 상각후원가측정금융자산을 기타포괄손익 – 공정가치측정금융자산으로 재분류할 경우 재분류일의 공정가치로 측정하고, 재분류 전 상각후원가와 공정가치의 차이를 기타포괄손익으로 인식하며, 재분류에 따라 유효이자율과 기대신용손실 측정치는 조정하지 않는다.

③ 기타포괄손익 – 공정가치측정금융자산을 당기손익 – 공정가치측정금융자산으로 재분류할 경우 계속 공정가치로 측정하고, 재분류 전에 인식한 기타포괄손익누계액은 재분류일에 이익잉여금으로 대체한다.

④ 기타포괄손익 – 공정가치측정금융자산을 상각후원가측정금융자산으로 재분류할 경우 재분류일의 공정가치로 측정하고, 재분류 전에 인식한 기타포괄손익누계액은 자본에서 제거하고 재분류일의 금융자산의 공정가치에서 조정하며, 재분류에 따라 유효이자율과 기대신용손실 측정치는 조정하지 않는다.

⑤ 당기손익 – 공정가치측정금융자산을 기타포괄손익 – 공정가치측정금융자산으로 재분류할 경우 계속 공정가치로 측정하고, 재분류일의 공정가치에 기초하여 유효이자율을 다시 계산한다.

해설

01.
FVOCI을 FVPL로 재분류할 경우 기존에 인식한 OCI는 이익잉여금으로 직접 대체하는 것이 아니라, 재분류조정 하면서 당기손익으로 인식한다.

 ③

02 기업회계기준서 제1109호 '금융상품' 중 계약상 현금흐름 특성 조건을 충족하는 금융자산으로서 사업모형을 변경하는 경우의 재분류 및 금융자산의 제거에 대한 다음 설명 중 옳은 것은?

2019. CPA

① 금융자산을 기타포괄손익-공정가치 측정 범주에서 상각후원가 측정 범주로 재분류하는 경우에는 최초 인식시점부터 상각후원가로 측정했었던 것처럼 재분류일에 금융자산을 측정한다.

② 양도자가 발생 가능성이 높은 신용손실의 보상을 양수자에게 보증하면서 단기 수취채권을 매도한 것은 양도자가 소유에 따른 위험과 보상의 대부분을 이전하는 경우의 예이다.

③ 금융자산을 기타포괄손익-공정가치 측정 범주에서 당기손익-공정가치 측정 범주로 재분류하는 경우에 계속 공정가치로 측정하며, 재분류 전에 인식한 기타포괄손익누계액은 자본에서 당기손익으로 재분류하지 않는다.

④ 양도자가 매도한 금융자산을 재매입시점의 공정가치로 재매입할 수 있는 권리를 보유하고 있는 것은 양도자가 소유에 따른 위험과 보상의 대부분을 보유하는 경우의 예이다.

⑤ 양도자가 매도 후에 미리 정한 가격으로 또는 매도가격에 양도자에게 금전을 대여하였더라면 그 대가로 받았을 이자수익을 더한 금액으로 양도자산을 재매입하는 거래는 양도자가 소유에 따른 위험과 보상의 대부분을 이전하는 경우의 예이다.

해설

02.

FVOCI에서 AC로 재분류하는 경우 취소를 통해 OCI만 제거하고, 기존 유효이자율 상각표를 이용한다. 따라서 '최초 인식시점부터 상각후원가로 측정했었던 것처럼' 측정한다는 표현은 맞는 설명이다.

② 발생 가능성이 높은 신용손실의 보상을 보증하면서 매도한 것은 위험과 보상의 대부분을 보유하는 경우이다.
③ FVOCI 금융자산을 FVPL 금융자산으로 재분류하는 경우 OCI를 재분류 조정한다.
④ 공정가치로 재매입할 수 있다면 위험과 보상의 대부분을 이전하는 경우이다.
⑤ 정한 가격으로 재매입하는 거래는 위험과 보상의 대부분을 보유하는 경우이다.

답 ①

03 (주)대한은 (주)민국이 20X1년 1월 1일에 발행한 액면금액 ₩50,000(만기 5년(일시상환), 표시이자율 연 10%, 매년 말 이자지급)인 사채를 동 일자에 액면금액으로 취득하고, 상각후원가로 측정하는 금융자산(AC 금융자산)으로 분류하여 회계처리하였다. 그러나 (주)대한은 20X2년 중 사업모형의 변경으로 동 사채를 당기손익-공정가치로 측정하는 금융자산(FVPL 금융자산)으로 재분류하였다. 20X2년 말 현재 동 사채와 관련하여 인식한 손실충당금은 ₩3,000이다. 동 사채의 20X3년 초와 20X3년 말의 공정가치는 각각 ₩45,000과 ₩46,000이다. 동 사채가 (주)대한의 20X3년 포괄손익계산서 상 당기순이익에 미치는 영향은 얼마인가? 단, 동 사채의 20X3년 말 공정가치는 이자수령 후 금액이다.

2021. CPA

① ₩2,000 감소　　　　② ₩1,000 감소　　　　③ ₩4,000 증가
④ ₩5,000 증가　　　　⑤ ₩6,000 증가

해설

03.
X3년 당기손익: (−)2,000 + 5,000 + 1,000 = 4,000 증가

(1) 재분류 시 평가손익: 45,000 − (50,000 − 3,000) = (−)2,000 손실
　– 재분류 시 평가손익은 손실충당금을 차감한 순액 기준으로 계산한다.
(2) 이자수익: 50,000 × 10% = 5,000
　– 재분류 후 FVPL이므로 액면이자만 이자수익으로 인식한다.
(3) X3년말 평가손익: 46,000 − 45,000 = 1,000 이익

참고 회계처리

X1.1.1	AC	50,000	현금	50,000
X1.12.31	현금	5,000	이자수익	5,000
X2.12.31	현금	5,000	이자수익	5,000
	손상차손	3,000	손실충당금	3,000
X3.1.1 (재분류일)	FVPL	45,000	AC	50,000
	손실충당금	3,000		
	PL	2,000		
X3.12.31	FVPL	1,000	PL	1,000
	현금	5,000	이자수익	5,000

유효이자율: 문제에서 제시하지 않았지만 X1년 초에 사채를 액면금액으로 취득하였으므로 표시이자율과 동일한 10%이다.

답 ③

김 용 재 패 턴
회 계 학
중급회계편

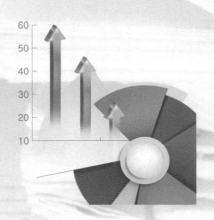

복합금융상품은 자본요소와 부채요소를 모두 포함하고 있는 금융상품을 의미하며, 본서에서는 전환사채(CB, Convertible Bond)와 신주인수권부사채(BW, Bond with Warrant)를 다룬다. 편의상 앞으로 CB와 BW라고 부르겠다. 회계사 시험에서 거의 매년 CB와 BW 중에서 한 문제가 출제되며, 각각 하나씩 총 두 문제가 출제된 해도 많다. BW보다는 CB의 출제빈도가 높은 편이므로, 시간이 없다면 CB 위주로 공부하자.

복합금융상품

패턴 26 전환사채 ★중요!

1 CB(전환사채) vs BW(신주인수권부사채) ★중요!

CB와 BW의 핵심적인 차이점은 주식을 받기 위해서 지급하는 대가가 다르다는 것이다. CB는 '전환'사채이기 때문에 사채가 주식으로 '바뀐다'. 따라서 사채를 주면 주식을 받을 수 있다. 반면 BW는 신주인수권부(附, 붙을 부)사채, 즉 신주인수권이 '붙어있는' 사채를 의미한다. 따라서 신주인수권(신주를 인수할 수 있는 권리)을 행사하면서 현금을 주면 주식을 받을 수 있다. BW는 현금을 주기 때문에 신주인수권을 행사하더라도 사채가 사라지지 않는다는 점을 기억하자. 이를 그림으로 표현하면 다음과 같다.

	〈행사 전〉		〈행사 후〉	
CB	액면사채	→	액면사채	
	할증금		할증금	
	〈행사 전〉		〈행사 후〉	
BW	액면사채	→	액면사채	
	할증금		할증금	

1. 할증금: CB이든, BW이든 권리 행사 시 감소

(상환)할증금은 전환권이나 신주인수권을 행사하지 않았을 경우 지급하는 위로금 성격의 금액을 의미한다. 따라서 CB이든, BW이든 권리를 행사하면 할증금을 지급하지 않으므로 행사비율만큼 할증금이 감소하는 것은 같다.

2. 사채: CB는 행사 시 감소, BW는 행사해도 불변

CB는 사채를 주고 주식을 받는 것이므로 전환권 행사 시 사채가 줄어들지만, BW는 신주인수권을 행사하더라도 사채가 불변이다. CB는 사채와 할증금이 발행 시부터 만기까지 같이 간다. 따라서 CB는 사채와 할증금을 구분하지 않고 하나의 계정으로 현재가치를 구하고, 같이 상각할 것이다. 반면, BW는 사채와 할증금이 각자 움직인다. 따라서 사채와 할증금을 각자 현재가치하고, 따로 상각할 것이다.

2 전환사채 풀이법

 상환할증금

CB를 풀기 위해서 가장 먼저 할 일은 상환할증금을 계산하는 것이다. 문제에서 상환할증금을 주는 방식은 다음의 3가지가 있다. 문제에서 상환할증금을 제시하는 방식에 따라 계산 방법이 달라진다. 상환할증금 미지급조건인 경우에는 Step 0을 생략하면 된다.

1. 만기까지 전환하지 않으면 만기에 액면금액의 110%를 지급한다.
문제에서 가장 자주 쓰는 상환할증금 제시 방법이다. 위와 같이 제시된다면 액면금액의 10%가 상환할증금이 된다.

2. 보장수익률은 10%이다.

$$\text{상환할증금} = \text{액면금액} \times (\text{보장R} - \text{액면R}) \times ((1 + \text{보장R})^2 + (1 + \text{보장R}) + 1)$$
$$= 1,000,000 \times (10\% - 5\%) \times (1.1^2 + 1.1 + 1) = 165,500$$

예제 1번을 보면, 액면이자율은 연 5%, 시장이자율은 연 12%, 연 보장수익률은 액면금액의 10%이다. 액면금액이 ₩1,000,000일 때, 상환할증금은 위와 같이 계산한다.

여기서 시장이자율은 절대로 쓰이지 않는다는 점을 주의하자. 이유는 중요하지 않으니 그냥 외우는 것을 추천한다. 한글로 설명한 식보다 숫자를 넣어서 외우는 것이 더 편하다. 그냥 위 식을 숫자까지 통째로 외우자.

> **계산기 사용법** **상환할증금**
> $1.1 \times = + 1.1 + 1 \times 1,000,000 \times 5\%$
> 위 식에서 $(1.1^2 + 1.1 + 1)$을 먼저 계산하고, 앞의 숫자들을 곱하는 것이 편하다. 1.1^2은 '$1.1 \times =$'을 누르면 계산할 수 있다.

 발행가액 분석

부채	(액면금액 + 할증금) × 단순현가계수 + 액면이자 × 연금현가계수	= ①XXX
자본		③XXX(A)
계		②발행가액

1. 부채

Step 0에서 구한 상환할증금을 액면금액에 더한 뒤, 단순현가계수를 곱하고, 액면이자를 연금현가계수에 곱하여 두 금액의 합을 구하자. 발행가액 중 부채에 해당하는 금액을 계산할 수 있다. 이때, 시장이자율에 해당하는 현가계수를 써야 한다. 현금흐름의 현재가치를 구할 때에는 '시장'이자율로 할인하기 때문이다.

2. 자본(전환권대가) = 발행가액 − 부채

발행가액 중 부채를 차감한 나머지 부분은 전환권대가가 된다. 이후에 회계처리를 할 때 전환권 대가로 계산된 이 금액을 'A'로 표시하겠다. 전환권대가는 자본 중 자본잉여금 항목이다. 대부분의 문제에서는 전환사채를 액면 발행하기 때문에 발행가액은 주로 액면금액이다. 발행가액이 액면금액이 아닌 경우는 후속 패턴에서 다룰 것이다.

예제

01 (주)ABC는 20X1년 1월 1일 액면금액이 ₩1,000,000이며, 상환기일이 20X3년 12월 31일, 만기 3년의 전환사채를 액면발행하였다. 동 사채의 액면이자율은 연 5%로 매년말 이자를 지급한다. 이 전환사채와 동일한 일반사채의 시장이자율은 연 12%이며 만기까지 전환되지 않은 전환사채에 대한 연 보장수익률은 액면금액의 10%이다. 20X1년 1월 1일 전환사채 발행시 계상되는 전환권대가는 얼마인가? 단, 계산과정에서 소수점 이하는 첫째자리에서 반올림한다. 그러나 계산방식에 따라 단수차이로 인해 오차가 있는 경우, 가장 근사치를 선택한다. 2014. CPA

3년 기준	5%	10%	12%
단일금액 ₩1 현재가치	0.8638	0.7513	0.7118
정상연금 ₩1 현재가치	2.7232	2.4868	2.4018
정상연금 ₩1 미래가치	3.1525	3.3100	3.3744

① ₩ 50,307   ② ₩ 40,307   ③ ₩ 30,307
④ ₩ 90,397   ⑤ ₩ 170,397

해설

01.
Step 1. 상환할증금
　상환할증금: $1,000,000 × (10\% − 5\%) × (1.1^2 + 1.1 + 1) = 165,500$

Step 2. 발행가액 분석
부채	$(1,000,000 + 165,500) × 0.7118 + 50,000 × 2.4018$	= ①949,693
자본		③50,307
계		②1,000,000

目 ①

STEP 2 매기 말: 유효이자율 상각

$$이자비용 = 기초\ 부채\ BV \times 유효R$$

발행가액 분석 시 부채에 할증금을 포함하였으므로, 이자비용도 할증금을 포함한 금액을 이용하여 계산하면 된다. 이자비용 중 액면이자를 차감한 금액은 부채의 장부금액에 가산한다. 이때 부채의 잔액을 회계처리 옆에 ⌐ 표시한 뒤 BV 자리에 적자. 부채의 BV는 발행 시부터 계속해서 할증금을 포함한 금액이다.

STEP 3 전환권 행사

	부채	기말 BV × 전환율	자본금	주식 수 × 액면가
전환 시			주발초	XXX
	전환권대가	A × 전환율	주발초	XXX

1. 부채 → 자본금 & 주발초

대부분의 문제에서 전환권 행사는 기초에 하는 것으로 가정한다. 기중에 행사하게 되면 미지급 이자가 발생하기 때문이다. 기초에 행사하기 때문에 전기말 사채의 BV 중 전환율에 해당하는 금액만큼 제거하면서 자본금과 주발초를 늘리면 된다. 자본금은 발행 주식 수에 액면가를 곱한 만큼 증가하고, 나머지 금액은 주발초가 된다.

2. 전환권대가 → 주발초 (선택 회계처리)

발행 시 계상한 전환권대가 중 전환율에 해당하는 금액만큼 제거하면서 주발초를 늘린다. 주발초 대체 회계처리는 선택 회계처리이기 때문에 생략해도 되나, 대부분의 문제에서는 대체하는 것을 선택한다. 따라서 '전환할 때는 대가를 주발초로 대체 한다'고 생각하는 것이 좋다.

3. 전환 시 자본 증가액 = 부채 감소액 = 기말 사채 BV(할증금 포함) × 전환율

전환 시 회계처리를 보면 부채를 제외하고는 전부 자본이다. 따라서 부채 감소액이 곧 자본 증가액이 된다. 참고로, 회계처리에 표시된 A는 전환사채 발행 시에 구한 전환권대가 금액을 의미한다.

4. 전환 시 증가하는 주발초 ★중요!

$$주발초\ 증가액 = (전기말\ 사채\ BV + 전환권대가 - 주당\ 액면가 \times 총\ 전환\ 가능\ 주식\ 수) \times 전환율$$

전환 시 증가하는 주발초는 CB와 BW 모두에서 가장 많이 묻는 사항이다. 회계처리를 보면 위 식이 이해될 것이다. 100% 전환되었다고 가정하고 주발초 증가액을 계산한 다음, 마지막에 전환율을 곱하는 것이 계산하기 쉽다. 구체적으로 계산기를 어떻게 눌러서 주발초 증가액을 구하는지는 기출문제를 통해 설명한다.

STEP 4 전환권 행사 후 이자비용

> 전환권 행사 후 이자비용 = 전기말 사채 BV × 유효R × (1 − 전환율)

전환권 행사 후 전환사채의 이자비용은 전기말 부채에 유효이자율을 곱한 뒤, (1−전환율)을 곱하면 된다. 이때, 부채의 장부금액은 할증금을 포함한 금액이라는 것을 주의하자. 전환사채는 전환권 행사 시 사채와 할증금이 같이 제거되기 때문이다.

STEP 5 만기 상환

1. 만기 지급액

> 만기 지급액 = (액면금액 + 할증금) × (1 − 전환율)

할증금은 만기까지 전환을 하지 않았을 경우 지급되므로, 전액이 지급되는 것이 아니라 전환된 부분을 제외하고 남은 금액만큼만 지급된다. 기억하자. 전환사채의 할증금은 발행 시부터 만기까지 사채와 같이 간다. 따라서 발행가액 분석 시에도 같이 현재가치했고, 매기 말 계정을 구분하지 않고 같이 상각했던 것이다.

2. 미전환 시 만기까지 총 이자비용 (만기=3년 가정)

> 총 이자비용 = 총 현금 지급액 − 총 현금 수령액
> = 액면이자 × 3 + 액면금액 + 할증금 − 부채의 PV (전환권대가 제외)
> (∵총 현금 지급액 = 액면이자 × 3 + 액면금액 + 할증금)

사채의 총 이자비용은 총 현금 지급액에서 총 현금 수령액을 차감한 금액과 일치한다. 직관적으로 보면 100원을 빌려서 총 120원을 갚으면 총 이자비용은 20원이다. CB도 마찬가지이다.

발행자가 지급한 현금에서 수령한 현금을 차감하면 만기까지의 이자비용을 계산할 수 있다. 현금은 사채 발행 시 한 번만 받으므로 현금 수령액은 부채의 PV이다. 여기서 전환권대가는 자본이므로 제외해야 한다.

총 현금 지급액은 '액면이자 × 3 + 액면금액 + 할증금'이다. 만기 3년 가정 시 액면이자는 3회를 지급한다. 만기까지 전환하지 않았다고 가정할 경우 액면금액과 할증금을 전액 지급한다. 문제에서 '총 현금 지급액'만 따로 묻는 경우도 있으므로 기억하자.

전환사채 회계처리 요약〉

발행 시	현금	발행가	부채	PV(할증금도)
			전환권대가(자본)	XXX(A)
매기 말	이자비용	기초 BV × 유효R	현금	액면이자
			부채	XXX ⌐ 기말 BV(할증금 포함)
전환 시	부채	기말 BV × 전환율	자본금	주식 수 × 액면가
			주발초	XXX
	전환권대가	A × 전환율	주발초	XXX ⌐ 기말 BV × (1 − 전환율)
전환 후	이자비용	기말BV × 유효R × (1 − 전환율)	현금	액면이자
			부채	XXX
만기 상환	부채	(액면금액 + 할증금) × (1 − 전환율)	현금	XXX

위 회계처리에서 A는 'Step 1. 발행가액 분석'에서 계산한 발행 시 전환권대가를 의미한다.

예제

02 다음은 (주)한국의 전환사채와 관련된 자료이다.

- 20X1년 1월 1일 전환사채 ₩1,000,000(표시이자율 연 7%, 매년말 이자지급, 만기 3년)을 액면발행하였다. 전환사채 발행시점의 일반사채 시장이자율은 연 15%이다.
- 전환으로 발행되는 주식 1주(액면금액 ₩5,000)에 요구되는 사채액면금액은 ₩20,000으로 한다. 만기일까지 전환되지 않으면 만기일에 액면금액의 116.87%를 지급하고 일시상환한다.
- 이자율이 연 15%일 때 3년 후 ₩1의 현재가치는 ₩0.6575이며, 3년간 정상연금 ₩1의 현재가치는 ₩2.2832이다.
- 20X2년 1월 1일 사채 액면금액 ₩500,000의 전환청구로 사채가 주식으로 전환되었다.

(주)한국의 전환사채에 대한 회계처리로 옳은 설명은? 단, 전환권대가는 전환시점에서 주식발행초과금으로 대체한다. 필요시 소수점 첫째자리에서 반올림하고, 단수 차이로 오차가 있는 경우 ₩10 이내의 차이는 무시한다.

2017. CPA

① 전환사채 발행시점의 부채요소는 ₩759,544이다.
② 전환사채 발행시점의 자본요소는 ₩240,456이다.
③ 20X1년 포괄손익계산서에 계상되는 이자비용은 ₩139,237이다.
④ 전환권 행사로 자본총계는 ₩534,619 증가한다.
⑤ 전환권 행사로 주식발행초과금은 ₩498,740 증가한다.

해설

02.
다섯 번 계산해야 하는 계산형 말문제이다. 실전에서 이와 같은 문제를 마주친다면 넘기고 시간이 남으면 풀자.

Step 1. 상환할증금
  상환할증금: 1,000,000 × 16.87% = 168,700

Step 2. 발행가액 분석

부채	(1,000,000 + 168,700) × 0.6575 + 70,000 × 2.2832 =	=	①928,244
자본			③71,756
계			②1,000,000

① 부채요소: 928,244 (X)
② 자본요소: 71,756 (X)
③ X1년도 이자비용: 928,244 × 15% = 139,237 (O)
  참고 X2년도 이자비용: 997,481 × 15% × (1 − 50%) = 74,811
    − 전환권 행사 시 할증금 금액도 같이 줄여야 한다.
④ 전환권 행사로 증가하는 자본: (928,244 × 1.15 − 70,000) × 50% = 498,740 (X)
⑤ 전환권 행사로 증가하는 주발초
  : (997,481 + 71,756 − 1,000,000/20,000 × 5,000) × 50% = 409,618 (X)

회계처리〉

X1초	현금	1,000,000	부채	928,244	
			전환권대가(자본)	71,756	
X1말	이자비용	139,236	현금	70,000	
			부채	69,236	⌐997,481
X2초	부채	498,740	자본금	125,000	
	전환권대가	35,878	주발초	409,618	⌐498,741
X2말	이자비용	74,811	현금	35,000	
			부채	39,811	⌐538,552
X3말	이자비용	80,783	현금	35,000	
			부채	45,783	⌐584,334
	부채	584,334[1]	현금	584,334	

[1]만기 지급액: (1,000,000 + 168,700) × (1 − 50%) = 584,350 (≒584,334, 단수차이)

참고 미전환 시 만기까지 총 이자비용
1,168,700 + 70,000 × 3 − 928,244 = 450,456

답 ③

계산기 사용법 펜 안 쓰고 주식발행초과금 구하기 ★중요!

계산기만 사용하여 주발초를 계산하는 방법은 굉장히 복잡하다. 아래 설명을 보고 많이 연습하여 숙달하길 바란다. 다른 학생들이 현장에서 하나씩 계산하면서 회계처리 하고 있을 때 여러분이 계산기만으로 답을 구하면 한 문제는 더 풀 수 있다. 계산기 누르기 전에 AC, MC를 누르고 시작하자. 다음은 예제 2번의 주발초를 구하는 과정이다.

> ① 1,168,700×0.6575M+70,000×2.2832M+
> ② MR 부호전환+1,000,000=
> ③ MR×15%+−70,000+GT MC M+
> ④ 1,000,000/20,000×5,000 M−MR×0.5=

① 1,168,700×0.6575M+ 70,000×2.2832M+

우선은 발행가액 중 부채 금액을 구해야 되므로 M+ 기능을 이용하여 부채를 구한다.

② MR 부호전환 +1,000,000=

MR을 누르면 부채 금액이 나올텐데, 계산기의 '+/−'를 누른 뒤, 1,000,000을 더하자. 이 금액이 자본이다. =을 누르면서 71,756이 GT에 들어간다.

③ MR×15%+−70,000+GT MC M+

다시 MR을 눌러서 부채 금액을 띄운 뒤, 유효이자율 상각을 할 차례이다. 15% 유효이자를 가산한 뒤, 액면이자 70,000을 빼자. 이 금액(997,481)이 X1년말 부채의 장부금액이다. X2년초에 전환을 했기 때문에 한 번만 상각했지만 X3년초에 전환했다면 두 번 상각해야 한다.
문제에서 전환권대가도 주발초로 대체한다고 했기 때문에, X1년 말 부채 BV에서 GT에 들어간 71,756을 더한 뒤, MC를 누르고 M+하자. 현재 메모리에 X1년 초 부채 금액이 들어가 있기 때문에 이를 지우고 다시 넣어야 한다.

④ 1,000,000/20,000×5,000 M− MR ×0.5=

주발초 계산 시에는 자본금을 차감해야 하므로 자본금을 계산해서 M−를 누른다. 사채의 액면금액이 1,000,000, 주식 1주에 요구되는 사채 액면이 20,000이므로 50주가 전환된다. 50주에 주당 액면가 5,000을 곱한 뒤 M−를 누르면 100%를 전환했을 때 증가하는 주발초가 메모리에 들어가있다. 마지막으로 MR을 누른 뒤 전환비율 0.5를 곱하면 주발초 증가액 409,618를 구할 수 있다.

패턴 27 신주인수권부사채

STEP 1 발행가액 분석

액면사채	액면금액 × 단순현가계수 + 액면이자 × 연금현가계수	= ①XXX
할증금	할증금 × 단순현가계수	= ②XXX
자본		④XXX
계		③발행가액

전환사채는 할증금까지 포함해서 같이 현재가치했지만, 신주인수권부사채는 사채 부분과 할증금을 각각 따로 현재가치한다는 것을 주목하자. 발행가액에서 액면사채와 할증금의 현재가치를 차감한 잔여액이 자본(신주인수권대가)이 된다.

STEP 2 매기 말: 유효이자율 상각

이자비용 = (기초 액면사채 + 할증금 BV) × 유효R

발행가액 분석 시 액면사채와 할증금을 구분하여 현재가치하였으므로, 이자비용도 두 개로 나뉜다. 액면사채의 이자비용 중 액면이자를 차감한 금액은 액면사채의 장부금액에 가산하고, 할증금의 이자비용은 할증금의 장부금액에 가산한다. 이렇게 계산된 할증금의 잔액을 회계처리 옆에 」표시한 뒤 BV 자리에 적자.

STEP 3 신주인수권 행사

행사 시	현금	주식 수 × 행사가	자본금	주식 수 × 액면가
	할증금	BV × 행사율	주발초	XXX
	대가	A × 행사율	주발초	XXX

1. 행사가+할증금→자본금 & 주발초

신주인수권부사채는 전환사채와 달리 현금 납입액이 있다. '행사가+행사 시점 할증금의 장부금액 × 전환율'만큼 자본금과 주발초를 늘리면 된다.

2. 신주인수권대가→주발초 (선택 회계처리)

전환사채와 같은 방식으로 발행 시 계상한 신주인수권대가 중 행사율에 해당하는 금액만큼 제거하면서 주발초를 늘리면 된다.

3. 행사 시 자본 증가액＝현금 납입액＋부채 감소액＝행사가＋할증금 BV×행사율

행사 시 회계처리를 보면 현금과 할증금을 제외하고는 전부 자본이다. 따라서 현금 납입액과 부채 감소액의 합이 곧 자본 증가액이 된다. 현금 납입액은 행사가이고, 부채 감소액은 할증금 BV에 행사율을 곱한 금액이다.

4. 행사 시 증가하는 주발초

> 주발초 증가액
> ＝ (행사가 + 할증금 BV + 신주인수권대가 − 주당 액면가 × 총 행사 가능 주식 수) × 행사율

회계처리를 보면 위 식이 이해될 것이다. 신주인수권부사채에서도 전환사채에서 했던 것과 마찬가지로, 100% 행사되었다고 가정하고 주발초 증가액을 계산한 다음, 마지막에 행사율을 곱하는 것이 계산하기 쉽다.

 STEP 4 행사 후 이자비용

> 행사 후 이자비용
> ＝ 액면사채 BV × 유효R × 100% + 할증금 BV × 유효R × (1 − 행사율)

Step 2의 신주인수권 행사 전 이자비용과 마찬가지로, 행사 후 신주인수권부사채의 이자비용도 두 개로 나뉜다. 신주인수권부사채는 신주인수권을 행사하더라도 사채가 사라지지 않으므로 사채에 대한 이자비용은 100% 다 인식하지만, 할증금에 대한 이자비용은 미행사율만큼만 인식한다.

 STEP 5 만기 상환

1. 만기 지급액

> 만기 지급액 = 액면금액 × 100% + 할증금 × (1 − 행사율)

Step 4의 행사 후 이자비용 계산 시와 마찬가지로, 신주인수권부사채는 만기 지급 시에도 사채의 액면금액은 100% 다 지급하지만, 할증금은 미행사율만큼만 지급한다.

2. 미행사 시 만기까지 총 이자비용 (만기=3년 가정)

> 총 이자비용 = 총 현금 지급액 − 총 현금 수령액
> = 액면이자 × 3 + 액면금액 + 할증금 − 부채의 PV (신주인수권대가 제외)

신주인수권부사채의 총 이자비용은 전환사채와 같은 방식으로 계산한다. 만기까지 신주인수권을 행사하지 않았다고 가정하므로 액면금액과 할증금을 전액 지급한다.

신주인수권부사채 회계처리〉

발행 시	현금	발행가	신주인수권부사채	PV
			할증금	PV
			신주인수권대가	XXX(A)
매기 말	이자비용	사채 기초 BV × 유효R	현금	액면이자
			신주인수권부사채	XXX
	이자비용	할증금 기초 BV × 유효R	할증금	XXX
행사 시	현금	주식 수 × 행사가	자본금	주식 수 × 액면가
	할증금	할증금 BV × 행사율	주발초	XXX
	대가	A × 행사율	주발초	XXX
행사 후 기말	이자비용	사채 BV × 유효R × 100%	현금	액면이자
			신주인수권부사채	XXX
	이자비용	할증금 BV × 유효R × (1 − 행사율)	할증금	XXX
만기 상환	신주인수권부사채	액면금액 × 100%	현금	XXX
	할증금	할증금 × (1 − 행사율)		

」할증금 BV

김수석의 핵심 콕! 전환사채, 신주인수권부사채 출제사항 요약 ★중요!

다음은 전환사채와 신주인수권부사채에서 주로 출제되는 내용을 요약한 것이다. 전환사채와 신주인수권부사채의 회계처리를 외우는 것은 기본이고, 문제에서 아래 금액 중 하나를 물었을 때 회계처리 없이도 계산만 해서 답을 구할 수 있어야 한다. 회계처리가 머릿속에 있어야 시험 현장에서 식이 바로 떠오를 것이다.

	전환사채	신주인수권부사채
(1) 할증금	$1,000,000 \times (10\% - 5\%) \times (1.1^2 + 1.1 + 1) = 165,500$ – 10%: 보장R, 5%: 액면R, 시장이자율은 전혀 안 씀!	
(2) 주발초	(전기말 사채 BV + 전환권대가 – 주당 액면가 × 총 전환 가능 주식 수) × 전환율	(행사가 + 할증금 BV + 신주인수권대가 – 주당 액면가 × 총 행사 가능 주식 수) × 행사율
(3) 행사 후 이자비용	BV(할증금 포함) × 유효R × (1 – 전환율)	{액면사채 BV + 할증금 BV × (1 – 행사율)} × 유효R
(4) 전환 시 자본 증가액	BV(할증금 포함) × 전환율	행사가 + 할증금 BV × 행사율
(5) 만기 현금 상환액	(액면금액 + 할증금) × (1 – 전환율)	액면금액 × 100% + 할증금 × (1 – 행사율)
(6) 미행사시 총 이자비용	총 현금 지급액 – 총 현금 수령액 = 액면이자 × 3 + 액면금액 + 할증금 – 사채의 PV (대가 제외)	

※주의 사채 상각 시 액면이자를 차감한 금액에 이자율을 곱할 것!

사채 상각 시에는 '(기초 BV×1.1 – 70,000)×1.1 – 70,000…'와 같은 계산을 반복해서 하는데, 급하게 계산기를 치다 보면 액면이자(70,000)를 차감하는 것을 놓치기 쉽다. 김수석이 수험생 때 많이 했던 실수이기 때문에 여러분도 주의하기 바란다.

|참고| 조정 계정을 이용한 총액 분개 심화

전환사채	현금	발행가	전환사채	액면가
	전환권조정	XXX	할증금	할증금
			전환권대가	A
신주인수 권부사채	현금	발행가	신주인수권부사채	액면가
	신주인수권조정	XXX	할증금	할증금
			신주인수권대가	A

시중 교재에서 위처럼 '전환권조정', '신주인수권조정' 계정을 이용한 회계처리를 볼 수 있을 것이다. 이 둘은 사채할인발행차금 역할을 하는 계정들이다. 결론부터 말하자면 굳이 어렵게 조정 계정 쓸 필요 없이, 본서에서 알려드린 순액 분개만 기억해도 된다. 1차 시험 기준으로는 문제에서 당기손익, 부채, 자본 등을 묻기 때문에 순액 분개로도 충분히 답을 찾을 수 있다. 2차 시험에서 회계처리를 하라는 문제가 나와도 답안지에 순액 회계처리를 쓰면 된다. 감누, 현할차, 사할차 등의 차감적 평가계정을 표시하지 않고 순액으로 적어도 기준서 위반이 아니기 때문이다.

순액 분개를 완벽히 이해하면 총액 분개도 어렵지 않게 이해할 수 있으니, 관심 있는 학생은 참고삼아 보길 바란다. 대변에 액면가와 할증금을 쓰고, 현재가치와의 차이를 차변에 '전환권조정' 또는 '신주인수권조정'으로 계상하면 된다.

01 (주)대한은 20X1년 1월 1일에 다음과 같은 상환할증금 미지급조건의 비분리형 신주인수
권부사채를 액면발행하였다.

> • 사채의 액면금액은 ₩1,000,000이고 만기는 20X3년 12월 31일이다.
> • 액면금액에 대하여 연 10%의 이자를 매년 말에 지급한다.
> • 신주인수권의 행사기간은 발행일로부터 1개월이 경과한 날부터 상환기일 30일 전까지이다.
> • 행사비율은 사채액면금액의 100%로 행사금액은 ₩20,000(사채액면금액 ₩20,000당 보통주 1주
>   (주당 액면금액 ₩5,000)를 인수)이다.
> • 원금상환방법은 만기에 액면금액의 100%를 상환한다.
> • 신주인수권부사채 발행 시점에 일반사채의 시장수익률은 연 12%이다.

(주)대한은 신주인수권부사채 발행 시 인식한 자본요소(신주인수권대가) 중 행사된 부분은
주식발행초과금으로 대체하는 회계처리를 한다. 20X3년 1월 1일에 (주)대한의 신주인수
권부사채 액면금액 중 40%에 해당하는 신주인수권이 행사되었다. 다음 설명 중 옳은 것
은? 단, 단수차이로 인해 오차가 있다면 가장 근사치를 선택한다.   2019. CPA

기간 \ 할인율	단일금액 ₩1의 현재가치		정상연금 ₩1의 현재가치	
	10%	12%	10%	12%
1년	0.9091	0.8929	0.9091	0.8929
2년	0.8264	0.7972	1.7355	1.6901
3년	0.7513	0.7118	2.4868	2.4019

① 20X1년 1월 1일 신주인수권부사채 발행시점의 자본요소(신주인수권대가)는
₩951,990이다.

② 20X2년도 포괄손익계산서에 인식할 이자비용은 ₩114,239이다.

③ 20X2년 말 재무상태표에 부채로 계상할 신주인수권부사채의 장부금액은
₩966,229이다.

④ 20X3년 1월 1일 신주인수권의 행사로 증가하는 주식발행초과금은 ₩319,204
이다.

⑤ 20X3년도 포괄손익계산서에 인식할 이자비용은 ₩70,694이다.

해설

01.

발행가액 분석

액면사채	$1,000,000 × 0.7118 + 100,000 × 2.4019$	= ①951,990
할증금	0	= ②0
자본		④48,010
계		③1,000,000

'상환할증금 미지급조건'이므로 할증금은 0이다.

① 자본요소: 48,010 (X)

② X2년도 이자비용: $(951,990 × 1.12 − 100,000) × 0.12 = 115,947$ (X)

③ X2년말 BW 장부금액: $(951,990 × 1.12 − 100,000) × 1.12 − 100,000 = 982,176$ (X)

④ 신주인수권 행사로 증가하는 주발초

: (행사가 + 할증금 BV + 신주인수권대가 − 주당 액면가 × 총 전환 가능 주식 수) × 행사율

= $(50주 × 20,000 + 48,010 − 5,000 × 50주) × 40\% = 319,204$ (O)

− 사채 액면 20,000당 1주를 인수할 수 있으므로 총 50주(= 1,000,000/20,000)를 인수할 수 있으며, 행사 금액은 20,000이다. 할증금이 없으므로 할증금은 고려할 필요 없다.

⑤ X3년도 이자비용: $982,176 × 0.12 = 117,861$ (X)

− 할증금이 없으므로 할증금을 고려할 필요 없이, 기존 사채의 이자비용 계산 식을 이용한다. BW는 CB와 달리 행사를 하더라도 사채가 감소하지 않는다는 것을 주의하자.

회계처리〉

X1초	현금	1,000,000	BW	951,990
			대가	48,010
X1말	이자비용	114,239	현금	100,000
			BW	14,239
X2말	이자비용	115,947	현금	100,000
			BW	15,947
X3초	현금	400,000	자본금	100,000
	대가	19,204	주발초	319,204
X3말	이자비용	117,861	현금	100,000
			BW	17,861
X3말	BW	1,000,037[1]	현금	1,000,037

(우측 주석) ⌐966,229 ⌐982,176 ⌐1,000,037

[1]만기 상환액: 단수차이이다. 1,000,000을 의미한다.

답 ④

02 (주)청명은 20X1년 1월 1일 비분리형 신주인수권부사채를 ₩98,000에 발행하였다. 다음은 이 사채와 관련된 사항이다.

- 사채의 액면금액은 ₩100,000이고 만기는 20X3년 12월 31일이다.
- 액면금액에 대해 연 6%의 이자를 매 연도말 지급한다.
- 신주인수권의 행사기간은 20X1년 2월 1일부터 20X3년 11월 30일까지이다.
- 신주인수권 행사시 사채의 액면금액 ₩1,000당 주식 1주를 인수할 수 있으며, 행사금액은 주당 ₩8,000이다. 발행하는 주식의 주당 액면금액은 ₩5,000이다.
- 신주인수권부사채의 발행시 동일조건을 가진 일반사채의 유효이자율은 연 10%이다.

3년 기준	6%	10%
단일금액 ₩1의 현재가치	0.8396	0.7513
정상연금 ₩1의 현재가치	2.6730	2.4869

위 신주인수권부사채의 액면금액 중 70%에 해당하는 신주인수권이 20X2년 1월 1일에 행사되었다. 신주인수권의 행사로 증가하는 주식발행초과금과 20X2년도 포괄손익계산서에 인식할 이자비용은 각각 얼마인가? 단, 신주인수권이 행사되는 시점에 신주인수권대가를 주식발행초과금으로 대체하며, 법인세효과는 고려하지 않는다. 또한 계산과정에서 소수점 이하는 첫째자리에서 반올림한다. 그러나, 계산방식에 따라 단수차이로 인해 오차가 있는 경우, 가장 근사치를 선택한다.

2014. CPA

	주식발행초과금	이자비용
①	₩ 210,000	₩ 2,792
②	₩ 215,564	₩ 2,792
③	₩ 212,385	₩ 8,511
④	₩ 216,964	₩ 9,005
⑤	₩ 215,564	₩ 9,306

해설

02.

발행가액 분석

액면사채	100,000 × 0.7513 + 6,000 × 2.4869	= ①90,051
할증금	0	= ②0
자본		④7,949
계		③98,000

문제에서 상환할증금에 대한 언급이 없으므로 할증금은 0으로 보았다.

(1) 신주인수권 행사로 증가하는 주발초
: (100,000/1,000 × 8,000 + 7,949 − 100,000/1,000 × 5,000) × 70% = 215,564

(2) X2년도 이자비용: (90,051 × 1.1 − 6,000) × 0.1 = 9,306

회계처리⟩

X1초	현금	98,000	BW	90,051
			대가	7,949
X1말	이자비용	9,005	현금	6,000
			BW	3,005 ⌐93,056
X2초	현금	560,000	자본금	350,000
	대가	5,564	주발초	215,564
X2말	이자비용	9,306	현금	6,000
			BW	3,306 ⌐96,362
X3말	이자비용	9,636	현금	6,000
			BW	3,636 ⌐99,998
X3말	BW	99,998[1]	현금	99,998

[1]만기 상환액: 단수차이이다. 100,000을 의미한다.

답 ⑤

03 (주)코리아는 20X1년 1월 1일 신주인수권부사채를 ₩960,000에 발행하였는데, 이와 관련된 구체적인 내역은 다음과 같다.

> (1) 액면금액은 ₩1,000,000이며 만기는 3년이다.
> (2) 액면이자율은 연5%이며 이자는 매년말에 후급된다.
> (3) 보장수익률은 연8%이며 동 신주인수권부사채는 액면금액 ₩10,000당 보통주 1주(액면금액 ₩1,000)를 인수할 수 있다.
> (4) 발행당시 신주인수권이 없는 일반사채의 시장이자율은 연10%이다.
> (5) 20X2년 1월 1일 신주인수권부사채의 50%(액면금액 기준)에 해당하는 신주인수권이 행사되었다.

(주)코리아가 20X3년 12월 31일 만기일에 액면이자를 포함하여 사채권자에게 지급해야 할 총금액은 얼마인가? 단, 만기 전에 상환된 신주인수권부사채는 없다.

2015. CPA

① ₩1,018,696 ② ₩1,038,696 ③ ₩1,058,696
④ ₩1,078,696 ⑤ ₩1,098,696

해설

03.
상환할증금: $1,000,000 \times (8\% - 5\%) \times (1.08^2 + 1.08 + 1) = 97,392$
만기일에 지급할 총금액: $1,000,000 + 50,000 + 97,392 \times 50\% = 1,098,696$
– 만기'까지' 지급할 총금액이 아니라 '만기일에' 지급할 총금액이므로 액면이자는 1회만 지급한다.
– 신주인수권부사채는 전환사채와 달리 신주인수권이 행사되더라도 사채가 감소하지 않고 상환할증금만 감소한다는 것에 유의하자.

 ⑤

28 액면발행이 아닌 경우 VS 발행원가

1 액면발행이 아닌 경우(할인발행 or 할증발행): 차액은 자본에 반영

부채	(액면금액 + 할증금) × 단순현가계수 + 액면이자 × 연금현가계수	= ①XXX
자본		③XXX
계		②발행가액

패턴 26에서 다룬 전환사채들은 전부 액면발행하여, 발행금액이 액면금액과 일치했다. (기출문제 1, 2번 참고) 하지만 전환사채를 반드시 액면발행해야 하는 것은 아니다.

전환사채의 발행금액은 액면금액보다 클 수도 있고(할증발행), 작을 수도 있다(할인발행). 이때, 전환사채의 발행금액과 액면금액의 차이는 자본(전환권대가)에 반영하면 된다. 패턴 26에서 배웠듯, 전환사채의 발행금액 분석 시 미래현금흐름의 현재가치를 먼저 부채로 계상하고, 발행가액에서 부채를 차감한 잔여액을 자본으로 계상하기 때문이다. 예제 1번을 참고하자.

2 발행원가: 자본과 부채에 BV 비율로 안분

부채	PV(현금흐름)	= ①XXX	× 비율	= XXX
자본		③XXX	× 비율	= XXX
계		②발행가액	× 비율	발행가액 – 발행원가

할인발행 및 할증발행 시 차액은 전부 자본에 반영하지만, 전환사채 발행 시 발행원가는 자본과 부채에 안분한다. 안분 비율은 '발행원가가 없다고 가정했을 때의 BV 비율'이다.

우선은 발행원가가 없다고 보고 발행가액 분석을 한다. 이때 계산되는 부채와 자본의 BV 비율대로 발행원가를 안분하면 된다.

이를 더 편하게 하는 방법은 부채와 자본의 BV에 같은 비율을 곱하는 것이다. 곱하는 비율은 다음과 같이 계산한다.

> 비율 = (발행가액 – 발행원가)/발행가액

발행원가 고려 전 부채와 자본의 합이 발행가액이지만, '발행가액-발행원가'가 되어야 하므로 각각의 장부금액에 위 비율을 곱하면 발행원가를 고려한 장부금액을 구할 수 있다. 예제 2번을 참고하자. 발행가액이 900,000이지만, 발행원가가 10,000이므로 자본과 부채의 장부금액에 '(900,000-10,000)/900,000=89/90'을 곱한다.

예제

01 (주)예림은 20X1년 1월 1일 다음과 같은 조건의 전환사채를 ₩970,000에 발행하였다.

- 액면금액   : ₩1,000,000
- 표시이자율 : 연 5%
- 전환사채 발행시점의 자본요소가 결합되지 않은 유사한 일반사채 시장이자율 : 연 10%
- 이자지급일 : 매년 12월 31일
- 만기상환일 : 20X4년 1월 1일
- 원금상환방법 : 상환기일에 액면금액의 105.96%를 일시상환

기간	10% 기간말 단일금액 ₩1의 현재가치	10% 정상연금 ₩1의 현재가치
1	0.9091	0.9091
2	0.8265	1.7356
3	0.7513	2.4869

전환사채 중 액면금액 ₩700,000이 20X2년 1월 1일에 보통주식(주당 액면금액 ₩5,000)으로 전환되었으며, 전환가격은 ₩10,000이다. 전환권대가는 전환권이 행사되어 주식을 발행할 때 행사된 부분만큼 주식발행초과금으로 대체하며, 전환간주일은 기초시점으로 가정한다.

20X2년 12월 31일 전환사채와 전환권대가의 장부금액은 각각 얼마인가? 단, 법인세효과는 고려하지 않으며, 계산결과 단수차이로 인해 답안과 오차가 있는 경우 근사치를 선택한다.

2013. CPA

	전환사채	전환권대가
①	₩317,880	₩23,873
②	₩317,880	₩14,873
③	₩302,614	₩14,873
④	₩302,614	₩23,873
⑤	₩300,000	₩59,600

해설

01.
(1) 발행가액 분석

부채	1,059,600 × 0.7513 + 50,000 × 2.4869	= ①920,422
자본		③49,577
계		②970,000

부채는 미래현금흐름의 현재가치이므로, 할인발행의 효과는 전부 자본에 반영된다.

(2) X2년 말 전환사채 장부금액: {(920,422 × 1.1 − 50,000) × 1.1 − 50,000} × 0.3 = 302,613 (단수차이)
(3) 전환권대가: 49,577 × 0.3 = 14,873
  − 전환사채의 액면금액 중 70%를 행사하였으므로 전환사채와 전환권대가가 모두 30%만 남는다.

 ③

02 (주)코리아는 20X1년 1월 1일 액면금액 ₩1,000,000의 전환사채를 ₩900,000에 발행하였다. 전환사채 발행과 관련된 중개수수료, 인쇄비 등 거래비용으로 ₩10,000을 지출하였다. 이자는 매년말 액면금액의 4%를 지급하며 만기는 5년이다. 전환사채는 20X1년 7월 1일부터 만기일까지 액면금액 ₩5,000당 액면금액 ₩1,000의 보통주 1주로 전환이 가능하다. 전환사채 발행당시 전환권이 없는 일반사채의 시장이자율은 연10%이며, 만기일까지 전환권을 행사하지 않을 경우에는 액면금액의 106%를 지급한다. 동 사채발행일에 (주)코리아의 부채 및 자본이 증가한 금액은 각각 얼마인가? 단, 현가계수는 아래의 표를 이용하며 소수점 첫째자리에서 반올림한다. 계산결과 단수차이로 인한 약간의 오차가 있으면 가장 근사치를 선택한다.

2015. CPA

이자율	기간	단일금액 ₩1의 현가	정상연금 ₩1의 현가
4%	5년	0.8219	4.4518
10%	5년	0.6209	3.7908

	부채증가액	자본증가액
①	₩800,788	₩89,212
②	₩809,786	₩90,214
③	₩809,786	₩88,518
④	₩809,786	₩89,505
⑤	₩836,226	₩89,505

해설

02.

부채	1,060,000 × 0.6209 + 40,000 × 3.7908	= ①809,786	× 89/90	= 800,788
자본		③90,214	× 89/90	= 89,212
계		②900,000	× 89/90	890,000

발행금액이 900,000인데, 발행비용 10,000이 있다. 따라서 부채와 자본에 각각 89/90을 곱해주면 증가액을 구할 수 있다.

🔲 ①

패턴 29 전환사채-조기상환 ★중요!

전환사채를 당초에 정했던 만기보다 빨리 상환할 수도 있다. 전환사채를 조기상환하는 경우 회계처리는 다음과 같다.

사채	상환 시점 사채의 BV	현금	① 상환 시점 사채의 FV
	② PL XXX		
전환권대가	전환권대가 BV	현금	③ 총 상환금액 – 상환 시점 사채의 FV
	④ 자본요소 XXX		

STEP 1 상환 시점 사채의 FV 구하기

> 상환 시점 사채의 FV = 잔여 현금흐름을 '현행이자율'로 할인한 금액

전환사채 조기상환 시에는 총 상환금액을 사채에 대한 부분과 전환권대가에 대한 부분으로 나눈다. 총 상환금액 중 상환 시점 사채의 FV만큼은 사채를 상환하기 위해 지급하는 금액으로 본다. 상환 시점 사채의 FV는 잔여 현금흐름을 '현행이자율'로 할인하면 된다.

STEP 2 사채상환손익(PL) = 사채의 BV – 사채의 FV

전환사채를 상환하므로 사채의 BV를 제거하면서 사채의 FV와의 차이는 PL로 인식한다.

STEP 3 전환권대가에 대한 상환금액 = 총 상환금액 – 상환 시점 사채의 FV

총 상환금액 중 상환 시점 사채의 FV를 제외한 나머지 금액은 전환권대가를 상환하기 위해 지급하는 금액으로 본다.

STEP 4 전환권대가 상환손익(자본요소) = 전환권대가 – 전환권대가에 대한 상환금액

전환권대가와 전환권대가에 대한 상환금액의 차이는 자본으로 인식한다. 계정과목은 중요하지 않으며, 자본으로 인식한다는 것만 기억하면 된다.

> **※주의** 문제에 전환권대가의 공정가치가 제공되더라도 사용하지 말 것!
>
> Step 3를 보면 전환권대가에 대한 상환금액은 총 상환금액에서 상환 시점 사채의 FV를 차감한 잔여액으로 계산한다. 문제에서 전환권대가의 공정가치를 제시해주는 경우가 있는데, 이를 사용하면 안 된다. 문제에 전환권대가의 공정가치가 제공되더라도 무시하자.

예제

01 (주)가야는 20X1년 1월 1일 다음과 같은 상환할증금 미지급조건의 전환사채를 액면발행하였다.

액면금액	₩2,000,000
표시이자율	연6%
일반사채 시장이자율	연8%
이자지급일	매년 12월 31일
만기일	20X3년 12월 31일
전환가격	₩10,000(보통주 주당 액면금액 ₩5,000)

20X2년 1월 1일에 (주)가야는 전환사채 전부를 동일자의 공정가치인 ₩2,400,000에 조기상환하였다. 만약 이날 (주)가야가 매년말 이자를 지급하는 2년 만기 일반사채를 발행한다면 이 사채에 적용될 시장이자율은 10%이다. 조기상환시점에서 상환대가 ₩2,400,000 중 전환사채의 자본요소에 대한 상환대가는 얼마인가? 단, 단수차이로 인해 오차가 있는 경우 가장 근사치를 선택한다. 2016. CPA

할인율	단일금액 ₩1의 현가			정상연금 ₩1의 현가		
	1년	2년	3년	1년	2년	3년
6%	0.9434	0.8900	0.8396	0.9434	1.8334	2.6730
8%	0.9259	0.8573	0.7938	0.9259	1.7833	2.5771
10%	0.9091	0.8264	0.7513	0.9091	1.7355	2.4869

① ₩296,844   ② ₩320,000   ③ ₩368,256

④ ₩397,874   ⑤ ₩538,940

해설

01.
(1) 발행가액 분석

부채	2,000,000 × 0.7938 + 120,000 × 2.5771	= ①1,896,852
자본		③103,148
계		②2,000,000

(2) 상환시점(X2년초) 사채 BV: 1,896,852 × 1.08 − 120,000 = 1,928,600
(3) 상환 시점 사채의 FV = 2,000,000 × 0.8264 + 120,000 × 1.7355 = 1,861,060
— 공정가치는 현행이자율(10%)로 할인해야 한다.
(4) 사채상환손익(PL): 1,928,600 − 1,861,060 = 67,540 이익
(5) 자본요소에 대한 상환대가: 2,400,000 − 1,861,060 = 538,940

회계처리〉

사채	1,928,600	현금	①1,861,060
		PL	②67,540
전환권대가	103,148	현금	③538,940
자본요소	④435,792		

빠른 풀이〉
자본요소에 대한 상환대가를 물었기 때문에 바로 상환 시점의 공정가치부터 구한 뒤, 총 상환대가에서 차감하면 된다.
(1) 상환 시점 사채의 FV = 2,000,000 × 0.8264 + 120,000 × 1.7355 = 1,861,060
(2) 자본요소에 대한 상환대가: 2,400,000 − 1,861,060 = 538,940

답 ⑤

02 (주)대한은 20X1년 1월 1일 다음과 같은 상환할증금 미지급조건의 전환사채를 액면발행하였다.

〈자료〉	
액면금액	₩3,000,000
표시이자율	연 10%(매년 12월 31일에 지급)
일반사채 유효이자율	연 12%
상환만기일	20X3년 12월 31일
전환가격	사채액면 ₩1,000당 보통주 3주(주당 액면금액 ₩200)로 전환
전환청구기간	사채발행일 이후 1개월 경과일로부터 상환만기일 30일 이전까지

(주)대한은 20X2년 1월 1일에 전환사채 전부를 동 일자의 공정가치인 ₩3,100,000에 현금으로 조기상환하였다. 만약 조기상환일 현재 (주)대한이 표시이자율 연 10%로 매년 말에 이자를 지급하는 2년 만기 일반사채를 발행한다면, 이 사채에 적용될 유효이자율은 연 15%이다. (주)대한의 조기상환으로 발생하는 상환손익이 20X2년도 포괄손익계산서의 당기순이익에 미치는 영향은 얼마인가? 단, 단수차이로 인해 오차가 있다면 가장 근사치를 선택한다.

2020. CPA

할인율 기간	단일금액 ₩1의 현재가치			정상연금 ₩1의 현재가치		
	10%	12%	15%	10%	12%	15%
1년	0.9091	0.8929	0.8696	0.9091	0.8929	0.8696
2년	0.8264	0.7972	0.7561	1.7355	1.6901	1.6257
3년	0.7513	0.7118	0.6575	2.4868	2.4019	2.2832

① ₩76,848 증가   ② ₩76,848 감소   ③ ₩100,000 증가

④ ₩142,676 증가   ⑤ ₩142,676 감소

02.

부채	$3{,}000{,}000 \times 0.7118 + 300{,}000 \times 2.4019$	= ①2,855,970
자본		③144,030
계		②3,000,000

X2년초 사채 BV: 2,855,970 × 1.12 − 300,000 = 2,898,686
≒ 3,000,000 × 0.7972 + 300,000 × 1.6901
X2년초 사채 FV: 3,000,000 × 0.7561 + 300,000 × 1.6257 = 2,756,010
 − 공정가치는 현행이자율(15%)로 할인해야 한다.

상환손익(PL): 2,898,686 − 2,756,010 = 142,676 이익

참고 상환 시 회계처리

사채	2,898,686	현금	①2,756,010
		PL	②**142,676**
전환권대가	144,030	현금	③343,990
자본요소	④199,960		

답 ④

	유도전환으로 인한 손실(PL)
(1) 현금 지급 시	전부 전환했다고 가정할 때 지급하는 현금 총액
(2) 주식 추가 지급 시	원래보다 더 주는 주식 수 × 주식의 FV

전환사채를 발행하였으나, 투자자들이 전환권을 행사하지 않는 경우 발행자는 현금을 지급하거나, 전환 시 지급하는 주식 수를 늘려주는 등의 전환조건을 변경하여 전환을 유도할 수 있다. 이를 본서에서는 '유도전환'이라고 부르겠다. 유도전환 시에는 실제로 전환하지 않았더라도 변경 후의 조건으로 전부 전환하였다고 가정했을 때의 손실을 당기비용으로 인식한다. 유도전환에서는 이 손실을 계산할 수 있으면 된다. 손실은 위 표의 식으로 계산하며, 기출문제로 설명한다.

예제

01 (주)대한은 20X1년 1월 1일 다음과 같은 상환할증금 미지급조건의 전환사채를 액면발행하였다.

〈자료〉

액면금액	₩3,000,000
표시이자율	연 10%(매년 12월 31일에 지급)
일반사채 유효이자율	연 12%
상환만기일	20X3년 12월 31일
전환가격	사채액면 ₩1,000당 보통주 3주(주당 액면금액 ₩200)로 전환
전환청구기간	사채발행일 이후 1개월 경과일로부터 상환만기일 30일 이전까지

20X2년 1월 1일에 (주)대한의 자금팀장과 회계팀장은 위 〈자료〉의 전환사채 조기전환을 유도하고자 전환조건의 변경방안을 각각 제시하였다. 자금팀장은 다음과 같이 [A]를, 회계팀장은 [B]를 제시하였다. (주)대한은 20X2년 1월 1일에 [A]와 [B] 중 하나의 방안을 채택하려고 한다. (주)대한의 [A]와 [B] 조건변경과 관련하여 조건변경일(20X2년 1월 1일)에 발생할 것으로 예상되는 손실은 각각 얼마인가?   2020. CPA

변경방안	내용
[A]	만기 이전 전환으로 발행되는 보통주 1주당 ₩200을 추가로 지급한다.
[B]	사채액면 ₩1,000당 보통주 3.2주(주당 액면금액 ₩200)로 전환할 수 있으며, 조건변경일 현재 (주)대한의 보통주 1주당 공정가치는 ₩700이다.

	[A]	[B]
①	₩600,000	₩0
②	₩600,000	₩420,000
③	₩1,800,000	₩0
④	₩1,800,000	₩140,000
⑤	₩1,800,000	₩420,000

해설

01.
조건변경손실
(1) A: 9,000주 × @200 = 1,800,000
　– 전환 주식 수: 3,000,000/1,000 × 3 = 9,000주
(2) B: 600주 × @700 = 420,000
　– 조건 변경으로 더 주는 주식 수: 3,000,000/1,000 × (3.2 – 3) = 600주

답 ⑤

Memo

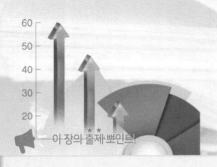

이 장의 출제 뽀인트!

CPA 1차 기출 주제	23	22	21	20	19
리스료의 산정	1			1	
금융리스 회계처리					1
판매형 리스		1			
판매후 리스				1	
리스부채의 재측정	1		1		
리스 말문제			1		1
운용리스		1			
계	2	2	2	2	2

리스는 19년에 개정 기준서가 도입된 이후로 매년 2문제씩 꾸준히 출제되고 있다. 리스는 기준도 복잡하고 계산도 쉽지 않아서 많은 수험생들이 어려워하는 주제이다. 시험장에서도 계산이 복잡해서 시간이 많이 소요되는 주제이다. 공부해보고 어렵다 싶으면 아예 제끼는 것도 좋은 전략이 될 수 있다.

리스 말문제는 다른 교재에서도 잘 설명하고 있기 때문에 굳이 본서에서 다루지 않을 것이다. 리스의 변경은 너무 복잡하기 때문에 대비를 하더라도 실전에서 맞히기가 현실적으로 어렵다. 운용리스는 22년에 출제되긴 했지만 재출제 가능성이 낮다고 보인다. 해당 주제들은 다른 교재를 참고하길 바란다.

리스

오늘 쓴 돈	= PV(앞으로 받을 것) = 리스 제공자의 리스채권
FV + 리스개설직접원가	정기리스료 × 연금현가계수 + 리스 기간 종료 시 받을 것 × 단순현가계수

정기리스료는 위 식에서 '오늘 쓴 돈'과 '앞으로 받을 돈의 현재가치'를 일치시키는 금액으로 결정된다. 나머지 금액은 문제에서 모두 제시해주므로 계산을 통해 정기리스료를 계산할 수 있다. 위 식을 통해 계산된 '앞으로 받을 돈의 현재가치'가 다음 패턴에서 다룰 리스 제공자의 리스채권이 된다는 것도 기억해두자.

STEP 1 정기리스료 × 연금현가계수: 리스료 지급조건 주의!

정기리스료는 일반적으로 매년 말 수령하는 것이므로 연금현가계수를 곱한다. 이때, 지급조건을 주의하자. 매년 말이 아닌 매년 '초'에 지급할 수도 있고, 리스개시일에도 리스료를 지급하여 '리스연수+1'회 지급할 수도 있다.

예를 들어, 리스 기간 3년, 내재이자율 10%, 매년 말 지급 시에는 정기리스료에 2.48685를 곱하면 된다. 하지만 매년 초 지급 시에는 정기리스료에 2.73554(2년 현가계수 1.73554+1)를 곱해야 한다. 만약 리스개시일에도 리스료를 지급하면 총 4회를 지급하므로 정기리스료에 3.48685(3년 현가계수 2.48685+1)를 곱해야 한다.

STEP 2 리스 기간 종료 시 받을 것 (물건, 현금 포함)

리스기간 종료 시 소유권이 이전되는지, 반납하는 것인지에 따라 받을 것은 달라진다.

1. 소유권 이전 시: 받을 것=행사가격
소유권 이전 시에는 이전을 대가로 지급하는 금액이 있다. 이를 김수석은 '행사가격' 혹은 '행사가'라고 부르겠다. 리스 기간 종료 시 리스 제공자는 행사가격만큼 현금으로 받는다.

2. 반납 시: 받을 것=리스기간 종료 시 추정 잔존가치
반납 시에는 리스 자산을 되돌려 받으므로 당연히 리스 자산의 리스기간 종료 시 추정되는 잔존가치가 받을 것이 된다.

위 현금흐름을 할인할 때는 할인율이 중요한데, 원칙은 리스제공자의 내재이자율이다. 예외적으로 제공자의 내재이자율이 불분명하면 이용자의 증분차입이자율을 사용한다. 내재이자율과 증분차입이자율의 의미는 중요하지 않다. 리스제공자의 내재이자율을 주면 그걸 쓰고, 없으면 증분차입이자율을 쓰면 된다.

 예제

01 (주)민국리스는 20X1년 1월 1일 ₩500,000(공정가치)에 취득한 기계장치로 (주)대한과 금융리스계약을 체결하고 20X1년 1월 1일부터 리스를 실행하였다.

- 리스기간은 3년이며, 리스기간 종료시점에서 (주)대한에게 기계장치 소유권을 ₩100,000에 이전한다.
- 최초 정기리스료는 리스실행일에 수취하며, 20X1년말부터 20X3년말까지 매년말 3회에 걸쳐 추가로 정기리스료를 수취한다.
- 리스계약과 관련하여 (주)민국리스가 지출한 리스개설직접원가는 ₩20,000이다.
- (주)민국리스의 내재이자율은 12%이며, 현가계수는 다음과 같다.

단일금액 ₩1의 현재가치			정상연금 ₩1의 현재가치		
1년	2년	3년	1년	2년	3년
0.8929	0.7972	0.7118	0.8929	1.6901	2.4018

(주)민국리스가 내재이자율을 유지하기 위하여 책정해야 할 정기리스료는? 단, 단수차이로 인해 오차가 있다면 가장 근사치를 선택한다. 　　　　2017. CPA

① ₩126,056　　　　　　② ₩131,936　　　　　　③ ₩152,860
④ ₩186,868　　　　　　⑤ ₩216,504

 해설

01.
정기리스료 × (1 + 2.4018) + 100,000 × 0.7118 = 500,000 + 20,000 = 520,000
→ 정기리스료 = 131,936

최초 리스료는 리스실행일에 수취하며, 매년말 3회에 걸쳐 추가로 수취하므로 리스료는 총 '4회' 지급된다. 따라서 3년 연금현가계수에 1을 더한 뒤, 정기리스료에 곱해야 한다.
본 문제를 통해 리스료 할인 시 리스제공자의 내재이자율을 사용한다는 것을 확인할 수 있다.

　　　　　　　　　　　　　　　　　　　　　　　　　　　　　　　　　　　🔲 답 ②

02 (주)대한은 20X1년 1월 1일 (주)민국리스와 다음과 같은 조건의 금융리스 계약을 체결하였다.

- 리스개시일: 20X1년 1월 1일
- 리스기간: 20X1년 1월 1일부터 20x4년 12월 31일까지
- 리스자산의 리스개시일의 공정가치는 ₩1,000,000이고 내용연수는 5년이다. 리스자산의 내용연수 종료시점의 잔존가치는 없으며, 정액법으로 감가상각한다.
- (주)대한은 리스기간 종료 시 (주)민국리스에게 ₩100,000을 지급하고, 소유권을 이전 받기로 하였다.
- (주)민국리스는 상기 리스를 금융리스로 분류하고, (주)대한은 리스개시일에 사용권자산과 리스부채로 인식한다.
- 리스의 내재이자율은 연 8%이며, 그 현가계수는 아래의 표와 같다.

기간 \ 할인율	단일금액 ₩1의 현재가치	
	단일금액 ₩1의 현재가치	정상연금 ₩1의 현재가치
4년	0.7350	3.3121
5년	0.6806	3.9927

(주)민국리스가 리스기간 동안 매년 말 수취하는 연간 고정리스료는 얼마인가? 단, 단수차이로 인해 오차가 있다면 가장 근사치를 선택한다. 2020. CPA

① ₩233,411　　　　② ₩244,132　　　　③ ₩254,768
④ ₩265,522　　　　⑤ ₩279,732

해설

02.
정기리스료 × 3.3121 + 100,000 × 0.7350 = 1,000,000
→정기리스료 = 279,732

 답 ⑤

금융리스 회계처리

1 리스 개시일

제공자(리스 회사)			이용자		
리스채권	XXX	리스자산　　　　FV	사용권자산	XXX	리스부채　PV(총 현금 지급액)
		현금　　　직접원가			현금　　　　　직접원가

1. 리스채권

> 리스채권 = FV + 리스개설직접원가
> 　　　　 = 정기리스료 × 연금현가계수 + 리스 기간 종료 시 받을 것 × 단순현가계수

패턴 31에서 배웠던 방식대로 리스채권을 계산하면 된다. 정기리스료를 묻는 문제가 아니라면 정기리스료를 문제에서 제시해줄 것이다.

2. 리스부채: 리스 제공자에게 지급하는 총 현금의 현재가치

> 리스부채 = 정기리스료 × 연금현가계수 + 리스 기간 종료 시 예상 지급액 × 단순현가계수

리스부채는 '리스 제공자에게 지급하는 총 현금의 현재가치'라고 생각하면 된다. 리스기간 종료 시 소유권이 이전되는지, 반납하는 것인지에 따라 리스 기간 종료 시 지급하는 금액이 달라진다.

(1) 소유권 이전 시: 리스 기간 종료 시 예상 지급액＝행사가격 (리스부채＝리스채권)
소유권 이전 시에는 리스 기간 종료 시 행사가격을 지급하므로 리스채권과 금액이 일치한다.

(2) 반납 시: 리스 기간 종료 시 예상 지급액＝보증액－추정잔존가치 (최저한: 0) (리스부채≠리스채권)
반납 시에는 리스 이용자가 지급할 것으로 예상되는 금액을 직접 계산해야 한다. 리스 이용자가 보증한 금액에서 리스 기간 종료 시 추정되는 잔존가치를 차감하면 된다.
만약 '보증액〈추정잔존가치'이면 지급액이 음수가 되는데, 이때에는 지급예상액이 0이 된다. 보증액이 잔존가치보다 적을 때 리스 회사가 이용자에게 반대로 돈을 지급하는 것은 아니기 때문이다.

3. 사용권자산＝리스부채＋리스개설직접원가

사용권자산은 2.에서 계산한 리스부채에 리스 이용자가 지출한 리스개설직접원가를 더하면 된다. 만약 리스 개설일부터 리스료가 지급되는 조건('n+1'회 지급)이라면, 첫 번째 리스료는 부채에 포함되지 않지만, 현금 지출액만큼 대변이 커지기 때문에 사용권자산에는 포함시켜야 한다.

2 매년 말 ★중요!

제공자			이용자			
현금	정기리스료	이자수익 리스채권	기초 채권 × R XXX	이자비용 리스부채 감가상각비	기초 부채 × R XXX XXX	현금 정기리스료 사용권자산 XXX

매년 말이 금융리스 회계처리에서 가장 많이 출제되는 시점이다. 특히, 이용자 쪽은 이자비용과 감가상각비가 발생하기 때문에 당기손익에 미치는 영향(＝이자비용＋감가상각비)을 많이 묻는다.

1. 리스채권 및 리스부채 유효이자율 상각

매년 말 리스 제공자는 리스채권을, 리스 이용자는 리스부채를 유효이자율 상각해야 한다. 기초 채권, 부채에 유효이자율을 곱한만큼 이자손익을 인식하고, 정기리스료만큼 현금 수수액을 적으면 대차가 안 맞을 것이다. 대차차액만큼 리스채권과 리스부채를 감소시키면 된다.

2. 사용권자산 상각

리스 제공자는 매년 말 리스채권만 상각하면 되지만, 리스 이용자의 경우 리스 개설일에 사용권자산을 계상했기 때문에 매년 말 사용권자산도 상각해주어야 한다. 사용권자산 상각 시 내용연수와 잔존가치는 리스자산 반환 여부에 따라 달라진다.

	n	s
반납 시	리스기간	ZERO
소유권 이전 시	자산의 내용연수	내용연수 말 잔존가치

(1) 반납 시
리스 자산을 반환하는 경우에 리스 이용자는 리스 기간 동안만 리스 자산을 사용할 수 있는 권리를 갖는다. 따라서 사용권자산의 내용연수는 리스기간이 되며, 리스 기간이 종료되었을 때 이용자가 갖는 권리는 없으므로 잔존가치는 0이다.

(2) 소유권 이전 시

리스 자산을 반환하지 않으면 그냥 리스 이용자가 장기할부로 자산을 구입한 것이다. 따라서 자산의 내용연수, 그리고 그 내용연수가 지났을 때의 잔존가치를 이용하여 상각하면 된다.

> **※주의 사용권자산에 리스 이용자의 리스개설직접원가를 빠트리지 말 것!**
>
> 사용권자산 계산 시 리스 이용자의 리스개설직접원가를 가산한다. 따라서 상각 시에도 리스개설직접원가를 포함시켜서 감가상각비를 계산해야 한다. 김수석도 수험생 때 많이 실수했던 부분이므로 사용권자산 상각 시 리스개설직접원가가 포함되어 있는지 한 번 더 신경 쓰자.

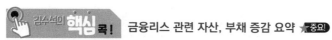 금융리스 관련 자산, 부채 증감 요약 ⭐중요!

		리스 개시일	리스기간 종료일
반환 O	리스채권	정기리스료 × 연금현가계수 + 추정 잔존가치 × 단순현가계수	추정 잔존가치
	리스부채	정기리스료 × 연금현가계수 + (보증액 – 추정잔존가치) × 단순현가계수	보증액 – 추정잔존가치 (최저한: 0)
	사용권자산	리스부채 + 리스개설직접원가	ZERO
반환 X	리스채권	정기리스료 × 연금현가계수 + 행사가격 × 단순현가계수	행사가격
	리스부채		
	사용권자산	리스부채 + 리스개설직접원가	상각 후 BV

위 표는 리스 자산 반환 여부에 따른 리스채권, 리스부채, 사용권자산의 증감을 표로 정리한 것이다. 리스는 자산 반환 여부에 따라, 그리고 제공자인지 이용자인지에 따라 회계처리가 달라지기 때문에 위처럼 케이스를 나누어서 완벽하게 기억해두지 않으면 시험장에서 문제를 풀기 어렵다. 위 표의 내용은 반드시 기억하자.

3 리스 기간 종료일

1. 리스 기간 종료일-소유권이 이전되는 경우

제공자				이용자			
현금	행사가격	리스채권	행사가격	리스부채	행사가격	현금	행사가격
				유형자산	XXX	사용권자산	XXX

2. 리스 기간 종료일-리스 자산을 반납하는 경우

제공자				이용자			
유형자산	실제 잔존가치	리스채권	추정 잔존가치	리스부채	보증액 −추정잔존가치	현금	보상액
PL	XXX				PL XXX		
현금	보상액	PL	보상액				

(1) 기초자산의 반환

유형자산 계상액: 실제 잔존가치
제공자의 비용: 추정 잔존가치−실제 잔존가치

(2) 현금 수수액

현금 수령액 = 제공자의 수익 = 보증액 − 실제 잔존가치 (최저한: 0)

① 리스 제공자: 현금 수령액을 수익으로 인식
  - 유형자산의 잔존가치 감소분과 상계
② 리스 이용자: 리스부채와 현금 지급액의 차이를 손익으로 인식

01 (주)대한리스는 20X1년 1월 1일 (주)민국과 다음과 같은 금융리스계약을 약정과 동시에 체결하였다.

- 리스개시일 : 20X1년 1월 1일
- 리스기간 : 20X1년 1월 1일 ~ 20X3년 12월 31일(3년)
- 연간 정기리스료 : 매년 말 ₩500,000 후급
- 리스자산의 공정가치는 ₩1,288,530이고 내용연수는 4년이다. 내용연수 종료시점에 잔존가치는 없으며, (주)민국은 정액법으로 감가상각한다.
- (주)민국은 리스기간 종료시점에 ₩100,000에 리스자산을 매수할 수 있는 선택권을 가지고 있고, 그 선택권을 행사할 것이 리스약정일 현재 상당히 확실하다. 동 금액은 선택권을 행사할 수 있는 날(리스기간 종료시점)의 공정가치보다 충분히 낮을 것으로 예상되는 가격이다.
- (주)대한리스와 (주)민국이 부담한 리스개설직접원가는 각각 ₩30,000과 ₩20,000이다.
- (주)대한리스는 상기 리스를 금융리스로 분류하고, (주)민국은 리스개시일에 사용권자산과 리스부채를 인식한다.
- 리스의 내재이자율은 연 10%이며, 그 현가계수는 아래 표와 같다.

기간	단일금액 ₩1의 현재가치	정상연금 ₩1의 현재가치
3년	0.7513	2.4868
4년	0.6830	3.1698

상기 리스거래가 (주)대한리스와 (주)민국의 20X1년도 당기순이익에 미치는 영향은? 단, 단수차이로 인해 오차가 있다면 가장 근사치를 선택한다.

2019. CPA

	(주)대한리스	(주)민국
①	₩131,853 증가	₩466,486 감소
②	₩131,853 증가	₩481,486 감소
③	₩131,853 증가	₩578,030 감소
④	₩134,853 증가	₩466,486 감소
⑤	₩134,853 증가	₩481,486 감소

해설

01.
X1년도 PL에 미치는 영향
(1) 대한리스: 131,853 증가 (이자수익)
(2) 민국: 131,853(이자비용) + 334,633(감가비) = 466,486 감소

	제공자(대한리스)			이용자(민국)		
X1초	리스채권	1,318,530	리스자산 1,288,530 현금 30,000	사용권자산1,338,530	리스부채[1] 현금	1,318,530 20,000
X1말	현금	500,000	이자수익 131,853 리스채권 368,147	이자비용 131,853 리스부채 368,147 감가상각비[2] 334,633	현금 사용권자산	500,000 334,633

[1]리스부채: 500,000 × 2.4868 + 100,000 × 0.7513 = 1,318,530 = 리스채권
[2]감가상각비: (1,338,530 − 0)/4 = 334,633
 − 자산이 반환되지 않으므로 리스기간인 3년이 아닌 자산의 내용연수인 4년으로 상각한다.

 ①

---

02 금융업을 영위하는 (주)대한리스는 20X1년 1월 1일에 (주)민국과 다음과 같은 조건으로 리스계약을 체결하였다.

> • (주)대한리스는 (주)민국이 지정하는 기계설비를 제조사인 (주)만세로부터 신규 취득하여 20X1년 1월 1일부터 (주)민국이 사용할 수 있는 장소로 배송한다.
> • 리스기간: 20X1년 1월 1일 ~ 20X3년 12월 31일(리스기간 종료 후 반환조건)
> • 잔존가치 보증: (주)대한리스는 리스기간 종료 시 리스자산의 잔존가치를 ₩10,000,000으로 예상하며, (주)민국은 ₩7,000,000을 보증하기로 약정하였다.
> • 리스개설직접원가: (주)대한리스와 (주)민국이 각각 ₩300,000과 ₩200,000을 부담하였다.
> • (주)대한리스는 상기 리스를 금융리스로 분류하였고, 동 리스에 대한 내재이자율로 연 10%를 산정하였다.
> • 연간 정기리스료: 매년 말 ₩3,000,000 지급
> • 할인율이 10%인 경우 현가계수는 아래의 표와 같다.
>
> | 기간 | 단일금액 ₩1의 현재가치 | 정상연금 ₩1의 현재가치 |
> |---|---|---|
> | 3년 | 0.7513 | 2.4868 |

(주)대한리스의 (1)기계설비 취득원가(공정가치)와 (2)리스기간 종료 시 회수된 기계설비의 실제 잔존가치가 ₩5,000,000인 경우의 손실금액은 각각 얼마인가? 단, 단수차이로 인해 오차가 있다면 가장 근사치를 선택한다.

2023. CPA

	(1) 취득원가	(2) 회수 시 손실금액
①	₩14,673,400	₩3,000,000
②	₩14,673,400	₩5,000,000
③	₩14,973,400	₩2,000,000
④	₩14,973,400	₩3,000,000
⑤	₩14,973,400	₩5,000,000

02.

(1) 취득원가

취득원가 + 리스개설직접원가 = PV(정기리스료 + 추정 잔존가치)

취득원가 + 300,000 = 3,000,000 × 2.4868 + 10,000,000 × 0.7513 = 14,973,400

→취득원가 = 14,673,400

(2) 회수 시 손실금액: ① − ② = 3,000,000

① 잔존가치 하락분 = 추정 잔존가치 − 실제 잔존가치 = 10,000,000 − 5,000,000 = 5,000,000

② 보증으로 인한 수령액 = 보증 잔존가치 − 실제 잔존가치 = 7,000,000 − 5,000,000 = 2,000,000

– 실제 잔존가치가 5,000,000이지만, 리스이용자로부터 2,000,000을 수령하므로 손실은 3,000,000이다.

|회수 시 회계처리|

X3.12.31	기계설비	5,000,000	리스채권	10,000,000
	PL	5,000,000		
	현금	2,000,000	PL	2,000,000

 ①

1 판매형 리스

판매형 리스란 판매자가 직접 물건 제조하여 고객에게 리스의 형태로 판매하는 것이다. 따라서 판매자는 기존에 배운 리스와 달리 매출액과 매출원가를 인식한다.

1. 매출총이익 ★중요!

판매형 리스에서 가장 많이 물어보는 것은 매출총이익(=매출액−매출원가)이다. 리스 자산을 반환하는 경우와 반환하지 않는 경우 매출총이익을 계산하는 방법은 각각 다음과 같다.

(1) 반환하는 경우

매출채권	PV(정기리스료 + 추정 잔존가치)	매출	PV(정기리스료 + 보증액)
매출원가	BV − PV(추정 잔존가치 − 보증액)	재고자산	BV
판관비	판관비 지출액	현금	판관비 지출액

매출채권, 매출액, 매출원가 계산 식은 규정이므로 원리를 궁금해하지 말고 그냥 외우자. 매출액과 매출원가를 각각 구하는 것은 어렵지만, 식을 정리하면 매출총이익을 계산하는 것은 상대적으로 간단하다.

> ① 매출채권 + 매출원가 = 매출액 + 재고자산
> ② 매출총이익 = 매출액 − 매출원가 = 매출채권 − 재고자산
> ③ 매출총이익 = PV(정기리스료 + 추정 잔존가치) − BV

① 회계처리의 대차가 일치해야 하므로 '매출채권+매출원가=매출액+재고자산'이다.
② ①번 식을 정리하면 '매출액−매출원가=매출채권−재고자산'이 된다.
③ ②번 식의 매출채권과 재고자산 자리에 회계처리에 표시된 계산 식을 각각 대입하면 매출총이익을 구할 수 있다. 정기리스료와 추정 잔존가치의 현재가치에서 재고자산의 장부금액을 차감하면 매출총이익을 구할 수 있다.

(2) 반환하지 않는 경우

매출채권	PV(정기리스료 + 행사가격)	매출	PV(정기리스료 + 행사가격)
매출원가	BV	재고자산	BV
판관비	판관비 지출액	현금	판관비 지출액

판매형 리스에서 리스자산을 반환하지 않는 경우에는 리스기간에 자산을 돌려받는 것이 아니라, 행사가격만큼 현금을 수령하므로 매출채권 계산 식의 추정 잔존가치 대신에 행사가격을 대입해야 한다. 자산을 반환하지 않으므로 보증액이 없으며, 일반적인 외상 매출의 회계처리와 같이 매출채권과 매출액이 일치한다.

2. 할인율=시장이자율

판매형 리스는 리스료를 시장이자율로 할인한다. 제조자 또는 판매자인 리스제공자는 고객을 끌기 위하여 의도적으로 낮은 이자율을 제시하기도 한다. 이러한 낮은 이자율의 사용은 리스제공자가 거래에서 생기는 전체 이익 중 과도한 부분을 리스개시일에 인식하는 결과를 가져온다. 이자율이 낮아지면 똑같은 돈을 받더라도 현재가치가 커지므로 리스제공자는 매출액을 상대적으로 크게 인식할 수 있기 때문이다.

의도적으로 낮은 이자율을 제시하는 경우라면 제조자 또는 판매자인 리스제공자는 시장이자율을 부과하였을 경우의 금액으로 매출이익을 제한한다. 판매형 리스 문제에서는 내재이자율을 시장이자율보다 낮게 제시할 것이다. 따라서 리스료를 시장이자율로 할인해야 한다.

3. 판매형 리스의 리스관련원가: 비용(판관비) 처리!

제조자 또는 판매자인 리스제공자는 금융리스 체결과 관련하여 부담하는 원가를 리스개시일에 비용으로 인식한다. 판관비로 처리한다고 생각하면 된다. 판매형 리스에서 발생한 원가를 리스개설직접원가로 처리하지 않는다는 것을 주의하자.

4. 당기손익＝매출총이익－판관비(＋이자수익)

판매일의 당기손익을 묻는다면 판관비까지만 차감하면 되고, 그 년도 전체의 당기손익을 묻는다면 기말에 인식할 채권의 이자수익까지 가산해야 한다.

01 (주)대한은 기계장치를 제조 및 판매하는 기업이다. 20X1년 1월 1일 (주)대한은 (주)민국에게 원가(장부금액) ₩100,000의 재고자산(기초자산)을 아래와 같은 조건으로 판매하였는데, 이 거래는 금융리스에 해당한다.

- 리스개시일은 20X1년 1월 1일이며, 리스개시일 현재 재고자산(기초자산)의 공정가치는 ₩130,000이다.
- (주)대한은 20X1년부터 20X3년까지 매년 12월 31일에 (주)민국으로부터 ₩50,000의 고정리스료를 받는다.
- (주)대한은 동 금융리스 계약의 체결과 관련하여 리스개시일에 ₩1,000의 수수료를 지출하였다.
- (주)민국은 리스기간 종료일인 20X3년 12월 31일에 리스자산을 해당 시점의 공정가치보다 충분히 낮은 금액인 ₩8,000에 매수할 수 있는 선택권을 가지고 있으며, 20X1년 1월 1일 현재 (주)민국이 이를 행사할 것이 상당히 확실하다고 판단된다.
- 20X1년 1월 1일에 (주)대한의 증분차입이자율은 연 8%이며, 시장이자율은 연 12%이다.
- 적용할 현가계수는 아래의 표와 같다.

기간 \ 할인율	단일금액 ₩1의 현재가치		정상연금 ₩1의 현재가치	
	8%	12%	8%	12%
1년	0.9259	0.8929	0.9259	0.8929
2년	0.8573	0.7972	1.7832	1.6901
3년	0.7938	0.7118	2.5770	2.4019

위 거래가 (주)대한의 20X1년도 포괄손익계산서 상 당기순이익에 미치는 영향은 얼마인가? 단, 단수차이로 인해 오차가 있다면 가장 근사치를 선택한다.
2022. CPA

① ₩24,789 증가   ② ₩25,789 증가   ③ ₩39,884 증가

④ ₩40,884 증가   ⑤ ₩42,000 증가

01.
당기순이익에 미치는 영향: 25,789 − 1,000 + 15,095 = **39,884 증가**

(1) 매출총이익 = PV(정기리스료 + 행사가격) − BV
   = 50,000 × 2.4019 + 8,000 × 0.7118 − 100,000 = 25,789
   − 이자율: 시장이자율 = 12%. 12%의 현가계수인 2.4019과 0.7118을 사용한다.
   − 리스자산을 반환하는 것이 아니라 매수할 것이 상당히 확실하므로, 행사가격인 8,000을 현재가치한다.

(2) 판관비: (주)대한이 지출한 수수료 1,000을 판관비로 비용처리한다.

(3) 이자수익: 매출채권 × 이자율 = 125,789 × 12% = 15,095
   − 매출채권 = 50,000 × 2.4019 + 8,000 × 0.7118 = 125,789

회계처리〉

X1초	매출채권	125,789	매출액	125,789
	매출원가	100,000	재고자산	100,000
	판관비	1,000	현금	1,000
X1말	현금	50,000	이자수익	15,095
			매출채권	34,905

 ③

2 판매후 리스

1. 판매가 수익 기준서의 요구사항을 충족하지 못하는 경우

    (1) 판매자(리스이용자): 이전한 자산 계속 인식, 이전금액과 같은 금액으로 금융부채 인식

    (2) 구매자(리스제공자): 이전된 자산 인식 X, 이전금액과 같은 금액으로 금융자산 인식

2. 판매가 수익 기준서의 요구사항을 충족하는 경우

    (1) 구매자(리스제공자)

자산의 매입에 적용할 수 있는 기준서를 적용하고 리스에는 이 기준서의 리스제공자 회계처리 요구사항을 적용한다.

    (2) 판매자(리스이용자)

현금		판매가	자산	BV
사용권자산	BV×	$\dfrac{\text{리스부채}+(\text{FV}-\text{판매가})}{\text{FV}}$	리스부채	PV(정기리스료)
			처분손익 XXX	

STEP 1 판매가 유입, 자산 BV 제거

현금은 판매가만큼 유입되므로 판매가만큼 증가시키고, 기존에 계상한 자산의 장부금액을 제거한다.

STEP 2 리스부채: PV(정기리스료)

리스 이용자가 지급할 정기리스료를 현재가치하여 리스부채를 계상한다. 판매후리스에서 행사가격 및 보증액까지 같이 출제하지 않으므로 정기리스료만 현재가치하면 된다.

STEP 3 사용권자산 중요!

$$\text{사용권자산} = \text{BV} \times \frac{\text{리스부채}+(\text{FV}-\text{판매가})}{\text{FV}}$$

사용권자산 계산 시 분모에 FV가 오는데, 분자의 중심에도 FV를 배치하자. 그 앞에 리스부채를 더하고, 판매가를 빼면 분자가 된다. 사용권자산을 구하기 전에 리스부채를 먼저 구할 텐데, 계산기에 떠 있는 리스부채 금액에 이어서 계산을 하면 쉽게 구할 수 있다.

처분손익(PL): 대차차액

Step 3까지 마치면 대차가 안 맞을 것이다. 대차차액을 처분손익(당기손익)으로 계상한다.

예제

02 (주)대한은 20X1년 1월 1일 장부금액 ₩500,000, 공정가치 ₩600,000의 기계장치를 (주)민국리스에게 ₩650,000에 현금 판매(기업회계기준서 제1115호 상 '판매' 조건 충족)하고 동 일자로 기계장치를 5년 동안 리스하였다. (주)대한은 (주)민국리스에게 리스료로 매년 말 ₩150,000씩 지급하기로 하였으며, 내재이자율은 연 8%이다. (주)대한이 리스 회계처리와 관련하여 20X1년 1월 1일 인식할 이전된 권리에 대한 차익(기계장치처분이익)은 얼마인가? 단, 단수차이로 인해 오차가 있다면 가장 근사치를 선택한다. 2020. CPA

할인율 기간	8%	
	단일금액 ₩1의 현재가치	정상연금 ₩1의 현재가치
4년	0.7350	3.3121
5년	0.6806	3.9927

① ₩8,516 ② ₩46,849 ③ ₩100,183

④ ₩150,000 ⑤ ₩201,095

 해설

01.

현금	650,000	자산	500,000
사용권자산	457,421	리스부채	598,905
처분이익 8,516			

Step 1. 현금: 판매가(650,000) 유입, 자산 BV(500,000) 제거

Step 2. 리스부채: PV(정기리스료)=150,000×3.9927=598,905

Step 3. 사용권자산

$$\text{사용권자산} = BV \times \frac{\text{리스부채} + (FV - \text{판매가})}{FV}$$

$$= 500,000 \times \frac{598,905 + (600,000 - 650,000)}{600,000}$$

$$= 457,421$$

Step 4. 처분손익(PL): 650,000+457,421−500,000−598,905=8,516 이익

 ①

1. 리스부채의 재측정 회계처리

: 리스부채 변동액만큼 사용권자산 조정 (사용권자산을 초과하는 리스부채 감소분은 PL)

리스이용자는 리스개시일 후에 리스료에 생기는 변동을 반영하기 위하여 리스부채를 다시 측정한다. 리스이용자는 사용권자산을 조정하여 리스부채의 재측정 금액을 인식한다. 그러나 사용권자산의 장부금액이 영(0)으로 줄어들고 리스부채 측정치가 그보다 많이 줄어드는 경우에 리스이용자는 나머지 재측정 금액을 당기손익으로 인식한다.

2. 리스부채의 재측정 방법: 수정 할인율 vs 기존 할인율

(1) 수정 할인율로 리스부채 재측정	(2) 기존 할인율로 리스부채 재측정
① 리스기간 변경	① 잔존가치보증에 따른 예상지급액 변동
② 매수선택권 평가 변동	② 리스료를 산정할 때 사용한 지수나 요율의 변동으로 생기는 미래 리스료 변동
③ 변동이자율의 변동	

 **수정 할인율을 사용하는 경우: 사용 기간의 변동 or 이자율의 변동**

사용기간이나 이자율 자체가 변동하는 경우에는 수정 할인율을 사용해야 한다고 기억할 것!

예제

01 리스이용자인 (주)대한은 리스제공자인 (주)민국리스와 리스개시일인 20X1년 1월 1일에 다음과 같은 조건의 리스계약을 체결하였다.

- 기초자산(생산공정에 사용할 기계장치)의 리스기간은 20X1년 1월 1일부터 20X3년 12월 31일까지이다.
- 기초자산의 내용연수는 4년으로 내용연수 종료시점의 잔존가치는 없으며, 정액법으로 감가상각한다.
- (주)대한은 리스기간 동안 매년 말 ₩3,000,000의 고정리스료를 지급한다.
- 사용권자산은 원가모형을 적용하여 정액법으로 감가상각하고, 잔존가치는 없다.
- 20X1년 1월 1일에 동 리스의 내재이자율은 연 8%로 리스제공자와 리스이용자가 이를 쉽게 산정할 수 있다.
- (주)대한은 리스기간 종료시점에 기초자산을 현금 ₩500,000에 매수할 수 있는 선택권을 가지고 있으나, 리스개시일 현재 동 매수선택권을 행사하지 않을 것이 상당히 확실하다고 판단하였다. 그러나 20X2년 말에 (주)대한은 유의적인 상황변화로 인해 동 매수선택권을 행사할 것이 상당히 확실하다고 판단을 변경하였다.
- 20X2년 말 현재 (주)대한은 남은 리스기간의 내재이자율을 쉽게 산정할 수 없으며, (주)대한의 증분차입이자율은 연 10%이다.
- 적용할 현가계수는 아래의 표와 같다.

기간 \ 할인율	8%		10%	
	8%	10%	8%	10%
1년	0.9259	0.9091	0.9259	0.9091
2년	0.8573	0.8264	1.7832	1.7355
3년	0.7938	0.7513	2.5770	2.4868

(주)대한이 20X3년에 인식할 사용권자산의 감가상각비는 얼마인가? 단, 단수차이로 인해 오차가 있다면 가장 근사치를 선택한다.

2021. CPA

① ₩993,804   ② ₩1,288,505   ③ ₩1,490,706
④ ₩2,577,003   ⑤ ₩2,981,412

해설

01.

(1) X1년 초 리스부채: 3,000,000 × 2.5770 = 7,731,000
 - 매수선택권을 행사하지 않을 것이라고 판단하였으므로, 리스료만 할인한 금액이다.

(2) X1년초 사용권자산: 7,731,000
 - 리스개설직접원가에 대한 언급이 없다.

(3) X2년말 리스부채 증가액: ② − ① = 404,412
 ① 재측정 전 리스부채: (7,731,000 × 1.08 − 3,000,000) × 1.08 − 3,000,000 = 2,777,438
 ② 재측정 후 리스부채: (3,000,000 + 500,000) × 0.9091 = 3,181,850
  - 매수선택권 평가에 변동이 있으므로 수정 할인율로 리스부채를 재측정한다.

(4) X2년말 사용권자산: 7,731,000 × 1/3 + 404,412 = 2,981,412

(5) X3년도 감가상각비: (2,981,412 − 0)/2 = 1,490,706
 - 매수선택권을 행사할 것이 확실하다고 판단을 변경하였으므로 사용권자산의 내용연수는 4년이며, X3년 초 잔존내용연수는 2년(=4년−2년)이다.

|회계처리|

X1.1.1	사용권자산	7,731,000	리스부채	7,731,000
X1.12.31	감가상각비	2,577,000	사용권자산	2,577,000
	이자비용	618,480	현금	3,000,000
	리스부채	2,381,520		
X2.12.31	감가상각비	2,577,000	사용권자산	2,577,000
	이자비용	427,958	현금	3,000,000
	리스부채	2,572,042		
	사용권자산	404,412	리스부채	404,412
X3.12.31	감가상각비	1,490,706	사용권자산	1,490,706
	이자비용	318,185	현금	3,500,000
	리스부채	3,181,815		
	기계장치	1,490,706	사용권자산	1,490,706

답 ③

02 (주)대한은 (주)민국과 다음과 같은 조건으로 사무실에 대한 리스계약을 체결하였다.

- 리스기간: 20X1년 1월 1일 ~ 20X3년 12월 31일(3년)
- 연장선택권: (주)대한은 리스기간을 3년에서 5년으로 2년 연장할 수 있는 선택권이 있으나 리스개시일 현재 동 선택권을 행사할 의도는 전혀 없다.
- 리스료: (주)대한은 리스기간 동안 매년 말에 ₩2,000,000의 고정리스료를 (주)민국에게 지급하며, 연장선택권을 행사하면 20x4년 말과 20x5년 말에는 각각 ₩2,200,000을 지급하기로 약정하였다.
- 내재이자율: (주)대한은 동 리스에 적용되는 (주)민국의 내재이자율은 쉽게 산정할 수 없다.
- (주)대한의 증분차입이자율: 연 8%(20x1.1.1.), 연 10%(20X3.1.1.)
- 리스개설직접원가: (주)대한은 리스계약과 관련하여 ₩246,000을 수수료로 지급하였다.
- 리스계약 당시 (주)민국이 소유하고 있는 사무실의 잔존내용연수는 20년이다.
- 적용할 현가계수는 아래의 표와 같다.

기간 \ 할인율	단일금액 ₩1의 현재가치		정상연금 ₩1의 현재가치	
	8%	10%	8%	10%
1년	0.9259	0.9091	0.9259	0.9091
2년	0.8573	0.8264	1.7832	1.7355
3년	0.7938	0.7513	2.5770	2.4868

(주)대한은 모든 유형자산에 대해 원가모형을 적용하며, 감가상각은 잔존가치 없이 정액법을 사용한다. 20X3년 1월 1일에 영업환경의 변화 때문에 연장선택권을 행사할 것이 상당히 확실해졌다면 (주)대한의 20X3년 말 재무상태표에 보고할 사용권자산의 장부금액은 얼마인가? 단, 단수차이로 인해 오차가 있다면 가장 근사치를 선택한다. 2023. CPA

① ₩3,436,893   ② ₩3,491,560   ③ ₩3,526,093
④ ₩3,621,613   ⑤ ₩3,760,080

02.

(1) X1년초 리스부채: 2,000,000 × 2.577 = 5,154,000

(2) X1년초 사용권자산: 5,154,000 + 246,000 = 5,400,000

(3) X3년초 리스부채 증가액: ② − ① = 3,437,514

 ① 재측정 전: (5,154,000 × 1.08 − 2,000,000) × 1.08 − 2,000,000 = 1,851,626

② 재측정 후: 2,000,000 × 0.9091 + 2,200,000 × 0.8264 + 2,200,000 × 0.7513 = 5,289,140

 – 매수선택권 평가에 변동이 있으므로 수정 할인율로 리스부채를 재측정한다.

(4) X3년초 사용권자산: 1,800,000 + 3,437,514 = 5,237,514

 ① 재측정 전 사용권자산: 5,400,000 × 1/3 = 1,800,000

(5) X3년말 사용권자산: 5,237,514 × 2/3 = 3,491,676 (단수차이)

|X3년도 회계처리|

X3.1.1	사용권자산	3,437,514	리스부채	3,437,514
X3.12.31	이자비용	528,914	현금	2,000,000
	리스부채	1,471,086		
	감가상각비	1,745,838	사용권자산	1,745,838

답 ②

Memo

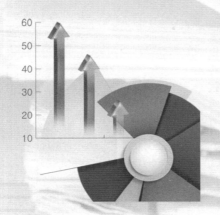

김 용 재 패 턴
회 계 학
중 급 회 계 편

이 장의 출제 뽀인트!

충당부채는 거의 매년 출제되는 주제이다. 계산문제보다는 말문제의 출제빈도가 높아서 본 패턴에 있는 기준서 문장만 기억해도 쉽게 문제를 맞힐 수 있다.

종업원급여는 회계사 1차 시험에서 10년 이상 한 해도 빠지지 않고 매년 출제되는 빈출 주제이다. 김수석의 종업원급여 풀이법만 알면 쉽게 풀 수 있는 주제이므로 종업원급여는 반드시 맞히자.

충당부채 및 종업원급여

35 충당부채 말문제 ★중요!

1 충당부채의 정의

충당부채란 지출하는 시기 또는 금액이 불확실한 부채를 의미하며, 충당부채는 재무상태표에 부채로 인식한다.

2 충당부채의 인식 조건

충당부채를 인식하기 위해서는 다음의 세 가지 요건을 충족해야 한다.

1. 높은 유출 가능성: 발생할 가능성〉발생하지 않을 가능성

유출 가능성이 '높다'는 것은 특정 사건이 일어날 가능성이 일어나지 않을 가능성보다 높은 경우를 의미한다. 쉽게 말해, 50%가 기준이라고 생각하면 된다.

2. 신뢰성 있는 추정: 신뢰성 있는 추정이 불가능하다면 재무상태표에 계상 불가

재무상태표에 충당부채를 금액으로 표시하기 위해서는 신뢰성 있는 추정이 필수적이다. 신뢰성 있는 추정이 불가능하다면 우발부채로 주석 공시한다. 이때, 추정치를 사용한다고 해서 재무제표의 신뢰성을 손상시키는 것은 아니다.

3. 현재의무

과거사건의 결과로 현재의무가 존재한다. 현재의무는 다음의 특징을 갖는다.
(1) 의제의무 포함: 실무관행, 경영방침, 약속 등 정당한 기대
(2) 과거사건으로 인한 의무가 기업의 미래행위와 독립적이어야 함
미래에 어떠한 행위를 하더라도 회피할 수 없는 의무만 충당부채로 인식한다.

3 충당부채 인식 사례 ★중요!

기출문제에 자주 출제되었던 사례는 다음과 같다. 아래 표의 내용은 반드시 외우자.

미래행위와 독립적 O (충당부채 O)	미래행위와 독립적 X (충당부채 X)
범칙금, 환경정화비용, 복구예상비용 법안: 제정이 거의 확실할 때에만	미래 영업에서 생길 원가 & 예상영업손실, 자산의 예상처분손익 환경정화 '장치' 설치비용 정기적인 수선 및 검사원가

1. 미래 영업에서 생길 원가 및 예상영업손실, 자산의 예상처분손익

미래 영업에서 생길 원가와 미래 영업손실, 자산의 예상처분손익은 충당부채를 측정하는데 고려하지 않는다. 현재의무가 존재하기 위해서는 과거 사건이 발생했어야 하는데, 위 항목들은 미래 사건과 관련된 지출이므로, 아직 과거 사건이 발생하지 않았기 때문이다. 지출이나 영업손실, 처분손익이 예상되는 시점이 아니라 실제로 발생한 시점에 비용으로 인식한다.

2. 범칙금, 환경정화비용, 복구예상비용 vs 환경정화장치 설치비용 ★중요!

불법적인 환경오염으로 인한 범칙금이나 환경정화비용은 이미 환경을 오염시켰기 때문에 기업의 미래 행위에 관계없이 자원의 유출을 불러온다. 또한, 패턴 12에서 배웠듯이 사용 완료 후 원상복구의무가 있는 자산은 **예상되는 복구원가의 현재가치를 자산 취득 시 복구충당부채로 계상한다.** 반면에 법률 규정 때문에 환경정화장치의 설치가 필요한 경우에는 공장 운영방식을 바꾸는 등의 미래행위로 미래의 지출을 회피할 수 있으므로 충당부채를 인식하지 아니한다.

3. 정기적인 수선 및 검사원가

정기적인 수선 및 검사원가도 환경정화장치 설치비용과 마찬가지이다. 기준서 상 사례를 보면 5년에 한 번씩 대체할 필요가 있는 용광로, 3년에 한 번씩 정밀하게 정비해야 하는 항공기가 등장한다. 회사가 수선주기가 도래했음에도 불구하고 용광로나 항공기를 수선을 하지 않고 그대로 사용하면 미래의 지출을 회피할 수 있으므로, 두 사례 모두 충당부채를 설정하지 않는다.

4. 법안: '거의 확실'할 때만 충당부채 계상

입법 예고된 법률의 세부 사항이 아직 확정되지 않은 경우에는 해당 법안대로 제정될 것이 거의 확실한 때만 의무가 생긴 것으로 본다.

4 우발부채와 우발자산: 주석 공시

1. 우발부채의 정의

우발부채란 과거사건으로 생겼으나, 불확실한 미래 사건으로만 확인할 수 있는 잠재적 의무를 의미하며, 우발부채는 재무상태표에 표시하는 충당부채와 달리 주석에 공시한다.

2. 우발부채 vs 충당부채

	신뢰성 있는 추정 O	신뢰성 있는 추정 X
유출가능성이 높다	충당부채(B/S)	우발부채(주석)
유출가능성이 높지 않다		
유출가능성이 아주 낮다	주석 공시도 X	

재무상태표에 충당부채로 인식하기 위해서는 높은 유출가능성과 신뢰성 있는 추정을 '모두' 충족시켜야 한다. 둘 중 하나라도 충족시키지 못한다면 주석에 우발부채로 공시한다. 유출가능성이 아주 낮다면 주석 공시도 생략할 수 있다.

3. 우발부채의 검토

최초에 우발부채로 공시하였더라도 이후에 충당부채의 인식조건을 충족한다면 재무상태표에 충당부채로 인식한다.

4. 우발자산

우발자산이란 과거사건으로 생겼으나, 불확실한 미래 사건으로만 확인할 수 있는 잠재적 자산을 의미한다. 우발자산은 발생가능성이 높을 때에만 주석으로 공시한다. 발생가능성이 높지 않을 때에는 우발자산을 공시하지 않고, 수익의 실현이 '거의 확실'하다면 우발자산이 아닌 일반적인 자산을 인식한다.

 **부채 vs 자산: 부채는 높지 않아도 공시, 자산은 높아야 공시**

	부채	자산
유출입가능성이 높다	충당부채(B/S)	우발자산(주석)
유출입가능성이 높지 않다	우발부채(주석)	X
유출입가능성이 아주 낮다	X	

부채는 가능성이 '높은' 경우에 재무상태표에 인식하지만, 자산은 가능성이 '높은' 경우에 주석에 공시한다. 보수주의로 인해 부채는 상대적으로 쉽게 인식하지만, 자산은 인식 조건이 까다롭다.

5 연대보증: 제삼자가 이행-우발부채, 유출 가능성이 높은 부분-충당부채

제삼자와 연대하여 의무를 지는 경우에는 이행할 전체 의무 중 제삼자가 이행할 것으로 예상되는 부분을 우발부채로 처리한다. 해당 의무 중에서 경제적 효익이 있는 자원의 유출 가능성이 높은 부분에 대하여 충당부채를 인식한다. 쉽게 생각해서, 내가 갚을 부분은 충당부채로, 남이 갚을 부분은 우발부채로 처리한다고 기억하면 된다.

> **사례**
> (주)김수석은 (주)이차석가 차입한 ₩30,000에 대하여 연대 의무를 지게 되었다. 이후 (주)이차석의 자금 사정이 어려워짐에 따라, (주)김수석이 차입금의 일부를 변제할 것으로 예상된다. (주)김수석이 변제할 금액을 합리적으로 추정해본 결과 ₩10,000이다.
> → 이 경우 (주)김수석은 (주)김수석이 변제할 ₩10,000만큼 충당부채를 인식하고, 나머지 ₩20,000은 유출 가능성이 높진 않지만 변제할 가능성이 있으므로 우발부채로 처리한다.

6 제삼자 변제

> **사례**
> (주)김수석은 고객으로부터 손해배상을 청구받아 ₩1,000,000을 지급해야 할 것으로 예상하고, (주)김수석은 고객에 대한 손해배상 시 보험사로부터 ₩400,000을 수령한다고 할 때, 회계처리는 다음과 같다.
>
> | 손해배상손실 | 1,000,000 | 손해배상충당부채 | 1,000,000 |
> |---|---|---|---|
> | 미수금 | 400,000 | 수익(or 손실) | 400,000 ⌐한도:1,000,000 |

1. 자산 계상액=min[변제 예상액, 충당부채]

충당부채를 결제하기 위하여 필요한 지출액을 제삼자가 변제할 것으로 예상되는 경우에는 '변제를 받을 것이 거의 확실하게 되는 때'에만 변제금액을 별도의 자산으로 회계처리한다.

단, 자산으로 인식하는 금액은 관련 충당부채 금액을 초과할 수 없다. 위 사례에서는 미수금의 한도는 손해배상액인 1,000,000이다.

2. 수익-비용 상계 가능 (not 자산-부채 상계)

충당부채와 관련하여 인식한 비용은 제삼자의 변제로 인식한 수익과 상계할 수 있다. 자산과 부채를 상계하는 것이 아님에 주의하자. 위 사례에서 수익을 계상하지 않고, 손실과 상계해도 된다.

7 현재가치 평가

명목가액과 현재가치의 차이가 중요한 경우 미래 예상 지출액의 현재가치로 충당부채를 평가한다. 미래현금흐름을 현재가치하기 위해 사용하는 할인율은 다음의 두 가지 특징을 갖는다.

1. 세전 할인율 이용

충당부채를 세전 금액으로 측정하기 위하여, '세전' 할인율을 사용해야 한다.

2. 미래 CF 추정 시 고려된 위험 반영 X

미래현금흐름을 추정할 때 고려된 위험은 할인율에 반영하지 않는다. 재무관리 이론(위험 현금흐름은 위험 이자율로 할인)과 배치되는 규정인데, 규정이니 그냥 외우자.

8 법인세효과: 충당부채는 세전 금액으로 측정

충당부채의 법인세효과는 법인세회계로 인식할 것이므로 충당부채는 세전 금액으로 측정한다.

9 충당부채의 사용

충당부채는 최초 인식과 관련 있는 지출에만 사용한다. 예를 들어, 소송충당부채는 소송과 관련된 지출에만 사용해야지, 제품보증비 지출 시 사용하면 안된다.

10 구조조정

1. 인식 시점

구조조정에 대한 공식적이고 구체적인 계획이 존재하고, 구조조정 당사자(해고될 인원)가 기업이 구조조정을 실행할 것이라는 정당한 기대를 가져야 충당부채를 인식한다. 내부 계획만 갖고 있어 구조조정 당사자가 구조조정 사실을 모르는 경우 충당부채를 인식하지 않는다.

2. 충당부채로 인식할 금액

구조조정충당부채로 인식할 지출은 구조조정에서 생기는 직접비용으로서, 구조조정 때문에 반드시 생기는 지출이어야 한다. 교육훈련비, 재배치비용, 마케팅비용 등은 충당부채로 인식하지 않는다.

11 소송충당부채: 변호사 말대로!

소송은 사용 가능한 증거(변호사의 의견)에 따라 충당부채를 설정한다. 유출가능성이 높다면 변호사가 예측하는 배상금액으로 충당부채를 설정하고, 유출 가능성이 높지 않다면 충당부채를 설정하지 않고, 우발부채로 주석에 공시할 수 있다.

예제

01 충당부채, 우발부채, 우발자산과 관련된 다음의 회계처리 중 옳은 것은? 단, 각 설명에 제시된 금액은 최선의 추정치라고 가정한다.　　2020. CPA

① 항공업을 영위하는 (주)대한은 3년에 한 번씩 항공기에 대해 정기점검을 수행한다. 20X1년 말 현재 (주)대한은 동 항공기를 1년 동안 사용하였으며, 20X1년 말 기준으로 측정한 2년 후 정기점검 비용 ₩10,000을 20X1년에 충당부채로 인식하였다.

② (주)민국은 새로운 법률에 따라 20X1년 6월까지 매연 여과장치를 공장에 설치해야 하며 미설치 시 벌과금이 부과된다. (주)민국은 20X1년 말까지 매연 여과장치를 설치하지 않아 법규 위반으로 인한 벌과금이 부과될 가능성이 그렇지 않을 가능성보다 높으며, 벌과금은 ₩20,000으로 예상된다. (주)민국은 20X1년에 동 벌과금을 우발부채로 주석공시하였다.

③ (주)민국이 판매한 제품의 폭발로 소비자가 크게 다치는 사고가 발생하였다. 해당 소비자는 (주)민국에 손해배상청구소송을 제기하였으며, 20X1년 말까지 재판이 진행 중에 있다. (주)민국의 담당 변호사는 20X1년 재무제표 발행승인일까지 기업에 책임이 있다고 밝혀질 가능성이 높으나, (주)민국이 부담할 배상금액은 법적 다툼의 여지가 남아 있어 신뢰성 있게 추정하기가 어렵다고 조언하였다. (주)민국은 동 소송사건을 20X1년에 우발부채로 주석공시하였다.

④ 제조업을 영위하는 (주)대한은 20X1년 12월 고객에게 제품을 판매하면서 1년간 확신유형의 제품보증을 하였다. 제조상 결함이 명백할 경우 (주)대한은 제품보증계약에 따라 수선이나 교체를 해준다. 과거 경험에 비추어 볼 때, 제품보증에 따라 일부가 청구될 가능성이 청구되지 않을 가능성보다 높을 것으로 예상된다. 20X1년 말 현재 ₩5,000의 보증비용이 발생할 것으로 추정되었으며, (주)대한은 동 제품보증을 20X1년에 우발부채로 주석공시하였다.

⑤ (주)대한은 20X1년 말 보유 중인 토지가 정부에 의해 강제 수용될 가능성이 높다고 판단하였다. 20X1년 말 현재 보유 중인 토지의 장부금액은 ₩10,000이며 수용금액은 ₩14,000일 것으로 예상된다. (주)대한은 ₩4,000을 20X1년에 우발자산으로 인식하였다.

해설

01.
자원의 유출가능성은 높으나 신뢰성 있는 추정이 불가능하므로 우발부채로 공시하는 것이 맞다.
① 정기적인 수선 및 검사원가는 충당부채로 인식하지 않는다.
②, ④ 자원이 유출될 가능성이 '높기' 때문에 (유출 가능성>유출되지 않을 가능성) 우발부채가 아닌 충당부채로 인식해야 한다.
⑤ 자산의 예상처분손익은 우발자산에 반영하지 않는다.

답 ③

02 충당부채 및 우발부채와 관련된 다음의 회계처리 중 옳은 것은?   2013. CPA

① (주)민국은 (주)나라와 공동으로 사용하는 토지의 환경정화에 대하여 연대하여 의무를 부담한다. 이에 (주)민국은 (주)나라가 이행할 것으로 기대되는 ₩1,000,000을 우발부채로 처리하였다.

② (주)한국은 토지의 환경정화와 관련하여 3년후 지급하게 될 미래현금흐름을 ₩1,000,000으로 추정하고, 동 미래현금흐름 추정시 고려한 위험을 반영한 할인율을 적용하여 계산한 현재가치를 충당부채로 인식하였다.

③ (주)대한은 토지의 환경정화 원가를 ₩2,000,000으로 추정하고, 법인세율 20%를 고려한 ₩1,600,000을 충당부채로 인식하였다.

④ (주)충청은 예상되는 토지의 환경정화원가 ₩2,000,000을 위하여 (주)경상보험에 보험을 가입하였다. 동 보험약정에 의해 (주)경상보험은 (주)충청이 환경정화를 실시하면 ₩1,000,000을 보전해주기로 하여 (주)충청은 토지의 환경정화와 관련된 충당부채로 ₩1,000,000을 인식하였다.

⑤ (주)전라는 토지환경정화와 유전복구를 위해 각각 충당부채를 인식하였으나 토지환경정화에 대한 지출은 ₩500,000이 과소 발생하였고, 유전복구에 대한 지출은 ₩500,000이 과다 발생하였다. 이에 (주)전라는 토지환경정화와 관련된 충당부채를 유전복구지출에 사용하였다.

해설

02.
연대의무를 부담하는 경우 제3자가 이행할 것으로 기대하는 부분은 우발부채로 인식한다.
② 할인율에 미래현금흐름 추정 시 고려된 위험은 반영하지 않는다.
③ 충당부채는 세전 금액으로 인식한다.
④ 지출액의 일부 또는 전부를 제3자가 변제할 것이 예상되는 경우 변제금액을 별도의 자산으로 처리하지, 충당부채와 상계하지 않는다. 참고로, 관련 비용과 수익은 상계가 가능하다.
⑤ 충당부채는 최초 인식과 관련있는 지출에만 사용한다.

답 ①

03 충당부채와 우발부채에 관한 설명으로 옳지 않은 것은?   2023. CTA

① 현재의무를 이행하기 위하여 필요한 지출 금액에 영향을 미치는 미래 사건이 일어날 것이라는 충분하고 객관적인 증거가 있는 경우에는 그 미래 사건을 고려하여 충당부채 금액을 추정한다.

② 우발부채는 의무를 이행하기 위하여 경제적 효익이 있는 자원을 유출할 가능성이 희박하지 않다면 주석으로 공시한다.

③ 충당부채와 관련하여 포괄손익계산서에 인식한 비용은 제삼자의 변제와 관련하여 인식한 금액과 상계하여 표시할 수 있다.

④ 당초에 다른 목적으로 인식된 충당부채를 그 목적이 아닌 다른 지출에 사용할 수 있다.

⑤ 충당부채를 현재가치로 평가하여 표시하는 경우에는 장부금액을 기간 경과에 따라 증액하고 해당 증가 금액은 차입원가로 인식한다.

해설

03.
충당부채는 최초 인식과 관련 있는 지출에만 사용한다. 본래의 충당부채와 관련된 지출에만 그 충당부채를 사용한다.

답 ④

패턴 36 충당부채 계산문제

대부분 충당부채는 말문제로 출제되지만, 충당부채를 직접 계산해야 하는 유형도 출제된다. 주로 제품보증과 관련된 문제가 출제되었으며, 문제에서는 연도별 제품보증비와 기말 제품보증충당부채 잔액을 물었다.

1 일반형 – 보증기간이 종료되지 않은 경우

1. 제품보증비(비용)

수익-비용 대응 원칙에 따라, 실제로 지출이 발생할 때 비용을 인식하는 것이 아니라, 관련된 수익이 계상될 때 비용을 인식한다. 따라서 매출이 발생할 때 당기 매출로부터 발생할 보증액 전부를 비용으로 인식한다.

> 제품보증비 = 당기 매출액 × 보증 설정률 or 당기 판매량 × 개당 예상 보증비

매출액 대비 보증비의 예상 비율이 제시된다면 매출액에 보증 설정률을 곱한 금액을, 제품 1개당 예상 보증비가 제시된다면 당기 판매량에 개당 예상 보증비를 곱한 금액을 매출이 발생할 때 비용으로 인식한다.

매출 발생 시	현금 or 매출채권	XXX	매출	XXX
	제품보증비	XXX	제품보증충당부채	XXX

2. 기말 제품보증충당부채 잔액

> 기말 제품보증충당부채 = 제품보증비 누적액 – 보증 지출액 누적액

매출 발생 시 회계처리를 보면 제품보증비를 인식하는 만큼 제품보증충당부채 잔액이 증가한다. 그리고 실제 보증 시에는 비용을 인식하는 것이 아니라, 기존에 인식한 제품보증충당부채를 감소시킨다. 따라서 기말 제품보증충당부채 잔액은 비용의 누적액에서 지출액의 누적액을 차감한 금액이다.

보증 시	제품보증충당부채	XXX	현금	XXX

예제

01 20X1년 1월 1일에 영업을 개시한 (주)한국은 자동차를 판매하고 첫 3년간은 무상으로 수리보증을 해주기로 하였다. (주)한국은 총매출액의 8%에 해당하는 금액이 제품보증비로 발생할 것이라고 추정하고 있다. 각 연도별 총매출액과 보증비용지출액은 다음과 같다.

	총매출액	보증비용지출액
20X1년	₩2,500,000	₩170,000
20X2년	₩1,800,000	₩150,000

(주)한국이 20X2년도 포괄손익계산서에 인식할 제품보증비용과 재무상태표에 보고할 제품보증충당부채는 얼마인가? 단, 충당부채 관련 현재가치 평가는 고려하지 않으며, 영업개시 후 재무제표에 영향을 미치는 다른 거래는 없다고 가정한다. *2017. 계리사*

	제품보증비용	제품보증충당부채
①	₩200,000	₩30,000
②	₩144,000	₩30,000
③	₩200,000	₩24,000
④	₩144,000	₩24,000

해설

01.
X2년 제품보증비용: 1,800,000 × 8% = 144,000
X2년 기말 충당부채: (2,500,000 + 1,800,000) × 8% − (170,000 + 150,000) = 24,000

참고 충당부채의 증감

	X1년	X2년
기초 충당부채	–	30,000
+ 제품보증비	2,500,000 × 8% = 200,000	1,800,000 × 8% = 144,000
– 지출액	170,000	150,000
기말 충당부채	30,000	24,000

답 ④

2 보증기간이 종료된 경우

1. 제품보증충당부채환입

매 보고기간 말마다 충당부채의 잔액을 검토하고, 보고기간 말 현재 최선의 추정치를 반영하여 조정한다. 경제적효익을 갖는 자원의 유출가능성이 더 이상 높지 않은 부분에 대해서는 관련 충당부채를 환입한다.

예제 1번에서 '첫 3년간은' 무상으로 수리보증을 해주기로 하였다. 판매 후 3년이 지나면 회사가 보증을 해줄 의무가 없다. X1.1.1~X1.12.31에 매출이 발생하였다고 가정하면, 그로부터 3년 뒤는 X4.1.1~X4.12.31이다. 따라서 X4년말이 되면 X1년도에 발생한 매출과 관련하여 인식한 제품보증충당부채를 전부 환입해야 한다. 이때 제품보증충당부채환입액은 다음과 같이 계산한다.

> 제품보증충당부채환입 = 보증기간이 종료된 매출과 관련된 '제품보증비 – 보증 지출액 누적액'

예제 1번에서 X1년에 제품보증충당부채를 200,000 설정하였는데, 200,000에서 X1년 매출과 관련하여 X4년까지 발생한 보증 지출액의 누적액을 차감한 잔액을 환입하면 된다.

환입 시	제품보증충당부채	XXX	제품보증충당부채환입 (= 제품보증비)	XXX

제품보증충당부채 환입 시 회계처리는 위와 같으며, '제품보증충당부채환입'이라는 비용의 차감계정이 아닌, '제품보증비' 계정을 사용하여 기존에 인식한 제품보증비를 직접 감소시켜도 된다.

2. 기말 제품보증충당부채 잔액

> 기말 충당부채 = 기초 충당부채 + 당기 제품보증비 – 당기 보증 지출액 – 충당부채환입

기말 충당부채 잔액을 구하기 위해서는 기초 충당부채에 당기 제품보증비를 가산하고, 당기 보증 지출액을 차감하면 된다. 여기에 충당부채환입이 있다면 충당부채환입액을 차감하면 된다.

매출 발생 시	제품보증비	XXX	제품보증충당부채	XXX
보증 시	제품보증충당부채	XXX	현금	XXX
환입 시	제품보증충당부채	XXX	제품보증충당부채환입 (= 제품보증비)	XXX

기말 충당부채 잔액 빠른 계산법

> 기말 충당부채 = 기말 현재 보증의무가 있는 매출에 대한
> '제품보증비 누적액 − 보증 지출액 누적액'

기말 현재 보증의무가 있는 매출에 대해서만 충당부채를 계상하므로, 기말 현재 보증의무가 있는 매출에 대한 '제품보증비 누적액 − 보증 지출액 누적액'을 구하면 기말 충당부채를 빠르게 계산할 수 있다. 예제 2번을 참고하자.

예제

02 (주)세무는 20X3년부터 판매한 제품의 결함에 대해 1년간 무상보증을 해주고 있으며, 판매한 제품 중 5%의 보증요청이 있을 것으로 예상한다. (주)세무는 제품보증활동에 관한 수익을 별도로 인식하지 않고 제품보증비용을 인식한다. 개당 보증비용은 20X3년 말과 20X4년 말에 각각 ₩1,200과 ₩1,500으로 추정되었다. 판매량과 보증비용 지출액에 관한 자료가 다음과 같을 때, 20X4년 말 재무상태표에 표시할 제품보증충당부채는? (단, 모든 보증활동은 현금지출로 이루어진다.) 2016. CTA

연도	판매량	보증비용 지출액
20X3년	600개	₩15,000
20X4년	800개	₩17,000(전기 판매분) ₩30,000(당기 판매분)

① ₩26,000 ② ₩30,000 ③ ₩34,000

④ ₩37,500 ⑤ ₩40,500

해설

02.
충당부채의 증감

	X3년	X4년
기초 충당부채	–	21,000
+ 제품보증비[1]	600개 × 5% × 1,200 = 36,000	800개 × 5% × 1,500 = 60,000
– 지출액	15,000	17,000 + 30,000 = 47,000
– 충당부채환입[2]	–	36,000 – 15,000 – 17,000 = 4.000
기말 충당부채	21,000	30,000

[1]연도별 제품보증비
: 각 연도별 판매량에 연도별 개당 보증비용을 곱해서 계산하였다.

[2]충당부채환입
: 무상보증기간이 1년이므로, X3년 판매분에 대해서는 X4년말 현재 보증의무를 지지 않는다. 따라서 'X3년 매출과 관련된' 충당부채 잔액을 환입해야 한다. X3년 매출과 관련된 충당부채 잔액은 X3년에 인식한 제품보증비 36,000에 X3년과 X4년에 발생한 지출액 15,000과 17,000을 차감한 4,000이다.

빠른 계산법〉
X4년말 충당부채 잔액 = 800개 × 5% × 1,500 – 30,000 = 30,000
무상보증기간이 1년이므로, X4년말 현재에는 X4년 판매분에 대해서만 보증의무를 진다. 따라서 X3년 판매량과 보증비용 지출액은 무시하고, X4년의 자료만 이용해서 기말 충당부채 잔액을 구해도 된다.

답 ②

패턴 37 종업원급여 ★중요!

종업원급여란 말 그대로 종업원의 근무에 대해 기업이 지급하는 대가를 말한다. 종업원급여에는 여러 종류가 있으며, 시중 교재에는 단기종업원급여나 확정기여형 퇴직급여제도에 대한 설명이 있는데, 회계학 문제는 전부 확정급여형 퇴직급여제도에서만 출제되었으므로 본서에 있는 확정급여형만 공부하면 된다.

확정급여형 퇴직급여제도란 회사가 종업원에게 고정된 금액의 퇴직금을 지급하는 것을 의미한다. 일반적으로 퇴직금은 금액이 크기 때문에 회사에게 큰 부담이므로 회사가 여유 자금을 미리 보유하다가 종업원이 퇴사할 때 지급하는 것이 아니다. 대신, 종업원이 근무하는 동안 회사가 보험사의 퇴직연금에 매년 조금씩 기여금을 납부하다가 종업원이 퇴직할 때 보험사에서 퇴직금을 지급한다.

확정급여형에서는 이 퇴직연금이 종업원이 아니라 회사의 자산에 해당한다. 또한, 회사는 향후에 퇴직금을 지급할 의무가 있다. 따라서 퇴직연금(자산)과 미래에 지급할 퇴직금(부채)에 대한 회계처리가 필요한데, 이를 본 패턴에서 배울 것이다. 대부분의 문제는 본 패턴에서 다루고 있는 기본형으로 출제되며, 18년과 21년에는 다음 패턴에서 배울 자산인식상한효과가 출제되었다. 김수석의 종업원급여 풀이법은 기존 풀이법 대비 굉장히 효율적이므로 반복 숙달하여 종업원급여 문제는 반드시 맞히자.

	비용	자산	부채	OCI
기초		기초 자산	기초 부채	
이자(기초 R)	XXX	기초 자산 × R	기초 부채 × R	
지급		(지급액)	(지급액)	
적립		적립액		
당기	당기근무원가		당기근무원가	
과거	과거근무원가		과거근무원가	
재측정 전	XXX(PL)	①XXX	①XXX	
재측정		③XXX	③XXX	④XXX
재측정 후		②자산 FV	②부채 PV	
순부채			부채 – 자산	

STEP 1 각 줄의 이름 쓰기 (이자까지!)

	비용	자산	부채	OCI
기초				
이자(기초 R)				

종업원급여 문제가 나오면 일단 위 표를 그리자. 비용은 퇴직급여, 자산은 사외적립자산, 부채는 확정급여채무, OCI는 재측정요소를 의미한다. 김수석이 그리고 있는 표는 시산표이다. 따라서 비용과 자산을 차변에, 부채와 OCI를 대변에 적는다.

1. 문제 읽기 전에 표 왼쪽에 '이자'를 적을 것!

다른 회계처리는 문제에서 주기 때문에 빠트리지 않지만, 이자는 문제에서 구체적으로 주지 않으므로 이자는 문제를 읽기 전에 먼저 표에 적자.

2. 기초 이자율

> 1순위: 우량회사채 이자율
> 2순위: 국공채 이자율

이자 옆에는 괄호 열고 기초의 이자율을 쓴다. 기말 이자율을 적용하지 않도록 주의하자. 이때 적용하는 이자율은 위와 같다. 문제에 이자율이 하나만 제시되어 있으면 그 이자율을 쓰지만, 이자율이 두 개가 제시되면 우량회사채 이자율을 사용해야 한다.

STEP 2 기초 자산, 부채 적기

	비용	자산	부채	OCI
기초		기초 자산	기초 부채	
이자(기초 R)				

문제에 제시된 기초 자산과 부채를 '기초' 줄에 적는다. 순확정급여부채 금액을 주는 경우에는 기초 자산을 비우고, 기초 부채 자리에 적으면 된다. '순확정급여부채=확정급여채무−사외적립자산'이기 때문이다.

3 **이자비용 계산하기**

	비용	자산	부채	OCI
기초		기초 자산	기초 부채	
이자(기초 R)	XXX	기초 자산 × R	기초 부채 × R	

1. 기초 자산, 부채 늘리기
기초 자산, 부채에 기초 이자율을 곱한 금액만큼 적는다.

2. 대차 맞추면서 비용 인식하기

사외적립자산	XXX	확정급여채무	XXX
퇴직급여(이자비용)	XXX		

비용 + 기초 자산 × 기초 이자율 = 기초 부채 × 기초 이자율

기초, 기말 잔액을 제외한 모든 줄은 회계처리를 나타내므로 대차가 일치한다. 기초 자산, 부채에 기초 이자율을 곱하면 대차가 맞지 않을 것이다. 비용 아래 'XXX' 자리에 금액을 채워 넣어서 대차가 맞게 하자. 일반적으로 자산보다 부채가 크므로 비용이 양수로 계산될 것이다.

4 **지급 및 적립**

	비용	자산	부채	OCI
지급		(지급액)	(지급액)	
적립		적립액		

지급	확정급여채무	XXX	사외적립자산	XXX
적립	사외적립자산	XXX	현금	XXX

1. 지급
퇴직금 지급 시 같은 금액만큼 자산과 부채를 감소시킨다.

2. 적립
적립 시에는 적립액만큼 자산을 증가시킨다. 표의 '적립' 줄만 보면 대차가 일치하지 않는데, 현금의 증감은 중요하지 않으므로 표에서 현금은 생략하였기 때문이다.

STEP 5 당기근무원가 및 과거근무원가

	비용	자산	부채	OCI
당기	당기근무원가		당기근무원가	
과거	과거근무원가		과거근무원가	

퇴직급여	XXX	확정급여채무	XXX

문제에서 당기근무원가나 과거근무원가를 제시해주면 비용과 부채 아래에 같은 금액을 쓰면 된다.

STEP 6 비용(PL) 총계

Step 5까지 표에 표시한 비용 줄 아래에 있는 금액을 전부 더하면 당기비용 총액을 계산할 수 있다. 문제에서 당기순이익에 미치는 영향을 자주 묻는데, 이 금액만큼 당기순이익이 감소한다고 답하면 된다.

STEP 7 재측정 및 순확정급여부채

	비용	자산	부채	OCI
재측정 전	XXX(PL)	①XXX	①XXX	
재측정		③XXX	③XXX	④XXX
재측정 후		②자산 FV	②부채 PV	
순부채			⑤부채 – 자산	

① 자산, 부채 아래에 있는 금액을 전부 더하면 ①재측정 전 금액을 구할 수 있다.

② 문제에서 제시한 사외적립자산 확정급여채무의 현재가치와 사외적립자산의 공정가치를 '재측정 후' 줄의 ②번 위치에 적는다.

③ 재측정 후에서 재측정 전을 차감한 금액을 '재측정' 줄의 ③번 위치에 끼워 넣는다.

④ 이때, 재측정 줄도 대차가 맞아야 한다. ③번 금액만으로는 대차가 안 맞을 것이므로, 대차가 맞도록 ④번 위치에 금액을 적는다. 이자와 근무원가는 당기비용으로 인식하지만 재측정요소는 OCI로 인식한다. 참고로, 이 재측정요소는 재분류조정 대상이 아니다. 말문제 대비용으로 기억해두자.

⑤ 문제에서 가끔 순확정급여부채를 묻는 경우가 있는데, 앞서 설명했듯이 순확정급여부채는 확정급여채무에서 사외적립자산을 차감한 금액이다. 표에 표시한 '부채 PV'에서 '자산 FV'를 차감하면 된다.

 확정급여채무의 보험수리적손익과 사외적립자산의 실제수익 심화

구분	의미	자산, 부채의 증감
확정급여채무의 보험수리적손익	확정급여채무에서 발생한 재측정요소	보험수리적손익만큼 확정급여부채 감소
사외적립자산의 실제수익	사외적립자산 이자수익 +사외적립자산에서 발생한 재측정요소	'실제수익-이자수익'만큼 사외적립자산 증가

확정급여채무의 보험수리적손익이란, 확정급여채무에서 발생한 재측정요소를 의미한다. 해당 금액만큼 OCI를 인식하면서 같은 금액만큼 부호만 반대로(+/-) 부채의 금액을 조정하면 된다. OCI는 이익이므로 OCI와 부채는 반비례한다.

사외적립자산 실제수익은 기초 이자율로 계산한 이자수익과 자산에서 발생한 재측정요소를 더한 금액을 의미한다. 이자수익은 우리가 계산할 수 있기 때문에 자산에서 발생한 재측정요소를 계산한 뒤, 재측정 전 자산에 더하면 자산 FV를 구할 수 있다.

예제

01 다음은 (주)한국이 채택하고 있는 퇴직급여제도와 관련한 20X1년도 자료이다.

> 가. 20X1년초 확정급여채무의 현재가치와 사외적립자산의 공정가치는 각각 ₩4,500,000과 ₩4,200,000이다.
>
> 나. 20X1년말 확정급여채무의 현재가치와 사외적립자산의 공정가치는 각각 ₩5,000,000과 ₩3,800,000이다.
>
> 다. 20X1년말 일부 종업원의 퇴직으로 퇴직금 ₩1,000,000을 사외적립자산에서 지급하였으며, 20X1년말에 추가로 적립한 기여금 납부액은 ₩200,000이다.
>
> 라. 20X1년에 종업원이 근무용역을 제공함에 따라 증가하는 예상미래퇴직급여지급액의 현재가치는 ₩500,000이다.
>
> 마. 20X1년말 확정급여제도의 일부 개정으로 종업원의 과거근무기간의 근무용역에 대한 확정급여채무의 현재가치가 ₩300,000 증가하였다.
>
> 바. 20X1년초와 20X1년말 현재 우량회사채의 연 시장수익률은 각각 8%, 10%이며, 퇴직급여채무의 할인율로 사용한다.

(주)한국의 확정급여제도로 인한 20X1년도 포괄손익계산서의 당기순이익과 기타포괄이익에 미치는 영향은 각각 얼마인가? 단, 법인세 효과는 고려하지 않는다. 2014. CPA

	당기순이익에 미치는 영향	기타포괄이익에 미치는 영향
①	₩ 548,000 감소	₩ 52,000 감소
②	₩ 600,000 감소	₩ 300,000 감소
③	₩ 830,000 감소	₩ 270,000 감소
④	₩ 830,000 감소	₩ 276,000 증가
⑤	₩ 824,000 감소	₩ 276,000 감소

해설

01.
(1) PL에 미치는 영향: 824,000 감소
(2) OCI에 미치는 영향: 276,000 감소

	비용	자산	부채	OCI
기초		4,200,000	4,500,000	
이자(8%)	24,000	336,000	360,000	
지급		(1,000,000)	(1,000,000)	
적립		200,000		
당기	500,000		500,000	
과거	300,000		300,000	
재측정 전	824,000	3,736,000	4,660,000	
재측정		64,000	340,000	(276,000)
재측정 후		3,800,000	5,000,000	

– 종업원급여 계산 시 이자율은 '기초' 이자율을 사용한다.

 ⑤

02 (주)한국은 퇴직급여제도로 확정급여제도를 채택하고 있다. 다음은 확정급여제도와 관련된 (주)한국의 20X1년 자료이다. 퇴직금의 지급과 사외적립자산의 추가납입은 20X1년말에 발생하였으며, 20X1년초 현재 우량회사채의 시장이자율은 연5%로 20X1년 중 변동이 없었다.

20X1년초 확정급여채무 장부금액	₩500,000
20X1년초 사외적립자산 공정가치	400,000
당기근무원가	20,000
퇴직금지급액(사외적립자산에서 지급함)	30,000
사외적립자산 추가납입액	25,000
확정급여채무의 보험수리적손실	8,000
사외적립자산의 실제 수익	25,000

20X1년말 (주)한국의 재무상태표에 계상될 순확정급여부채는 얼마인가? 2015. CPA

① ₩65,000 ② ₩73,000 ③ ₩95,000
④ ₩100,000 ⑤ ₩103,000

해설

02.
순확정급여부채: 523,000 – 420,000 = 103,000

	비용	자산	부채	OCI
기초		400,000	500,000	
이자(5%)	5,000	20,000	25,000	
당기	20,000		20,000	
지급		(30,000)	(30,000)	
적립		25,000		
재측정 전	25,000	415,000	515,000	
재측정		5,000	8,000	(3,000)
재측정 후		420,000	523,000	
순부채			103,000	

25,000(실제 운용수익) = 20,000(이자수익) + 5,000(자산 재측정요소)
자산 FV = 415,000(재측정 전 자산) + 5,000(자산 재측정요소) = 420,000

'보험수리적손실 8,000'은 확정급여채무에서 발생한 재측정요소 (−)8,000을 의미한다. OCI를 8,000만큼 줄이면서, 부채를 8,000만큼 늘리면 된다. 자산에서 발생한 재측정요소 5,000으로 인해 총 재측정요소는 (−)3,000이다.

답 ⑤

03 20X1년 1월 1일에 설립된 (주)대한은 확정급여제도를 채택하고 있으며, 관련 자료는 다음과 같다. 순확정급여부채(자산) 계산 시 적용한 할인율은 연 7%로 변동이 없다.

〈20X1년〉
• 20X1년 말 사외적립자산의 공정가치는 ₩1,000,000이다.
• 20X1년 말 확정급여채무의 현재가치는 ₩1,200,000이다.
〈20X2년〉
• 20X2년도 당기근무원가는 ₩300,000이다.
• 20X2년 말에 일부 종업원의 퇴직으로 ₩150,000을 사외적립자산에서 현금으로 지급하였다.
• 20X2년 말에 ₩200,000을 현금으로 사외적립자산에 출연하였다.
• 20X2년 말 확정급여채무에서 발생한 재측정요소와 관련된 회계처리는 다음과 같다.
(차변) 보험수리적손실 466,000   (대변) 확정급여채무 466,000

(주)대한의 20X2년 말 재무상태표에 표시될 순확정급여부채가 ₩400,000인 경우, (A)20X2년 말 현재 사외적립자산의 공정가치 금액과 (B)확정급여제도 적용이 20X2년도 당기순이익에 미치는 영향은 각각 얼마인가?

2019. CPA

	(A)	(B)
①	₩568,000	₩286,000 감소
②	₩568,000	₩314,000 감소
③	₩1,416,000	₩286,000 감소
④	₩1,500,000	₩286,000 감소
⑤	₩1,500,000	₩314,000 감소

03.

사외적립자산 공정가치: 1,500,000

PL에 미치는 영향: 314,000 감소

	비용	자산	부채	OCI
기초		1,000,000	1,200,000	
이자(7%)	14,000	70,000	84,000	
당기	300,000		300,000	
지급		(150,000)	(150,000)	
적립		200,000		
재측정 전	314,000	1,120,000	1,434,000	
재측정		380,000	466,000	(86,000)
재측정 후		1,500,000	1,900,000	
순부채			400,000	

X2년말 확정급여부채: 1,434,000 + 466,000 = 1,900,000

X2년말 사외적립자산: 1,900,000 − 400,000 = 1,500,000

 ⑤

자산인식상한은 과거에 1차 시험에 출제되지 않았기 때문에 2차 주제로 보았다. 하지만 최근 18년, 21년도에 출제되었기 때문에 이제는 1차생들도 대비해야 하는 주제이다.

1 자산인식상한과 자산인식상한효과

> 자산인식상한 = 사외적립자산 − 확정급여채무 − 자산인식상한효과
> → 자산인식상한효과 = 사외적립자산 − 확정급여채무 − 자산인식상한

순확정급여부채는 '확정급여채무−사외적립자산'의 방식으로 계산한다. 일반적으로는 회사가 적립한 자산보다 부채가 크기 때문에 순확정급여부채가 양수이다. 그런데 만약 회사가 사외적립자산을 과다하게 적립한 경우 순확정급여부채가 음수가 될 수 있다. 이 경우 회사가 계상하는 자산의 상한을 설정할 수 있다.

X1년	비용	자산	상한효과	부채	OCI
재측정 후		30,000		20,000	A
상한효과			(4,000)		(4,000)
인식 후		30,000	(4,000)	20,000	A − 4,000

확정급여채무의 PV가 20,000, 사외적립자산의 FV가 30,000인 상태에서 자산인식상한이 6,000이라고 하자. 자산인식상한이 없었다면 순자산은 10,000 (=30,000−20,000)이지만, 자산인식상한이 있기 때문에 순자산을 6,000까지만 인식해야 한다. 따라서 자산인식상한효과 4,000을 계상하면서 자산을 줄인다. 자산인식상한효과는 자산의 차감적 평가계정이며, 차변에는 재측정요소가 온다. 이 경우 회계처리는 다음과 같다. 따라서 재측정요소를 4,000 감소시키면서, 자산 옆에 상한효과를 한 줄 적은 뒤 그 아래에 4,000을 음수로 적는다.

(차) 재측정요소   4,000   (대) 자산인식상한효과   4,000

예제

01 다음은 (주)대한이 채택하고 있는 확정급여제도와 관련한 자료이다. (주)대한의 확정급여
제도 적용이 20X1년도 포괄손익계산서의 당기순이익과 기타포괄이익에 미치는 영향은?

2018. CPA

- 순확정급여부채(자산) 계산시 적용한 할인율은 연 5%이다.
- 20X1년초 사외적립자산의 공정가치는 ₩550,000이고, 확정급여채무의 현재가치는 ₩500,000이다.
- 20X1년도 당기근무원가는 ₩700,000이다.
- 20X1년말에 퇴직종업원에게 ₩100,000의 현금이 사외적립자산에서 지급되었다.
- 20X1년말에 사외적립자산에 ₩650,000을 현금으로 출연하였다.
- 20X1년말 사외적립자산의 공정가치는 ₩1,350,000이다.
- 보험수리적 가정의 변동을 반영한 20X1년말 확정급여채무는 ₩1,200,000이다.
- 20X1년초와 20X1년말 순확정급여자산의 자산인식상한금액은 각각 ₩50,000과 ₩100,000이다.

	당기순이익에 미치는 영향	기타포괄이익에 미치는 영향
①	₩702,500 감소	₩147,500 감소
②	₩702,500 감소	₩147,500 증가
③	₩702,500 감소	₩97,500 감소
④	₩697,500 감소	₩97,500 감소
⑤	₩697,500 감소	₩97,500 증가

해설

01.
PL에 미치는 영향: 697,500 감소
OCI에 미치는 영향: 147,500 − 50,000 = 97,500 증가

	비용	자산	상한효과	부채	OCI
기초		550,000	0	500,000	
이자(5%)	(2,500)	27,500		25,000	
당기	700,000			700,000	
지급		(100,000)		(100,000)	
적립		650,000			
재측정 전	697,500	1,127,500		1,125,000	
재측정		222,500		75,000	147,500
재측정 후		1,350,000		1,200,000	
상한효과			(50,000)		(50,000)
인식 후		1,350,000	(50,000)	1,200,000	97,500

자산인식상한효과 = 사외적립자산 − 확정급여채무 − 자산인식상한
− 기초: 550,000 − 500,000 − 50,000 = 0
− 기말: 1,350,000 − 1,200,000 − 100,000 = 50,000

자산인식상한효과 회계처리〉 (차) 재측정요소(OCI) 50,000 (대) 자산인식상한효과 50,000
재측정 후 순자산이 150,000(= 1,350,000 − 1,200,000)인데, 자산인식상한금액이 100,000이므로 자산인식상
한효과 50,000을 인식해야 한다.

 ⑤

2 기초에 자산인식상한효과가 존재하는 경우

예제 1번에서 자산인식상한효과를 인식한 다음 해(X2년도)의 회계처리와 관련된 내용이다. X2년 초 이자율은 5%로 가정한다.

X2년	비용	자산	상한효과	부채	OCI
기초		1,350,000	(50,000)	1,200,000	97,500
이자(5%)	(5,000)	67,500	(2,500)	60,000	
당기	XXX			XXX	
지급		(XXX)		(XXX)	
적립		XXX			
재측정 전	XXX	XXX	(52,500)	XXX	97,500
재측정		XXX		XXX	XXX
재측정 후		1,500,000	①(52,500)	1,300,000	XXX
자산인상효과			③2,500		④2,500
인식 후		1,500,000	②(50,000)	1,300,000	XXX

STEP 1 이자비용

기초에 존재하는 상한효과도 자산, 부채와 같이 이자비용을 인식한다. 상한효과로 자산을 줄였기 때문에 표 왼쪽에 쓰는 비용은 (−)5,000 (＝100,000 × 5%)이 된다. 자산이 부채보다 큰 상황이므로 수익이 계상된다.

STEP 2 기말 자산인식상한효과 검토

1. 자산, 부채 재측정

X2년도에도 문제에서 제시한 자산의 FV와 부채의 PV를 이용하여 재측정을 하고, 순자산을 계산한다. X2년말 자산의 FV를 1,500,000, 부채의 PV를 1,300,000으로 가정하였다. 표에서 보다시피 재측정 시 상한효과는 무시하고, 상한효과는 ①(52,500) 그대로 내려온다.

2. 자산인식상한효과 잔액 계산

> 자산인식상한효과 = 사외적립자산 − 확정급여채무 − 자산인식상한

X2년도의 자산인식상한은 X1년과 다를 수 있다. 따라서 문제에 제시된 X2년도 자산인식상한을 이용하여 자산인식상한효과를 다시 구해야 한다. 만약 X2년도 자산인식상한이 150,000이라면, X2년 말 자산인식상한효과는 ②50,000(=1,500,000-1,300,000-150,000)이다.

3. 자산인식상한효과 조정

상한효과가 52,500에서 50,000이 되어야 하므로 ③2,500을 줄인다. 대차가 일치해야 하므로 같은 금액을 재측정요소로 인식한다.

(차) 자산인식상한효과   2,500   (대) 재측정요소   2,500

예제

02 20X1년 1월 1일에 설립된 (주)대한은 확정급여제도를 채택하고 있으며, 관련 자료는 다음과 같다. 순확정급여자산(부채) 계산 시 적용한 할인율은 연 8%로 매년 변동이 없다.

> 〈20X1년〉
> - 20X1년 말 사외적립자산의 공정가치는 ₩1,100,000이다.
> - 20X1년 말 확정급여채무의 현재가치는 ₩1,000,000이다.
> - 20X1년 말 순확정급여자산의 자산인식상한금액은 ₩60,000이다.
>
> 〈20X2년〉
> - 20X2년 당기근무원가는 ₩900,000이다.
> - 20X2년 말에 일부 종업원의 퇴직으로 ₩100,000을 사외적립자산에서 현금으로 지급하였다.
> - 20X2년 말에 ₩1,000,000을 현금으로 사외적립자산에 출연하였다.
> - 20X2년 말 사외적립자산의 공정가치는 ₩2,300,000이다.
> - 20X2년 말 확정급여채무의 현재가치는 ₩2,100,000이다.

(주)대한의 20X2년 말 재무상태표에 표시될 순확정급여자산이 ₩150,000인 경우, (주)대한의 확정급여제도 적용이 20X2년 포괄손익계산서의 기타포괄이익(OCI)에 미치는 영향은 얼마인가?

2021. CPA

① ₩12,800 감소   ② ₩14,800 감소   ③ ₩17,800 감소
④ ₩46,800 감소   ⑤ ₩54,800 감소

02.

OCI에 미치는 영향: (8,000) + (6,800) = **14,800 감소**

	비용	자산	상한효과	부채	OCI
기초		1,100,000	(40,000)	1,000,000	
이자(8%)	(4,800)	88,000	(3,200)	80,000	
당기	900,000			900,000	
지급		(100,000)		(100,000)	
적립		1,000,000			
재측정 전	895,200	2,088,000	(43,200)	1,880,000	
재측정		212,000		220,000	(8,000)
재측정 후		2,300,000	(43,200)	2,100,000	(8,000)
상한효과			(6,800)		(6,800)
인식 후		2,300,000	(50,000)	2,100,000	(14,800)

자산인식상한효과
– 기초: 1,100,000 – 1,000,000 – 60,000 = 40,000
– 기말: 2,300,000 – 2,100,000 – 150,000 = 50,000
자산인식상한효과를 고려하기 전 순자산은 200,000(= 2,300,000 – 2,100,000)인데, 문제에 제시된 기말 순자산은 150,000이므로 자산인식상한효과는 50,000으로 계산된다.
따라서 기초 상한효과 40,000에 이자비용 3,200을 반영한 상한효과가 43,200이므로 추가로 6,800을 늘려야 한다.

 ②

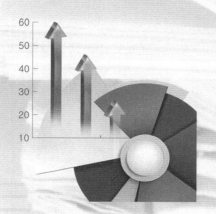

김 용 재 패 턴
회 계 학
중 급 회 계 편

자본

1 자본의 구성요소

자본은 자산에서 부채를 차감한 잔액으로, 순자산이라고도 부른다. 한국채택국제회계기준은 자본의 구성요소를 납입자본, 이익잉여금, 기타자본요소로 단순하게 구분하고 있다. 다음은 일반기업회계기준에 따른 자본의 구성요소이며, 일반기업회계기준의 구분에 따라 출제하기도 하므로 다음 표를 기억하자.

자본금		보통주 자본금, 우선주 자본금
자본잉여금		주식발행초과금, 자기주식처분이익, 감자차익 등
자본조정	차감	주식할인발행차금, 자기주식처분손실, 감자차손, 자기주식 등
	가산	주식선택권, 미교부주식배당금 등
기타포괄손익누계액(OCI)		재평가잉여금, FVOCI 금융자산 평가손익, 재측정요소, 해외사업장환산차이, 위험회피적립금 등
이익잉여금		법정적립금, 임의적립금, 미처분이익잉여금

2 증자와 감자

	증자: 자본금 증가	감자: 자본금 감소
유상: 자본 변동 O	유상증자	유상감자
무상: 자본 변동 X	무상증자	무상감자

1. 증자, 감자: 자본'금' 변동 (≠자본 변동 여부)

자본금은 발행주식수에 액면금액을 곱한 금액을 말한다. 증자는 주식 수를 늘려 자본금을 증가시키는 자본거래를, 감자는 주식 수를 줄여 자본금을 감소시키는 자본거래를 의미한다. '자본금'은 자본의 구성요소 중 하나일 뿐, '자본'과 같은 개념이 아니다. 증자와 감자 모두 자본 변동 없이 자본금만 변화시킬 수 있기 때문에 자본이 반드시 변하는 것은 아니다.

2. 유상, 무상: 자산 유출입 여부 (=자본 변동 여부)

유상은 대가가 있는 자본거래를, 무상은 대가가 없는 자본거래를 의미한다. 자본은 기업의 자산,

부채의 변동이 있어야 변한다. 유상증자와 유상감자는 기업 외부로부터 자산이 유입되거나, 기업 외부로 자산이 유출되기 때문에 자본이 변동한다. 반면 무상증자와 무상감자는 자산의 유출입 없이 자본금만 변화하기 때문에 자본이 변동하지 않는다.

3 유상증자

유상증자는 대가를 받고 자본금을 증가시키는 자본거래를 의미한다. 대가성이 있기 때문에 실질적 증자라고도 한다. 반면, 무상증자는 대가 없이 자본금을 증가시키는 자본거래를 의미하며, 형식적 증자라고도 부른다. 유상증자는 증자 시 받는 대가에 따라 현금출자, 현물출자, 출자전환으로 나뉜다.

1. 현금출자

현금	발행가액		자본금	액면금액
주식할인발행차금	XXX	or	주식발행초과금	XXX
주발초 or 주할차	발행원가		현금	발행원가

(1) 자본금
현금출자는 현금을 납입받고 자본금을 증가시키는 자본거래이다. 자본금은 현금출자 시 '액면금액 × 증자 주식 수'만큼 증가한다.

(2) 주식발행초과금 = 발행금액 − 액면금액 − 주식할인발행차금 − 발행원가
발행가액 중 액면금액을 초과하는 금액을 주식발행초과금으로 계상한다. 본서에서는 줄여서 '주발초'라고 표현할 것이다. 반대로 액면금액이 발행금액을 초과하면 '주식할인발행차금(주할차)'을 계상한다. 현금출자 시 발행원가가 발생한다면 주발초에서 차감하거나, 주할차에 가산한다.

(3) 납입자본
납입자본은 '주주로부터 납입된 자본'이라는 의미로, 자본금과 주발초의 합을 뜻한다. 고급회계에서도 자주 등장하는 용어이니 알아두자.

2. 현물출자 vs 출자전환

현물출자는 현금이 아닌 현물(물건)을 납입받고 자본금을 증가시키는 자본거래이다. 출자전환은 회사가 기존에 차입한 부채를 탕감받는 대신 주식을 지급하는 거래이다. 현물출자와 출자전환 시 주식의 발행금액에 대해서 K-IFRS는 다음과 같이 규정하고 있다. 출자전환은 아직 출제된 적이 없으므로, 현물출자 위주로 보자.

	현물출자	출자전환 심화
1순위	자산의 공정가치	주식의 공정가치
2순위	주식의 공정가치	채권의 공정가치

현물출자 시 발행하는 주식의 발행금액은 납입받는 자산의 공정가치로 하되, 자산의 공정가치를 신뢰성 있게 측정할 수 없다면 발행하는 주식의 공정가치로 한다.

출자전환 시에는 채권자에게 발행한 주식의 발행금액을 주식의 공정가치로 하되, 공정가치를 신뢰성 있게 측정할 수 없다면 소멸된 금융부채의 공정가치로 측정한다.

 **Why?** 현물출자 시 주식의 발행금액

> 주식의 발행금액은 주식의 공정가치가 아니라, '받은 것의 공정가치'로 측정한다. '1. 현금출자' 회계처리를 보면 발행가액만큼 현금이 유입되고, 주발초는 발행가액에서 액면금액을 차감한 잔여액으로 계산된다. 따라서 현물출자 시에도 주식의 발행금액을 받은 자산의 공정가치로 측정하며, 주발초는 자산의 공정가치에서 액면금액을 차감한 잔여액으로 계산한다.
>
> 현물출자를 우선적으로 외우고, 출자전환은 현물출자와 1,2순위가 반대라고 기억하면 오래 기억할 수 있을 것이다.

4 자기주식의 취득

1. 유상취득: 자기주식은 취득원가로 계상

자기주식	취득원가	현금	취득원가

자기주식이란 회사가 보유하고 있는 자사의 주식을 뜻한다. 자기주식은 자본조정 항목으로, 자산이 아닌 자본의 차감 계정이다. 자기주식은 취득 시 취득원가로 계상한다.

2. 무상취득

무상으로 취득한 자산의 취득원가는 취득 자산의 공정가치로 한다. 반면, **무상으로 취득한 자기주식은 0으로 계상한다. 따라서 자기주식을 무상으로 취득하는 경우 회계처리는 없다.** 자본은 자산에서 부채를 차감한 잔여지분인데, 자기주식 무상취득 시 자산이나 부채의 변화가 없기 때문이다.

5 자기주식의 감소

1. 자기주식의 처분 (=재발행)

현금	처분가액		자기주식	취득원가
자기주식처분손실	XXX	or	자기주식처분이익	XXX

취득한 자기주식은 다시 처분하거나, 소각할 수 있다. 처분 시에는 처분가액과 자기주식 취득원가의 차이를 자기주식처분손익으로 계상한다. 이익이 발생하면 자기주식처분이익(자본잉여금)을, 손실이 발생하면 자기주식처분손실(자본조정)을 계상한다.

문제에서 취득한 **자기주식을 '재발행'**하였다는 표현이 등장할 수 있는데, 이는 **처분과 같다**고 보면 된다. 새로운 주식을 발행하는 것이 아니라 기존에 보유하던 자기주식을 재발행하는 것이므로 '1. 현금출자'처럼 자본금, 주발초를 늘리는 회계처리를 하면 안 된다.

2. 자기주식 소각

자본금	액면금액		자기주식	취득원가
감자차손	XXX	or	감자차익	XXX

취득한 자기주식을 태우는 것을 소각이라고 부른다. 쉽게 생각해서 주식을 찢어 없애는 것이라고 이해하면 된다. 소각 시에는 액면금액과 자기주식 취득원가의 차이를 감자차손익으로 계상한다. 이익이 발생하면 감자차익(자본잉여금)을, 손실이 발생하면 감자차손(자본조정)을 계상한다.

> **※주의** **자기주식 처분 vs 자기주식 소각**
>
> 자기주식처분손익=처분가액−취득원가
> 감자차손익=액면금액−취득원가

많은 수험생이 자기주식 처분과 소각을 헷갈려한다. 자기주식 처분은 외부로부터 사온 주식을 다시 내다 파는 것이므로 '사온 금액(취득원가)과 파는 금액(처분가액)의 차이'가 자기주식처분손익이 된다.

반면, 자기주식 소각은 외부로부터 사온 주식을 태우는 것이므로 자본금이 감소한다. 따라서 '사온 금액(취득원가)과 자본금(액면금액)의 차이'가 감자차손익이 된다. 감자 시에 자기주식처분손익을 계상해야 된다고 오해하는 수험생이 많은데, 자기주식을 외부에 파는 것이 아니므로 처분손익이 아닌 감자차손익을 계상해야 한다. 둘을 정확히 구분하자.

 **자본잉여금 vs 자본조정: 동시 계상 불가!**

구분	증자	자기주식 처분	감자
이익	자본잉여금	주식발행초과금	자기주식처분이익	감자차익
손실	자본조정	주식할인발행차금	자기주식처분손실	감자차손

자본거래에서 발생한 이익 계정은 자본잉여금 계정이지만, 손실 계정은 자본조정 계정에 해당한다. 각 상황에 어느 계정을 사용하는지, 그리고 각 계정별로 자본잉여금인지, 자본조정인지 확실히 기억하자. 자본잉여금에 해당하는 계정과 자본조정에 해당하는 계정은 재무상태표 상에 동시에 계상될 수 없다. 예를 들어, 주발초와 주할차는 동시에 계상될 수 없다. 이 때문에 현금출자 시 발행원가가 발생한다면 '주발초에서 차감하거나, 주할차에 가산한다.'고 얘기한 것이다. 장부상에 주발초가 있었다면 발행원가만큼 주발초를 줄여야 하고, 장부상에 주할차가 있었다면 발행원가만큼 주할차를 늘려야 한다.

6 감자

증자는 자본금을 증가시키는 것이고, 반대로 감자는 자본금을 감소시키는 것을 의미한다. 감자할 때 발생한 이익을 감자차익, 손실을 감자차손이라고 부른다.

1. 유상감자

자기주식 취득	자기주식	취득원가	현금	취득원가
자기주식 소각	자본금	액면금액	자기주식	취득원가
	감자차손	XXX or	감자차익	XXX

유상감자는 주주에게 자기주식을 유상으로 취득하여 소각함에 따라, 자본금을 감소시키는 것을 말한다. 자기주식은 취득 시 계상된 뒤 소각 시 제거되므로 자기주식을 서로 상계하면 현금을 지급하면서 자본금을 감소시키는 것이나 마찬가지이다. 대가 없이 자본금을 감소시키는 것이 아니라, 현금을 지급하고 자본금을 감소시키므로 이는 '유상'감자에 해당한다.

2. 무상감자

무상감자는 주주에게 대가를 지급하지 않고, 자본금을 감소시키는 것을 말한다. 일반적으로 무상감자는 결손법인이 이월결손금(음수인 이익잉여금)을 상계하기 위해 실시한다. 이월결손금을 상계하고 남은 자본금은 자본잉여금 항목인 감자차익으로 계상한다.

자본금	액면금액	이월결손금	결손금
		감자차익	XXX

무상감자 시에는 감자차익만 발생할 수 있고, 감자차손은 발생할 수 없다. 감자차손이 발생할 수 있게 허용하면 다음과 같이 자본금을 조금만 줄이면서 이월결손금을 감자차손으로 계정 대체를 할 수 있기 때문이다.

자본금	1,000	이월결손금	1,000,000
감자차손	999,000		

이월결손금은 당기순손실의 누적액으로, 경영진이 영업을 잘 못 해서 발생한 손실이다. 반면 감자차손은 유상감자에서 발생하는 손실이므로, 장부상에 계상되더라도 경영진이 '주주들에게 돈 많이 줘서 회사가 손실 본 거잖아~'라며 변명할 수 있다. 따라서 이런 변명을 할 수 없게끔 무상감자 시에는 감자차손이 발생할 수 없게끔 이월결손금보다 자본금을 많이 감소시켜야 한다.

7 자본이 불변인 자본거래

1. 무상증자 vs 주식배당

무상증자와 주식배당은 자본의 변화 없이 자본금을 증가시키는 자본거래이다. 이 둘의 차이점은 자본금의 재원이다. 재원 이외에 무상증자와 주식배당은 동일하다.

(1) 무상증자: 자본잉여금 or 법정적립금→자본금

자본잉여금 or 법정적립금	XXX	자본금	XXX

무상증자는 자본잉여금이나 이익잉여금 항목인 법정적립금을 재원으로 증자를 하는 것을 말한다. 무상증자 시 주식 수 증가하여 자본금은 증가하지만, 그만큼 재원이 되었던 자본잉여금이나 이익잉여금이 감소하여 자본은 불변이다. 참고로, 무상증자는 대한민국 상법상 액면발행해야 하므로 유상증자와 달리 주발초가 계상될 수 없다.

(2) 주식배당: 미처분이익잉여금→자본금

이익잉여금	XXX	자본금	XXX

주식배당이란 신주를 발행하여 배당으로 지급하는 것을 말한다. 주식배당의 경우 무상증자와 동일하게 주식 수가 증가하여 자본금이 증가하지만, 이익잉여금의 감소로 자본은 불변이다. 주식배당은 실질적으로 회사의 자산이 사외로 유출되는 것이 아니므로 자본이 불변이라고 이해하면 된다.

배당을 받는 주주는 추가로 주식을 받았으므로 보유 주식 수가 늘어나지만, 회사의 자본이 불변인 상태에서 주식 수가 늘어나므로 주가가 하락하여 주주의 부도 불변이다.

2. 주식병합 vs 주식분할

주식분할은 하나의 주식을 여러 개의 주식으로 나누는 것을 뜻한다. 반면, 주식병합은 여러 개의
주식을 하나로 합하는 것을 말한다. 위 그림에서 액면금액 10,000인 주식 1주를 2:1로 분할하면
액면금액 5,000인 주식 2주가 생긴다. 반대로 주식병합을 하면 액면금액 5,000인 주식 2주가 액
면금액 10,000인 주식 1주로 바뀐다. **주식분할과 주식병합은 주식 수와 액면가만 달라질 뿐 자본
총계와 자본금 모두 불변이다.** 따라서 주식분할과 주식병합은 회계처리가 없다.

 **자본거래가 자본에 미치는 영향 : Cash(현금)만 보자!**

자본거래가 나열되고 자본의 증감을 물어본 문제에서는 현금 유출입만 보면 된다. 자본거래에서 발생
한 손익(주식발행초과금/주식할인발행차금, 자기주식처분손익, 감자차손익)은 무시하자. 자본거래로
인한 자본 증감액은 현금수수액과 일치한다.

(1) 현금출자	'발행가액 − 발행원가'만큼 자본 증가
(2) 자기주식 취득	취득원가만큼 자본 감소
(3) 자기주식 처분	처분가액만큼 자본 증가
(4) 자기주식 소각	자본 불변
(5) 이익잉여금의 적립 및 이입	
(6) 무상증자, 주식분할 및 병합	
(7) 배당	현금배당은 자본 감소, 주식배당은 자본 불변

이익잉여금의 적립 및 이입은 다음 패턴에서 다룬다. 이 경우에도 현금 유출입이 발생하지 않으므로
자본은 불변이다.

예제

01 (주)대한은 20X1년 1월 1일에 주당 액면금액 ₩5,000인 보통주 1,000주를 주당 ₩15,000에 발행하여 설립되었다. 20X2년 중 다음과 같은 자기주식 거래가 발생하였다.

3월 1일	100주의 보통주를 주당 ₩14,000에 재취득
6월 1일	60주의 자기주식을 주당 ₩18,000에 재발행
9월 1일	40주의 보통주를 주당 ₩16,000에 재취득
12월 1일	60주의 자기주식을 주당 ₩10,000에 재발행
12월 31일	20주의 자기주식을 소각

20X1년 중 자기주식 거래는 없었으며, (주)대한은 자기주식의 회계처리에 선입선출법에 따른 원가법을 적용하고 있다. 20X2년도 위 거래의 회계처리 결과로 옳은 설명은? 2017. CPA

① 자본 총계 ₩360,000이 감소한다.

② 포괄손익계산서에 자기주식처분손실 ₩40,000을 보고한다.

③ 포괄손익계산서에 자기주식처분이익 ₩240,000과 자기주식처분손실 ₩280,000을 각각 보고한다.

④ 20X2년말 자본금 ₩5,000,000을 보고한다.

⑤ 감자차손 ₩320,000을 보고한다.

01.

자본 증감(= 현금 순증감): − 100 × @14,000 + 60 × @18,000 − 40 × @16,000 + 60 × @10,000
= (−)360,000 감소 (O)
− 자기주식 소각 시에는 현금 유출입이 없으므로 자본 변동이 없다.

②,③ 자기주식처분손익은 당기손익이 아니므로 포괄손익계산서에 계상되지 않는다.

참고 **자기주식처분손익**
: − 100 × @14,000 + 60 × @18,000 − 20 × @16,000 + 60 × @10,000 = (−)40,000 손실
− 자기주식처분이익과 자기주식처분손실은 B/S에 동시에 계상될 수 없으므로 서로 상계한다.
− 자기주식에 대해 선입선출법을 적용하므로 당기 중 매각한 총 120주의 취득원가를 각각 14,000(100주),
16,000(20주)으로 본다.

④ 기말 자본금: (1,000 − 20) × @5,000 = 4,900,000
− 20주를 소각하였으므로 기말 주식수는 980주이다. 자기주식 취득 및 처분 시에는 자본금을 건드리지 않는다.

⑤ 감자차손익: (5,000 − 16,000) × 20주 = (−)220,000 손실
자기주식에 선입선출법을 적용하므로 당기 중 소각한 20주의 취득원가를 16,000으로 본다.

회계처리〉
회계처리는 참고용으로만 보자. 실전에서는 회계처리할 시간이 없다.

3.1	자기주식	1,400,000	현금	1,400,000
6.1	현금	1,080,000	자기주식 자기주식처분이익	840,000 240,000
9.1	자기주식	640,000	현금	640,000
12.1	현금 자기주식처분이익 자기주식처분손실	600,000 240,000 40,000	자기주식	880,000
12.31	자본금 감자차손	100,000 220,000	자기주식	320,000

답 ①

02 (주)대한의 20X1년 1월 1일 현재 자본 관련 자료는 다음과 같다.

보통주 – 자본금	₩5,000,000
(주당 액면금액 ₩5,000, 발행주식수 1,000주)	
보통주 – 주식발행초과금	3,000,000
이익잉여금	1,500,000
자본총계	₩9,500,000

20X1년에 발생한 (주)대한의 자기주식거래는 다음과 같다.

20X1년 3월 1일 :	자기주식 60주를 주당 ₩6,000에 취득하였다.
5월 10일 :	자기주식 20주를 주당 ₩7,500에 처분하였다.
7월 25일 :	자기주식 10주를 주당 ₩5,000에 처분하였다.
9월 15일 :	자기주식 20주를 주당 ₩4,500에 처분하였다.
10월 30일 :	자기주식 10주를 소각하였다.
11월 20일 :	대주주로부터 보통주 20주를 무상으로 증여받았으며, 수증 시 시가는 주당 ₩8,000이었다.

(주)대한의 20X1년도 당기순이익은 ₩300,000이다. (주)대한은 선입선출법에 따른 원가법을 적용하여 자기주식거래를 회계처리한다. (주)대한의 20X1년 12월 31일 재무상태표에 표시되는 자본총계는 얼마인가?

2019. CPA

① ₩9,710,000　　　② ₩9,730,000　　　③ ₩9,740,000

④ ₩9,820,000　　　⑤ ₩9,850,000

해설

02.
자기주식처분손익을 계산할 필요 없이, 현금 유출입만 계산하면 된다.
자본 증감: – 60 × @6,000 + 20 × @7,500 + 10 × @5,000 + 20 × @4,500 + 300,000(NI) = 230,000
기말 자본: 9,500,000(기초 자본) + 230,000 = 9,730,000

자기주식의 무상취득은 회계처리가 없다.

답 ②

03 다음은 (주)대한의 자본과 관련된 자료이다.

20X1년초 현재 보통주 발행주식수는 1,000주이고 주당 액면금액은 ₩500이다. 다음은 (주)대한의 20X1년초 현재의 자본 내역이다.

보통주자본금	₩500,000	감자차익	₩1,000
주식발행초과금	40,000	재평가잉여금	30,000
자기주식	35,000	미처분이익잉여금	10,000

20X1년 중 다음의 거래가 발생하였다.

A	20X1년초 현재 보유하고 있는 자기주식 수량은 50주이다. 자기주식은 원가법으로 회계처리하며 자기주식 취득원가는 주당 ₩700이다. 20X1년 3월초 자기주식 10주를 소각하였다.
B	20X1년초 현재 보유하고 있는 토지는 ₩70,000에 취득하였는데 재평가잉여금은 토지의 재평가로 발생한 것이다. 20X1년말 토지는 ₩80,000으로 재평가되었다.
C	20X1년 3월말 자기주식 20주를 주당 ₩800에 재발행하였다.
D	20X1년 5월초 현물출자방식으로 보통주 300주를 발행하여 건물을 취득하였다. 현물출자 시점에 건물의 공정가치는 ₩200,000이고, 원가모형을 적용한다.
E	20X1년 7월초 이사회에서 중간배당으로 총 ₩1,500을 지급하기로 결의하고 7월말에 지급하였다. 20X1년 당기순이익으로 ₩10,000을 보고하였다.

상기 A부터 E까지의 거래가 반영된 20X1년말 자본 총계를 구하면? 2018. CPA

① ₩740,500   ② ₩742,500   ③ ₩747,500

④ ₩750,500   ⑤ ₩757,500

해설

03.

기초 자본	546,000
A	–
B	(20,000)
C	16,000
D	200,000
E	(1,500)
	10,000
기말 자본	750,500

기초 자본: 500,000 + 40,000 – 35,000(자기주식) + 1,000 + 30,000 + 10,000 = 546,000

–자기주식은 자본의 차감 항목이므로 차감해야 한다.

A : 자기주식 소각 시 자본 변동 없음.

B : (1) 토지의 기초 장부금액: 70,000(취득원가) + 30,000(재평가잉여금) = 100,000

'X1년 초 현재 보유하고 있는 토지'라고 언급했지, 'X1년 초 현재 취득한 토지'라고 언급하지 않았다. 기초에 재평가잉여금에 이미 계상되어 있으므로, 이 토지는 X1년 이전에 70,000에 취득한 뒤 재평가 과정에서 재평가잉여금 30,000을 인식한 토지이다. 따라서 토지의 기초 장부금액은 100,000이다.

(2) X1년 토지의 재평가손익: OCI 20,000 감소

토지를 100,000에서 80,000으로 재평가하므로 20,000의 평가손실이 발생하는데, 기존에 재평가잉여금 30,000이 계상되어 있으므로, 재평가잉여금(OCI) 20,000을 감소시킨다.

C : 20 × 800 = 16,000 증가

D : 현물출자 시 주식의 발행가액은 납입 자산의 공정가치로 한다.

E : 중간배당으로 인한 1,500 감소, NI 10,000 증가

 ④

40 이익잉여금

1 이익잉여금의 구성

이익잉여금은 크게 처분이 완료된 기처분이익잉여금과 아직 처분되지 않은 미처분이익잉여금으로 나뉜다. 기처분이익잉여금은 다시 법정적립금과 임의적립금으로 나뉜다.

이익잉여금	기처분이익잉여금 (적립금 등)	법정적립금
		임의적립금
	미처분이익잉여금	

1. 법정적립금(=이익준비금)

이익배당액(주식배당은 제외)의 1/10 이상을 이익준비금으로 적립한다. '이익'준비금은 대한민국 상법에 등장하는 명칭이고, '법정'적립금은 상법에서 정한 적립금이라는 뜻으로 회계기준에서 사용하는 명칭이다. 기출문제에서는 이익준비금으로 출제되었으나, 같은 의미이므로 기억해두자.

이익준비금 적립액의 기준이 되는 이익배당액에 주식배당은 제외한다는 것을 주의하자. 주식배당은 자본이 감소하지 않으므로 이익준비금 적립을 강제하지 않는다.

2. 임의적립금

임의적립금은 기업의 목적에 따라 임의로 적립한 이익잉여금을 말한다.

3. 미처분이익잉여금

미처분이익잉여금이란, 이익잉여금 중 아직 처분되지 않은 금액을 의미한다. 미처분이익잉여금은 배당, 적립금 적립 등에 사용된다. 미처분이익잉여금을 어디에 쓸지 결정하는 것을 이익잉여금의 처분이라고 한다.

2 이익잉여금의 처분

1. 적립금의 적립 및 이입

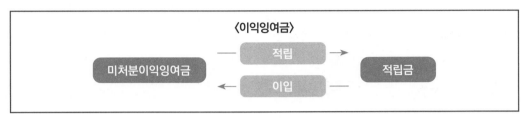

적립은 미처분이익잉여금을 목적에 따라 적립금으로 구분해놓는 것이다. 반면 이입은 적립금을 미처분이익잉여금으로 다시 돌려놓는 것이다. 문제에서 '~적립금은 전액 목적을 달성하였다.'라고 제시된다면 적립금을 이입하라는 의미이다.

적립금의 적립 및 이입이 이루어지더라도 이익잉여금 및 자본은 불변이다. 미처분이익잉여금과 적립금은 모두 이익잉여금 항목이므로, 적립 및 이입은 이익잉여금 내부에서 분류만 바꾸는 것이기 때문이다.

2. 배당: 현금배당과 주식배당

(1) 현금배당

결의 시	(차) 미처분이익잉여금(이익잉여금)	×××	(대) 미지급배당금(부채)	×××
지급 시	(차) 미지급배당금	×××	(대) 현금	×××

주총에서 현금배당 결의 시에는 미지급배당금이라는 부채 계정을 계상한다. 배당을 결의할 때부터 지급할 때까지 시차가 존재하므로 일시적으로 부채로 계상한 뒤, 실제로 지급하면서 제거한다. 현금배당을 수령한 주주는 배당금을 배당금수익(PL)으로 계상한다.

(2) 주식배당

결의 시	(차) 미처분이익잉여금(이익잉여금)	×××	(대) 미교부주식배당금(자본조정)	×××
지급 시	(차) 미교부주식배당금	×××	(대) 자본금	×××

주총에서 주식배당 결의 시에는 미교부주식배당금이라는 자본조정 계정을 계상한다. 배당을 결의할 때부터 지급할 때까지 시차가 존재하므로 일시적으로 자본조정으로 계상한 뒤, 실제로 지급하면서 제거한다.

참고로, 주식배당을 수령한 주주는 부의 변화가 없으므로 회계처리가 없다. 주식배당을 하더라도 회사의 자본은 불변인데 주식 수만 증가하므로 주당 가격은 하락한다. 예를 들어, 주가가 ₩11,000인 주식 10주를 보유하다가 회사가 10%의 주식배당을 실시하여 1주를 배당받았다고 하자. 이 경우 주식배당을 받은 후 보유 주식 수는 11주가 되지만 주가는 ₩10,000(=₩11,000/1.1)이 되므로 주주의 부는 ₩110,000(₩11,000 × 10주=₩10,000 × 11주)으로 고정이다. 이처럼 주주는 주식배당을 수령하더라도 이익이 없으므로 회계처리도 없다.

01 다음은 (주)코리아의 20X1년 기초 및 기말 재무상태표에서 추출한 자산과 부채의 자료이다.

구 분	20X1년 기초	20X1년 기말
자산총계	₩6,000,000	₩20,000,000
부채총계	₩2,800,000	₩10,000,000

(주)코리아는 20X1년 중에 유상증자로 ₩1,000,000의 자금을 조달하였고 ₩200,000의 무상증자를 실시하였다. 이익처분으로 현금배당 ₩600,000과 주식배당 ₩800,000을 지급하였고 법정적립금으로 ₩100,000의 이익준비금을 적립하였다. 20X1년도 당기에 재평가잉여금은 ₩500,000만큼 증가했고, 기타포괄손익−공정가치 측정 금융자산평가이익은 ₩800,000이 증가하였다. (주)코리아의 20X1년 포괄손익계산서에 표시될 총포괄이익은 얼마인가? 단, (주)코리아의 자본은 납입자본과 이익잉여금 및 기타자본요소로 구성되어 있다.

2015. CPA 수정

① ₩4,200,000   ② ₩5,000,000   ③ ₩4,300,000
④ ₩5,100,000   ⑤ ₩6,400,000

해설

01.
기초 자본 : 6,000,000 − 2,800,000 = 3,200,000
기말 자본 : 20,000,000 − 10,000,000 = 10,000,000
자본 증가액 : 10,000,000 − 3,200,000 = 6,800,000
 = 1,000,000(유상증자) − 600,000(현금배당) + 6,400,000(총포괄이익)
 − 무상증자, 주식배당, 이익준비금 적립은 자본 내에서 계정만 대체될 뿐 자본에 미치는 영향이 없다.

재평가잉여금과 금융자산평가이익은 기타포괄손익으로 총포괄이익에 포함되어 있다.
참고로, 당기순이익은 6,400,000 − 500,000 − 800,000 = 5,100,000이다.

 ⑤

3 이익잉여금처분계산서

X1.01.01	기초 미처분이익잉여금
X0기 주총 (X1년 3월 경)	(X0년 처분)
X0 차기이월미처분이익잉여금 =	X1 전기이월미처분이익잉여금
	(중간배당)
	OCI의 직접 대체 등
	X1 당기순이익
X1.12.31	기말 미처분이익잉여금
X1기 주총 (X2년 3월 경)	(X1년 처분)
X2 전기이월미처분이익잉여금 =	X1 차기이월미처분이익잉여금

당기순이익은 기말에 집합손익을 거쳐 미처분이익잉여금으로 계상된다. 이 미처분이익잉여금은 주주총회의 결의에 따라 배당, 적립 등으로 처분된다. 여기서 전기이월이익잉여금은 기초 미처분이익잉여금과 다른 개념이다. 이익잉여금처분계산서는 주주총회에서 이익잉여금을 처분할 경우 미처분이익잉여금의 잔액을 주주들에게 보여주는 표이다. 기초, 기말의 기준일은 회계기간 종료일(12.31)이지만, 전기이월, 차기이월의 기준일은 주주총회 결의일이다. X1.12.31일 자 재무상태표에 계상된 미처분이익잉여금은 기말 미처분이익잉여금이고, 여기에 주총에서 처분된 금액을 가감해야 차기이월미처분이익잉여금이 된다. 이는 X2년 관점에서 볼 때에는 다시 전기이월미처분이익잉여금이 된다.

02 20X2년 2월 개최된 주주총회 결의일 직후 작성된 (주)대경의 20X1년말 재무상태표상 자본은 다음과 같다.

• 보통주 자본금	₩30,000,000
• 이익준비금	1,000,000
• 사업확장적립금	500,000
• 감채기금적립금	600,000
• 미처분이익잉여금	800,000

(주)대경의 20X2년도 당기순이익은 ₩1,200,000이고, 당기 이익잉여금 처분 예정은 다음과 같다.

• 감채기금적립금 이입	₩300,000
• 현금배당	400,000
• 주식배당	100,000
• 사업확장적립금 적립	250,000
• 이익준비금 적립	법정최소금액 적립

위 사항들이 20X3년 2월 개최된 주주총회에서 원안대로 승인되었다. 한국채택국제회계기준에 따라 20X2년도 이익잉여금처분계산서를 작성할 때 차기이월미처분이익잉여금은 얼마인가?

2014. CPA

① ₩ 1,510,000   ② ₩ 1,550,000   ③ ₩ 1,610,000

④ ₩ 1,650,000   ⑤ ₩ 1,800,000

해설

02.

X1말 미처분이잉		800,000
X2년 NI		1,200,000
X2말 미처분이잉		2,000,000
X2년 처분 (X3년 2월)	감채기금적립금 이입	300,000
	현금배당	(400,000)
	주식배당	(100,000)
	사업확장적립금 적립	(250,000)
	이익준비금 적립	(40,000)
X2 차기이월 미처분이잉		1,510,000

이익준비금을 법정최소금액만큼 적립하므로 배당액(주식배당 제외)의 10%인 40,000을 적립한다.

답 ①

03 다음은 유통업을 영위하는 (주)대한의 자본과 관련된 자료이다. 20X2년도 포괄손익계산서의 당기순이익은 얼마인가? *2020. CPA*

[부분재무상태표(20X1년 12월 31일)]

(단위: ₩)

Ⅰ. 자본금	2,000,000
Ⅱ. 주식발행초과금	200,000
Ⅲ. 이익잉여금	355,000
이익준비금	45,000
사업확장적립금	60,000
미처분이익잉여금	250,000
자본총계	2,555,000

(1) (주)대한은 재무상태표의 이익잉여금에 대한 보충정보로서 이익잉여금처분계산서를 주석으로 공시하고 있다.

(2) (주)대한은 20X2년 3월 정기 주주총회 결의를 통해 20X1년도 이익잉여금을 다음과 같이 처분하기로 확정하고 실행하였다.

> · ₩100,000의 현금배당과 ₩20,000의 주식배당
> · 사업확장적립금 ₩25,000 적립
> · 현금배당의 10%를 이익준비금으로 적립

(3) 20X3년 2월 정기 주주총회 결의를 통해 확정될 20X2년도 이익잉여금 처분내역은 다음과 같으며, 동 처분내역이 반영된 20X2년도 이익잉여금처분계산서의 차기이월미처분이익잉여금은 ₩420,000이다.

> · ₩200,000의 현금배당
> · 현금배당의 10%를 이익준비금으로 적립

(4) 상기 이익잉여금 처분과 당기순이익 외 이익잉여금 변동은 없다.

① ₩545,000 ② ₩325,000 ③ ₩340,000

④ ₩220,000 ⑤ ₩640,000

03.

X1말 미처분이잉		250,000
X1년 처분 (X2년 3월)	현금배당	(100,000)
	주식배당	(20,000)
	사업확장적립금 적립	(25,000)
	이익준비금 적립	(10,000)
X2 전기이월 미처분이잉		95,000
X2년 NI		545,000
X2말 미처분이잉		640,000
X2년 처분 (X3년 2월)	현금배당	(200,000)
	이익준비금 적립	(20,000)
X2 차기이월 미처분이잉		420,000

 ①

04 다음 [사례 A]~[사례 E] 내용을 20X1년 (주)한국의 자본변동표에 표시하는 방법으로 옳지 않은 것은? 단, (주)한국이 발행한 주식의 단위당 액면금액은 ₩500으로 일정하다. 2015. CPA

• 사례 A :	20X1년 2월초에 자기주식 10주를 주당 ₩800에 취득하였다.
• 사례 B :	20X1년 3월말에 토지를 취득하고 이에 대한 대가로 주식 100주를 발행, 교부하였다. 토지의 공정가치는 알 수 없으나, 주식 교부일 현재 주식의 단위당 공정가치는 ₩700이다. 신주발행비용 ₩1,000은 현금으로 지급하였다.
• 사례 C :	20X1년 7월초에 ₩100,000에 취득한 상품의 20X1년말 순실현가능가치는 ₩120,000이다. 단, 동 상품은 기말 현재 보유하고 있다.
• 사례 D :	20X1년 8월초에 중간배당으로 ₩50,000을 지급하였으며, 20X1년도 결산배당으로 ₩200,000(현금배당 ₩100,000, 주식배당 ₩100,000)을 20X2년 3월 3일 주주총회에서 의결하였다.
• 사례 E :	20X1년말에 FVOCI 선택 금융자산으로 회계처리하고 있는 투자주식에 대하여 금융상품평가이익 ₩20,000을 인식하였다.

자본변동표(관련 내역만 표시됨)

(주)한국　　　　　　　　20X1. 1. 1 ~ 20X1. 12. 31　　　　　　　(단위:₩)

	사례	납입자본	이익잉여금	기타자본요소	총계
①	A	-	-	(8,000)	(8,000)
②	B	69,000	-	-	69,000
③	C	-	-	-	-
④	D	-	(250,000)	100,000	(150,000)
⑤	E	-	-	20,000	20,000

04.

회계처리〉

①		자기주식	8,000	현금	8,000
②		토지	70,000	자본금	50,000
				주발초	20,000
		주발초	1,000	현금	1,000
③		– 회계처리 없음 –			
④	X1 8월	이익잉여금	50,000	현금	50,000
	X2 3월	이익잉여금	200,000	미지급배당금	100,000
				미교부주식배당금	100,000
⑤		FVOCI 선택 금융자산	20,000	금융자산평가이익(OCI)	20,000

② 현물출자 시 주식의 발행금액은 받은 자산의 공정가치로 하나, 자산의 공정가치를 알 수 없는 경우 주식의 공정 가치로 한다. 신주발행비용은 주발초에서 차감한다.

③ 회계처리 없음. 저가법은 평가손실만 인식하지, 평가증은 인식하지 않는다.

④ 결산배당은 X2년에 이루어지므로 자본변동표(X1.1.1~X1.12.31)에는 표시되지 않는다.

D 올바른 자본변동표〉

	납입자본	이익잉여금	기타자본요소	총계
X1년	–	(50,000)	–	(50,000)
X2년	–	(200,000)	100,000	(100,000)

납입자본은 자본금과 주발초의 합이다. 기타자본요소는 주발초를 제외한 자본잉여금, 자본조정, 기타포괄손익누 계액에 해당하는 개념이다. X2년 3월에 배당을 '의결'하였다고 언급하였으므로 주식배당을 지급하지 않았다고 보고 미교부주식배당금(기타자본요소)을 증가시켰다. 문제에서 X2년도를 묻지 않았으므로 X2년도 자본변동표는 넘어가자.

답 ④

Memo

이 장의 출제 뽀인트!

	CPA						CTA					
	23	22	21	20	19	18	23	22	21	20	19	18
수익 인식 5단계		2	1	1	1	1				1		
계약변경	1					1					1	
수취채권, 계약자산/부채					1			1				
재매입약정			1									
반품가능판매				1							1	
고객충성제도				1					1			
보증			1									
본인-대리인		1										
미인도청구약정						1						
라이선스							1					
상품권	1											
건설계약									1	1		
계	2	3	3	3	2	3	1	1	2	2	2	0

수익 기준서는 2018년도에 개정된 이후로 회계사 시험에서는 거의 매년 3문제씩 출제되고 있다. 세무사 시험에서는 18년도에 문제가 출제되지 않았고, 19년부터 대부분 2문제씩 출제되고 있다.

수익 기준서는 분량이 200 페이지에 달할 정도로 분량이 많고, 서술하고 있는 사례가 굉장히 다양하다. 따라서 수익 기준서에 있는 모든 내용을 준비하는 것은 비효율적이다. 회계사 1차 시험 기준으로 3문제가 출제된다고 보더라도 분량이 너무 많아 다른 주제에 비해 가성비가 떨어진다. 표에서 보다시피 수익 인식 5단계를 제외하고는 계속해서 다른 주제를 출제하고 있다. 따라서 본 교재에서는 수익 인식 5단계를 가장 자세히 다루고, 나머지 내용 중에서는 이미 출제가 되었고, 앞으로도 출제될 가능성이 높은 몇몇 주제를 다루는 선에서 마칠 것이다.

수익에서 3문제를 모두 맞히려는 욕심은 과감하게 버리자. 수익이 양도 많고, 내용도 어려워서 시험장에서 처음 보는 문제를 맞히기가 정말 어렵다. 수익에서는 확실하게 나오는 말문제만 맞혀도 괜찮다. 김수석은 18년도에 3문제 중 수익 인식 5단계와 관련된 말문제를 제외한 2문제를 모두 틀렸다. 다른 챕터에서 많이 맞히면 합격하는데 전혀 지장이 없다.

본서에서 건설계약은 다루지 않을 것이다. 건설계약은 회계사 1차 시험에서 6년간 출제되지 않았다. 세무사 1차 시험에서는 20년과 21년에 건설계약이 출제되었는데, 수익 기준서 개정으로 인해 기존에 있던 건설계약 기준서는 삭제되었으며, 이 세무사 기출문제도 구 기준서를 기반으로 출제된 것이다. 건설계약이 다시 출제될 가능성이 없는 것은 아니지만, 준비하지 않는 것이 효율적이라고 본다.

41 수익 인식 5단계

0 수익인식의 5단계: 계의산배수 심화

```
1단계 - 계약의 식별
2단계 - 수행의무의 식별
3단계 - 거래가격의 산정
4단계 - 거래가격의 배분
5단계 - 수익인식
```

수익인식의 5단계는 2차 서술형 문제로 출제될 수 있다. 한 글자씩 따서 '계의산배수'라고 외우자. 회계사 2차 시험의 경쟁률이 약 3:1인데, '거의3배수'를 연상하면서 외우면 '계의산배수'를 쉽게 떠올릴 수 있을 것이다.

1 1단계-계약의 식별

계약은 둘 이상의 당사자 사이에 집행 가능한 권리와 의무가 생기게 하는 합의이다. 다음 기준을 모두 충족하는 때에만 고객과의 계약으로 회계처리한다.

계약 승인 및 의무 확약	계약을 승인하고 각자의 의무를 수행하기로 확약한다. : 계약의 승인이 반드시 서면으로 이루어질 필요는 없으며, 구두 혹은 그 밖의 사업 관행에 따라 이루어져도 된다.
권리 식별	각 당사자의 권리를 식별할 수 있다.
지급조건 식별	이전할 재화나 용역의 지급조건을 식별할 수 있다.
상업적 실질	계약에 상업적 실질이 있다.
회수가능성	이전할 재화나 용역에 대한 대가의 회수 가능성이 높다.

2 2단계-수행의무의 식별

하나의 계약은 고객에게 재화나 용역을 이전하는 여러 약속을 포함한다. 그 재화나 용역들이 구별된다면 약속은 수행의무이고 별도로 회계처리한다.

1. 구별되는 수행의무 (여러 개)	2. 구별되지 않는 수행의무 (한 개)
(1) 그 자체로, 혹은 다른 자원과 함께하여 효익을 얻을 수 있다. (2) 계약 내에서 별도로 식별할 수 있다.	(1) 통합, 결합산출물 (2) 고객맞춤화 (3) 상호의존도, 상호관련성이 매우 높다

1. 재화나 용역이 구별되는 경우

다음 기준을 모두 충족한다면 고객에게 약속한 재화나 용역은 구별되는 것이며, 수행의무를 여러 개로 본다.

(1) 고객이 재화나 용역 그 자체로, 혹은 다른 자원과 함께하여 효익을 얻을 수 있다.

가령, 김수석이 강의와 모의고사를 세트로 팔고 있으며, 김수석의 모의고사는 그 자체로도 활용할 수 있고, 다른 강사의 강의와도 호환된다고 하자. 이 경우 모의고사는 강의와 구별되는 수행의무로 분류한다.

(2) 약속을 계약 내의 다른 약속과 별도로 식별해 낼 수 있다

기준서 자체에서도 '별도로 식별할 수 있다'고 얘기하므로 구별되는 것으로 기억하자.

2. 재화나 용역이 구별되지 않는 경우

다음에 해당하면 재화나 용역이 구별되지 않는 것으로 판단하며, 하나의 수행의무로 본다.

(1) 기업은 다른 재화나 용역을 통합하는 용역(결합산출물)을 제공한다.

결합산출물의 예로 햄버거를 들 수 있다. 햄버거에는 빵과 패티가 들어있다. 하지만 우리는 햄버거를 하나의 재화로 보고 햄버거값을 지불하지, 빵과 패티를 각각의 재화로 보지 않는다. 이런 결합산출물은 하나의 수행의무로 본다.

(2) 다른 재화나 용역을 유의적으로 변형 또는 고객 맞춤화한다.

고객 맞춤화의 예로 맞춤 정장을 들 수 있다. 맞춤 정장은 고객의 치수에 맞게 제작한 것이기 때문에 주문한 고객에게만 가치가 있을 뿐, 자켓 따로, 바지 따로 팔 수 없다. 따라서 고객 맞춤화한 재화는 하나의 수행의무로 본다.

(3) 상호의존도나 상호관련성이 매우 높다.

우리는 신발을 살 때 항상 양쪽을 같이 사지, 오른쪽 신발과 왼쪽 신발을 따로 사지 않는다. 이처럼 상호의존도나 상호관련성이 높은 재화는 하나의 수행의무로 본다. 강의와 모의고사처럼 따로 효익을 얻을 수 있는 경우와 반대되는 사례이다.

3. 의제의무 vs 준비활동

(1) 의제의무: 수행의무 O

일반적으로 고객과의 계약에는 기업이 고객에게 이전하기로 약속하는 재화나 용역을 분명히 기재한다. 그러나 고객과의 계약에서 식별되는 수행의무는 계약에 분명히 기재한 재화나 용역에만 한정되지 않을 수 있다.

계약에 분명히 기재하지 않은 '의제의무'도 수행의무에 포함된다고 기억하자. 충당부채의 요건인 현재의무와 마찬가지로 수행의무도 의제의무를 포함한다.

(2) 준비활동: 수행의무 X ⭐중요!

계약을 이행하기 위해 해야 하지만 고객에게 재화나 용역을 이전하는 활동이 아니라면 그 활동은 수행의무에 포함되지 않는다.

가령, 김수석의 강의 준비는 수행의무에 포함되지 않는다. 강의 준비만 마친 상태에서 실제 강의를 듣지 않고 학생이 환불을 했다고 치자. 상식적으로 강의를 듣지 않았기 때문에 전액을 환불해주는 것이 맞다. 만약 강의 준비가 수행의무에 포함된다면, 학생은 강의 준비에 대한 대가를 제외하고 환불을 받는 문제가 생긴다. 고객이 실제로 기업으로부터 재화나 용역을 이전받아야 대가를 지급하므로 준비활동은 수행의무로 보지 않는다.

3 3단계-거래가격의 산정

1. 거래가격에 제삼자를 대신해서 회수한 금액은 제외한다. ⭐중요!

거래가격은 고객에게 약속한 재화나 용역을 이전하고 그 대가로 기업이 받을 권리를 갖게 될 것으로 예상하는 금액이며, 제삼자를 대신해서 회수한 금액은 제외(not 포함)한다. 거래가격을 산정하기 위해서는 계약 조건과 기업의 사업 관행을 참고한다.

2. 변동대가 ⭐중요!

고객과의 계약에서 약속한 대가는 고정금액, 변동금액 또는 둘 다를 포함할 수 있다. 계약에서 약속한 대가에 변동금액이 포함된 경우에 고객에게 약속한 재화나 용역을 이전하고 그 대가로 받을 권리를 갖게 될 금액을 추정한다.

(1) 변동대가 추정 방법

변동대가(금액)는 다음 중에서 기업이 받을 권리를 갖게 될 대가(금액)를 더 잘 예측할 것으로 예상하는 방법을 사용하여 추정한다.

① 특성이 비슷한 계약이 많은 경우	기댓값
② 가능한 결과치가 두 가지뿐인 경우	가능성이 가장 높은 금액

(2) 변동대가 추정치의 제약

위의 방법으로 변동대가를 추정하지만 불확실성이 너무 높아 추정이 불가능할 수 있다. 이 경우 수행의무를 이행할 때, 그 수행의무에 배분된 거래가격(변동대가 추정치 중 제약받는 금액은 제외)을 수익으로 인식한다. 변동대가 추정치 중 제약받는 금액은 포함이 아닌 제외임에 주의하자.

변동대가와 관련된 불확실성이 해소될 때, 이미 인식한 누적 수익 금액 중 유의적인 부분을 되돌리지 않을 가능성이 '매우 높은' 정도까지만 거래가격에 포함한다. 쉽게 말해서, 나중에 불확실성이 해소되어 변동대가를 합리적으로 추정할 수 있을 때에도 되돌리지 않을 가능성이 매우 높은 부분, 즉 어떤 경우에도 수익으로 볼 가능성이 매우 높은 부분까지만 거래가격에 포함하라는 뜻이다.

3. 비현금 대가: 공정가치 측정 ★중요!

고객이 현금 외의 형태로 대가를 지급하는 경우 비현금 대가를 공정가치로 측정한다.

4. 유의적인 금융요소

(1) 고객에게 재화나 용역을 이전하면서 유의적인 금융 효익이 제공되는 경우: 화폐의 시간가치를 반영하여 대가를 조정

(2) but, 기업이 재화나 용역 이전 시점과 대가 지급 시점 간의 기간이 1년 이내라면: 유의적인 금융요소를 반영하지 않는 실무적 간편법 사용 가능

용역 이전 시점과 대가 지급 시점 간의 기간이 1년 이내라면 현재가치를 하더라도 큰 차이가 없기 때문에 할인하지 않는 간편법을 써도 된다.

(3) 계약 개시 후에는 이자율 등이 달라져도 할인율을 새로 수정하지 않음!

최초 계약 시점의 이자율을 계속해서 사용하지, 그 이후에 이자율이 달라지더라도 바뀐 이자율을 사용하지 않는다는 뜻이다. 사채를 유효이자율 상각 시 후속 이자율 변동을 반영하지 않고 최초에 사용한 유효이자율을 계속 사용하는 것과 같은 원리이다.

5. 고객에게 지급할 대가

일반적으로는 기업이 고객에게 재화나 용역을 제공하고, 고객이 기업에게 대가를 지급한다. 고객에게 지급할 대가는 반대로 기업이 고객에게 지급하는 대가를 의미한다. 고객에게 지급할 대가에는 기업이 고객에게 지급하거나 지급할 것으로 예상하는 현금 금액을 포함한다. 고객에게 지급할 대가는 다음과 같이 회계처리한다.

기업에게 이전하는 재화나 용역의 대가 X	거래가격에서 차감	
기업에게 이전하는 재화나 용역의 대가 O	다른 공급자에게 구매한 것처럼	
	FV 초과	거래가격에서 차감
	FV 추정 X	

(1) 고객에게 지급할 대가가 고객이 기업에게 이전하는 구별되는 재화나 용역의 대가로 지급하는 것이 아니라면: 거래가격에서 차감

기업이 별도로 받은 것 없이 고객에게 그냥 준 것이기 때문에 리베이트로 보아 거래가격에서 차감한다.

(2) 고객에게 지급할 대가가 고객에게서 받은 구별되는 재화나 용역에 대한 지급이라면: 다른 공급자에게서 구매한 경우와 같은 방법으로 회계처리

기업이 고객에게 그냥 준 것이 아니라, 별도로 받은 것에 대한 대가로 준 것이기 때문에 이를 별도 거래로 본다. 이를 기준서에서는 '다른 공급자에게서 구매한 경우와 같은 방법으로 회계처리한다'고 표현한다.

(3) 고객에게 지급할 대가가 고객에게서 받은 구별되는 재화나 용역의 공정가치를 초과한다면: 그 초과액을 거래가격에서 차감

기업이 별도로 받은 것에 대한 대가를 고객에게 지급하지만, 받은 것에 비해 너무 많이 줬다면 이 또한 리베이트로 보아 거래가격에서 차감한다.

(4) 고객에게서 받은 재화나 용역의 공정가치를 합리적으로 추정할 수 없다면: 거래가격에서 차감

고객으로부터 받은 것의 가치를 알 수 없으므로, (1)과 같이 고객에게 지급할 대가 전액을 거래가격에서 차감하여 회계처리한다.

01 (주)대한은 상업용 로봇을 제작하여 고객에게 판매한다. 20X1년 9월 1일에 (주)대한은 청소용역업체인 (주)민국에게 청소로봇 1대를 ₩600,000에 판매하고, (주)민국으로부터 2개월 간 청소용역을 제공받는 계약을 체결하였다. (주)대한은 (주)민국의 청소용역에 대한 대가로 ₩50,000을 지급하기로 하였다. (주)대한은 20X1년 10월 1일 청소로봇 1대를 (주)민국에게 인도하고 현금 ₩600,000을 수취하였으며, (주)민국으로부터 20X1년 10월 1일부터 2개월 간 청소용역을 제공받고 현금 ₩50,000을 지급하였다. 다음의 독립적인 2가지 상황(상황 1, 상황 2)에서 상기 거래로 인해 (주)대한이 20X1년도에 인식할 수익은 각각 얼마인가?

2022. CPA

> (상황 1) (주)민국이 (주)대한에 제공한 청소용역의 공정가치가 ₩40,000인 경우
> (상황 2) (주)민국이 (주)대한에 제공한 청소용역의 공정가치를 합리적으로 추정할 수 없는 경우

	(상황 1)	(상황 2)
①	₩590,000	₩550,000
②	₩590,000	₩600,000
③	₩560,000	₩550,000
④	₩560,000	₩600,000
⑤	₩600,000	₩600,000

01.

상황 1
(주)대한이 고객인 (주)민국에게 지급한 대가 50,000은 고객으로부터 받은 청소용역에 대한 대가이긴 하지만 공정가치인 40,000을 초과하므로 공정가치 초과분(50,000 − 40,000)을 리베이트로 보고 수익에서 차감한다.
수익 = 600,000 − (50,000 − 40,000) = 590,000

상황 2
고객에게서 받은 재화나 용역의 공정가치를 합리적으로 추정할 수 없으므로, 고객에게 지급할 대가 전액을 거래가격에서 차감하여 회계처리한다.
수익 = 600,000 − 50,000 = 550,000

 ①

4 4단계-거래가격의 배분

1.거래가격의 배분 목적 및 방법

거래가격을 배분하는 목적은 기업이 고객에게 약속한 재화나 용역을 이전하고 그 대가로 받을 권리를 갖게 될 금액을 나타내는 금액으로 각 수행의무에 거래가격을 배분하는 것이다. 거래가격 배분의 목적에 맞게, 거래가격은 상대적 개별 판매가격을 기준으로 계약에서 식별된 각 수행의무에 배분한다. 개별 판매가격은 기업이 고객에게 약속한 재화나 용역을 별도로 판매할 경우의 가격이다.

2. 개별 판매가격 추정 방법

재화나 용역의 개별 판매가격을 적절하게 추정하는 방법에는 다음이 포함되지만 이에 한정되지는 않는다.

(1) 시장평가 조정 접근법: 재화와 용역을 판매하는 시장의 가격을 추정

(2) 예상원가 이윤 가산 접근법: 예상원가를 예측하고, 적정 이윤을 더함

(3) 잔여접근법: 총 거래가격에서 다른 재화나 용역의 개별 판매가격을 차감하여 추정

3. 할인액의 배분 ⭐중요!

(1) 기업이 재화나 용역의 묶음을 보통 따로 판매하고 & 그 묶음의 할인액이 계약의 전체 할인액과 같은 경우: 할인액을 일부 수행의무들에만 배분

(2) 할인액 전체가 일부 수행의무에만 관련된다는 증거가 없는 경우: 할인액을 모든 수행의무에 배분

> **사례**
>
> (주)김수석은 보통 제품 A,B,C를 개별 판매하는데, 개별 판매가격은 다음과 같다.
>
> | | 개별 판매가격 |
> |---|---|
> | A | ₩100 |
> | B | 50 |
> | C | 30 |
> | 계 | ₩180 |
>
> (주)김수석은 ₩150에 제품 A,B,C를 판매하기로 고객과 계약을 체결하였다. 이 경우 각 제품 A,B,C에 배분될 거래가격을 구하시오. 단, (주)김수석은 보통 제품 A와 B를 함께 ₩120에 판매한다.
>
> **답** A: 80, B: 40, C: 30
>
> | | | 제품별 배부액 |
> |---|---|---|
> | A | | 120 × 100/150 = 80 |
> | B | 120 〈 | 120 × 50/150 = 40 |
> | C | | 30 |
> | 계 | | 150 |
>
> 1) 기업이 재화나 용역의 묶음(A&B)을 보통 따로 판매하고
> 2) 그 묶음의 할인액(100+50－120＝30)이 계약의 전체 할인액(180－150＝30)과 일치
>   → 할인액을 일부 수행의무(A&B)들에만 배분

4. 거래가격의 변동 ⭐중요!

거래가격의 후속 변동은 계약 개시시점과 같은 기준으로 계약상 수행의무에 배분한다. 따라서 계약을 개시한 후의 개별 판매가격 변동을 반영하기 위해 거래가격을 다시 배분하지는 않는다.

사례

(주)김수석은 A, B, C를 묶어서 ₩100에 판매하였다. 각 제품의 개별 판매가격은 다음과 같다. 아래 각 물음에 답하시오. 각 물음은 독립적이다.

	개별 판매가격
A	75
B	45
C	30

물음 1. 각 제품에 배분되는 거래가격을 구하시오.

물음 2. 계약 이후에 개별 판매가격이 다음과 같이 변경되었을 때, 각 제품에 배분되는 거래가격을 구하시오.

	개별 판매가격
A	70
B	50
C	40

물음 3. 계약체결 이후, 개별 판매가격의 상승으로 인해 총 거래가격을 ₩200으로 인상하기로 합의하였다. 최초 계약 시점과 가격 상승 이후 개별 판매가격이 각각 다음과 같을 때, 가격 상승 이후 각 제품에 배분되는 거래가격을 구하시오.

	개별 판매가격	가격 상승 이후 개별 판매가격
A	75	120
B	45	105
C	30	75

답

물음 1. 수행의무가 여러 개인 경우, 거래가격을 상대적 개별 판매가격을 기준으로 각 제품에 배분한다.

	개별 판매가격
A	100 × 75/150 = 50
B	100 × 45/150 = 30
C	100 × 30/150 = 20

물음 2. 계약 개시 후의 개별 판매가격 변동을 반영하기 위해 재배분하지 않으므로, 각 제품에 배분되는 거래가격은 불변이다. (A: 50, B: 30, C: 20)

물음 3. 거래가격의 후속 변동은 계약 개시시점과 같은 기준으로 배분한다. 각 제품의 개별 판매가격이 변경되었지만, 거래가격 배분은 계약 개시시점의 개별 판매가격 비율로 이루어진다.

	개별 판매가격
A	200 × 75/150 = 100
B	200 × 45/150 = 60
C	200 × 30/150 = 40

[예제]

02 기업회계기준서 제1115호 '고객과의 계약에서 생기는 수익'의 측정에 대한 다음 설명 중 옳은 것은?

2020. CPA

① 거래가격의 후속변동은 계약 개시시점과 같은 기준으로 계약상 수행의무에 배분한다. 따라서 계약을 개시한 후의 개별 판매가격 변동을 반영하기 위해 거래가격을 다시 배분해야 한다. 이행된 수행의무에 배분되는 금액은 거래가격이 변동되는 기간에 수익으로 인식하거나 수익에서 차감한다.

② 계약을 개시할 때 기업이 고객에게 약속한 재화나 용역을 이전하는 시점과 고객이 그에 대한 대가를 지급하는 시점 간의 기간이 1년 이내일 것이라고 예상한다면 유의적인 금융요소의 영향을 반영하여 약속한 대가를 조정하지 않는 실무적 간편법을 쓸 수 있다.

③ 고객이 현금 외의 형태의 대가를 약속한 계약의 경우, 거래가격은 그 대가와 교환하여 고객에게 약속한 재화나 용역의 개별판매가격으로 측정하는 것을 원칙으로 한다.

④ 변동대가는 가능한 대가의 범위 중 가능성이 가장 높은 금액으로 측정하며 기댓값 방식은 적용할 수 없다.

⑤ 기업이 고객에게 대가를 지급하는 경우, 고객에게 지급할 대가가 고객에게서 받은 구별되는 재화나 용역에 대한 지급이 아니라면 그 대가는 판매비로 회계처리한다.

[해설]

02.
① 계약 '개시' 시점과 같은 기준으로 배분하므로 계약 개시 '후의' 개별 판매가격 변동은 반영하지 않는다.
③ 비현금대가는 공정가치로 측정한다.
④ 변동대가는 상황에 따라 기댓값이나 가능성이 가장 높은 금액으로 측정한다.
⑤ 판매비로 처리하는 것이 아니라, 거래가격에서 차감한다.

 ②

03 기업회계기준서 제1115호 '고객과의 계약에서 생기는 수익'에 대한 다음 설명 중 옳은 것은?

2019. CPA

① 일반적으로 고객과의 계약에는 기업이 고객에게 이전하기로 약속하는 재화나 용역을 분명히 기재한다. 따라서 고객과의 계약에서 식별되는 수행의무는 계약에 분명히 기재한 재화나 용역에만 한정된다.

② 고객에게 재화나 용역을 이전하는 활동은 아니지만 계약을 이행하기 위해 수행해야 한다면, 그 활동은 수행의무에 포함된다.

③ 수행의무를 이행할 때(또는 이행하는 대로), 그 수행의무에 배분된 거래가격(변동대가 추정치 중 제약받는 금액을 포함)을 수익으로 인식한다.

④ 거래가격은 고객에게 약속한 재화나 용역을 이전하고 그 대가로 기업이 받을 권리를 갖게 될 것으로 예상하는 금액이며, 제삼자를 대신해서 회수한 금액도 포함한다.

⑤ 거래가격의 후속 변동은 계약 개시시점과 같은 기준으로 계약상 수행의무에 배분한다. 따라서 계약을 개시한 후의 개별 판매가격 변동을 반영하기 위해 거래가격을 다시 배분하지는 않는다.

해설

03.
① 수행의무에는 사업 관행, 공개한 경영방침 등으로 인해 고객이 갖는 정당한 기대도 포함된다.
② 준비활동은 수행의무에 포함되지 않는다.
③ 변동대가 추정치의 제약을 받는 금액은 거래가격에서 제외한다
④ 제삼자를 대신해서 회수한 금액은 거래가격에서 제외한다.

 ⑤

5 5단계-수익의 인식

1. 수익 인식 시점: 자산을 이전할 때

고객에게 약속한 재화나 용역, 즉 자산을 이전하여 수행의무를 이행할 때 또는 기간에 걸쳐 이행하는 대로 수익을 인식한다. 자산은 고객이 그 자산을 통제할 때 이전된다. 즉, **고객이 재화나 용역을 통제할 때 수익을 인식**한다.

2. 기간에 걸쳐 이행 vs 한 시점에 이행 ★중요!

식별한 각 수행의무를 다음 기준에 따라 기간에 걸쳐 이행하는지 또는 한 시점에 이행하는지를 계약 개시시점에 판단한다. 수행의무가 기간에 걸쳐 이행되지 않는다면, 그 수행의무는 한 시점에 이행되는 것이다. 기간에 걸쳐 이행되는지 여부를 먼저 검토한 뒤, 그렇지 않으면 한 시점에 이행되는 것으로 본다. 여러 기간에 걸쳐 수익을 인식하는 것은 어렵기 때문에 기간에 걸쳐 이행하는 것이 아니면 수익을 한 시점에 전부 인식하기 위함이다.

기간에 걸쳐 이행: 조금씩 넘어감	한 시점에 이행: 이미 고객의 자산
'완료한 부분에 대해 지급청구권O'	'현재 지급청구권O'
'기업이 수행하는 대로 통제, 효익을 얻음'	'위험과 보상은 고객에게' '고객이 자산 인수'

다음의 기준서 문장들을 읽어보면 뉘앙스의 차이가 극명하게 느껴질 것이다. 기준서 문장을 외우려고 하지 말고, 문장을 보았을 때 '기간에 걸쳐'인지, '한 시점에'인지 구분할 수 있으면 된다.

(1) 기간에 걸쳐 이행하는 수행의무

① 기업 자체에는 대체 용도가 없고, 수행을 완료한 부분에 대해 지급청구권이 있다.
② 기업이 수행하는 대로 고객이 통제하는 자산이다.
③ 고객은 기업이 수행하는 대로 효익을 동시에 얻는다.

(2) 한 시점에 이행하는 수행의무: 인도기준

① 기업은 자산에 대해 현재 지급청구권이 있다.
② 자산의 소유에 따른 유의적인 위험과 보상이 고객에게 있다.
③ 기업이 자산의 물리적 점유를 이전하였다.
④ 고객이 자산을 인수하였다.
⑤ 고객에게 자산의 법적 소유권이 있다.

3. 라이선스: 접근권 (기간에 걸쳐) vs 사용권 (한 시점에)

라이선스는 기준서 상 조건에 해당하면 접근권으로 보고, 해당 조건을 충족하지 못하면 사용권으로 본다. 접근권으로 판단하는 조건은 수험 목적상 생략한다.

> (1) 접근권: 기간에 걸쳐 이행하는 수행의무 (가입비)
> (2) 사용권: 한 시점에 이행하는 수행의무 (매달 통신비)
> (3) 판매 또는 사용기준 로열티: 수익 인식의 예외 (불확실성 해소 시까지 수익 인식 X)

접근권은 통신사 이동 시 1회 납부하는 가입비, 사용권은 스마트폰 사용 시 매달 납부하는 통신비라고 생각하면 된다. 가입비(접근권)는 1회 납부 후 계속하여 사용할 수 있기 때문에 통신사는 이를 부채로 계상한 뒤 기간에 걸쳐 수익으로 인식한다. 반면, 통신비(사용권)는 납부 월에 해당하는 대가이므로 이를 수령한 시점에 수익으로 인식한다.

판매기준 또는 사용기준 로열티는 판매 및 사용 정도에 비례하여 수수료가 결정되는 로열티를 의미한다. 판매기준 또는 사용기준 로열티는 접근권에 해당하여 기간에 걸쳐 수익을 인식해야 하나, 변동성이 크므로 수익 인식의 예외를 적용하여, 불확실성이 해소될 때까지 수익을 인식하지 않는다.

---

04 기업회계기준서 제1115호 '고객과의 계약에서 생기는 수익'에 대한 다음 설명 중 **옳지 않은** 것은?

2018. CPA

① 계약이란 둘 이상의 당사자 사이에 집행 가능한 권리와 의무가 생기게 하는 합의이다.

② 하나의 계약은 고객에게 재화나 용역을 이전하는 여러 약속을 포함하며, 그 재화나 용역들이 구별된다면 약속은 수행의무이고 별도로 회계처리한다.

③ 거래가격은 고객이 지급하는 고정된 금액을 의미하며, 변동대가는 포함하지 않는다.

④ 거래가격은 일반적으로 계약에서 약속한 각 구별되는 재화나 용역의 상대적 개별판매가격을 기준으로 배분한다.

⑤ 기업이 약속한 재화나 용역을 고객에게 이전하여 수행의무를 이행할 때(또는 기간에 걸쳐 이행하는 대로) 수익을 인식한다.

해설

04.
거래가격에는 변동대가도 포함한다.

답 ③

계약변경 ★중요!

계약변경이란 계약의 범위나 계약가격의 변경을 말한다. 기존 계약이 완벽하게 이행되지 않은 상태에서 계약의 범위를 확장 시킬 때 1) 이미 이전한 부분(기존), 2) 아직 이전하지 않은 부분(잔여), 3) 계약변경으로 추가된 부분(추가)을 처리하는 방법을 기억해야 한다.

별도 계약으로 보는 경우 (=개별 판매가격 반영)	별도 계약에 해당하지 않는 경우	
	기존과는 구별되는 경우	기존과도 구별되지 않는 경우
기존 잔여 / 추가	기존 / 잔여 추가	기존 잔여 추가
별도 계약으로	기존 계약을 종료하고 새로운 계약을 체결한 것처럼	기존 계약의 일부인 것처럼 (누적효과 일괄조정기준)

1 별도 계약으로 보는 경우: '개별 판매가격' 반영

(1) 구별되는 약속한 재화나 용역이 추가되어 계약의 범위가 확장된다.
(2) 계약가격이 추가로 약속한 재화나 용역의 개별 판매가격을 반영하여 적절히 상승한다.

위 두 조건을 모두 충족하는 경우에 계약변경은 별도 계약으로 회계처리한다. '개별 판매가격'은 기업이 고객에게 약속한 재화나 용역을 별도로 판매할 경우의 가격을 의미한다.

2 계약변경이 별도 계약에 해당하지 않는 경우

별도 계약으로 회계처리하는 계약변경이 아니라면, 나머지 약속한 재화나 용역을 다음 중 하나의
방법으로 회계처리한다.

1. 나머지 재화나 용역이 그 전에 이전한 재화나 용역과 구별되는 경우: 기존 계약을 종료하고 새로운 계
약을 체결한 것처럼 회계처리

이 경우 '기존'을 제외한 '잔여'와 '추가'를 새로운 계약으로 본다. 따라서 매출액 계산 시에는 '잔여'
와 '추가'의 단위당 가격을 평균하여 판매량을 곱해야 한다. 예제 1번을 참고하자.

예제에서는 계약변경으로 추가된 재화나 용역이 어떤 것과 구별된다는 언급 없이 단순히 '구별된
다'라는 표현을 사용하였다. 잔여와 구별되는지 여부는 개별 판매가격 반영 여부를 통해 결정하므
로, 구별된다는 표현은 '기존'과 구별된다는 것을 의미한다.

2. 나머지 재화나 용역이 그 전에 이전한 재화나 용역과 구별되지 않는 경우: 기존 계약의 일부인 것처럼
회계처리

이 경우 '기존', '잔여', '추가' 전부를 하나의 계약으로 보므로, 계약변경의 효과를 나누지 않고 한
번에 인식한다. 이를 기준서에서는 '누적효과 일괄조정기준으로 조정한다.'라고 표현한다.

예제

01 20X1년 1월 1일 (주)세무는 제품 200개를 고객에게 1년에 걸쳐 개당 ₩1,000에 판매하기로 약속하였다. 각 제품에 대한 통제는 한 시점에 이전된다. (주)세무는 20X1년 4월 1일 동일한 제품 100개를 개당 ₩800에 고객에게 추가 납품하기로 계약을 변경하였으며, 동 시점까지 기존 계약 수량 200개 가운데 30개에 대한 통제를 고객에게 이전하였다. 추가된 제품은 구별되는 재화에 해당하며, 추가 제품의 계약금액은 개별 판매가격을 반영하지 않는다. 20X1년 4월 1일부터 6월 30일까지 기존 계약 수량 중 58개와 추가 계약 수량 중 50개의 통제를 고객에게 이전하였다. 동 거래와 관련하여 (주)세무가 20X1년 1월 1일부터 6월 30일 사이에 인식할 총수익은?

2019. CTA

① ₩100,000 ② ₩100,800 ③ ₩118,000
④ ₩128,000 ⑤ ₩130,000

해설

01.

구분	기존	잔여	추가
수량	30개	170개	100개
단가	@1,000	@925.9	@925.9

추가 제품의 계약금액이 개별 판매가격을 반영하지 않고, 추가된 제품은 구별되는 재화에 해당하므로, '기존 계약을 종료하고 새로운 계약을 체결한 것처럼' 회계처리한다. '무엇이랑 구별되는지' 언급 없이, 단순히 '구별되는 재화'라고만 언급하고 있는데, 이는 기존과 구별된다는 것을 의미한다.

잔여와 추가 물량의 단가: (170개 × @1,000 + 100개 × @800)/270개 = 925.9

X1.1.1~X1.6.30 수익: 30개 × @1,000 + 108개 × @925.9 = 130,000

답 ⑤

02 20X1년 10월 1일에 (주)대한은 제품 120개를 고객에게 개당 ₩1,000에 판매하기로 약속하였다. 제품은 6개월에 걸쳐 고객에게 이전되며, 각 제품에 대한 통제는 한 시점에 이전된다. (주)대한은 20X1년 10월 31일에 제품 50개에 대한 통제를 고객에게 이전한 후, 추가로 제품 30개를 개당 ₩800에 고객에게 납품하기로 계약을 변경하였다. 추가된 제품 30개는 구별되는 재화에 해당하며, 최초 계약에 포함되지 않았다. 20X1년 11월 1일부터 20X1년 12월 31일까지 기존 계약수량 중 40개와 추가 계약수량 중 20개에 대한 통제를 고객에게 이전하였다.

계약을 변경할 때, 추가 제품의 가격(₩800/개)이 (1)계약변경 시점의 개별 판매가격을 반영하여 책정된 경우와 (2)계약변경 시점의 개별 판매가격을 반영하지 않은 경우, (주)대한이 20X1년도 포괄손익계산서에 인식할 수익은 각각 얼마인가? 단, 계약변경일에 아직 이전되지 않은 약속한 제품은 계약변경일 전에 이전한 제품과 구별된다. 2023. CPA

	(1)	(2)
①	₩16,000	₩18,800
②	₩90,000	₩87,600
③	₩90,000	₩106,400
④	₩106,000	₩87,600
⑤	₩106,000	₩106,400

해설

02.

(1) 개별 판매가격을 반영하는 경우 (별도계약으로)

구분	기존	잔여	추가
수량	50개	70개	30개
단가	@1,000	@1,000	@800

x1년 수익: 90개 × @1,000 + 20개 × @800 = **106,000**

(2) 개별 판매가격을 반영하지 않은 경우 (기존계약을 종료하고 새로운 계약을 체결한 것처럼)

구분	기존	잔여	추가
수량	50개	70개	30개
단가	@1,000	(70개 × @1,000 + 30개 × @800)/100개 = @940	

x1년 수익: 50개 × @1,000 + 60개 × @940 = **106,400**

답 ⑤

1. 수취채권: 돈 받기로 한 날 못 받은 돈 (≒매출채권)

수취채권은 대가를 받을 무조건적인 권리를 의미한다. 대가를 받을 수 있는 권리는 재화를 이전할 때가 아닌, 현금을 받기로 한 날에 발생하므로, 계약상 약정일이 도래하면 수취채권을 계상한다.

2. 계약자산: 돈 받기로 한 날 전에 물건 먼저 보낸 것

계약자산은 재화나 용역을 이전하고 고객에게서 대가를 받을 권리를 의미한다. 재화를 이전하여 수익은 인식했는데 계약상 약정일이 도래하지 않아 '대가를 받을 무조건적인 권리'가 없어서 수취 채권을 못 잡을 때 인식하는 자산이다.

3. 수익: 재화를 이전할 때 인식

앞서 수익의 5단계에서 설명했듯이, 수익은 재화를 이전할 때 인식한다. 현금을 수령 했을 때 수익을 인식하지 않도록 주의하자.

4. 계약부채: 자산 인식했는데, 재화를 이전하기 전이라 수익 인식 못 할 때 인식

계약부채는 기업이 고객에게서 이미 받은 대가(현금), 또는 지급기일이 된 대가(수취채권)에 상응하여 고객에게 재화나 용역을 이전하여야 하는 기업의 의무를 의미한다. 현금을 받았거나, 약정일이 도래하여 수취채권을 잡았는데 재화를 이전하기 전이어서 수익을 인식하지 못할 때 계상하는 부채이다. 이후에 재화를 이전하면 계약부채를 제거하고 수익을 인식한다.

 수취채권, 계약자산, 계약부채의 진화 과정 ★중요!

차변	대변
계약자산 ↓ 수취채권 ↓ 현금	계약부채 ↓ 수익

위 내용을 회계처리로 표시하면 다음과 같다. 2×3 = 6가지 경우가 있는데, 각 상황에 맞는 계정을 위에서 하나, 왼쪽에서 하나를 고르면 회계처리가 된다. 자산이 시간이 지남에 따라 계정이 '진화'한다고 이해하면 쉽게 기억할 수 있다.

아래 표의 왼쪽 제일 상단은 회계처리가 없는데, 약정일 이전에 재화도 이전하지 않았다면 아무런 거래가 없기 때문이다.

	재화 이전하기 전: 계약부채	재화 이전한 후: 수익
약정일 이전: 계약자산	–	계약자산 / 수익
약정일 도래: 수취채권	수취채권 / 계약부채	수취채권 / 수익
현금 수령: 현금	현금 / 계약부채	현금 / 수익

위 표는 '재화를 이전하기 전 현금을 수령했다면 현금 / 계약부채로 회계처리한다.'와 같이 읽으면 된다. 만약 재화를 이전하기 전 현금을 수령한 뒤, 나중에 재화를 이전하면

'계약부채 / 수익'을 추가하여 '현금 / 수익'으로 만들어야 한다.

01 (주)세무는 고객에게 제품을 이전하기로 한 약속을 수행의무로 식별하고, 제품을 고객에게 이전할 때 각각의 수행의무에 대한 수익을 인식하고 있다. (주)세무는 (주)한국에게 제품A와 제품B를 이전하기로 하는 계약을 20×1년 12월 1일에 체결하였고, 동 계약에 따라 받기로 한 대가는 총 ₩10,000이다. 동 계약에 따르면, 제품A를 먼저 인도한 후 제품B를 나중에 인도하기로 하였지만, 대가 ₩10,000은 모든 제품(제품A와 제품B)을 인도한 이후에만 받을 권리가 생긴다. (주)세무는 20×1년 12월 15일에 제품A를 인도하였고, 제품B에 대한 인도는 20X2년 1월 10일에 이루어졌으며, 20X2년 1월 15일에 대가 ₩10,000을 수령하였다. (주)세무는 제품A를 개별적으로 판매할 경우 ₩8,000에 판매하고 있지만, 제품B는 판매경험 및 유사제품에 대한 시장정보가 없어 개별판매가격을 알지 못한다. 따라서 잔여접근법으로 거래가격을 배분하기로 한다. (주)세무의 상기거래에 관한 설명으로 옳지 않은 것은? (단, 제시된 거래의 효과만을 반영하기로 한다.) 2022. CTA

① 20X1년 말 (주)세무의 재무상태표에 표시할 수취채권의 금액은 영(0)이다.
② 20X1년 말 (주)세무의 재무상태표에 표시할 계약자산의 금액은 ₩8,000이다.
③ (주)세무가 20X1년도 포괄손익계산서에 수익으로 인식할 금액은 ₩8,000이다.
④ 20X1년 말 (주)세무의 재무상태표에 표시할 계약부채는 없다.
⑤ (주)세무의 20X2년 1월 10일 회계처리로 인하여 계약자산은 ₩2,000 증가한다.

01.

X1.12.25	계약자산	8,000	수익	8,000
X2.1.10	수취채권	2,000	수익	2,000
	수취채권	8,000	계약자산	8,000
X2.1.15	현금	10,000	수취채권	10,000

(1) 거래가격의 배분

A: 8,000, B: 2,000

원칙적으로 수행의무가 두 개 이상인 경우 상대적 개별 판매가격을 기준으로 거래가격을 배분한다. 하지만 잔여접근법으로 거래가격을 배분하기로 하며, A의 개별 판매가격만 제시되어 있으므로, B에 배분되는 거래가격은 2,000(=10,000-8,000)이다.

(2) X1.12.25

제품 A를 인도하였으므로 8,000의 수익을 인식한다. 하지만 제품 A에 대한 대가는 제품 B까지 모두 인도한 이후에 받을 권리가 생기므로 수취채권이 아닌 계약자산을 인식한다.

(3) X2.1.10

제품 B를 인도하였으므로 2,000의 수익을 인식한다. 이제 제품 B까지 모두 인도하였으므로 수취채권을 인식하며, 제품 A에 대한 계약자산도 수취채권으로 재분류한다.

(4) X2.1.15

현금을 모두 수령하였으므로 수취채권을 제거하고 현금을 계상한다.

(5) 정답 찾기

① X1년에는 수취채권이 표시되지 않는다.
② X1년 말 계약자산은 8,000이다.
③ X1년 수익은 8,000이다.
④ X1년 말 계약부채는 표시되지 않는다.
⑤ (주)세무의 20X2년 1월 10일 회계처리로 인하여 계약자산은 ₩8,000 감소한다.

 ⑤

02 다음은 (주)대한의 20X1년과 20X2년의 수취채권, 계약자산, 계약부채에 대한 거래이다.

> • (주)대한은 고객에게 제품을 이전하기로 한 약속을 수행의무로 식별하고, 제품을 고객에게 이전할 때 각 수행의무에 대한 수익을 인식한다.
> • (주)대한은 20X2년 1월 31일에 (주)민국에게 제품A를 이전하는 취소 불가능 계약을 20X1년 10월 1일에 체결하였다. 계약에 따라 (주)민국은 20X1년 11월 30일에 대가 ₩1,000 전액을 미리 지급하여야 하나 ₩300만 지급하였고, 20X2년 1월 15일에 잔액 ₩700을 지급하였다. (주)대한은 20X2년 1월 31일에 제품A를 (주)민국에게 이전하였다.
> • (주)대한은 (주)만세에게 제품B와 제품C를 이전하고 그 대가로 ₩1,000을 받기로 20X1년 10월 1일에 계약을 체결하였다. 계약에서는 제품B를 먼저 인도하도록 요구하고, 제품B의 인도 대가는 제품C의 인도를 조건으로 한다고 기재되어 있다. (주)대한은 제품의 상대적 개별 판매가격에 기초하여 제품B에 대한 수행의무에 ₩400을, 제품C에 대한 수행의무에 ₩600을 배분한다. (주)대한은 (주)만세에게 20X1년 11월 30일에 제품B를, 20X2년 1월 31일에 제품C를 각각 이전하였다.

상기 거래에 대하여, 20X1년 12월 31일 현재 (주)대한의 수취채권, 계약자산, 계약부채 금액은 각각 얼마인가? 단, 기초잔액은 없는 것으로 가정한다. 2019. CPA

	수취채권	계약자산	계약부채
①	₩0	₩400	₩0
②	₩400	₩0	₩0
③	₩700	₩400	₩1,000
④	₩1,000	₩400	₩1,000
⑤	₩1,100	₩0	₩1,000

02.
수취채권: 700(A)
계약자산: 400(B)
계약부채: 1,000(A)

(1) 제품A

x1.11.30	수취채권	1,000	계약부채	1,000
	현금	300	수취채권	300
x2.1.15	현금	700	수취채권	700
x2.1.31	계약부채	1,000	매출	1,000

x1.11.30: 현금을 지급해야 하는 약정일이므로 현금을 받았건, 받지 않았건 수취채권 1,000을 계상한다. 이 중
300은 현금을 받았으므로 수취채권을 제거한다.
x2.1.15: 현금을 수령하였으므로 수취채권을 제거한다.
x2.1.31: 제품을 이전하였으므로 계약부채를 제거하고 수익을 인식한다.

(2) 제품B, C

x1.11.30	계약자산(B)	400	수익	400
x2.1.31	수취채권	400	계약자산(B)	400
	수취채권 or 계약자산	600	매출(C)	600

x1.11.30: 제품 B를 이전하였으므로 수익을 인식한다. 하지만 제품 C를 이전해야 대가를 수취할 권리가 생기므
로 수취채권이 아닌 계약자산을 계상한다.
x2.1.31: 제품 C를 이전했으므로 B에 대한 대가를 받을 수 있는 권리가 생겼다. 계약자산을 수취채권으로 돌린다.
제품 C를 이전했으므로 수익을 인식하며, C에 대한 대가는 지급일이 명시되어 있지 않으므로 수취채권
혹은 계약자산을 계상한다. 문제에서는 X1년말 자산, 부채를 물었기 때문에 C의 지급일을 제시하지 않
은 것이다.

답 ③

재매입 약정 및 반품가능판매 ★중요!

1 재매입 약정

	재매입 가격이 원래 판매가격보다	
	높은 금액	**낮은 금액**
1. 기업이 선도 or 콜옵션 보유	(1) 금융 약정	(2) 리스
2. 고객이 PUT 보유	**높은 금액**	**낮은 금액**
행사할 유인 (1) 유의적	금융 약정	리스
행사할 유인 (2) 유의적X	반품가능판매	

1. 기업이 선도나 콜옵션을 갖는 경우

기업이 자산을 다시 사야 하는 의무(선도)나 권리(콜)가 있다면, 자산은 기업에게 다시 돌아올 수 있다. 따라서 고객은 자산을 통제하지 못하고, 기업은 수익을 인식하지 못한다.

(1) 원래 판매가격보다 높은 금액으로 재매입: 금융약정 (=차입거래)

기업이 자산을 원래 판매가격 이상의 금액으로 다시 살 수 있거나 다시 사야 하는 경우, 판매 시에는 현금을 받고 나중에 더 큰 금액을 지급해야 하므로, 사실상 자산을 담보로 맡기고 차입한 것과 같다. 기준서에서는 '금융 약정'이라는 용어를 쓰는데 차입거래를 의미한다.

최초 판매 시	현금	판매금액	부채	판매금액
판매~행사 사이	이자비용	재매입가격 – 판매금액	부채	재매입가격 – 판매금액
옵션 포기 시	부채	재매입가격	매출	재매입가격
	매출원가	원가	재고자산	원가
옵션 행사 시	부채	재매입가격	현금	재매입가격

① 판매 시~행사 전

차입한 것으로 보므로, 판매가 이루어졌더라도 현금으로 받은 판매금액을 부채로 계상한다. 이후, 원래 판매가격과 재매입가격의 차이는 이자비용으로 인식하면서 부채를 재매입가격으로 증가시킨다.

② 행사 시점에 옵션 포기 시

옵션 행사 시점에 옵션을 행사하지 않고 포기하면 매출을 인식하면서, 부채를 제거한다. 이자비용을 인식하면서 부채를 재매입가격까지 키워났기 때문에 이때 인식하는 매출액은 재매입가격이 된다. 옵션을 포기하면 매출이 이루어지기 때문에 재고자산에 대한 통제가 고객에게 이전되며, 재고자산의 원가를 매출원가로 인식한다.

③ 행사 시점에 옵션 행사 시

옵션을 행사하면 매출은 취소되며, 재매입가격만큼 현금을 지급하면서 부채를 제거한다.

(2) 원래 판매가격보다 낮은 금액으로 재매입: 리스

기업이 자산을 원래 판매가격보다는 낮은 금액으로 다시 살 수 있거나 다시 사야 하는 경우 이용료를 받고 자산을 잠시 빌려준 것(리스)이나 마찬가지이다.

2. 고객이 풋옵션을 갖는 경우

고객이 자산을 다시 팔 수 있는 권리가 있다면 고객의 풋옵션 행사 가능성에 따라 기업의 수익 인식 여부가 달라진다.

(1) 유의적인 경우: 금융 약정 or 리스

행사 가능성이 유의적이라면 자산은 기업에게 다시 돌아올 것이므로 고객은 자산을 통제하지 못한다. 따라서 1. 기업이 선도나 콜옵션을 갖는 경우와 같은 방식으로 금융 약정 또는 리스로 처리한다.

(2) 유의적이지 않은 경우: 반품가능판매

행사 가능성이 유의적이지 않다면 자산은 기업에게 다시 돌아오지 않을 것이므로 고객은 자산을 통제하며, 기업은 수익을 인식한다. 다만, 고객이 (행사 가능성이 유의적이진 않지만) 자산을 처분할 수도 있으므로 반품가능판매로 본다. 반품가능판매의 회계처리는 본 패턴의 2. 반품가능판매를 참고하자.

> ※주의 **기업이 옵션 권리자인 경우 반품가능판매 없음!**
> 기업이 옵션의 권리자인 경우에는 반품가능판매인 상황이 없다는 것을 기억하자. 상식적으로 반품은 고객이 하는 것이지, 회사가 반품하지는 않기 때문이다.

예제

01 (주)감평은 20X1년 10월 1일에 고객과 원가 ₩900의 제품을 ₩1,200에 판매하는 계약을 체결하고 즉시 현금 판매하였다. 계약에 따르면 (주)감평은 20X2년 3월 31일에 동 제품을 ₩1,300에 재매입할 수 있는 콜옵션을 보유하고 있다. 동 거래가 다음의 각 상황에서 (주)감평의 20X2년도 당기순이익에 미치는 영향은? (단, 각 상황(A, B)은 독립적이고, 화폐의 시간가치는 고려하지 않으며, 이자비용(수익)은 월할계산한다.) 2022. 감평사

상황	내용
A	20X2년 3월 31일에 (주)감평이 계약에 포함된 콜옵션을 행사한 경우
B	20X2년 3월 31일에 계약에 포함된 콜옵션이 행사되지 않은 채 소멸된 경우

	상황A	상황B
①	₩100 감소	₩100 증가
②	₩50 감소	₩100 증가
③	₩50 감소	₩350 증가
④	₩300 증가	₩350 증가
⑤	₩400 증가	₩400 증가

해설

01.

X1.10.1	현금	1,200	부채	1,200
X1.12.31	이자비용	50	부채	50
X2.3.31	**이자비용**	**50**	부채	50
X2.3.31 −상황 A	부채	1,300	현금	1,300
X2.3.31 −상황 B	부채	1,300	**매출**	**1,300**
	매출원가	**900**	제품	900

상황 A: **50 감소** (이자비용)
상황 B: −50(이자비용) + 1,300(매출) − 900(매출원가) = **350 증가**

답 ③

02 (주)대한은 20X1년 12월 1일에 (주)민국에게 원가 ₩500,000의 제품을 ₩1,000,000에 현금 판매하였다. 판매계약에는 20X2년 3월 31일에 동 제품을 ₩1,100,000에 다시 살 수 있는 권리를 (주)대한에게 부여하는 콜옵션이 포함되어 있다. (주)대한은 20X2년 3월 31일에 계약에 포함된 콜옵션을 행사하지 않았으며, 이에 따라 해당 콜옵션은 동 일자에 소멸되었다. 상기 재매입약정 거래가 (주)대한의 20X2년 당기순이익에 미치는 영향은 얼마인가? 단, 현재가치평가는 고려하지 않으며, 계산과정에 오차가 있으면 가장 근사치를 선택한다.

2021. CPA

① ₩100,000 감소   ② ₩75,000 감소   ③ ₩500,000 증가
④ ₩525,000 증가   ⑤ ₩600,000 증가

해설

02.

X1.12.1	현금	1,000,000	부채	1,000,000
X1.12.31	이자비용	25,000	부채	25,000
X2.3.31	이자비용	75,000	부채	75,000
X2.3.31	부채	1,100,000	매출	1,100,000
	매출원가	500,000	재고자산	500,000

회사가 콜옵션을 보유하고, 재매입가격이 원래 판매가격보다 높으므로 금융약정에 해당한다.

1. 연도별 이자비용
   (1) X1년: (1,100,000 − 1,000,000) × 1/4 = 25,000
   (2) X2년: (1,100,000 − 1,000,000) × 3/4 = 75,000
   X1.12.1~x2.3.31까지 4달간 차입한 것으로 보아, 100,000의 이자비용을 월할계산한다.

2. X2년 당기순이익에 미치는 영향
   : 1,100,000(매출) − 500,000(매출원가) − 75,000(이자비용) = 525,000 증가

답 ④

2 반품가능판매 ★중요!

판매 시	현금	총 판매 수량 × 매가	계약부채	예상 반품 수량 × 매가
			매출	예상 매출 수량 × 매가
	회수권	예상 반품 수량 × 원가	재고자산	총 판매 수량 × 원가
	매출원가	예상 매출 수량 × 원가		
반품 시	계약부채	잡은 거 전부 제거	현금	추가 반품 수량 × 매가
			매출	추가 매출 수량 × 매가
	재고자산	추가 반품 수량 × 원가	회수권	잡은 거 전부 제거
	매출원가	추가 매출 수량 × 원가		

STEP 1 판매 시

1. 현금 수령액의 안분

판매 시에는 판매 수량 전체에 대해서 현금을 수령할 것이다. 이 중 반품이 예상되는 수량만큼은 계약부채를 계상하고, 나머지는 매출로 인식한다.

2. 재고자산의 안분

판매 시 재고자산의 통제는 고객에게 이전되므로 기업은 총 판매 수량만큼 재고자산을 제거한다. 이 중 반품이 예상되는 수량은 '회수권(반환제품회수권)'이라는 자산으로 계상하고, 나머지는 매출원가로 계상한다. 회수권은 고객이 반품하였을 때 기업이 재화를 회수할 수 있는 권리를 나타내는 별개의 자산을 의미한다.

STEP 2 반품 시

1. 계약부채의 제거

판매 시에 설정한 계약부채는 반품 시점이 도래하였을 때 전부 제거한다. 이때 반품 수량만큼은 환불을 해주어야 하므로 현금을 감소시킨다. 반품되지 않은 수량은 그대로 매출이 이루어진 것이므로 매출을 인식한다.

2. 회수권의 제거

판매 시에 설정한 회수권은 반품 시점이 도래하였을 때 전부 제거한다. 이때 반품 수량만큼은 재고를 돌려받으므로 재고자산을 증가시킨다. 반품되지 않은 수량은 그대로 매출이 이루어진 것이므로 매출원가로 인식한다.

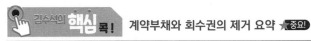

 계약부채와 회수권의 제거 요약 중요!

판매 시	반품 시	
	반품 O	반품 X
계약부채	현금 감소	매출
회수권	재고자산	매출원가

판매 시 계상한 계약부채와 회수권이 반품 여부에 따라 각각 어느 계정으로 제거되는지 요약한 것이다. 중요한 내용이니 반드시 기억하자.

STEP 3 반환 시 예상되는 비용 심화

재고자산을 돌려받을 때 회수권을 제거하고 재고자산을 계상한다. 그런데 돌려받은 재고자산은 고객이 사용하다가 돌려받은 것이므로 새것이 아니다. 따라서 돌려받은 자산의 가치는 최초에 판매할 때의 가치보다 떨어져 있을 것이며, 이를 판매용으로 다시 복구하기 위해서 기업은 비용을 투입해야 한다. 이 비용을 판매자는 다음과 같이 처리한다.

판매 시	회수권	예상 반품 수량 × (원가 − 단위당 예상 비용)	재고자산	총 판매 수량 × 원가
	비용	예상 반품 수량 × 단위당 예상 비용		
	매출원가	예상 매출 수량 × 원가		
반품 시	재고자산	반품된 자산의 실제 가치	회수권	잡은 거 전부 제거
	매출원가	추가 매출 수량 × 원가		
		PL XXX		

1. 판매 시: 회수권을 감소시키면서 비용 인식
반환 시 예상되는 비용이 있다면 이후에 받을 수 있는 자산의 가치가 작으므로 회수권도 적게 잡는다. 회수권이 감소한 부분은 비용(매출원가 or 기타비용)으로 인식한다.

2. 실제 반품 시: 회수권과 반품받은 자산의 실제 가치의 차액은 PL로 인식
판매 시 계상한 회수권과 반품받은 자산의 실제 가치가 다를 수도 있다. 차액은 PL로 인식한다.

03 (주)세무는 20X1년 12월 31일 개당 원가 ₩150인 제품 100개를 개당 ₩200에 현금 판매하였다. (주)세무는 판매 후 30일 이내에 고객이 반품하면 전액 환불해주고 있다. 반품율은 5%로 추정되며, 반품제품 회수비용, 반품제품 가치하락 및 판매당일 반품은 없다. 동 거래에 대한 설명으로 옳지 않은 것은? 2019. CTA

① 20X1년 인식할 매출액은 ₩19,000이다.

② 20X1년 인식할 이익은 ₩4,750이다.

③ '환불이 발생할 경우 고객으로부터 제품을 회수할 권리'를 20X1년 말 자산으로 인식하며, 그 금액은 ₩750이다.

④ 동 거래의 거래가격은 변동대가에 해당하기 때문에 받을 권리를 갖게 될 금액을 추정하여 수익으로 인식한다.

⑤ 20X1년 말 인식할 부채는 ₩250이다.

해설

03.
① 20X1년 매출액: 95개 × @200 = 19,000 (O)
② 20X1년 이익: 95개 × @(200 – 150) = 19,000(매출) – 14,250(매출원가) = 4,750 (O)
③ 회수권: 5개 × @150 = 750 (O)
④ 무조건 맞는 말이다. 변동대가는 받게 될 금액을 추정하여 수익으로 인식한다.
⑤ 20X1년 말 부채: 5개 × @200 = 1,000 (X)

판매 시 회계처리〉

판매 시	현금	20,000	계약부채	⑤1,000
			매출	①19,000
	회수권	③750	재고자산	15,000
	매출원가	②14,250		

만약 5개 중 3개를 반품하였다고 가정하면, 회계처리는 다음과 같다.

반품 시	계약부채	1,000	현금	600
			매출	400
	재고자산	450	회수권	750
	매출원가	300		

답 ⑤

04 다음은 유통업을 영위하고 있는 (주)대한의 20X1년 거래를 보여준다. (주)대한이 20X1년에 인식할 수익은 얼마인가?

2020. CPA

> (1) (주)대한은 20X1년 12월 1일에 고객A와 재고자산 100개를 개당 ₩100에 판매하기로 계약을 체결하고 재고자산을 현금으로 판매하였다. 계약에 따르면, (주)대한은 20X2년 2월 1일에 해당 재고자산을 개당 ₩120의 행사가격으로 재매입할 수 있는 콜옵션을 보유하고 있다.
>
> (2) (주)대한은 20X1년 12월 26일에 고객B와 계약을 체결하고 재고자산 100개를 개당 ₩100에 현금으로 판매하였다. 고객B는 계약 개시시점에 제품을 통제한다. 판매계약 상 고객B는 20일 이내에 사용하지 않은 제품을 반품할 수 있으며, 반품 시 전액을 환불받을 수 있다. 동 재고자산의 원가는 개당 ₩80이다. (주)대한은 기댓값 방법을 사용하여 90개의 재고자산이 반품되지 않을 것이라고 추정하였다. 반품에 (주)대한의 영향력이 미치지 못하지만, (주)대한은 이 제품과 고객층의 반품 추정에는 경험이 상당히 있다고 판단한다. 그리고 불확실성은 단기간(20일 반품기간)에 해소될 것이며, 불확실성이 해소될 때 수익으로 인식한 금액 중 유의적인 부분은 되돌리지 않을 가능성이 매우 높다고 판단하였다. 단, (주)대한은 제품의 회수 원가가 중요하지 않다고 추정하였으며, 반품된 제품은 다시 판매하여 이익을 남길 수 있다고 예상하였다. 20X1년 말까지 반품된 재고자산은 없다.

① ₩20,000   ② ₩9,000   ③ ₩10,000
④ ₩19,000   ⑤ ₩0

04.
총 수익: (1) + (2) = 9,000

(1) 수익: 0
콜옵션을 회사가 보유하고 있으므로 옵션의 행사 가능성은 검토할 필요 없이, 재매입가격이 당초 판매가격보다 높기 때문에 이를 금융약정(차입거래)로 본다. 따라서 현금 수령액을 수익이 아닌 차입금으로 인식한다.

12.1 회계처리〉

현금	10,000	차입금	10,000

참고 이자비용
X1년도 이자비용: (120 − 100) × 100개/2 = 1,000
회사는 차입금에 대한 이자비용을 인식할 것이다. 문제에서 비용은 묻지 않았으므로 답과는 무관하다. 12월 1일부터 2월 1일까지 2달간 월할상각하여 X1년과 X2년에 나누어 비용으로 인식한다.

(2) 수익: 90개 × @100 = 9,000
변동대가 추정치의 제약이 있는 경우 '유의적인 부분을 되돌리지 않을 가능성이 매우 높은 정도까지만' 수익으로 인식한다. 따라서 기댓값인 90개에 대해서는 수익을 인식한다.
문제에서 '순이익'을 물은 것이 아니라, '수익'을 물었기 때문에 원가는 차감하지 않는다.

12.28 회계처리〉

현금	10,000	매출	9,000
		계약부채	1,000
매출원가	7,200	재고자산	8,000
회수권	800		

회수원가가 중요하지 않기 때문에 회수권은 재고자산 개당 80씩 온전히 인식한다.

 답 ②

45 고객충성제도

판매 시	현금	수령액	계약부채	수령액 × $\dfrac{\text{포인트의 개별 판매가격}}{\text{제품의 개별 판매가격 + 포인트의 개별 판매가격}}$
			매출	XXX
X1말	계약부채	XXX	(포인트) 매출	X1년 포인트 매출 누적액
X2말	계약부채	XXX	(포인트) 매출	X2년 포인트 매출 누적액 − X1년 포인트 매출 누적액

STEP 1 계약부채

포인트를 지급하는 판매는 수행의무가 재화와 포인트로 나뉜다. 이 경우 수행의무가 여러 개이 므로 '개별 판매가격의 비율'을 이용하여 현금 수령액을 '재화에 대한 대가'와 '포인트에 대한 대 가'로 나눈다. 이 중 포인트에 대한 대가는 판매 시에는 계약부채로 계상한 뒤, 포인트 사용 시 매출로 인식한다. 계약부채는 다음과 같이 계산한다.

$$\text{계약부채} = \text{수령액} \times \frac{\text{포인트의 개별 판매가격}}{\text{제품의 개별 판매가격 + 포인트의 개별 판매가격}}$$

STEP 2 매출 = 현금 수령액 − 계약부채

현금 수령액 중 계약부채를 제외한 금액은 판매 시에 매출로 인식한다.

STEP 3 X1년 포인트 매출 = X1년 포인트 매출 누적액

$$\text{포인트 매출 누적액} = \text{최초 계약부채} \times \frac{\text{누적 포인트 사용액}}{\text{총 예상 포인트 사용액}}$$

포인트 매출 누적액은 최초 계약부채에 총 예상 포인트 사용액 중 누적 포인트 사용액에 해당하는 비율을 곱한 금액이다. X1년도는 첫 해이므로 매출 누적액이 X1년의 매출이 된다.

STEP 4 **X2년 포인트 매출 = X2년 포인트 매출 누적액 − X1년 포인트 매출 누적액**

X2년도에도 Step 3와 같은 방식으로 X2년 포인트 매출 누적액을 구한다. X1년 포인트 매출 누적액에서 증가한 부분을 X2년의 매출로 인식한다.

> ※주의 **총 예상 포인트 사용액이 바뀌더라도 최초 계약부채를 수정하지 않음!**
> 총 예상 포인트 사용액은 추정치이므로, 시간이 지남에 따라 바뀔 수 있다. 하지만 최초에 인식한 계약부채 금액을 절대로 수정하지 않으며, 최초에 인식한 계약부채만 포인트 사용률에 따라 기간별로 포인트 매출로 인식한다.

예제

01 (주)대한은 고객과의 계약에 따라 구매금액 ₩10당 고객충성포인트 1점을 고객에게 보상하는 고객충성제도를 운영한다. 각 포인트는 고객이 (주)대한의 제품을 미래에 구매할 때 ₩1의 할인과 교환될 수 있다. 20X1년 중 고객은 제품을 ₩200,000에 구매하고 미래 구매 시 교환할 수 있는 20,000포인트를 얻었다. 대가는 고정금액이고 구매한 제품의 개별 판매가격은 ₩200,000이다. 고객은 제품구매시점에 제품을 통제한다. (주)대한은 18,000포인트가 교환될 것으로 예상하며, 동 예상은 20X1년 말까지 지속된다. (주)대한은 포인트가 교환될 가능성에 기초하여 포인트당 개별 판매가격을 ₩0.9(합계 ₩18,000)으로 추정한다. 20X1년 중에 교환된 포인트는 없다. 20X2년 중 10,000포인트가 교환되었고, 전체적으로 18,000포인트가 교환될 것이라고 20X2년 말까지 계속 예상하고 있다. (주)대한은 고객에게 포인트를 제공하는 약속을 수행의무라고 판단한다. 상기 외 다른 거래가 없을 때, 20X1년과 20X2년에 (주)대한이 인식할 수익은 각각 얼마인가? 단, 단수차이로 인해 오차가 있다면 가장 근사치를 선택한다.

2020. CPA

	20X1년	20X2년
①	₩200,000	₩10,000
②	₩182,000	₩9,000
③	₩182,000	₩10,000
④	₩183,486	₩8,257
⑤	₩183,486	₩9,174

01.

Step 1. 계약부채

계약부채: 200,000 × 18,000/(200,000 + 18,000) = 16,514

Step 2. 매출 = 현금 수령액 – 계약부채

= 200,000 – 16,514 = 183,486

Step 3. X1년 포인트 매출 = X1년 포인트 매출 누적액 = 0

X1년 중 교환된 포인트는 없기 때문에 X1년 포인트 매출은 없다.

Step 4. X2년 포인트 매출 = X2년 포인트 매출 누적액 – X1년 포인트 매출 누적액

X2년 포인트 매출 누적액: 16,514 × 10,000/18,000 = 9,174

X2년 포인트 매출: 9,174 – 0 = 9,174

회계처리〉 기업이 직접 보상

매출 시	현금	200,000	계약부채 매출	16,514 183,486
X1년 말	– 회계처리 없음 –			
X2년 말	계약부채	9,174	매출	9,174

답 ⑤

02 (주)세무는 고객이 구매한 금액 ₩2당 포인트 1점을 보상하는 고객충성제도를 운영하고 있으며, 각 포인트는 (주)세무의 제품을 구매할 때 ₩1의 할인과 교환할 수 있다. (주)세무가 고객에게 포인트를 제공하는 약속은 수행의무에 해당한다. 고객으로부터 수취한 대가는 고정금액이고, 고객이 구매한 제품의 개별 판매가격은 ₩1,000,000이다. 고객은 20X1년에 제품 ₩1,000,000을 구매하였으며, 미래에 제품 구매 시 사용할 수 있는 500,000포인트를 얻었다. (주)세무는 20X1년도에 고객에게 부여한 포인트 중 50%가 교환될 것으로 예상하여 포인트 당 개별 판매가격을 ₩0.5으로 추정하였다. 20X1년과 20X2년의 포인트에 대한 자료는 다음과 같다.

구분	20X1년	20X2년
교환된 포인트	180,000	252,000
전체적으로 교환이 예상되는 포인트	450,000	480,000

(주)세무가 20X2년 12월 31일 재무상태표에 보고해야 할 계약부채는?　　　2021. CTA

① ₩10,000　　　　　　② ₩20,000　　　　　　③ ₩30,000
④ ₩40,000　　　　　　⑤ ₩50,000

🎙️
해설

02.
Step 1. 계약부채
  계약부채: 1,000,000 × 250,000/(1,000,000 + 250,000) = 200,000

Step 2. 매출 = 현금 수령액 − 계약부채
  = 1,000,000 − 200,000 = 800,000

Step 3. X1년 포인트 매출 = X1년 포인트 매출 누적액 = 80,000
  X1년 포인트 매출 (누적액): 200,000 × 180,000/450,000 = 80,000

Step 4. X2년 포인트 매출 = X2년 포인트 매출 누적액 − X1년 포인트 매출 누적액
  X2년 포인트 매출 누적액: 200,000 × 432,000/480,000 = 180,000
  X2년 포인트 매출: 180,000 − 80,000 = 100,000

X2년 말 계약부채 잔액: 200,000 − 80,000 − 100,000 = 20,000
빠른 풀이법: 200,000 × (480,000 − 180,000 − 252,000)/480,000 = 20,000
− 문제에서 각 연도별 매출액이 아니라, X2년 말 계약부채 잔액을 물었기 때문에 매출 시 계약부채를 먼저 구한 뒤, X2년 말 '1 − 포인트 교환율'인 0.1을 곱하면 된다.

회계처리〉 기업이 직접 보상

매출 시	현금	1,000,000	계약부채	200,000
			매출	800,000
X1년 말	계약부채	80,000	매출	80,000
X2년 말	계약부채	100,000	매출	100,000

 답 ②

1 보증

보증은 확신 유형의 보증과 용역 유형의 보증으로 나뉜다. 각 유형별로 수행의무 여부가 다르며, 이에 따라 거래가격 배분 여부가 결정된다.

구분	수행의무	거래가격 배분	처리 방법
확신 유형의 보증	X	X	보증비 XXX / 충당부채 XXX
용역 유형의 보증	O	O	현금 XXX / 계약부채 XXX

1. 확신 유형의 보증: 수행의무 X → 거래가격 배분 X, 수익 인식 X

매출 시	현금	XXX	매출	XXX
	제품보증비	XXX	제품보증충당부채	XXX
보증 시	제품보증충당부채	XXX	현금	XXX

관련 제품이 당사자들이 의도한 대로 작동할 것이라는 '확신'을 주는 보증을 확신 유형의 보증이라고 한다. 일상생활에서 제품 구입 시 별다른 대가를 지불하지 않아도 일정 기간 제공해주는 무상 보증이라고 생각하면 된다. 확신 유형의 보증은 수행의무가 아니므로 거래가격을 배분하지 않으며, 충당부채로 처리한다. 충당부채는 당기 매출과 관련된 추정 보증액으로 계상한다.

2. 용역 유형의 보증: 수행의무 O → 거래가격 배분 O, 수익 인식 O

매출 시	현금	XXX	매출	XXX
			계약부채	XXX
보증 시	계약부채	XXX	수익	XXX
	제품보증비	XXX	현금	XXX

'확신에 더하여' 고객에게 제공하는 용역을 용역 유형의 보증이라고 한다. 제품 구입 시 추가로 대가를 지급하고 받는 보증 서비스라고 생각하면 된다. 용역 유형의 보증은 구별되는 용역이므로, 별도의 수행의무이며, 거래가격을 배분한다. 매출 시에는 계약부채로 계상한 뒤 이후에 보증 용역을 실제로 제공할 때 수익으로 인식한다.

예제

01 20X1년 9월 1일에 (주)대한은 (주)민국에게 1년간의 하자보증조건으로 중장비 1대를 ₩500,000에 현금 판매하였다. 동 하자보증은 용역 유형의 보증에 해당한다. (주)대한은 1년간의 하자보증을 제공하지 않는 조건으로도 중장비를 판매하고 있으며, 이 경우 중장비의 개별 판매가격은 보증조건 없이 1대당 ₩481,000이며, 1년간의 하자보증용역의 개별 판매가격은 ₩39,000이다. (주)대한은 (주)민국에게 판매한 중장비 1대에 대한 하자보증으로 20X1년에 ₩10,000의 원가를 투입하였으며, 20X2년 8월 말까지 추가로 ₩20,000을 투입하여 하자보증을 완료할 계획이다. 상기 하자보증조건부판매와 관련하여 (주)대한이 20X1년에 인식할 총수익금액과 20X1년 말 재무상태표에 인식할 부채는 각각 얼마인가?

2021. CPA

	총수익	부채
①	₩475,000	₩25,000
②	₩475,000	₩20,000
③	₩462,500	₩37,500
④	₩462,500	₩20,000
⑤	₩500,000	₩0

해설

01.
총 수익: 462,500 + 12,500 = **475,000**
X1년 말 부채 잔액: 37,500 − 12,500 = **25,000**

매출 시	현금	500,000	매출	462,500
			계약부채	37,500
보증 시	계약부채	12,500	(보증) 매출	12,500
	비용	10,000	현금	10,000

용역 유형의 보증이므로 보증에 대해 거래가격을 배분한 뒤, 보증 시에 매출로 인식한다.

계약부채: 500,000 × 39,000/(481,000 + 39,000) = 37,500
  - 총 판매대가를 개별 판매가격의 비율대로 안분한다.
매출: 500,000 − 37,500 = 462,500
계약부채 환입액(= 보증 매출): 37,500 × 10,000/30,000 = 12,500
  - 총 예상 보증비 중 투입된 보증비의 비율만큼 계약부채를 수익으로 인식한다.

답 ①

2 본인-대리인

고객에게 재화나 용역을 제공하는 데에 다른 당사자가 관여할 때, 기업은 고객에게 약속한 정해진 각 재화나 용역에 대하여 본인인지 아니면 대리인인지를 판단한다.

1. 본인

(1) 인식 요건: 통제 O

고객에게 재화나 용역이 이전되기 전에 기업이 그 정해진 재화나 용역을 통제한다면 이 기업은 본인이다. 다음은 기업이 그 정해진 재화나 용역을 통제함(본인임)을 나타내는 지표의 사례이다.

> ① 정해진 재화나 용역을 제공하기로 하는 약속을 이행할 주된 책임(예: 재화나 용역을 고객의 규격에 맞출 주된 책임)이 이 기업에 있다.
> ② 정해진 재화나 용역이 고객에게 이전되기 전이나, 후에 재고위험이 이 기업에 있다(예: 고객에게 반품권이 있는 경우).
> ③ 정해진 재화나 용역의 가격 결정권이 기업에 있다.

(2) 총액으로 수익 인식

기업이 본인인 경우에 수행의무를 이행할 때(또는 이행하는 대로) 기업은 이전되는 정해진 재화나 용역과 교환하여 받을 권리를 갖게 될 것으로 예상하는 대가의 총액을 수익으로 인식한다.

2. 대리인

(1) 인식 요건: 통제 ✕

기업의 수행의무가 다른 당사자가 정해진 재화나 용역을 제공하도록 주선하는 것이라면 이 기업은 대리인이다. 기업이 대리인인 경우에 다른 당사자가 공급하는 정해진 재화나 용역이 고객에게 이전되기 전에 기업이 그 정해진 재화나 용역을 통제하지 않는다.

(2) 순액(or 보수나 수수료 금액)으로 수익 인식

기업이 대리인인 경우에는 수행의무를 이행할 때(또는 이행하는 대로), 이 기업은 다른 당사자가 그 정해진 재화나 용역을 제공하도록 주선하고 그 대가로 받을 권리를 갖게 될 것으로 예상하는 보수나 수수료 금액을 수익으로 인식한다. 기업의 보수나 수수료는 다른 당사자가 제공하기로 하는 재화나 용역과 교환하여 받은 대가 가운데 그 당사자에게 지급한 다음에 남는 순액일 수 있다.

02 유통업을 영위하고 있는 (주)대한은 20X1년 1월 1일 제품A와 제품B를 생산하는 (주)민국과 각 제품에 대해 다음과 같은 조건의 판매 계약을 체결하였다.

〈제품A〉

• (주)대한은 제품A에 대해 매년 최소 200개의 판매를 보장하며, 이에 대해서는 재판매 여부에 관계없이 (주)민국에게 매입대금을 지급한다. 다만, (주)대한이 200개를 초과하여 제품A를 판매한 경우 (주)대한은 판매되지 않은 제품A를 모두 조건 없이 (주)민국에게 반환할 수 있다.

• 고객에게 판매할 제품A의 판매가격은 (주)대한이 결정한다.

• (주)민국은 (주)대한에 제품A를 1개당 ₩1,350에 인도하며, (주)대한은 판매수수료 ₩150을 가산하여 1개당 ₩1,500에 고객에게 판매한다.

〈제품B〉

• (주)대한은 제품B에 대해 연간 최소 판매 수량을 보장하지 않으며, 매년 말까지 판매하지 못한 제품B를 모두 조건 없이 (주)민국에게 반환할 수 있다.

• 고객에게 판매할 제품B의 판매가격은 (주)민국이 결정한다.

• (주)대한은 인도 받은 제품B 중 제3자에게 판매한 부분에 대해서만 (주)민국에게 관련 대금을 지급한다.

• (주)민국은 고객에게 판매할 제품B의 판매가격을 1개당 ₩1,000으로 결정하였으며, (주)대한은 해당 판매가격에서 ₩50의 판매수수료를 차감한 금액을 (주)민국에게 지급한다.

(주)민국은 위 계약을 체결한 즉시 (주)대한에게 제품A 250개와 제품B 100개를 인도하였다. (주)대한이 20X1년에 제품A 150개와 제품B 80개를 판매하였을 경우 동 거래로 인해 (주)대한과 (주)민국이 20X1년도에 인식할 수익은 각각 얼마인가?   2022. CPA

	(주)대한	(주)민국
①	₩26,500	₩278,500
②	₩26,500	₩305,000
③	₩229,000	₩305,000
④	₩229,000	₩350,000
⑤	₩305,000	₩278,500

02.

	(주)대한	(주)민국
제품 A	150개 × @1,500(본인) = 225,000	200개 × @1,350(대리인) = 270,000
제품 B	80개 × @50(대리인) = 4,000	80개 × @1,000(본인) = 80,000
수익 계	229,000	350,000

1. 제품 A
(1) (주)대한: 150개 × 1,500(본인)
① ~200개: 대한은 본인
대한이 200개에 대해서는 판매를 보장하고, 재판매 여부에 관계없이 매입대금을 지급하므로 재고위험은 대한에게 있는 것이며, 대한이 본인이다.
② 200개 초과분: 대한은 대리인
대한이 모두 조건 없이 민국에게 반환할 수 있으므로 재고위험은 민국에게 있는 것이며, 대한은 대리인이다. 대한은 150개에 대해 수익을 인식하며, 200개 판매를 보장하므로 나머지 50개는 대한의 재고자산이 되며, 200개를 초과하는 50개는 민국에게 반환된다. 대한은 본인이므로 총액 1,500이 단위당 수익이 된다.

(2) (주)민국: 200개 × 1,350
민국은 200개 판매를 보장받았으므로 민국은 200개를 대한에 개당 1,350에 제품 A를 판매한 것이다. 이 경우 일반적인 상거래라고 생각하면 된다. 민국이 1,350에 파는 제품을 대한이 취득하여 1,500에 판매하는 것이다.

2. 제품 B
(1) 본인-민국, 대리인-대한
대한의 보장 판매 수량 없이 모두 민국에게 반환할 수 있으므로 재고위험은 민국에게 있는 것이며, 가격 결정권이 민국에게 있으므로, 민국이 본인이다.
(2) 대한: 80개 × 50(대리인)
대한은 보장 판매 수량이 없으므로 판매량 80개에 대해 수익을 인식하며, 대리인이므로 판매수수료 50이 단위당 수익이 된다.
(3) 민국: 80개 × 1,000(본인)
민국도 보장 판매 수량이 없으므로 판매량 80개에 대해 수익을 인식하며, 본인이므로 고객에게 판매한 단위당 판매가격 1,000이 단위당 수익이 된다.

 ④

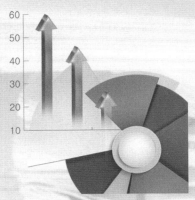

김 용 재 패 턴

회 계 학

중 급 회 계 편

주식기준보상이란 종업원으로부터 근무용역을 제공받거나 제3자로부터 재화나 용역을 제공받고 그에 대한 대가를 지급하는 거래를 말한다. 주식기준보상은 크게 주식을 지급하는 주식결제형과 주가에 따라 결정되는 금액을 현금으로 지급하는 현금결제형으로 나뉜다. 흔히 말하는 스톡옵션이 주식기준보상에 해당한다.

주식기준보상은 회계사 1차 시험에 평균적으로 매년 1문제씩 출제된다. 그동안 가장 많이 출제된 패턴은 주식결제형 주식기준보상이었으나, 최근 들어서는 조건변경과 말문제가 자주 출제되고 있다.

주식기준보상

주식결제형 주식기준보상

주식결제형 주식기준보상(주식선택권)은 '일정 금액(행사가격)에 주식을 살 수 있는' 권리를 의미한다. 주식기준보상은 다음 계산식에 있는 4가지 항목(명수, 개수, 금액, 1/n)만 잘 채우면 답을 구할 수 있다.

1 주식결제형 계산식

	명수	× 개수	× 금액	× 1/n	= 누적액	비용
X1	재직 예상인원	개수	부여일의 FV	1/3	A	A
X2	재직 예상인원	개수	부여일의 FV	2/3	B	B – A
X3	재직 예상인원	개수	부여일의 FV	3/3	C	C – B

STEP 1 명수 (재직 예상인원)

퇴사한 인원은 주식선택권을 부여받지 못하므로, 가득 시점에 재직할 것으로 각 연도말에 예상하는 인원을 기재한다. 재직 예상인원은 다음과 같이 구한다.

최초 재직 인원			
– 전기까지 누적 퇴사	– 당기 퇴사	– 차기부터 예상 퇴사	**재직 예상인원**
– 당기까지 누적 퇴사		– 차기부터 예상 퇴사	**재직 예상인원**
– 총 예상 퇴사			**재직 예상인원**

문제에서 자료를 다양한 방식으로 제시할 수 있으므로 문제마다 재직 예상인원을 계산하는 식이 달라질 수 있다. 따라서 위 공식을 외우기보다는 '가득 시점에 재직할 것으로 예상하는 인원'을 쓴다고 기억하자.

STEP 2 개수

1인당 부여한 주식선택권 개수를 쓴다.

STEP 3 금액

주식결제형 주식선택권은 부여일의 공정가치를 사용한다. 공정가치 변동을 인식하지 않으므로, 이후의 공정가치가 문제에 제시되더라도 무시하면 된다. '부여일'이므로 X1년 초의 공정가치를 사용해야 한다. X1년 말 공정가치를 사용하지 않도록 주의하자.

STEP 4 1/n

주식선택권 가득에 필요한 연수를 '1/n, 2/n, 3/n …'과 같은 방식으로 채우면 된다. 대부분 가득 기간이 3년으로 출제되므로 첫해에는 1/3, 두 번째 해에는 2/3, 마지막 해에는 3/3을 채우자.

STEP 5 누적액 (주식선택권 기말 잔액)

Step 4까지 4가지 금액을 전부 곱하면 그해의 주식선택권 기말 잔액을 계산할 수 있다.

STEP 6 비용 (주식보상비용)

Step 5에서 구한 당기 누적액에서 전기 누적액을 차감하면 당기에 인식할 주식보상비용이 계산된다. 첫해에는 전기 누적액이 없으므로 당기 누적액이 곧 당기 비용이 되고, 두 번째 해부터 전기 누적액을 차감하면 된다.

주식보상비용(PL)	XXX	주식선택권(자본조정)	XXX

주식선택권을 부여한 회사는 주식선택권 계상 시 당기비용 항목인 주식보상비용을 인식한다. 주식선택권은 자본 중 자본조정에 해당한다.

한편, 당기말 주식선택권이 전기말 주식선택권에 비해 작은 경우에는 다음과 같이 주식선택권을 감소시키면서 주식보상비용환입(비용의 감소)을 인식하면 된다.

주식선택권(자본조정)	XXX	주식보상비용환입(PL)	XXX

2 행사 시 회계처리

주식선택권을 가득하여 행사한 경우 회계처리는 다음과 같다. 1주 기준의 회계처리이므로 실전에서는 주식 수를 곱해서 회계처리해야 한다. 본서에서 주식선택권은 편의상 SO(Stock Option)이라고 쓰겠다.

1. 신주 발행 시				2. 구주(자기주식) 지급 시			
현금	①행사가	자본금	③액면가	현금	①행사가	자기주식	③자기주식 BV
SO	②부여일의 FV	주발초	④XXX	SO	②부여일의 FV		
					자기주식처분손익 ④XXX		

① 주식선택권은 '주식을 살 수 있는' 권리(콜옵션)이므로 행사가만큼 현금이 납입된다.
② 주식결제형 SO는 부여일의 FV로 평가하였으므로, 행사 시 부여일의 FV만큼 SO를 제거하게 된다.
③ 자본금 or 자기주식
  (1) 신주 발행 시: 행사한 주식 수만큼 신주를 발행하므로, 액면가만큼 자본금이 증가한다.
  (2) 구주 지급 시: 기존에 보유하던 주식을 지급하므로, 자기주식 BV만큼 감소시킨다.
④ ①~③까지 한 뒤, 대차를 맞추면 된다. 신주 발행 시는 주발초로 맞춘다. 구주 지급 시에는 현금을 받고 자기주식을 처분한 것이므로 자기주식처분손익으로 맞춘다.

 **주식결제형 주식선택권으로 인한 자본 증가액=현금 수령액**

주식결제형 주식선택권 문제에서 자본 증가액을 묻는다면, 현금 수령액으로 답하면 된다. 주식선택권 부여 시 회계처리가 '비용 / 주식선택권'이므로 자본에 미치는 영향이 없고, 위의 주식선택권 행사 시 회계처리를 보더라도 현금을 제외한 모든 계정이 자본 계정이다. 따라서 자본 증가액이 현금 수령액과 일치한다.

예제

01 (주)대한은 20X1년 1월 1일 종업원 100명에게 각각 1,000개의 주식선택권을 부여하였다. 동 주식선택권은 종업원이 앞으로 3년 동안 회사에 근무해야 가득된다. 20X1년 1월 1일 현재 (주)대한이 부여한 주식선택권의 단위당 공정가치는 ₩360이며, 각 연도말 퇴직 종업원 수는 다음과 같다.

연 도	실제 퇴직자수	추가퇴직 예상자 수
20X1년말	10명	20명
20X2년말	15명	13명
20X3년말	8명	–

주식선택권 부여일 이후 주가가 지속적으로 하락하여 (주)대한의 20X2년 12월 31일 주식 선택권의 공정가치는 단위당 ₩250이 되었다. 동 주식기준보상과 관련하여 (주)대한이 인식할 20X2년 포괄손익계산서상 주식보상비용은 얼마인가? 단, 계산방식에 따라 단수차이로 인해 오차가 있는 경우, 가장 근사치를 선택한다.

2014. CPA

① ₩ 1,933,333   ② ₩ 5,166,667   ③ ₩ 6,480,000

④ ₩ 6,672,000   ⑤ ₩ 8,400,000

해설

01.

	명수	× 개수	× 금액	× 1/n	= 누적액	비용
X1	(100 – 10 – 20)	1,000	360	1/3	8,400,000	8,400,000
X2	(100 – 10 – 15 – 13)	1,000	360	2/3	14,880,000	6,480,000
X3	(100 – 10 – 15 – 8)	1,000	360	3/3	24,120,000	9,240,000

주식결제형이므로 부여일의 공정가치인 360을 사용하며, 이후 주식선택권의 공정가치가 변화하더라도 반영하지 않는다.

탑 ③

02 (주)한국은 20X1년 1월 1일 현재 근무하고 있는 임직원 10명에게 20X3년 12월 31일까지 의무적으로 근무하는 것을 조건으로 각각 주식선택권 10개씩을 부여하였다. 20X1년 1월 1일 현재 (주)한국이 부여한 주식선택권의 단위당 공정가치는 ₩1,000이다. 부여된 주식선택권의 행사가격은 단위당 ₩15,000이고, 동 주식의 주당 액면금액은 ₩10,000이다. 각 연도말 주식선택권의 단위당 공정가치는 다음과 같다.

20X1년말	20X2년말	20X3년말
₩1,000	₩1,200	₩1,500

주식선택권 부여일 현재 임직원 중 10%가 3년 이내에 퇴사하여 주식선택권을 상실할 것으로 추정하였으나, 각 연도말의 임직원 추정 퇴사비율 및 실제 퇴사비율은 다음과 같다.

20X1년말	20X2년말	20X3년말
16%(추정)	16%(추정)	13%(실제)

가득기간 종료 후인 20X3년말에 주식선택권 50개의 권리가 행사되어 (주)한국은 보유하고 있던 자기주식(취득원가 ₩700,000)을 교부하였다. 주식선택권의 회계처리가 (주)한국의 20X3년 당기순이익과 자본총계에 미치는 영향은 각각 얼마인가?   2015. CPA

	당기순이익	자본총계
①	₩31,000 감소	₩750,000 증가
②	₩31,000 감소	₩781,000 증가
③	₩31,000 감소	₩850,000 증가
④	₩63,300 감소	₩750,000 증가
⑤	₩63,300 감소	₩813,300 증가

해설

02.
당기순이익: 31,000 감소

	명수	× 개수	× 금액	× 1/n	= 누적액	비용
X1	10명 × 84%	10	1,000	1/3	28,000	28,000
X2	10명 × 84%	10	1,000	2/3	56,000	28,000
X3	10명 × 87%	10	1,000	3/3	87,000	31,000

비용	31,000	SO	31,000
현금	750,000	자기주식	700,000
SO	50,000	자처익	100,000

현금 수령액: 50개 × @15,000 = 750,000
SO: 50개 × @1,000 = 50,000
자본총계: (−)31,000 + 31,000 + 700,000 − 50,000 + 100,000 = 750,000 증가
– 회계처리 상 현금을 제외한 모든 계정은 자본 계정이므로, 자본에 미치는 영향은 현금 수령액과 일치한다.

답 ①

패턴 48 현금결제형 주식기준보상 ★중요!

주식결제형은 '주식을 살 수 있는' 권리를 의미하지만, 현금결제형은 '행사 시점의 주식의 공정가치와 행사가격의 차이를 현금으로 받을 수 있는' 권리를 의미한다. 따라서 현금결제형 주식기준보상은 '주가차액보상권'이라고도 부른다.

1 현금결제형 계산식

	명수	× 개수	× 금액	× 1/n	= 누적액	비용
X1	재직 예상인원	개수	X1말 FV	1/3	A	A
X2	재직 예상인원	개수	X2말 FV	2/3	B	B − A
X3	가득 인원	개수	X3말 FV	3/3	C	C − B
	(가득 인원 − X3 행사 인원)	개수	X3말 FV	−	D	
X4	(가득 인원 − X3 행사 인원)	개수	X4말 FV	−	E	E − D
	(가득 인원 − X3, X4 행사 인원)	개수	X4말 FV	−	F	

STEP 1 명수 (재직 예상인원)

재직 예상인원은 주식결제형과 같은 방식으로 계산하면 된다. 단, 현금결제형은 가득 이후에도 계속해서 평가하므로 가득 이후의 인원도 계속해서 계산한다. X3년말 가득 가정 시, X3년에는 X3년에 행사한 인원을 빼고 남은 인원을 적고, X4년에는 X4년에 행사한 인원까지 뺀 인원을 적자.

STEP 2 개수

1인당 부여한 주가차액보상권 개수를 쓴다.

STEP 3 금액

현금결제형은 부채가 결제될 때까지 매기 말 주가차액보상권의 공정가치(not 주가의 공정가치)로 평가한다. 부여일의 공정가치로 평가한 뒤, 공정가치 변동을 인식하지 않는 주식결제형과 다르다.

STEP **4** 1/n

주식결제형과 같은 방식으로 채우면 된다. 가득 이후에는 1(=3/3)이므로 비워두면 된다.

STEP **5** 누적액 (부채 기말 잔액)

Step 4까지 4가지 금액을 전부 곱하면 그해의 주가차액보상권 기말 잔액을 계산할 수 있다.

STEP **6** 비용 (주식보상비용)

1. 가득 전
Step 5에서 구한 당기 누적액에서 전기 누적액을 차감하면 당기의 주식보상비용이 계산된다.

주식보상비용(PL)	XXX	장기미지급비용(부채)	XXX

주가차액보상권을 부여한 회사는 나중에 현금을 지급해야 할 의무가 있으므로 주가차액보상권을 부채로 계상한다. 김수석은 장기미지급비용을 썼는데, 부채라고만 표시해도 된다.

2. 가득 이후
현금결제형은 가득 이후에도 매기 말 공정가치로 평가하므로 주식보상비용이 발생한다. 당기까지 행사한 누적 인원을 차감한 인원으로 부채 잔액(D)을 계산한 뒤, 차기에는 공정가치만 바꿔서 부채 잔액(E)을 다시 계산한다. 이 두 금액의 차이(E-D)를 비용으로 인식한다.

2 행사 시 회계처리 ★중요!

주가차액보상권을 가득하여 행사한 경우 회계처리는 다음과 같다. 부채는 FV로 계상하지만, 현금은 내재가치만큼 지급한다는 것을 반드시 기억하자.

현금결제형			
장기미지급비용	②주가차액보상권의 FV	현금	①내재가치
		주식보상비용	③XXX

① 현금결제형 행사 시 '내재가치'만큼 현금을 지급한다. 내재가치는 다음과 같이 계산한다.

내재가치=주식의 공정가치-행사가격

'주가차액보상권'이라는 의미에 맞게, 주가와 행사가격의 '차액'을 지급한다.

② 현금결제형은 매기말 FV로 평가하였으므로, 행사 시 FV만큼 부채(장기미지급비용)를 제거하게 된다.

③ 대차차액은 보상비용(PL)으로 인식하면 된다. 일반적으로 FV가 내재가치보다 크므로, 주식보상비용(환입)이 대변에 계상될 것이다.

 **행사하는 해의 비용=FV 평가 시 보상비용-행사 시 보상비용환입** ★중요!

현금결제형 주식기준보상에서 가장 중요하고, 까다로운 질문은 행사하는 해의 비용이다. 행사하는 해에는 기말 공정가치 평가와 행사가 있으므로 두 개의 보상비용을 합치면 된다. FV 평가 시 발생하는 보상비용은 Step 6에서 설명한 비용(E-D)을 의미한다. 행사 시 보상비용은 주로 음수(환입)이므로, 이를 차감하면 된다.

예제

※ 다음의 자료를 이용하여 문제 1번과 문제 2번에 답하시오.

2012. CPA

(주)갑은 20X1년 1월 1일에 영업부서 종업원 10명에게 2년간 근무하는 조건으로 종업원 1인당 10단위의 주식선택권을 부여하였다. 부여일의 주식선택권 공정가치는 단위당 ₩20이고, 단위당 행사가격은 ₩10이다. (주)갑은 이들 종업원 모두가 20X2년말까지 근무할 것으로 예측하였고, 이 예측은 실현되었다. 주식선택권을 부여받은 종업원 중 5명은 20X3년 1월 1일 주식선택권을 전부 행사하였고, 나머지 5명은 20X4년 1월 1일 주식선택권을 전부 행사하였다. (주)갑의 주식선택권 단위당 공정가치 및 주가흐름은 다음과 같다.

일자	주식선택권 단위당 공정가치	1주당 주가
20X1년 1월 1일	₩20	₩10
20X1년 12월 31일 및 20X2년 1월 1일	₩30	₩20
20X2년 12월 31일 및 20X3년 1월 1일	₩25	₩30
20X3년 12월 31일 및 20X4년 1월 1일	₩35	₩40

01 (주)갑이 주식선택권의 대가로 제공받는 근무용역에 대하여 20X1년, 20X2년, 20X3년에 인식할 보상비용(순액)은 각각 얼마인가?

	20X1년	20X2년	20X3년
①	₩1,000	₩1,000	₩0
②	₩1,000	₩1,000	₩1,750
③	₩1,500	₩1,500	₩750
④	₩1,250	₩1,500	₩0
⑤	₩1,500	₩1,500	₩1,750

02 상기 자료에서 (주)갑이 부여한 주식기준보상이 주식결제형이 아닌 주가와 행사가격의 차이를 현금으로 지급하는 현금결제형 주가차액보상권이라면, (주)갑이 해당 근무용역에 대하여 20X1년, 20X2년, 20X3년에 인식할 보상비용(순액)은 각각 얼마인가?

	20X1년	20X2년	20X3년
①	₩1,500	₩1,000	₩750
②	₩1,000	₩1,500	₩250
③	₩1,250	₩1,250	₩750
④	₩1,000	₩1,500	₩750
⑤	₩1,500	₩1,000	₩250

01.

	명수	× 개수	× 금액	× 1/n	= 누적액	비용
X1	10	10	20	1/2	1,000	1,000
X2	10	10	20	2/2	2,000	1,000

주식결제형 주식선택권은 부여일의 공정가치로 측정하므로 공정가치 변동이 없다.

X3년도 비용: 0
 – 주식결제형 주식선택권 행사 시 발생하는 비용은 없다.

X3년도 회계처리〉

현금	5 × 10 × 10 = 500	자본금	1,500
주식선택권	2,000 × 5/10 = 1,000	& 주발초	

 ①

02.

	명수	× 개수	× 금액	× 1/n	= 누적액	비용
X1	10	10	30	1/2	1,500	1,500
X2	10	10	25	2/2	2,500	1,000
	(10 – 5)	10	25		1,250	
X3	(10 – 5)	10	35		1,750	500

현금결제형 주식선택권은 매기 말의 공정가치로 측정한다.
X3년초는 X2년말과 같으므로 X3년초 행사 후 잔액(1,250)을 X2에 같이 적었지만, 행사는 X3년에 하였으므로 X3년도 비용에 계상해야 한다.

X3년도 비용: 500 – 250 = 250

회계처리〉

X3초 (행사)	부채	2,500 × 5/10 = 1,250	현금	(30 – 10) × 5명 × 10개 = 1,000
			비용	250
X3말 (평가)	비용	500	부채	500

X3년초 행사 후 나머지 금액은 그대로 두고, 공정가치 변화(25 → 35)만 인식한다.

 ⑤

03 (주)대한은 주가가 행사가격(단위당 ₩1,000)을 초과할 경우 차액을 현금으로 지급하는 주가차액보상권을 20X2년 1월 1일 임직원 10명에게 각각 200개씩 부여하였다. 이 주가 차액보상권은 20X2년 말에 모두 가득되었고, 20X4년 말에 실제로 1,000개의 주가차액 보상권이 행사되었다. 매 회계연도 말 보통주와 현금결제형 주가차액보상권의 단위당 공정가치가 다음과 같은 경우, 주가차액보상권과 관련하여 20X4년도에 (주)대한이 인식할 주식보상비용(또는 주식보상비용환입)과 현금지급액은?

2013. CTA

	20X2년 말	20X3년 말	20X4년 말
보통주의 공정가치	1,800	1,700	1,900
주가차액보상권의 공정가치	1,400	1,300	1,500

① 주식보상비용 ₩200,000 현금지급액 ₩900,000
② 주식보상비용환입 ₩200,000 현금지급액 ₩900,000
③ 주식보상비용 ₩900,000 현금지급액 ₩900,000
④ 주식보상비용 ₩1,100,000 현금지급액 ₩500,000
⑤ 주식보상비용환입 ₩1,100,000 현금지급액 ₩500,000

해설

03.

	명수	× 개수	× 금액	× 1/n	= 누적액	비용
X2	10	200	1,400	1/1	2,800,000	2,800,000
X3	10	200	1,300		2,600,000	(200,000)
X4	10	200	1,500		3,000,000	400,000
	(10 − 5)	200	1,500		1,500,000	

행사가 X4년말에 최초로 이루어졌으므로, 그 전에는 나머지 금액을 그대로 두고 공정가치 변화(1,400 → 1,300 → 1,500)만 인식한다.

X4년말 회계처리〉

비용	400,000	부채	400,000
부채	1,500,000	현금	900,000
		비용	600,000

X4년도 비용: 400,000 − 600,000 = (−)200,000 환입
현금지급액: (1,900 − 1,000) × 1,000개 = 900,000
– 부채는 FV로 계상하지만, 현금은 내재가치로 지급한다는 것을 꼭 기억하자.

답 ②

49 시장조건과 비시장조건

기업은 종업원이 일정 성과를 달성해야 주식선택권을 행사할 수 있는 '성과조건'을 부과할 수 있다. 성과조건은 시장조건과 비시장조건으로 나뉜다. 시장조건은 주가가 목표치에 달성해야 주식선택권을 행사할 수 있는 조건을 의미한다. 쉽게 말해 '주가조건'이라고 생각하면 된다. 비시장조건은 시장조건이 아닌 나머지 조건을 의미한다. 주가가 아닌 다른 목표치를 달성해야 주식선택권을 행사할 수 있는 조건은 비시장조건이다. 아직 기출문제는 비시장조건만 출제되었기 때문에 비시장조건 위주로 공부하자.

1 비시장조건: 수정 O

시장조건과 달리 비시장조건이 부여된 경우에는 미래 상황의 변화를 반영한다. 예제 1번을 보면 시장점유율에 따라 가득기간이 2년이 될수도, 3년이 될수도, 아예 못 받을 수도 있다. 이러한 비시장조건은 향후 상황 변화를 명수, 개수, 금액, 가득 기간에 반영한다.

(1) 비시장조건 사례 – 행사가를 좌우하는 비시장조건을 부여한 경우

예제 2번을 보면 연평균 판매량에 따라 행사가격이 달라진다. 연평균 판매량은 주가가 아니므로 비시장조건에 해당하며, 변화를 반영한다. 이처럼 비시장조건에 따라 행사가격이 달라지는 경우, 변동된 행사가에 대응되는 '부여일의 공정가치'로 수정한다. 주식결제형 주식선택권은 부여일의 공정가치로 평가하기 때문이다.

혹자는 다음과 같은 의문을 가질 수 있다. '주식결제형은 공정가치 변동을 인식하지 않는다고 했는데, 이렇게 되면 금액이 바뀌는 것 아닌가?' 결론부터 말하자면, 행사가의 변동을 인식하는 것은 공정가치 변동이 아니다. 행사가만 바뀔 뿐 여전히 '부여일의' 공정가치를 사용하는 것이기 때문이다.

2 시장조건(= 주가조건): 수정 X

주식선택권 계산 시 곱하는 4개의 요소 가운데 명수를 제외한 개수, 금액, 가득 기간이 주가에 따라 바뀔 수 있다. 가령, 주가가 어느 정도 이상이 되면 부여하는 주식선택권 개수가 상승하거나, 행사가격을 낮춰주거나, 가득 기간을 단축해줄 수 있다. 하지만 이러한 시장조건이 부여된 경우에는 이후에 주가 변동을 반영하지 않는다. 왜냐하면 부여일의 공정가치에 미래 상황의 변화 가능성까지 반영되어 있기 때문이다. 따라서 퇴사자를 반영하면서 명수만 수정하고, 일반적인 주식결제형과 같은 방식으로 계산하면 된다.

예제

01 (주)한국은 20X1년 1월 1일 종업원 100명에게 각각 주식결제형 주식선택권 10개를 부여하였으며, 부여한 주식선택권의 단위당 공정가치는 ₩3,000이다. 이 권리들은 연평균 시장점유율에 따라 가득시점 및 가득여부가 결정되며, 조건은 다음과 같다.

연평균 시장점유율	가득일
10%이상	20X2년말
7%이상에서 10%미만	20X3년말
7%미만	가득되지 않음

20X1년의 시장점유율은 11%이었으며, 20X2년에도 동일한 시장점유율을 유지할 것으로 예상하였다. 20X2년의 시장점유율은 8%이었으며, 20X3년에도 8%로 예상하였다. 20X1년말 현재 6명이 퇴사하였으며, 20X3년말까지 매년 6명씩 퇴사할 것으로 예측된다. 실제 퇴직자수도 예측과 일치하였다.

(주)한국이 주식선택권과 관련하여 20X2년도 포괄손익계산서에 인식할 비용은? 2017. CPA

① ₩320,000   ② ₩440,000   ③ ₩1,320,000
④ ₩1,440,000   ⑤ ₩1,640,000

해설

01.

	명수	×개수	×금액	×1/n	=누적액	비용
X1	(100 − 12)	10	3,000	1/2	1,320,000	1,320,000
X2	(100 − 18)	10	3,000	2/3	1,640,000	320,000
X3	(100 − 18)	10	3,000	3/3		

(1) 시장조건 vs 비시장조건
문제에 제시된 '연평균 시장점유율'이라는 조건은 주가가 아니므로 비시장조건에 해당한다. 따라서 연평균 시장점유율의 변화를 반영한다.

(2) X1년도
X1년의 시장점유율이 11%였으며, X2년도 동일한 시장점유율을 예상하므로 연평균 시장점유율은 11%이며, 가득일은 X2년말이 된다. 따라서 가득 기간은 2년이 되며, 예상 재직인원도 2년간의 퇴사인 12명만 빼야 한다.

(3) X2년도
X2년도에 시장점유율이 하락하며 연평균 시장점유율 10%을 달성하지 못했다. 대신 연평균 시장점유율 9%(= (11 + 8 + 8)/3)이 예상되기 때문에 가득 기간은 3년이 된다. 가득 기간 3년 가운데 2년이 경과하였으므로 2/3을 곱하며, 예상 재직인원은 3년간의 퇴사인 18명을 뺀다.

답 ①

02 (주)백두는 20X1년 1월 1일에 판매부서 직원 20명에게 2년 용역제공조건의 주식선택권을 1인당 1,000개씩 부여하였다. 주식선택권의 행사가격은 단위당 ₩1,000이나, 만약 2년 동안 연평균 판매량이 15% 이상 증가하면 행사가격은 단위당 ₩800으로 인하된다. 부여일 현재 주식선택권의 단위당 공정가치는 행사가격이 단위당 ₩1,000일 경우에는 ₩500으로, 행사가격이 단위당 ₩800일 경우에는 ₩600으로 추정되었다. 20X1년의 판매량이 18% 증가하여 연평균 판매량 증가율은 달성가능할 것으로 예측되었다. 그러나 20X2년의 판매량 증가율이 6%에 그쳐 2년간 판매량은 연평균 12% 증가하였다.

한편 20X1년초에 (주)백두는 20X2년말까지 총 5명이 퇴직할 것으로 예상하였고 이러한 예상에는 변동이 없었으나, 실제로는 20X1년에 1명, 20X2년에 3명이 퇴직하여 총 4명이 퇴사하였다. 동 주식기준보상과 관련하여 (주)백두가 20X2년도 포괄손익계산서상에 인식할 보상비용은 얼마인가?

2013. CPA

① ₩3,500,000   ② ₩3,800,000   ③ ₩4,000,000
④ ₩4,500,000   ⑤ ₩5,100,000

해설

02.

	명수	× 개수	× 금액	× 1/n	= 누적액	비용
X1	(20 − 5)	1,000	600	1/2	4,500,000	4,500,000
X2	(20 − 4)	1,000	500	2/2	8,000,000	3,500,000

(1) 시장조건 vs 비시장조건

문제에 제시된 '연평균 판매량'이라는 조건은 주가가 아니므로 비시장조건에 해당한다. 따라서 연평균 판매량의 변화를 반영한다.

(2) X1년도

명수: X1년초에 X2년말까지 총 5명이 퇴직할 것으로 예상하였고, 이러한 예상에는 변동이 없었으므로 X1년 말에는 5명을 차감한다.

금액: X1년에는 연평균 판매량 증가율을 달성가능할 것으로 예측하므로, 행사가격은 800이며, 이때 '부여일의 공정가치'는 600이다.

(3) X2년도

명수: X2년말까지 실제로 4명이 퇴사하였으므로 4명을 차감한다.

금액: X2년에는 연평균 판매량 증가율을 달성하지 못하였으므로, 행사가격은 1,000이며, 이때 '부여일의 공정가치'는 500이다. 행사가격이 바뀌더라도 주식결제형 주식선택권은 원칙대로 '부여일(X1년초)의 공정가치'로 평가한다는 원칙을 기억하자.

답 ①

50 조건 변경

회사가 최초에 주식선택권을 부여한 이후에 주식선택권의 조건을 변경할 수 있다. 주식선택권의 조건 변경은 종업원에게 '유리한' 조건 변경만 인식한다. 종업원에게 '불리한' 조건을 인정하면 회사가 비용을 줄이기 위해 의도적으로 조건을 불리하게 변경할 수 있기 때문이다.

	명수	× 개수	× 금액	× 1/n	= 누적액	비용
X1	재직 예상인원	개수	부여일의 FV	1/3	A	A
X2	재직 예상인원	개수	부여일의 FV	2/3	B	B + C − A
	재직 예상인원	개수	증분공정가치	1/2	C	
X3	재직 예상인원	개수	부여일의 FV	3/3	D	D + E − (B + C)
	재직 예상인원	개수	증분공정가치	2/2	E	

STEP 1 조건변경일의 증분공정가치

> 증분공정가치 = 조건 변경 후 주식선택권의 FV − 조건 변경 전 주식선택권의 FV

종업원에게 유리하게 회사가 조건을 변경해주었다면, 주식선택권의 공정가치가 상승했을 것이다. '조건변경일 현재' 조건변경으로 인한 주식선택권의 공정가치 증가액(증분공정가치)을 계산한다. 조건변경이 반영된 공정가치에서 조건변경이 반영되지 않은 공정가치를 차감하면 된다. 두 공정가치 모두 **조건변경일의 공정가치**(not 부여일의 FV)를 의미한다.

STEP 2 증분공정가치를 '전진적으로' 인식

Step 1에서 계산한 증분공정가치를 조건변경일부터 남은 기간에 걸쳐 '전진적으로' 인식한다. 회계추정의 변경이므로 이미 인식한 주식보상비용을 수정하지 않고, 그 이후에 반영한다.

가득 조건이 3년인 주식선택권에 대해 1년 경과 후 조건을 변경하였다면, 부여일의 공정가치만큼은 1/3, 2/3, 3/3을 계속 곱하면 된다. 증분공정가치는 X2년부터 남은 2년에 나누어 1/2, 2/2를 곱하면 된다.

STEP 3 누적액 및 비용

유리한 조건변경 시 계산식이 둘로 나뉘기 때문에 두 식을 더한 것이 누적액이 된다. X2년말에는 B+C가, X3년말에는 D+E가 주식선택권 잔액이다. 이 기말 잔액에서 기초 잔액을 차감하면 비용이 된다.

예제

01 (주)바다는 2007년 1월 1일 종업원 400명에게 각각 주식선택권 200개를 부여하고, 3년의 용역제공조건을 부과하였다. (주)바다는 주식선택권의 단위당 공정가치를 ₩200으로 추정하였다. 그런데 주식선택권 부여일 이후 지속적으로 주가가 하락하여 (주)바다는 2007년 12월 31일 행사가격을 하향 조정하고, 이로부터 당초 주식선택권의 공정가치를 단위당 ₩80원으로, 조정된 주식선택권의 공정가치를 단위당 ₩120으로 추정하였다. 각 연도말까지 실제로 퇴사한 누적 종업원 수와 가득기간 종료일까지 추가로 퇴사할 것으로 예상되는 종업원 수는 다음과 같다.

연도	누적 실제 퇴사자 수	추가로 예상되는 퇴사자 수
2007	30명	55명
2008	55명	33명
2009	90명	–

3년 동안 계속 근무한 종업원은 2009년 12월 31일에 주식선택권을 가득하였다. (주)바다가 2008년과 2009년에 인식해야 할 보상원가는 각각 얼마인가? 2008. CPA

	2008년	2009년
①	₩4,200,000	₩5,100,000
②	₩4,200,000	₩5,312,000
③	₩5,368,000	₩5,312,000
④	₩5,368,000	₩5,468,000
⑤	₩5,368,000	₩5,100,000

해설

01.

	명수	× 개수	× 금액	× 1/n	= 누적액	비용
07	(400 − 30 − 55)	200	200	1/3	4,200,000	4,200,000
08	(400 − 55 − 33)	200	200	2/3	8,320,000	5,368,000
	(400 − 55 − 33)	200	(120 − 80)	1/2	1,248,000	
09	(400 − 90)	200	200	3/3	12,400,000	5,312,000
	(400 − 90)	200	(120 − 80)	2/2	2,480,000	

(1) 08년도

종업원에게 행사가격을 낮춰주는 조건 변경이 발생하였다. 종업원은 주식을 더 싼 가격에 매입할 수 있으므로 종업원에게 '유리한' 조건 변경이다. 따라서 조건 변경을 반영해야 한다.

조건 변경 시 주식선택권의 공정가치의 증가분을 잔여기간에 나누어 비용으로 인식하면 된다. 07년말에 조건 변경이 발생하였으므로, 08년도 원래 계산식에서 금액을 수정하고, 잔여기간이 2년이므로 1/2를 곱하면 된다.

08년도 비용: (8,320,000 + 1,248,000) − 4,200,000 = 5,368,000

(2) 09년도

08년도의 계산식에서 명수만 수정하고, 1/n 자리의 분자만 1씩 키우면 된다.

09년도 비용: (12,400,000 + 2,480,000) − (8,320,000 + 1,248,000) = 5,312,000

답 ③

02 (주)세무는 20X1년 1월 1일 현재 근무 중인 임직원 300명에게 20X4년 12월 31일까지 의무적으로 근무할 것을 조건으로 임직원 1명당 주식선택권 10개씩을 부여하였다. 주식선택권 부여일 현재 동 주식선택권의 단위당 공정가치는 ₩200이다. 동 주식선택권은 20X5년 1월 1일부터 행사할 수 있다. 20X2년 1월 1일 (주)세무는 주가가 크게 하락하여 주식선택권의 행사가격을 조정하였다. 이러한 조정으로 주식선택권의 단위당 공정가치는 ₩20 증가하였다. (주)세무는 20X1년 말까지 상기 주식선택권을 부여받은 종업원 중 20%가 퇴사할 것으로 예상하여, 주식선택권의 가득률을 80%로 추정하였으나, 20X2년 말에는 향후 2년 내 퇴사율을 10%로 예상함에 따라 주식선택권의 가득률을 90%로 추정하였다. 부여한 주식선택권과 관련하여 (주)세무가 20X2년에 인식할 주식보상비용은? _2022. CTA_

① ₩120,000   ② ₩150,000   ③ ₩168,000
④ ₩240,000   ⑤ ₩270,000

해설

02.

	명수	× 개수	× 금액	× 1/n	=누적액	비용
X1	300 × 0.8	10	200	1/4	120,000	120,000
X2	300 × 0.9	10	200	2/4	270,000	168,000
	300 × 0.9	10	20	1/3	18,000	

답 ③

51 선택형 주식기준보상 [심화]

본 패턴은 1차 시험에 출제빈도가 낮고, 난이도가 높기 때문에 회계사 및 세무사 1차생들은 대비하지 않는 것을 추천한다.

주식기준보상은 주식결제형과 현금결제형로 나뉘는데, 둘 중 선택이 가능한 형태도 있다. 이를 본서에서는 '선택형 주식기준보상'이라고 부르겠다. 이 선택권을 종업원이 가질 수도 있고, 기업이 가질 수도 있는데, 누가 선택권을 갖느냐에 따라 처리 방법이 다르다.

1 종업원이 결제방식을 선택할 수 있는 경우

STEP 1 총 가치 분석

	명수	× 개수	× 금액	= 가치
부채	명수	개수	부여일의 주가	②XXX
자본				③XXX
총 가치	명수	개수	부여일 주식선택권의 공정가치	①XXX

①총 가치 = 주식 결제 시 받는 주식 수 × 부여일 주식선택권의 공정가치
②부채의 가치 = 현금 결제 시 받는 주식 수 × 부여일의 주가
③자본의 가치 = 총 가치 − 부채의 가치

종업원이 결제방식을 선택할 수 있는 경우 주식선택권의 ①총 가치는 주식결제를 가정하고 계산한다. 이 중 현금 결제 가정 시의 가치는 ②부채로 계상하고, 나머지를 ③자본으로 본다.

STEP 2 매 기말

X1말	비용	③자본/3	SO	③자본/3
	비용	X1말 부채	부채	X1말 부채
X2말	비용	③자본/3	SO	③자본/3
	비용	X2말 부채 − X1말 부채	부채	X2말 부채 − X1말 부채

1. SO(자본) 증가

주식선택권 중 자본에 해당하는 부분은 Step 1에서 계산한 ③자본 금액을 가득 기간에 나누어 정액으로 늘린다. 주식선택권은 '부여일의 공정가치'로 계상하여 공정가치의 후속 변동을 반영하지 않기 때문이다. 가득 기간이 3년이라고 가정할 때 매년 1/3씩 비용을 계상하면서 주식선택권을 늘리면 된다.

2. 부채 평가

이전 패턴에서 설명했듯이, 현금결제형은 매기 말 공정가치로 평가한다. 가득 기간이 3년이라고 가정할 때 기말 부채는 다음과 같이 계산하며, X2년에는 부채의 증가분을 비용으로 인식한다.

> X1년말 부채 = 명수 × 개수 × X1말 FV × 1/3
> X2년말 부채 = 명수 × 개수 × X2말 FV × 2/3
> X2년도 비용 = X2년말 부채 − X1년말 부채

 STEP 3 **행사 시** 심화 📊

현금 결제 시 (선택 분개)	부채	XXX	현금	XXX
	(SO	자본	자본요소	자본)
주식 결제 시	부채	행사가 느낌	자본금	액면가
	SO	자본	주발초	XXX

1. 현금 결제 시

현금 결제 시에는 부채의 장부금액을 제거하고 현금을 지급한다. 본 사례에서는 부채를 주식의 공정가치로 평가했기 때문에 부채의 장부금액과 현금 지급액의 차이가 없다. 현금 결제 시 기존에 인식한 주식선택권은 의미가 없어지므로, 자본요소로 대체할 수 있다. 선택 회계처리이므로 생략해도 된다.

2. 주식 결제 시: 현금 자리에 부채가 옴

선택형 주식선택권을 주식 결제 시에는 주식결제형 행사 시와 매우 유사하다. 주식결제형은 현금이 행사가격만큼 납입되므로 행사가와 SO의 합을 자본금과 주발초로 계상한다. 선택형은 현금이 납입되지 않지만, 향후 현금을 지급할 의무가 사라지므로 부채를 제거한다. 주식결제형 행사 시 현금 자리에 부채가 온다고 생각하면 쉽게 기억할 수 있다.

예제

01 (주)고구려는 20X1년 1월 1일 종업원에게 가상주식 1,000주(주식 1,000주에 상당하는 현금을 지급받을 권리)와 주식 1,400주를 선택할 수 있는 권리를 부여하고 3년의 용역제공조건을 부과하였다. 종업원이 주식 1,400주를 제공받는 결제방식을 선택하는 경우에는 주식을 가득일 이후 3년간 보유하여야 하는 제한이 있다. 부여일에 (주)고구려의 주가는 주당 ₩400이다. (주)고구려는 부여일 이후 3년 동안 배당금을 지급할 것으로 예상하지 않는다. (주)고구려는 가득 이후 양도제한의 효과를 고려할 때 주식 1,400주를 제공받는 결제방식의 부여일 현재 공정가치가 주당 ₩360이라고 추정하였다. 부여일에 추정된 상기 복합금융상품 내 자본요소의 공정가치는 얼마인가?   2016. CPA

① ₩104,000   ② ₩360,000   ③ ₩400,000

④ ₩504,000   ⑤ ₩560,000

해설

01.

	명수	× 개수	× 금액	= 가치
부채		1,000	400	400,000
자본				104,000
총 가치		1,400	360	504,000

참고로, X1년말 주가가 주당 4200라고 가정하면 회계처리는 다음과 같다.

X1말	비용	34,667	SO	34,667
	비용	140,000	부채	140,000

SO 증가액: 104,000/3 = 34,667
X1년말 부채: 1,000 × 420 × 1/3 = 140,000

SO는 매년 34,667씩 비용을 인식하여 3년 뒤 104,000가 될 것이고, 부채는 매년 말 평가를 통해 3년 뒤 '1,000주 × X3년 말 공정가치'가 될 것이다.

답 ①

2 기업이 결제방식을 선택할 수 있는 경우

> 〈자산, 부채 안분 없이 둘 중 하나로!〉
> 현금 지급 의무 O: 현금결제형으로 회계처리
> 현금 지급 의무 X: 주식결제형으로 회계처리

기업이 결제방식을 선택할 수 있는 경우 현금을 지급해야 할 현재의무가 있다면 현금결제형으로 본다. 현금을 지급해야 할 현재의무가 없다면 주식결제형으로 본다. 종업원이 선택할 수 있는 경우처럼 자산과 부채로 나누는 것이 아니라 둘 중 하나로 계상한다는 것을 기억하자.

예제

02 (주)대한은 20X1년 초에 기업이 결제방식을 선택할 수 있는 주식기준보상을 종업원에게 부여하였다. (주)대한은 결제방식으로 가상주식 1,000주(주식 1,000주에 상당하는 현금을 지급) 또는 주식 1,200주를 선택할 수 있고, 각 권리는 종업원이 2년 동안 근무할 것을 조건으로 한다. 또한 종업원이 주식 1,200주를 제공받는 경우에는 주식을 가득일 이후 2년 동안 보유하여야 하는 제한이 있다. (주)대한은 부여일 이후 2년 동안 배당금을 지급할 것으로 예상하지 않으며, 부여일과 보고기간 말에 추정한 주식결제방식의 주당 공정가치와 주당 시가는 다음과 같다.

구분	20X1년 초	20X1년 말
주식 1,200주 결제방식의 주당 공정가치	₩400	₩480
주당 시가	₩450	₩520

종업원 주식기준보상약정과 관련하여 (A)현금을 지급해야 하는 현재의무가 (주)대한에게 있는 경우와 (B)현금을 지급해야 하는 현재의무가 (주)대한에게 없는 경우, 20X1년도에 (주)대한이 인식할 주식보상비용은 각각 얼마인가? 단, 주식기준보상약정을 체결한 종업원 모두가 20X2년 말까지 근무할 것으로 예측하였고, 이 예측은 실현되었다고 가정한다.   2019. CPA

	(A)	(B)
①	₩225,000	₩240,000
②	₩225,000	₩288,000
③	₩260,000	₩240,000
④	₩260,000	₩288,000
⑤	₩275,000	₩288,000

02.

A: 현금결제형

	명수	× 개수	× 금액	× 1/n	= 누적액	비용
X1	1,000	520	1/2	260,000	260,000	

현금결제형 가정 시 매년 말 공정가치로 평가해야 하므로 520으로 평가한다.

B: 주식결제형

	명수	× 개수	× 금액	× 1/n	= 누적액	비용
X1	1,200	400	1/2	240,000	240,000	

주식결제형 가정 시 부여일의 공정가치로 평가해야 하므로 400으로 평가한다.
현금결제 시 주식 수(1,000주)와 주식결제 시 주식 수(1,200주)가 다르므로 유의하자.

답 ③

3 현금결제선택권이 후속적으로 추가된 경우 심화

앞에서 다룬 '1. 종업원이 결제방식을 선택할 수 있는 경우'와 '2. 기업이 결제방식을 선택할 수 있는 경우'는 전부 선택권이 처음부터 있는 경우이다. 처음엔 선택권이 없었는데, X2년에 후속적으로 선택권을 부여받은 경우 다음과 같이 식을 세우면 된다.

	자본	부채	계	비용
X1말	명수 × 개수 × X1초 주가 × 1/3 = A		A	A
X2말	명수 × 개수 × (X1초 주가 − X2말 주가) × 2/3 = B	명수 × 개수 × X2말 주가 × 2/3 = C	B + C	B + C − A
X3말	명수 × 개수 × (X1초 주가 − X2말 주가) × 3/3 = D	명수 × 개수 × X3말 주가 × 3/3 = E	D + E	D + E − B − C

X1말	비용	A	SO	A
X2말 (추가 시)	비용	B + C − A	부채	C
	SO	A − B		
X3말	비용	D + E − B − C	부채	E − C
			SO	D − B

STEP 1 X1년 주식선택권 인식

최초에는 현금결제선택권이 없으므로 X1년에는 주식결제형이다. 일반적인 주식결제형 계산 식을 이용하여 X1년도 비용과 SO를 계산한다.

STEP 2 X2년 주식선택권을 자본과 부채로 찢기

1. X2년 말 부채=명수×개수×X2말 주가×2/3
먼저, 부채를 X2년 말의 공정가치로 계상한다. 이때는 소급법을 적용하여 '처음부터 현금결제형이었던 것처럼' 연수 계산 시 2/3을 곱한다. 이전 패턴에서 배웠던 '유리한 조건 변경'에서는 전진법으로 증분공정가치에 1/2을 곱하는 것과 다르므로 주의하자.

2. X2년 말 자본=명수×개수×(X1초 주가-X2말 주가)×2/3
선택권을 X2년에 부여받았다면, 주식선택권을 자본과 부채로 '찢어야' 한다. 기존에 SO를 부여일의 공정가치(X1초 주가)로 평가하였는데, 이 중 X2말 주가는 부채로 계상하였으므로 나머지 부분만 자본으로 계상한다. 현금결제선택권이 추가되더라도 총액은 불변이므로 이를 '찢는다'고 기억하면 이해하기 쉬울 것이다.

STEP 3 X3년 자본과 부채 추가 인식

선택권이 추가된 다음 연도에는 금액과 연수 계산만 신경 쓰면 된다. 만약 재직인원의 변동도 있다면 반영하면 된다.

1. X3년 말 부채=명수×개수×X3말 주가×3/3
현금결제형은 매기 말 공정가치로 평가하므로, X3말 주가로 평가한다. 1년이 경과하였으므로 연수 계산 시 3/3을 곱한다.

2. X3년 말 자본=명수×개수×(X1초 주가-X2말 주가)×3/3
자본은 X2년에 찢은 금액 그대로 연수만 3/3으로 바꾸면 된다.

예제

03 (주)설악은 20X1년 1월 1일 임원 20명에게 각각 주식 50주를 부여하였다. 의무근무조건은 부여일로부터 3년이며, 부여일 당시 주식의 주당 공정가치는 ₩450이었다. 한편, (주)설악은 20X2년 12월 31일 당초 부여한 주식에 현금결제선택권을 부여하였다. 따라서 각 임원은 가득일에 주식 50주를 수취하거나 50주에 상당하는 현금을 수취할 수 있다. 20X2년 말 (주)설악 주식의 주당 공정가치는 ₩420이었다. 동 주식기준보상과 관련하여 (주)설악이 20X2년도 포괄손익계산서상 비용으로 인식할 금액과 20X2년 말 현재 재무상태표상 부채로 인식할 금액은 각각 얼마인가? (단, 모든 임원은 계속 근무하고 있다고 가정하고, 법인세 효과는 고려하지 않는다.)

2011. CPA

	비용으로 인식할 금액	부채로 인식할 금액
①	₩130,000	₩140,000
②	₩130,000	₩280,000
③	₩140,000	₩140,000
④	₩150,000	₩140,000
⑤	₩150,000	₩280,000

해설

03.

	자본	부채	계	비용
X1말	20명 × 50주 × 450 × 1/3		150,000	150,000
X2말(추가)	20명 × 50주 × 30 × 2/3 = 20,000	20명 × 50주 × 420 × 2/3 = 280,000	300,000	150,000

X2말 (추가 시)	비용	150,000	부채	280,000
	자본	130,000		

참고 만약 X3년말 주식의 공정가치가 410이라고 가정하면, 회계처리는 다음과 같다.

	자본	부채	계	비용
X2말(추가)	20명 × 50주 × 30 × 2/3 = 20,000	20명 × 50주 × 420 × 2/3 = 280,000	300,000	150,000
X3말	20명 × 50주 × 30 × 3/3 = 30,000	20명 × 50주 × 410 × 3/3 = 410,000	440,000	140,000

X3말	비용	140,000	부채	130,000
			SO	10,000

답 ⑤

종업원에게 부여한 주식선택권을 중도에 청산하는 경우 회계처리는 다음과 같다.

잔여 비용	주식보상비용	잔여 비용	주식선택권	잔여 비용
	주식선택권	가득 시 SO 잔액	현금	지급액
청산	자본	청산일의 FV - 가득 시 SO 잔액		
	주식보상비용	XXX		

 청산 전 SO 잔액 구하기

청산일까지 주식결제형 계산 식을 이용하여 주식선택권을 인식한다. 이렇게 계산된 주식선택권 잔액을 '청산 전 SO 잔액'이라고 부르겠다.

 잔여 비용 인식하면서 가득 시 SO 잔액으로 키우기

> 가득 시 SO 잔액 = (총인원 – 청산일까지 퇴사한 인원) × 개수 × 부여일의 FV × n/n
> 잔여비용 = 가득 시 SO 잔액 – 청산 전 SO 잔액

중도 청산 시 종업원은 현금을 받으므로, 사실상 청산일에 가득된 것이나 마찬가지이다. 따라서 청산일부터 당초 가득일까지 남은 기간에 대한 비용을 한 번에 인식하면서 주식선택권 잔액을 '가득 시 SO 잔액'으로 키운다. 이때는 청산일에 가득하였다고 보므로 연수 계산 시 1(=n/n)을 곱한다. 여기서 명수 계산 시 주의할 것은, 청산일까지 퇴사한 사람만 차감한다는 것이다. 원래 명수 계산 시에는 가득일까지 발생할 예상 퇴사자까지 차감하지만, 중도 청산 시에는 청산일에 남아 있는 사람 모두에게 대가를 지급하므로, 청산일까지 퇴사한 사람만 차감한다.

 청산손실 계산

(1) 자본 = 청산일의 SO 공정가치 – 가득 시 SO 잔액
(2) 비용 = 현금 지급액 – 청산일의 SO 공정가치

중도 청산 시 청산손실은 자본과 비용으로 나뉜다. 청산일의 SO 공정가치가 가득 시 SO 잔액을 초과하는 부분은 자본으로 인식한다. 이렇게 계산하면 대차가 일치하지 않을 텐데, 대차차액을 비용으로 인식하면 된다. 결과적으로 비용은 현금 지급액에서 청산일의 SO 공정가치를 차감한 금액이 된다.

STEP 4 중도 청산 시 총 비용 = 잔여 비용 + 청산 비용

중도 청산 시 두 가지 비용이 발생한다. Step 2에서 잔여 비용이 발생하고, Step 3에서 청산 비용이 발생한다. 이 둘을 더하면 중도 청산 시 발생하는 총 비용이 계산된다.

STEP 5 중도 청산으로 인해 자본에 미치는 영향: 현금 지급액만큼 감소!

위 '잔여비용'과 '청산' 회계처리를 보면, 현금 지급액을 제외하고 전부 자본 계정이다. (비용도 결국엔 이익잉여금이 되므로 자본 계정이다.) 따라서 중도 청산 시 자본은 현금 지급액만큼 감소한다.

 **김수석의 핵심 콕!** SO 중도청산 VS CB 조기상환 (패턴 29)

〈SO 중도청산〉	〈CB 조기상환〉		
비용	자본		
	전환권대가		총지급액
자본	비용	FV	
가득 시 SO 잔액	CB 장부금액		

SO 중도청산: FV까지 자본, 나머지는 비용
CB 조기상환: FV까지 비용, 나머지는 자본

앞서 패턴 29에서 전환사채의 조기상환에 대해 배웠다. 전환사채의 조기상환과 주식선택권의 중도청산 둘 다 상환 or 청산 손실을 비용과 자본으로 나누어 인식한다는 공통점이 있다. 하지만 비용과 자본을 인식하는 순서가 다르다.

SO 중도청산 시 앞에서 설명했듯 청산일의 SO 공정가치와 가득 시 SO 잔액의 차액을 자본으로 인식하고, 공정가치보다 추가로 지급한 부분을 비용으로 인식한다.

반면 CB 조기상환 시 사채의 공정가치까지는 비용으로 인식하고, 공정가치보다 추가로 지급한 부분 중 전환권대가를 초과하는 부분을 자본으로 인식한다. 기억이 안 나는 수험생은 패턴 29를 참고하자.

예제

01 (주)대전은 20X1년 1월 1일에 종업원 6,000명에게 주식선택권을 100개씩 부여하였다. 동 주식선택권은 종업원이 앞으로 3년 간 용역을 제공할 경우 가득된다. 20X1년 1월 1일 현재 (주)대전이 부여한 주식선택권의 단위당 공정가치는 ₩10이며, 각 연도 말 주식선택권의 단위당 공정가치는 다음과 같다.

20X1년 12월 31일	20X2년 12월 31일	20X3년 12월 31일
₩12	₩16	₩23

(주)대전은 주식선택권을 부여받은 종업원 중 퇴사할 종업원은 없다고 추정하였다. 20X3년 1월 1일에 (주)대전은 종업원과의 협의 하에 주식선택권을 단위당 현금 ₩20에 중도청산하였다. 중도청산일까지 퇴사한 종업원은 없다. 20X3년 1월 1일에 (주)대전의 주식선택권의 중도청산과 관련하여 발생한 비용과 자본에 미치는 영향은 얼마인가? (단, 동 주식선택권의 20X2년 12월 31일과 20X3년 1월 1일의 공정가치는 같다고 가정한다.) 2010. CPA

	비용에 미치는 영향	자본에 미치는 영향
①	₩4,400,000 증가	₩4,400,000 감소
②	₩4,400,000 증가	₩12,000,000 감소
③	₩6,000,000 증가	₩12,000,000 감소
④	₩6,000,000 감소	₩12,000,000 증가
⑤	₩9,600,000 증가	₩9,600,000 증가

해설

01.

Step 1. 청산 전 SO 잔액 구하기: 4,000,000

	명수	× 개수	× 금액	× 1/n	= 누적액	비용
X1	6,000	100	10	1/3	2,000,000	2,000,000
X2	6,000	100	10	2/3	4,000,000	2,000,000

Step 2. 잔여 비용 인식하면서 가득 시 SO 잔액으로 키우기

잔여 비용	주식보상비용(잔여 비용)	2,000,000	주식선택권	2,000,000
청산	주식선택권	6,000,000	현금	12,000,000
	자본	3,600,000		
	주식보상비용(청산 비용)	2,400,000		

가득 시 SO 잔액: 6,000 × 100 × 10 × **3/3** = 6,000,000
잔여 비용:6,000,000 − 4,000,000 = 2,000,000

Step 3. 청산손실 계산
주식선택권 공정가치: 6,000명 × 100개 × @16 = 9,600,000

자본: 9,600,000 − 6,000,000 = 3,600,000
청산 비용: 12,000,000 − 9,600,000 = 2,400,000
 − 현금 지급액: 6,000명 × 100개 × @20 = 12,000,000

Step 4. 중도 청산 시 총 비용 = 잔여 비용 + 청산 비용
 = 2,000,000 + 2,400,000 = 4,400,000

Step 5. 중도 청산으로 인해 자본에 미치는 영향 = 현금 지급액
 = 12,000,000 감소

 ②

53 주식기준보상 말문제 _{심화}

주식기준보상은 대부분 계산문제로 출제된다. 말문제가 출제되더라도 계산문제의 풀이법과 관련된 선지가 1~2개씩 껴서 출제되는 경우가 많다. 계산문제 풀이법을 먼저 완벽히 숙지하고 시간이 남으면 말문제 내용을 보자.

1 주식선택권의 측정

	일자	금액
1. 종업원	준 날	준 것(SO)의 공정가치
2. 이외	받은 날	1순위: 받은 것의 공정가치 2순위: 준 것(SO)의 공정가치

1. 종업원에게 부여한 주식선택권: 준 날 준 것의 공정가치로 측정

종업원에게 부여한 주식선택권은 부여일 현재(준 날) 주식선택권(준 것)의 공정가치로 측정한다. 지금까지 배운 모든 주식기준보상 계산문제는 종업원에게 부여한 것인데, 이 규정 때문에 주식결제형은 부여일의 공정가치로 계상한 뒤, 후속 공정가치 변동을 인식하지 않았다.

2. 종업원이 아닌 제3자에게 부여한 주식선택권: 받은 날 받은 것의 공정가치

주식선택권은 종업원이 아닌 제3자에게 부여할 수도 있다. 가령, 회계법인으로부터 용역을 제공받고 용역에 대한 대가를 현금이 아닌 주식선택권으로 지급할 수도 있다. 이처럼 종업원이 아닌 제3자에게 부여한 주식선택권은 받은 날 받은 것의 공정가치로 측정한다. 위 사례에서는 회계법인으로부터 용역을 제공받은 날 해당 용역의 공정가치로 측정한다.

하지만, 만약 받은 것의 공정가치를 신뢰성 있게 측정 못하면 준 것(SO)의 공정가치로 측정한다.

2 부여 즉시 가득 조건

일반적으로 주식선택권은 용역을 일정 기간 제공해야 하는 '가득기간'이 있다. 이 경우 가득기간 동안 비용을 나누어 인식한다. 만약 가득기간 없이 부여 즉시 가득되는 조건이라면, 부여일에 총 비용을 즉시 인식하면서 주식선택권을 계상한다.

3 주식기준보상 권리 소멸 시

주식결제형	주식선택권	XXX	자본	XXX	(생략 가능)
현금결제형	장기미지급비용	XXX	주식보상비용환입	XXX	

1. 주식결제형

주식결제형의 가득된 권리가 소멸되는 경우 기존에 인식한 비용을 환입하지 않는다. 대신, 주식선택권은 자본 내에서 자본으로 대체할 수 있다. 이는 자본 내에서의 대체이므로 생략하고 주식선택권을 그대로 재무상태표에 계상해도 된다.

2. 현금결제형

현금결제형은 부채로 계상하므로 권리 소멸 시 부채를 제거하면서 비용을 환입한다.

예제

01 기업회계기준서 제1102호 '주식기준보상'에 대한 설명이다. 다음 설명 중 **옳지 않은 것은?**

2020. CPA

① 주식결제형 주식기준보상거래에서 가득된 지분상품이 추후 상실되거나 주식선택권이 행사되지 않은 경우에도 종업원에게서 제공받은 근무용역에 대해 인식한 금액을 환입하지 아니한다. 그러나 자본계정 간 대체 곧, 한 자본계정에서 다른 자본계정으로 대체하는 것을 금지하지 않는다.

② 주식결제형 주식기준보상거래에서 지분상품이 부여되자마자 가득된다면 거래상대방은 지분상품에 대한 무조건적 권리를 획득하려고 특정기간에 용역을 제공할 의무가 없다. 이때 반증이 없는 한, 지분상품의 대가에 해당하는 용역을 거래상대방에게서 이미 제공받은 것으로 보아 기업은 제공받은 용역 전부를 부여일에 인식하고 그에 상응하여 자본의 증가를 인식한다.

③ 현금결제형 주식기준보상거래의 경우에 제공받는 재화나 용역과 그 대가로 부담하는 부채를 부채의 공정가치로 측정하며, 부채가 결제될 때까지 매 보고기간 말과 결제일에 부채의 공정가치를 재측정하지 않는다.

④ 기업이 거래상대방에게 주식기준보상거래를 현금이나 지분상품발행으로 결제받을 수 있는 선택권을 부여한 경우에는 부채요소(거래상대방의 현금결제요구권)와 자본요소(거래상대방의 지분상품결제요구권)가 포함된 복합금융상품을 부여한 것으로 본다.

⑤ 기업이 현금결제방식이나 주식결제방식을 선택할 수 있는 주식기준보상거래에서 기업이 현금을 지급해야 하는 현재 의무가 있으면 현금결제형 주식기준보상거래로 보아 회계처리한다.

해설

01.
현금결제형인 경우 행사될 때까지 매년 말 공정가치로 측정한다.

답 ③

02 주식결제형 주식기준보상에 대한 다음의 설명 중 옳지 않은 것은? 2016. CPA

① 종업원 및 유사용역제공자와의 주식기준보상거래에서는 기업이 거래상대방에게서 재화나 용역을 제공받는 날을 측정기준일로 한다.

② 제공받는 재화나 용역의 공정가치를 신뢰성 있게 추정할 수 있다면, 제공받는 재화나 용역과 그에 상응하는 자본의 증가를 제공받는 재화나 용역의 공정가치로 직접 측정한다.

③ 제공받는 재화나 용역의 공정가치를 신뢰성 있게 추정할 수 없다면, 제공받는 재화나 용역과 그에 상응하는 자본의 증가는 부여한 지분상품의 공정가치에 기초하여 간접 측정한다.

④ 가득된 지분상품이 추후 상실되거나 주식선택권이 행사되지 않은 경우에도 종업원에게서 제공받은 근무용역에 대해 인식한 금액을 환입하지 아니한다.

⑤ 시장조건이 있는 지분상품을 부여한 경우에는 그러한 시장조건이 달성되는지 여부와 관계없이 다른 모든 가득조건을 충족하는 거래상대방으로부터 제공받는 재화나 용역을 인식한다.

해설

02.
종업원과의 주식기준보상거래는 준 날, 준 것의 공정가치로 측정한다. 제공받는 날이 아닌 부여일을 기준으로 측정한다.

🔖 ①

Memo

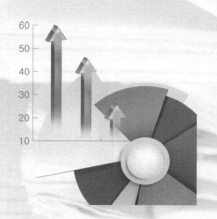

김용재패턴
회 계 학
중 급 회 계 편

이 장의 출제 뽀인트!

주당순이익(EPS, Earning Per Share)은 보통주 1주에 귀속되는 순이익을 의미한다. EPS는 회계사 1차 시험에 거의 매년 출제되는 주제이다. EPS에는 기본 EPS와 희석 EPS가 있으며, 회계사 1차 시험에는 희석 EPS 위주로 출제되고 있다. 말문제도 가끔 출제가 되지만 출제빈도가 희석 EPS에 비해 상대적으로 떨어지므로 말문제 내용은 희석 EPS를 잘하고 나서 봐도 좋다.

주당순이익

기본 EPS = 보통주 귀속 당기순이익/가중평균유통보통주식수
(보통주 귀속 당기순이익 = NI − 우선주 배당금)

---

1 가중평균유통보통주식수(n)

EPS를 구하기 위해서는 가중평균유통보통주식수를 구하는 것이 관건이다. 가중평균유통보통주식수란, 해당 기간에 유통된 보통주 주식 수를 가중평균한 것을 의미한다. 본서에서는 줄여서 n이라고 표현하겠다. n은 다음 표를 그려서 구한다.

	기초 1.1	유상증자 3.1	자기주식 취득 7.1	자기주식 처분 9.1	계
주식수 무상증자 등 가중평균	XXX × 1.1 × 12/12	XXX × 1.1 × 10/12	(XXX) × 1.1 × 6/12	XXX × 4/12	
계	XXX	XXX	(XXX)	XXX	n

 STEP 1 일자별 주식 수 변동 기재

1. 유상증자: 유통주식수 증가

유상증자를 하면 시장에서 유통되는 주식 수가 증가한다. 증자일을 쓴 뒤, 그 아래에 증자 주식 수를 양수로 적는다.

2. 자기주식 거래

(1) 자기주식 취득: 유통주식수 감소

자기주식을 취득하면 시장에서 유통되는 보통주가 감소한다. 자기주식 취득일을 쓴 뒤, 그 아래에 취득 주식 수를 음수로 적는다.

(2) 자기주식 처분: 유통주식수 증가

자기주식을 처분하면 시장에서 유통되는 보통주가 증가한다. 자기주식 처분일을 쓴 뒤, 그 아래에 취득 주식 수를 양수로 적는다.

(3) 자기주식 소각: 유통주식수 불변

n은 '시장에서 유통되고 있는' 주식수를 가중평균한 것이다. 자기주식 '소각' 시에는 회사가 보유하는 주식을 없앤 것이므로 시장에서 유통되는 주식수에 미치는 영향이 없다.

STEP 2 자본이 불변인 자본거래: 소급적용

자본이 불변인 자본거래가 발생하는 경우 소급적용을 한다. 자본이 불변인 자본거래에는 **무상증자, 주식배당, 주식분할, 주식병합**이 있다. 소급적용이란 자본거래 이전에 발생한 주식 변동에 주식 변동비율을 곱하는 것을 의미한다. 예를 들어 8.1에 10% 무상증자를 했다면 8.1 전에 발생한 자본거래에 전부 1.1을 곱하면 된다.

STEP 3 n(가중평균유통보통주식수) 구하기

Step 2까지 주식변동을 기재한 뒤, 월할 가중평균해서 n을 구하면 된다.

> **계산기 사용법** M+로 메모리에 넣어놓고, 12는 맨 마지막에 나누자!
>
> n을 구하는 표를 보면 마지막 월할 가중평균 시 전부 월수/12를 곱해야 한다. 매번 12를 나누면 불편하니, 월수까지만 곱하고 M+한 뒤, 마지막에 MR을 누른 뒤 12로 나누자.

2 공정가치 미만 유상증자

공정가치 미만 유상증자의 경우, 증자 주식 수 중 일부를 무상증자로 보며, 무상증자로 보는 주식
수를 기존 주식과 유상증자로 보는 주식 수에 비례 배분한다. 대부분 문제에서는 유상증자의 발행
가액이 공정가치보다 작으므로, 유상증자가 제시된 경우 발행가액이 공정가치보다 작은지 반드시
따져보자.

STEP 1 공정가치 미만 유상증자 시 무상증자로 보는 주식 수

공정가치 미만 유상증자 시 가장 먼저 할 일은 증자 주식 수 중 무상증자로 보는 주식 수를 계산
하는 것이다.

> 유상증자로 보는 주식 수 = 증자 주식 수 × 발행가액/공정가치
> 무상증자로 보는 주식 수 = 증자 주식 수 − 유상증자로 보는 주식 수
> = 증자 주식 수 × (공정가치 − 발행가액)/공정가치

ex〉 공정가치 ₩5,000인 주식 100주를 주당 ₩4,000에 발행한 경우
① 총 발행가액: 100주 × @4,000 = 400,000
② 유상증자로 보는 주식 수: 400,000/5,000 = 80주
③ 무상증자로 보는 주식 수: 100주 − 80주 = 20주
　시가로 발행했다면 80주만 발행했을 것이다. 나머지 20주는 대가를 받지 않고 증자한 것이
　나 마찬가지이므로, 무상증자로 본다.
④ 100주 × (5,000 − 4,000)/5,000 = 20주
　무상증자로 보는 주식 수는 ①~③번식을 거치지 않고, ④번식으로 바로 구할 수 있다. 실전에
　서는 ④번식으로 구하자.

STEP 2 무상증자율

> 무상증자율 = 무상증자로 보는 주식 수/(유상증자 전 주식 수 + 유상증자로 보는 주식 수)

공정가치 미만 유상증자 시 무상증자로 보는 주식 수는 유상증자 전에 있던 주식과 유상증자로
보는 주식 수에 비례 배분해야 한다. 무상증자로 보는 주식 수를 비례 배분 시 위와 같이 '무상
증자율'을 계산해서 일괄적으로 곱하는 것이 편하다. 예제 2번을 참고하자.

예제

01 20X5년 1월 1일 현재 (주)한국이 기발행한 보통주 500,000주(1주당 액면금액 ₩5,000)와 배당률 연10%의 비누적적 전환우선주 150,000주(1주당 액면금액 ₩10,000)가 유통 중에 있다. 전환우선주는 20X3년 3월 1일에 발행되었으며, 1주당 보통주 1주로 전환이 가능하다. 20X5년도에 발생한 보통주식의 변동 상황을 요약하면 다음과 같다.

구 분	내 용	변동주식수	유통주식수
1월 1일	기초 유통보통주식수	–	500,000주
4월 1일	전환우선주 전환	100,000주	600,000주
9월 1일	1대 2로 주식분할	600,000주	1,200,000주
10월 1일	자기주식 취득	(200,000주)	1,000,000주

20X5년도 당기순이익은 ₩710,000,000이며, 회사는 현금배당을 결의하였다. (주)한국의 20X5년도 기본주당순이익은 얼마인가? 단, 기중에 전환된 전환우선주에 대해서는 우선주배당금을 지급하지 않으며, 가중평균유통보통주식수 계산시 월할계산한다. 단수차이로 인해 오차가 있는 경우 가장 근사치를 선택한다.

2015. CPA

① ₩500　　　　　② ₩555　　　　　③ ₩591

④ ₩600　　　　　⑤ ₩645

해설

01.
n = 1,100,000

	1,1	4,1	10,1	계
주식분할 가중평균	500,000 × 2 × 12/12	100,000 × 2 × 9/12	(200,000) × 3/12	
	1,000,000	150,000	(50,000)	1,100,000

(1) 주식분할: 9.1에 이루어졌으므로 그전에 있었던 자본거래에 전부 2를 곱한다.

(2) **계산기 사용법** 가중평균유통보통주식수(n)

　　500,000 × 2 × 12 M + 100,000×2×9 M + 200,000×3 M − MR ÷12 =

(3) 우선주 배당금: (150,000주 − 100,000주) × @10,000 × 10% = 50,000,000

　　기중에 전환된 전환우선주에 대해서는 우선주배당금을 지급하지 않으므로 차감하고 우선주배당금을 계산한다.

(4) 기본 EPS: (710,000,000 − 50,000,000)/1,100,000 = 600

답 ④

02 20X1년 1월 1일 현재 (주)대한의 보통주 발행주식수는 7,000주(1주당 액면금액 ₩500)이며, 이 중 600주는 자기주식이고, 전환우선주(누적적) 발행주식수는 900주(1주당 액면금액 ₩200, 연 배당률 20%, 3주당 보통주 1주로 전환 가능)이다.

- 3월 1일 유상증자를 실시하여 보통주 2,000주가 증가하였다. 유상증자 시 1주당 발행금액은 ₩2,000이고 유상증자 직전 1주당 공정가치는 ₩2,500이다.
- 7월 1일 전년도에 발행한 전환사채(액면금액 ₩500,000, 액면금액 ₩500당 1주의 보통주로 전환) 중 25%가 보통주로 전환되었다.
- 10월 1일 전환우선주 600주가 보통주로 전환되었다.

(주)대한이 20X1년 당기순이익으로 ₩2,334,600을 보고한 경우 20X1년도 기본주당이익은 얼마인가? 단, 기중에 전환된 전환우선주에 대해서는 우선주배당금을 지급하지 않는다. 가중평균유통보통주식수는 월할 계산하되, 잠재적보통주(전환사채, 전환우선주)에 대해서는 실제 전환일을 기준으로 한다.

2022. CPA

① ₩220   ② ₩240   ③ ₩260

④ ₩280   ⑤ ₩300

02.
(1) n=8,295

	1.1	3.1	7.1	10.1	계
무상증자 가중평균	6,400 ×1.05 ×12/12	1,600 ×1.05 ×10/12	250 ×6/12	200 ×3/12	
	6,720	1,400	125	50	8,295

기초유통보통주식수: 7,000 − 600(자기주식) = 6,400주

유상증자로 보는 주식 수: 2,000 × π2,000/2,500 = 1,600주
무상증자로 보는 주식 수: 2,000 − 1,600 = 400주
무상증자율 = 400/(6,400 + 1,600) = 5%

전환사채 전환으로 발행하는 보통주식수: 500,000/500 × 25% = 250주

전환우선주 전환으로 발행하는 보통주식수: 600주/3주 = 200주
−전환우선주 3주당 보통주 1주로 전환된다.

(2) 우선주 배당금: (900주 − 600주) × @200 × 20% = 12,000
기중 전환된 전환우선주에 대해서는 우선주배당금을 지급하지 않는다.

(3) EPS: (2,334,600 − 12,000)/8,295 = 280

 ④

1 희석 EPS

희석주당이익(희석 EPS)은 잠재적 보통주가 있을 때 최대한으로 '낮아질 수 있는' EPS를 의미한다. 잠재적 보통주란, 현재 보통주는 아니지만 보통주가 될 수 있는 잠재력이 있는 항목을 의미한다. 희석 EPS는 다음과 같이 계산한다. 기본 EPS 식에 분자, 분모에 조정 사항이 가산된 형태이다.

$$\text{희석 EPS} = \frac{\text{NI} - \text{우선주 배당금} + \text{조정 사항}}{\text{n} + \text{조정 사항}}$$

2 잠재적 보통주로 인한 '분모' 조정 사항

잠재적 보통주	분모	분자
전환우선주	기초(or 발행일) 전환 가정 (전환가정법)	전환 가정시 안 주는 배당금
전환사채		이자비용 × (1 − t)
신주인수권	권리 행사 시 증가 주식 수 × (평균시가 − 행사가)/평균시가	ZERO(0)
신주인수권부사채		'할증금' 상각액 × (1 − t) (주로 0)

잠재적 보통주로 인해 분자와 분모에 가산하는 금액은 '실제로는 보통주가 아니지만, 보통주가 되었다고 가정했을 때' 증가하는 보통주 귀속 당기순이익과 증가하는 n이다.

1. 전환우선주 및 전환사채: 전환가정법

전환우선주와 CB는 우선주 혹은 사채가 보통주로 전환한다. 실제로는 전환이 이루어지지 않았지만, 희석 EPS 계산 시에는 전환이 이루어졌다고 가정한다. (전환가정법) 따라서 기초부터 있었다면 기초에 전환하였다고 가정하고, 기중에 발행했다면 발행하자마자 전환하였다고 가정하여 전환우선주나 CB로 전환할 수 있는 보통주만큼 분모를 증가시킨다.

2. 신주인수권, BW

신주인수권, BW의 의미는 각각 다음과 같다.

> (1) 신주인수권: 행사가격을 납입하고 주식을 살 수 있는 권리 (=콜옵션)
> (2) 신주인수권부사채(BW): 신주인수권이 '붙어있는(附, 붙을 부)' 사채

위 두 가지 모두 현금을 납입하고 주식을 살 수 있는 권리(신주인수권)를 내포하고 있다. 따라서 권리를 행사하였다고 가정한다면 현금이 납입되어야 한다. 하지만 권리 행사는 가정일 뿐, 실제로 현금이 납입된 것은 아니기 때문에, 행사를 하여 납입된 현금으로 시장에서 시가로 주식을 샀다고 가정한다. 따라서 분모에 가산하는 주식 수를 식으로 표현하면 다음과 같다.

> 분모에 가산하는 주식 수
> = 권리 행사 시 증가 주식 수 − 시가로 구입한 주식 수 ··· ①
> = 권리 행사 시 증가 주식 수 − 현금 유입액/평균시가 ··· ②
> = 권리 행사 시 증가 주식 수 − 권리 행사 시 증가 주식 수 × 행사가/평균시가 ··· ③
> = 권리 행사 시 증가 주식 수 × (평균시가 − 행사가)/평균시가 ··· ④

① 미행사한 잠재적 보통주의 권리를 행사할 경우 주식 수가 증가하지만, 권리 행사 시 현금 유입액 만큼 주식을 다시 사들인다고 가정하므로 시가로 구입한다고 가정한 주식만큼 n이 감소한다.

② 희석 eps 계산 시 현금 유입액으로 1년 내내 고르게 주식을 샀다고 가정하므로 '시가로 구입한 주식 수' 자리를 '현금 유입액/평균시가'로 바꿔 쓸 수 있다.

③ 주식 1주를 행사할 때마다 행사가격만큼 현금이 유입되므로, 현금유입액을 '권리 행사 시 증가 주식 수 × 행사가'로 바꿔 쓸 수 있다.

④ 권리 행사 시 증가 주식 수를 앞으로 빼면 ④번식으로 정리할 수 있다.

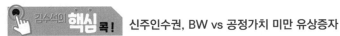 신주인수권, BW vs 공정가치 미만 유상증자

신주인수권, BW 존재 시 희석 EPS 분모에 가산할 주식 수	FV 미만 유상증자 시 무상증자로 보는 주식 수
권리 행사 시 증가 주식 수 × (평균시가 − 행사가)/평균시가	증자 주식 수 × (공정가치 − 발행가액)/공정가치

신주인수권, BW 존재 시 분모에 가산할 주식 수는 공정가치 미만 유상증자 시 무상증자로 보는 주식 수와 식이 비슷하다. 평균시가 및 공정가치가 분모와 분자에 온다는 것을 기억하자. 이 가격들이 실제로 시장에서 거래되는 가격이므로 이를 기준으로 계산한다고 기억하면 식을 헷갈리지 않을 것이다.

3 잠재적 보통주로 인한 '분자' 조정 사항

	분모	분자
전환우선주	기초(or 발행일) 전환 가정 (전환가정법)	전환 가정 시 안 주는 배당금
전환사채		이자비용 × (1 − t)
신주인수권	권리 행사 시 증가 주식 수 × (평균 시가 − 행사가)/평균시가	ZERO(0)
신주인수권부사채		'할증금' 상각액 × (1 − t) (주로 0)

(t = 법인세율)

1. 전환우선주: 전환 가정 시 안 주는 배당금

기본 EPS 계산 시 NI에서 우선주 배당금을 차감한 금액이 분자가 된다. 전환우선주는 전환 시 보통주가 되기 때문에 전환했다고 가정하면 우선주 배당금을 받을 수 없다. 따라서 전환 가정 시 안 주는 우선주 배당금을 분자에 가산한다.

2. CB: 이자비용×(1−t)

전환사채는 보통주로 전환 시 사채가 없어진다. 사채가 없어지므로 사채로 인해 인식할 이자비용만큼 비용이 감소한다. EPS 문제에서는 법인세율(t)을 제시하므로 세후이자비용(=이자비용×(1−t))을 분자에 가산하면 된다.

3. 신주인수권: ZERO(0)

신주인수권(콜옵션)은 행사하더라도 현금이 납입되면서 자본금, 주발초가 증가할 뿐 회사의 비용과 무관하다. 따라서 분자에서 조정할 금액은 없다.

4. BW: '할증금' 상각액×(1−t)

BW에서 배웠듯, BW는 신주인수권을 행사하더라도 사채가 사라지지 않는다. 사라지는 것은 상환할증금 뿐이다. 따라서 행사 시 할증금 상각액에 (1−t)를 곱한 만큼 비용이 줄기 때문에, 할증금 상각액×(1−t)을 분자에 가산한다. 하지만 대부분의 1차 문제에서는 '상환할증금 미지급조건' BW를 제시한다. 상환할증금 미지급조건이라면 할증금이 없으므로 분자에 가산할 금액은 없다.

4 잠재적보통주가 여러 개일 때 ★중요!

	분자	분모	EPS	희석여부
기본	2,000,000	10,000	200	
신주인수권	0	100	0	O
BW	2,000,000	10,100	198	
	1,400,000	10,000	140	O
전환우선주	3,400,000	20,100	169(희석 EPS)	
	720,000	750	960	X

기본 EPS의 분자와 분모를 적고, 기본 EPS(200)를 계산한다. 그 밑에 잠재적 보통주의 분자, 분모 조정사항을 적는다. 조정 사항을 더한 분자, 분모를 계산하여 EPS(198)를 계산하고, 그 뒤에 조정 사항을 또 더해서 EPS(169)를 다시 계산하면 된다.

1. 잠재적보통주가 여러 개일 때 희석 순서: 희석효과가 가장 큰 것부터!

이처럼 잠재적보통주가 여러 개일 때에는 희석효과가 가장 큰 잠재적보통주부터 희석한다. 위 사례에서는 '신주인수권〉BW〉전환우선주'의 순서로 희석한다.

2. 반희석 효과 발생 시 희석 중단! ★중요!

만약 계속해서 희석하다가 반희석 효과가 발생하면 더 이상 희석을 하지 않는다. 위 사례에서 마지막 전환우선주까지 희석하게 되면 희석 EPS는 198(=4,120,000/20,850)이 되어 전환우선주를 희석하기 전의 EPS인 169보다 커진다. 따라서 희석 EPS는 169이다.

 **희석과 반희석에 대한 이해**

> 희석은 '술에 물을 타는 것'으로 이해하면 쉽다. 김수석이 술자리에서 보드카(40도)를 받았는데 너무 도수가 세서 다른 걸 타서 도수를 '최대한' 낮추려는 상황이라고 가정하자. 테이블에 있는 건 소주(20도), 맥주(5도), 사이다(0도)이다.
>
> 여기서 가장 먼저 탈 것은 당연히 사이다이다. 사이다를 타서 도수가 30도까지 내려갔다고 하자. 여기서 도수를 더 낮추려면 그 다음으로 도수가 낮은 맥주를 타야 한다. 맥주를 탔더니 도수가 15도가 되었다. 여기에 소주를 더 타면 도수가 올라가게 된다. 따라서 김수석은 소주를 타지 않고 그냥 마신다. 여기서 소주가 보여주는 것이 '반희석 효과'이다. 희석 EPS는 잠재적 보통주의 행사로 '가장 낮아질 수 있는 EPS'를 의미한다. 따라서 희석효과가 가장 큰(=도수가 가장 낮은) 잠재적 보통주부터 반영하다가, 반 희석 효과가 발생하는 순간 그만 타는 것이다.

 신주인수권이 있다면 무조건 신주인수권부터 탈 것!

신주인수권은 관련 비용이 없기 때문에 분자에서 조정할 것이 없다. 따라서 신주인수권의 '분자/분모'는 무조건 0이다. 신주인수권은 사이다라고 생각하고, 무조건 1순위로 타면 된다.

 희석EPS를 계산해보지 않고도 희석효과를 판단하는 방법

	분자	분모	EPS	희석여부
기본	A	B	X	X〉Y : O
잠재적 보통주	C	D	Y	X〈Y : X
	A + C	B + D	Z	

기본 EPS를 'A/B = X'라고 해보자. 여기에 잠재적 보통주의 효과를 반영하면 희석 EPS가 '(A+C)/(B+D) = Z'가 된다고 하자. 우리는 굳이 Z를 계산해보지 않고도 'C/D = Y'를 먼저 계산해보면 희석효과를 판단할 수 있다. 'X〉Y'이면 희석이 되므로 반영해야 하고, 'X〈Y'이면 반희석 효과가 발생하여 반영하면 안 된다. 이유가 궁금하다면 유튜브에 '가비의 리'를 검색해보자.

예제

01 다음은 (주)한국의 20X2년도 주당이익과 관련된 자료이다.

- 당기순이익은 ₩21,384이고, 기초의 유통보통주식수는 100주이며 기중 변동은 없었다.
- 20X1년초 전환사채를 발행하였으며, 전환권을 행사하면 보통주 20주로 전환이 가능하다. 20X2년도 포괄손익계산서의 전환사채 관련 이자비용은 ₩5,250이며, 법인세율은 20%이다. 20X2년말까지 행사된 전환권은 없다.
- 20X1년초 신주인수권 20개를 발행하였으며, 신주인수권 1개당 보통주 1주의 취득(행사가격 ₩3,000)이 가능하다. 20X2년 중의 보통주 평균시가는 주당 ₩5,000이다.

20X2년도 (주)한국의 포괄손익계산서상 희석주당이익은? 단, 가중평균유통보통주식수는 월할로 계산하며, 단수차이로 인해 오차가 있다면 가장 근사치를 선택한다.   2017. CPA

① ₩178   ② ₩183   ③ ₩198

④ ₩200   ⑤ ₩208

해설

01.
N = 100 (기초부터 변동 없음)

잠재적 보통주가 EPS에 미치는 영향

	분자	분모	EPS	희석여부
기본	21,384	100	214	
신주인수권	0	8[1]	0	O
	21,384	108	198	
전환사채	5,250 × 0.8 = 4,200	20	210	X

[1]신주인수권 분모 조정 사항: 20 × (5,000 − 3,000)/5,000 = 8

전환사채의 EPS(210)가 전환사채를 희석하기 전의 EPS(198)보다 더 크므로 반희석 효과가 생긴다. 신주인수권까지만 타야 된다. 전환사채까지 희석하게 되면 EPS는 200(= 25,584/128)으로 198보다 더 커진다. 굳이 200을 계산해보지 않고도 전환사채의 분자, 분모 조정 사항만 이용해도 희석여부를 판단할 수 있다.

답 ③

02 20X1년 초 현재 (주)대한이 기발행한 보통주 10,000주(주당 액면금액 ₩100)가 유통 중에 있으며, 자기주식과 우선주는 없다. 20X1년 중에 발생한 거래는 다음과 같다.

> - 20X1년 1월 1일에 발행된 상환할증금 미지급조건의 신주인수권부사채의 액면금액은 ₩1,000,000이고, 행사비율은 사채액면금액의 100%로 사채액면 ₩500당 보통주 1주(주당 액면금액 ₩100)를 인수할 수 있다. 20X1년도 포괄손익계산서의 신주인수권부사채 관련 이자비용은 ₩45,000이며, 법인세율은 20%이다. 한편 20X1년 (주)대한의 보통주 평균시장가격은 주당 ₩800이며, 20X1년 중에 행사된 신주인수권은 없다.
> - 20X1년 3월 1일에 보통주 3,000주의 유상증자(기존의 모든 주주에게 부여되는 주주우선배정 신주 발행)를 실시하였는데, 유상증자 직전의 보통주 공정가치는 주당 ₩3,000이고, 유상증자 시점의 발행가액은 주당 ₩2,500이다.
> - 20X1년 7월 1일에 취득한 자기주식 500주 중 300주를 3개월이 경과한 10월 1일에 시장에서 처분하였다.

(주)대한이 20X1년도 당기순이익으로 ₩4,000,000을 보고한 경우, 20X1년도 희석주당이익은 얼마인가? 단, 가중평균유통보통주식수는 월할로 계산하며, 단수차이로 인해 오차가 있다면 가장 근사치를 선택한다.

2020. CPA

① ₩298　　② ₩304　　③ ₩315　　④ ₩323　　⑤ ₩330

해설

02.

N = 12,392

	1.1	3.1	7.1	10.1	계
공정가치 미만 유상증자 가중평균	10,000 × 1.04 × 12/12	2,500 × 1.04 × 10/12	(500) × 6/12	300 × 3/12	
	10,400	2,167	(250)	75	12,392

무상증자로 보는 주식 수 = 3,000 × (3,000 − 2,500)/3,000 = 500주
유상증자로 보는 주식 수 = 3,000 − 500 = 2,500주
무상증자율: 500/(10,000 + 2,500) = 0.04

잠재적 보통주가 EPS에 미치는 영향

	분자	분모	EPS	희석여부
기본 BW	4,000,000 0	12,392 750	323 0	 O
	4,000,000	13,142	304	

(1) BW 분자: 상환할증금 미지급조건이므로 분자에서 조정할 금액은 없다.
(2) BW 분모: 1,000,000/500 × (800 − 500)/800 = 750
 − 행사가: 사채 액면 ₩500당 보통주 1주를 지급하고, 행사비율이 사채액면금액의 100%이므로, 보통주 1주 인수하기 위한 행사가는 500 × 100% = 500이다.

답 ②

주당순이익 말문제

1 우선주 배당금

1. 누적적 우선주와 비누적적 우선주: 누적, 비누적 모두 1년치만 차감함.

> ① 비누적적: 당기에 '배당결의 된 것만' 차감
> ② 누적적: '배당 결의와 무관하게' 당기 배당금만 차감 ★중요!

누적적 우선주는 특정 연도에 배당을 지급하지 않은 경우 이를 누적하여 나중에 같이 지급하는 우선주를 의미한다. 1)당기에 배당을 지급하지 않았건, 2)누적된 배당을 올해 같이 지급했건 상관없이 1년치 배당금만 차감한다.

2. 기중에 발행한 우선주

> ① 기산일이 기초: 1년치 배당금 전부 지급
> ② 배당의 기산일은 납입일이며, 무상신주 등은 원구주를 따른다: 우선주 배당금 월할상각

기중에 우선주를 발행한 경우 우선주에 대해서 1년치 배당금을 줄 수도 있고, 발행일부터 월할상각한 배당금만 지급할 수도 있다. 이는 문제의 가정에 따라 달라진다.
배당의 기산일이 기초라면 기중에 발행되었더라도 기초부터 존재한 우선주로 보고 1년치 배당금을 전부 지급한다. 만약 배당의 기산일이 납입일이면 납입일부터 월할상각한 배당금만 지급한다.

3. 할증배당우선주

할증배당우선주의 할인(or 할증)발행차금 상각액은 우선주배당금에 가산(or 차감)한다. 할증배당우선주의 상각액은 배당으로 보아 이자비용이 아니라 이익잉여금에 직접 가감한다.

(1) 할인 발행

발행 시	현금	XXX	우선주자본금	XXX
	할인발행차금	XXX		
상각 시	이익잉여금	XXX	할인발행차금	XXX

할증배당우선주의 할인 발행 후 유효이자율 상각 시 할인발행차금을 감소시키면서 이익잉여금에 차감하므로 배당금에 가산한다.

(2) 할증 발행

발행 시	현금	XXX	우선주자본금	XXX
			할증발행차금	XXX
상각 시	할증발행차금	XXX	이익잉여금	XXX

할증배당우선주의 할증 발행 후 유효이자율 상각 시 할증발행차금을 감소시키면서 이익잉여금에 가산하므로 배당금에서 차감한다.

4. 우선주 재매입 ★중요! : BV보다 더 준 금액은 우선주 배당금

우선주 재매입 시 주주에게 우선주의 '장부금액'보다 더 준 금액은 우선주 배당금으로 본다. 장부금액은 주주가 최초에 납입한 금액인데, 재매입 시 그보다 더 많이 지급했다면 초과 부분은 사실상 배당이기 때문이다.

5. 부채로 분류되는 상환우선주

일정 조건을 충족하는 상환우선주는 부채로 분류한다. 부채로 분류 시 상환우선주에 대한 배당금은 이자비용으로 처리하므로 이미 당기순이익 계산 시 차감되어 있다. 따라서 상환우선주의 우선주배당금은 당기순이익에서 또 차감하면 안 된다.

2 무상증자 등 자원의 변동이 없는 자본거래: 과거 EPS 소급 재작성

무상증자와 같이 자원의 변동이 없는 자본거래가 발생한 경우 계산문제에서 해당 자본거래 이전에 있던 주식 수에 전부 주식 증가비율 (ex)10% 무상증자 시 1.1)을 곱했었다. 이처럼 소급 적용은 당기뿐만 아니라 비교표시되는 모든 기간에 똑같이 적용된다. 따라서 무상증자 등이 발생하면 과거 EPS도 소급 재작성해야 한다.

3 희석효과의 판단: '계속'영업이익에 대한 희석 여부

희석효과의 판단 기준은 계속영업이익이 희석되는지 여부이다. 계속영업이익이 희석되면 잠재적 보통주를 반영하고, 반희석되면 반영하지 않는다.

위 문장을 보면 '지금까지 계속영업이익이 아닌 당기순이익을 기준으로 문제를 풀지 않았나'하는 의문이 들 것이다. '당기순이익 = 계속영업이익 + 중단사업손익'이다. 계산문제에서는 중단사업손익에 대한 언급이 없었으므로 계속영업이익이 당기순이익과 같다고 가정하고, 당기순이익을 기준으로 계산한 것이다. 말문제에서 계속영업이익이 등장했을 때 틀린 문장으로 고르지 말자.

4 매입옵션: 반희석효과→희석EPS 계산 시 포함 X ★중요!

매입옵션은 기업이 자신의 보통주에 기초하여 매입한 옵션(풋옵션, 콜옵션)을 의미한다. 기업이 보유하는 매입옵션은 반희석효과가 있으므로 희석EPS 계산 시 포함하지 않는다. 이유는 중요하지 않으므로 결론만 외우자.

예제

01 기본주당이익을 계산할 때 보통주에 귀속되는 당기순손익 계산에 대하여 **옳지 않은** 설명은?

2017. CPA 수정

① 누적적 우선주는 배당결의가 있는 경우에만 당해 회계기간과 관련한 세후배당금을 보통주에 귀속되는 당기순손익에서 차감한다.

② 할증배당우선주의 할인발행차금은 유효이자율법으로 상각하여 이익잉여금에 차감하고, 주당이익을 계산할 때 우선주 배당금으로 처리한다.

③ 비누적적 우선주는 당해 회계기간과 관련하여 배당 결의된 세후 배당금을 보통주에 귀속되는 당기순손익에서 차감한다.

④ 잠재적보통주는 보통주로 전환된다고 가정할 경우 주당계속영업이익을 감소시키거나 주당계속영업손실을 증가시킬 수 있는 경우에만 희석성 잠재적보통주로 취급한다.

⑤ 부채로 분류되는 상환우선주에 대한 배당금은 보통주에 귀속되는 당기순손익을 계산할 때 조정하지 않는다.

해설

01.
누적적 우선주의 배당금은 '배당결의 여부와 관계없이' 당해 배당금을 보통주 귀속 당기순손익에서 차감한다.

② 할증배당우선주의 할인발행차금 상각액은 이자비용이 아닌 우선주 배당금으로 처리한다. (O)
③ 누적적, 비누적적 모두 '1년치만' 차감한다. (O)
④ 희석효과의 판단 기준은 '계속영업이익'이 희석되는지 여부이다. 맞는 문장이다. 당기순이익이 아니라는 것을 주의하자. (O)
⑤ 상환우선주가 부채로 분류될 경우 배당금은 이자비용으로 분류되므로 당기순이익에서 차감할 필요가 없다. (O)

답 ①

02 주당이익 계산과 관련된 다음의 설명 중 옳은 것은? 2012. CPA 수정

① 기업이 자신의 보통주에 기초한 풋옵션이나 콜옵션을 매입한 경우 반희석 효과가 있으므로 희석주당이익의 계산에 포함하지 아니한다.

② 기본주당이익 계산을 위한 가중평균유통보통주식수 산정시 당기중에 유상증자와 주식분할로 증가된 보통주식은 그 발행일을 기산일로 하여 유통보통주식수를 계산한다.

③ 희석주당이익 계산시 당기중에 발행된 잠재적보통주는 보고기간 초부터 희석주당 계산식의 분모에 포함한다.

④ 기업이 공개매수 방식으로 우선주를 재매입할 때 우선주의 장부금액이 우선주의 매입을 위하여 지급하는 대가의 공정가치를 초과하는 경우 그 차액을 지배기업의 보통주에 귀속되는 당기순손익을 계산할 때 차감한다.

⑤ 기업이 여러 종류의 잠재적보통주를 발행한 경우에는 특정 잠재적보통주가 희석효과를 가지는 지 판별하기 위해 모든 잠재적보통주를 고려하며, 기본주당이익에 대한 희석효과가 가장 작은 잠재적보통주부터 순차적으로 고려하여 희석주당이익을 계산한다.

해설

02.
① 매입옵션은 반희석 효과가 발생하므로 희석 EPS 계산 시 고려하지 않는다. (O)
② 주식분할은 자본 변동이 없으므로 발행일이 아닌 소급 적용하여 n을 계산한다. (X)
③ 당기 중에 발행된 잠재적보통주는 '발행일부터' 분모에 포함한다. (X)
④ 우선주의 공정가치가 장부금액을 초과하는 금액을 차감한다. 공정가치와 장부금액의 위치가 바뀌었다. (X)
⑤ 희석효과가 가장 '큰' 잠재적보통주부터 순차적으로 고려한다. (X)

답 ①

김용재 패턴
회 계 학
중급회계편

회계변경 및 오류수정은 회계변경과 오류수정이라는 2개의 주제로 이루어져 있다. 회계변경 및 오류수정은 회계사 1차 시험에서 매년 평균적으로 1문제가량 출제되며, 회계변경보다는 오류수정의 출제빈도가 높다.

13

회계변경 및 오류수정

1 회계변경 및 오류수정

구분		처리방법	사례
회계변경	회계추정의 변경	전진법	감가상각요소의 변경
	회계정책의 변경		원가흐름의 가정(재고) 변경
오류수정	자동조정오류	소급법	발생주의 회계처리, 재고 오류
	비자동조정오류		감가상각 오류

본 장은 '회계변경'과 '오류수정' 두 주제로 이루어져 있다. 회계변경은 회계추정의 변경과 회계정책의 변경으로 나뉜다. 오류수정은 자동조정오류와 비자동조정오류로 나뉜다.

2 회계추정의 변경: 전진법

회계추정의 변경은 이전에 추정했던 사항들이 새로운 정보나 상황에 따라 변경되는 것을 말한다. 회계추정의 변경은 전진법을 적용한다. 전진법은 과거의 회계처리는 손대지 않은 채로 변경사항을 '전진적으로' 반영하는 것이다. 대표적인 예로 감가상각요소(취득원가, 내용연수, 잔존가치, 상각방법)의 변경이 있다. '패턴 7 감가상각'에서 감가상각의 변경에 대해 배운 바 있다. 감가상각요소가 변경되었을 때 과거의 감가상각을 전혀 수정하지 않았다. 이것이 전진법이다. 본 장에서 구체적인 설명은 생략한다.

3 회계정책의 변경: 소급법

회계정책의 변경은 기업이 적용하던 회계정책을 바꾸는 것을 의미한다. 회계정책의 변경은 원칙적으로 소급법을 적용한다. 소급법이란 과거의 재무제표를 소급하여 재작성하는 것을 의미한다. 회계정책의 변경은 재고자산 원가흐름의 가정(선입선출법, 가중평균법) 변경 위주로 출제된다. 구체적인 소급법 풀이법은 예제를 통해 설명하며, 소급법 풀이법을 이해하기 위해 필요한 개념을 먼저 설명한다.

1. 기말 자산과 당기순이익은 비례

재고자산 (당기)

기초	매출원가 ↓
매입	기말 ↑

당기순이익은 기말 자산과 비례한다. 위 재고자산 T계정을 보자. 기말 재고가 원래보다 증가했다고 치자. 원가흐름의 가정을 바꿨을 수도 있고, 기말 재고의 금액이 과소 평가된 오류를 수정했을 수도 있다. 원인이 무엇이든 관계없이 기말 재고자산이 증가하면 매출원가가 감소한다.

기초 재고자산과 매입은 고정이기 때문에 기말 재고자산의 변화는 전부 매출원가에 반영된다. 기초 재고자산은 전기말 재고자산에서 이월되는 금액이므로 고정이며, 매입액은 실제로 현금을 지급하면서 사온 금액이므로 기말 재고자산의 변동과 무관하다.

기말 재고자산 증가로 인해 매출원가가 감소하면 매출원가는 비용이므로 당기순이익은 증가한다. 따라서 당기순이익은 기말 자산과 비례한다.

2. 기말 자산과 차기 당기순이익은 반비례

재고자산 (당기)   재고자산 (차기)

기초	매출원가		기초 ↑	매출원가 ↑
매입	기말 ↑	↗	매입	기말

당기말 재고자산은 차기초 재고자산과 같다. 당기말(=차기초) 재고자산이 증가하면 차기 매출원가가 증가한다.

차기 기말 재고자산과 매입은 고정이기 때문에 기초 재고자산의 변화는 전부 매출원가에 반영된다. 기초 재고자산은 1년 안에 전부 팔린다고 가정하므로 기초 재고자산의 변동이 기말 재고자산에 미치는 영향은 없으며, 매입액은 실제로 현금을 지급하면서 사온 금액이므로 기초 재고자산의 변동과 무관하다.

당기말(=차기초) 재고자산 증가로 인해 차기 매출원가가 증가하면 매출원가는 비용이므로 차기 당기순이익은 감소한다. 따라서 차기 당기순이익은 기말 자산과 반비례한다.

지금까지 살펴본 기말 자산의 변동이 당기와 차기에 미치는 영향을 요약하면 다음과 같다.

당기	기말 재고자산 증가	매출원가 감소	당기순이익 증가
차기	기초 재고자산 증가	매출원가 증가	당기순이익 감소

3. 기말 부채가 당기와 차기 당기순이익에 미치는 영향: 자산과 반대

앞에서 기말 자산은 당기순이익과 비례하고, 차기 당기순이익과 반비례한다는 결론을 도출하였다. 같은 원리로 부채가 당기순이익에 미치는 영향도 분석할 수 있다.

미지급비용 (차기)			미지급비용 (당기)		
지급	기초	↑	지급	기초	
기말	비용	↓	기말 ↑	비용	↑

이번에는 부채이므로 기초가 원장 대변에 오고, 기말이 원장 차변에 온다. 따라서 오른쪽에 당기 원장을, 왼쪽에 차기 원장을 배치하였으므로 헷갈리지 말자.

당기	기말 부채 증가	비용 증가	당기순이익 감소
차기	기초 부채 증가	비용 감소	당기순이익 증가

기말 부채가 증가하면 비용이 증가하므로 (ex〉 이자비용 / 미지급이자), 당기순이익은 감소한다. 한편, 당기말 부채는 차기초 부채와 같으므로, 차기초 부채가 증가하면 차기 비용은 감소하여(ex〉 미지급이자 / 이자비용) 차기 당기순이익은 증가한다. 따라서 기말 부채와 당기순이익은 반비례하고, 기말 부채와 차기 당기순이익은 비례한다. 자산과 반대라고 생각하면 된다.

사례

(주)대경은 20X2년도에 재고자산평가방법을 선입선출법에서 평균법으로 변경하였다. 그 결과 20X2년도의 기초재고자산과 기말재고자산이 각각 ₩22,000과 ₩18,000만큼 감소하였다. 이러한 회계정책변경은 한국채택국제회계기준에 의할 때 인정된다. 만일 회계정책변경을 하지 않았다면 (주)대경의 20X2년 당기순이익은 ₩160,000이고, 20X2년 12월 31일 현재 이익잉여금은 ₩540,000이 된다. 회계정책변경 후 (주)대경의 20X2년 당기순이익과 20X2년 12월 31일 현재 이익잉여금을 계산하면 각각 얼마인가? 단, 법인세 효과는 고려하지 않는다.
2014. CPA 수정

	당기순이익	이익잉여금
①	₩ 120,000	₩ 522,000
②	₩ 156,000	₩ 558,000
③	₩ 156,000	₩ 602,000
④	₩ 164,000	₩ 522,000
⑤	₩ 200,000	₩ 602,000

STEP 1 손익은 기말 자산 변동과 동일

	X1	X2	X3
X1	(22,000)		
X2		(18,000)	

위 손익 변동표는 연도별 '당기순이익'의 변동을 표시한 것이다. 제일 윗줄에 가로로 적은 것은 손익이 '영향을 받는' 연도(결과)를 표시한 것이고, 왼쪽에 세로로 적은 것은 재고자산의 변동이 '발생한' 연도(원인)를 표시한 것이다.

당기순이익은 기말 자산과 비례하므로 기말 자산 변동액을 적어주면 된다. 선입선출법에서 평균법으로 변경하면서 X1말(=X2초) 재고는 22,000 감소하고, X2말 재고는 18,000 감소한다. 해당 내용을 변동이 발생한 연도에 표시한다.

STEP 2 변동액은 부호만 반대로 다음 해에 적기

X1년말 재고 감소는 X2년 매출원가를 감소시켜, X2년 당기순이익 증가로 이어진다. 즉, 기말 자산 변동액은 차기의 당기순이익과 반비례한다. 따라서 전기의 변동액을 금액은 그대로, 부호만 반대로 다음 해에 적으면 된다. Step 1에서 그린 표에 다음과 같이 금액을 추가하면 된다.

	X1	X2	X3
X1	(22,000)	22,000	
X2		(18,000)	18,000

STEP 3 요구사항 구하기 중요!

이제 표를 다 그렸으니, 답을 구할 차례이다. 주로 묻는 사항은 당기순이익, 매출원가, 이익잉여금이다. 변동액만 묻는 경우도 있고, 조정 전 금액을 제시하면서 조정 후 금액을 구하는 경우도 있다. 표에 표시된 것은 '변동액'이다. 조정 후 금액을 물었다면 변동액에 조정 전 금액을 더해야 한다.

| 연도별 변동액 |

	X1	X2	X3
당기순이익	(−) 22,000	(+) 4,000	(+) 18,000
매출원가	(+) 22,000	(−) 4,000	(−) 18,000
기말 이익잉여금	(−) 22,000	(−) 22,000 + 4,000 = (−) 18,000	(−) 22,000 + 4,000 + 18,000 = 0

1. 당기순이익: 해당 연도만 세로로 더하기

예제에서 X2년도의 당기순이익을 물었으므로, X2 아래에 있는 조정 사항을 전부 더하면 X2년 당기순이익 변동분을 구할 수 있다. 22,000−18,000=4,000 증가이다.

2. 매출원가: 당기순이익 부호만 반대로

매출원가와 당기순이익은 반비례하므로, 당기순이익을 부호만 반대로 하면 매출원가에 미치는 영향을 계산할 수 있다.

3. 이익잉여금: Σ당기순이익 ★중요!

	X1	X2	X3
X1	(22,000)	22,000	
X2		(18,000)	18,000
	X3 기초 이잉		X3 당기순이익
	X3 기말 이잉		

이익잉여금은 당기순이익의 누적액이다. X3년초(=X2년말) 이익잉여금 변동액은 X2년까지 변동액을 전부 더하면 된다. 마찬가지로, X3말 이익잉여금 변동액은 X3년까지 변동액을 전부 더하면 된다. 이익잉여금은 시점이 언제이냐에 따라 누적해야 하는 기간이 달라지므로 '몇 년도 말의' 이잉을 물었는지 주의하자.

수정 후 X2년 NI: 160,000+4,000=164,000
수정 후 X2말 이잉: 540,000−18,000=522,000

답 ④

예제

01 (주)세무는 20X1년 설립이후 재고자산 단위원가 결정방법으로 가중평균법을 사용하여 왔다. 그러나 선입선출법이 보다 목적적합하고 신뢰성있는 정보를 제공할 수 있다고 판단하여, 20X4년 초에 단위원가 결정방법을 선입선출법으로 변경하였다. (주)세무가 재고자산 단위원가 결정방법을 선입선출법으로 변경하는 경우, 다음 자료를 이용하여 20X4년도 재무제표에 비교정보로 공시될 20X3년 매출원가와 20X3년 기말이익잉여금은? 2016. CTA

	20X1년	20X2년	20X3년
가중평균법적용 기말재고자산	₩10,000	₩11,000	₩12,000
선입선출법적용 기말재고자산	12,000	14,000	16,000
회계정책 변경 전 매출원가	₩50,000	₩60,000	₩70,000
회계정책 변경 전 기말이익잉여금	100,000	300,000	600,000

	매출원가	기말이익잉여금
①	₩61,000	₩607,000
②	₩61,000	₩604,000
③	₩69,000	₩599,000
④	₩69,000	₩604,000
⑤	₩71,000	₩599,000

해설

01.

	20X1년	20X2년	20X3년
X1년	2,000	(2,000)	
X2년		3,000	(3,000)
X3년			4,000
	기초 이잉: 3,000 증가		NI: 1,000 증가
	기말 이잉: 4,000 증가		

당기순이익에 미치는 영향: 1,000 증가
→ 매출원가에 미치는 영향: 1,000 감소 (부호만 반대로)
X3년말 이익잉여금에 미치는 영향: 4,000 증가

수정 후 매출원가: 70,000 − 1,000 = 69,000
수정 후 이익잉여금: 600,000 + 4,000 = 604,000

답 ④

02 20X1년초에 설립된 (주)백제는 설립일 이후 재고자산 단위원가 결정방법으로 선입선출법을 사용하여 왔다. 그러나 영업환경의 변화로 가중평균법이 보다 더 신뢰성 있고 목적적합한 정보를 제공하는 것으로 판단되어 20X3년초에 재고자산 단위원가 결정방법을 가중평균법으로 변경하였으며, 이와 관련된 자료는 다음과 같다. 선입선출법을 적용한 20X2년도의 포괄손익계산서상 매출원가는 ₩8,000,000이다. (주)백제가 20X3년도에 가중평균법을 소급적용하는 경우, 20X3년도 포괄손익계산서에 비교정보로 공시되는 20X2년도 매출원가는 ₩8,200,000이다. (주)백제가 선입선출법으로 인식한 20X2년초 재고자산은 얼마인가?

2016. CPA

	20X2년초 재고자산	20X2년말 재고자산
선입선출법	?	₩4,000,000
가중평균법	₩3,600,000	₩4,300,000

① ₩3,100,000   ② ₩3,400,000   ③ ₩3,500,000
④ ₩3,700,000   ⑤ ₩4,100,000

해설

02.

	X1	X2
X1 X2	?	(?) 300,000
	기초 이잉	NI (200,000)
	기말 이잉	

FIFO 대비 평균법 적용시 매출원가가 200,000(= 8,200,000 − 8,000,000) 크므로, 정책변경으로 X2년 NI는 200,000 감소한다.

X1년말 재고자산이 X2년 순이익에 미치는 영향: (500,000)

	X1	X2
X1 X2	500,000	(500,000) 300,000
	기초 이잉	NI (200,000)
	기말 이잉	

FIFO 대비 평균법의 재고자산이 500,000 더 크므로 FIFO 기준 X2년초 재고자산은 3,100,000이다.

 ①

1 오류수정: 자동조정오류와 비자동조정오류

구분		처리방법	오류 사례
오류수정	자동조정오류	소급법	재고자산 오류, 발생주의 오류
	비자동조정오류		사채 오류, 유형자산 오류

오류수정은 별다른 수정분개 없이도 오류가 자동으로 수정되는지 여부에 따라 자동조정오류와 비자동조정오류로 구분된다. 자동조정오류는 2년이 지나면 수정분개를 하지 않아도 알아서 오류가 조정된다. 자동조정오류로는 재고자산의 오류와 발생주의 오류에 대해 다룰 것이다.

반면, 비자동조정오류는 별도로 수정분개를 하지 않으면 오류가 수정되지 않는다. 비자동조정오류로는 사채 오류와 상각자산의 오류에 대해 다룰 것이다.

2 재고자산 오류수정

정책변경과 자동조정오류는 문제 풀이 방법이 일치하므로 두 개념을 동일한 것으로 이해해도 무방하다. 재고자산 오류는 정책변경에서 배운 재고자산 원가 흐름의 가정 변경과 동일하게 풀면 된다.

3 발생주의 오류수정

선수수익, 미수수익, 미지급비용, 선급비용 등의 이연항목들을 발생주의에 따라 인식하지 않고, 현금주의 등으로 손익을 인식한 경우 오류가 발생한다. 이러한 발생주의 오류는 자동조정오류로 다음 기에 바로 조정된다. 앞서 배웠던 소급법과 동일하게 당기 변동분을 차기에 부호만 반대로 적으면 된다.

사례

(주)한국의 2016년 회계오류 수정 전 법인세비용차감전순이익은 ₩300,000이다. 회계오류가 다음과 같을 때, 회계오류 수정 후 2016년도 법인세비용차감전순이익은? 2016. 국가직 7급 수정

회계오류 사항	2015년	2016년
기말재고자산 오류	₩8,000 과소계상	₩4,000 과대계상
기말미지급이자 오류	₩3,000 과소계상	₩2,000 과소계상

① ₩287,000   ② ₩288,000   ③ ₩289,000   ④ ₩290,000

답 ③

	15	16
수정 전 EBT[1]		300,000
재고자산 – 15`	8,000	(8,000)
재고자산 – 16`		(4,000)
미지급이자 – 15`	(3,000)	3,000
미지급이자 – 16`		(2,000)
수정 후 EBT[1]		289,000

[1]EBT: 법인세비용차감전순이익.

'EBT = NI + 법인세비용'의 관계가 있다. 당기순이익(NI)은 법인세비용을 차감한 세후이익이므로, '오류수정 효과 × (1 − 법인세율)'을 해야 당기순이익에 미치는 정확한 영향을 구할 수 있다. 따라서 법인세비용 차감전 세전이익을 물어봄으로써 법인세를 고려하지 않아도 되게끔 하는 출제 상의 기법이다. 법인세 회계 문제가 아니라면 법인세는 무시하므로 수험생은 그냥 당기순이익에 미치는 영향을 구하면 된다.

(1) 재고자산 오류

자산의 오류를 수정하면 이익도 같은 금액만큼 변한다. 15년 말 재고가 8,000 과소계상이므로 재고를 8,000 증가시키면 매출원가가 감소하여 15년 이익도 8,000 증가한다.

15년 말 재고가 8,000 증가하면 16년 초 재고도 8,000 증가하여 16년 매출원가가 8,000 증가하고, 16년 이익은 8,000 감소한다.

추가로, 16년 말 재고가 4,000 과대계상이므로 재고를 4,000 감소시키면 매출원가가 증가하여 16년 이익도 4,000 감소한다.

(2) 미지급이자 오류

부채의 오류 금액만큼 반대 방향으로 이익을 조정하면 된다. 15년 말 미지급이자가 3,000 과소계상이므로 미지급이자를 3,000 증가시키면 이자비용이 증가하여 15년 이익은 3,000 감소한다.

15년 말 미지급이자가 3,000 증가하면 16년 초 미지급이자도 3,000 증가하여 16년 이자비용이 3,000 감소하고, 16년 이익은 3,000 증가한다.

추가로, 16년 말 미지급이자가 2,000 과소계상이므로 미지급이자를 2,000 증가시키면 이자비용이 증가하여 16년 이익은 2,000 감소한다.

연도별 이자비용〉

	회사 회계처리		올바른 회계처리		수정분개 = 올바른 − 회사	
	15	16	15	16	**15**	**16**
15	–	(3,000)	(3,000)	–	**(3,000)**	**3,000**
16		–		(2,000)		**(2,000)**

회사는 15년도와 16년도 모두 미지급이자를 과소계상하였다. 발생주의에 따라 15년도와 16년도에 미지급이자를 적절히 계상하면 이자비용이 각각 3,000과 2,000이 계상되어야 한다. 하지만 회사는 현금주의에 따라 16년도와 17년도에 실제로 이자 지급 시에 비용처리를 했을 것이므로, 15년과 16년에는 각각 0과 3,000을 비용처리 하였을 것이다. 선수수익, 미수수익, 미지급비용, 선급비용 등의 이연항목은 문제에 언급이 없다면 일반적으로 1년 뒤에 전부 손익화된다. 15년 말 미지급이자는 회사가 16년에 지급하면서 16년에 비용으로 인식했다고 본다.

따라서 15년도에는 순이익 3,000을 줄이고, 16년도에는 15년에 계상되었어야 할 이자비용 3,000을 부인한 뒤, 16년 말 미지급이자를 계상하면서 순이익 2,000을 줄인다.

참고〉 수정분개

	15				16			
재고 – 15`	재고자산	8,000	매출원가	8,000	매출원가	8,000	재고자산	8,000
재고 – 16`					매출원가	4,000	재고자산	4,000
이자 – 15`	이자비용	3,000	미지급이자	3,000	미지급이자	3,000	이자비용	3,000
이자 – 16`					이자비용	2,000	미지급이자	2,000

16년 이자 기말수정분개에 대한 이해〉

① 기초 오류 전부 제거 후 수정분개				② 기말 – 기초 오류 차액만 인식			
미지급이자	3,000	이자비용	3,000	미지급이자	1,000	이자비용	1,000
이자비용	2,000	미지급이자	2,000				

원래 미지급이자와 관련된 16년 회계처리는 ②번 회계처리이다. 15년에 기말 미지급이자가 3,000 과소계상되어 있으므로 15년 말에 '이자비용 3,000 / 미지급이자 3,000'을 하였다. 수정 전에 16년 말 미지급이자가 2,000 과소계상인데, 15년 말 수정분개를 통해 3,000을 늘렸으므로 1,000 과대계상된 상태이다. 따라서 ②번 회계처리를 통해 미지급이자 1,000을 감소시키는 회계처리가 필요하다. 그런데 이렇게 차액만으로 회계처리를 하는 것보다, 전기말의 기말수정분개를 전부 없앤 뒤, 당기말의 기말수정분개를 새로 인식하는 ①번의 회계처리를 추천한다. 이게 손익변동표의 원리에 따른 수정분개이다.

4 사채 할인(할증)발행차금 상각액 오류수정

발생주의 계정과목(미지급비용, 선급비용, 미수수익, 선수수익)은 전부 자동조정오류에 해당하지만, 사채의 할인(할증)발행차금 상각액 오류는 사채의 만기가 도래하기 전에는 바로 없어지지 않기 때문에 비자동조정오류에 해당한다. 앞의 사례처럼 단순히 미지급이자를 계상하지 않은 경우에는 자동조정오류이므로 당기에 비용을 인식하고, 차기에 금액은 그대로 부호만 반대로 비용을 부인하면 되지만, 예제 1, 2번처럼 상각액의 차이는 비자동조정오류이므로 회사의 이자비용과 올바른 이자비용을 계산하여 그 차이 부분만을 조정해주어야 한다. 상각액의 차이는 다음 페이지에 있는 예제 1, 2번을 이용해서 설명한다.

예제 1, 2번의 연도별 이자비용〉 비자동조정오류

회사 회계처리		올바른 회계처리		수정분개 = 올바른 - 회사	
X0	X1	X0	X1	X0	X1
(1,000)	(1,000)	(1,142)	(1,159)	(142)	(159)

회사가 액면이자만큼만 이자비용을 인식했으므로, 사할차 상각액만큼 추가로 이자비용을 인식해주어야 한다.

	회사				올바른 회계처리			
X1	이자비용	1,000	현금	1,000	이자비용	1,142	현금	1,000
							사할차	142
X2	이자비용	1,000	현금	1,000	이자비용	1,159	현금	1,000
							사할차	159

	수정분개			
X1	이자비용	142	사할차	142
X2	이자비용	159	사할차	159

예제

※ 다음의 자료를 이용하여 문제 1번과 문제 2번에 답하시오.

다음은 유통업을 영위하고 있는 (주)갑의 회계감사인이 20X1년도 재무제표에 대한 감사과정에서 발견한 사항이다. (주)갑의 회계변경은 타당한 것으로 간주하고, 회계정책의 적용효과가 중요하며, 오류가 발견된 경우 중요한 오류로 본다. 차입원가를 자본화할 적격자산은 없고, 법인세효과는 고려하지 않는다. 또한 계산결과 단수차이로 인해 답안과 오차가 있는 경우 근사치를 선택한다.

- (주)갑은 20X0년 1월 1일에 액면금액이 ₩10,000이고, 이자율이 연 10%인 3년 만기의 사채를 ₩9,520에 발행하였다. 이자지급일은 매년 말이고, 유효이자율법으로 사채할인발행차금을 상각하며, 사채발행시점의 유효이자율은 연 12%이다. (주)갑은 20X0년도와 20X1년도의 포괄손익계산서에 위 사채와 관련된 이자비용을 각각 ₩1,000씩 인식하였다.
- (주)갑은 20X1년초에 재고자산 단위원가 결정방법을 선입선출법에서 가중평균법으로 변경하였다. (주)갑은 기초와 기말 재고자산금액으로 각각 ₩1,500과 ₩1,100을 적용하여 20X1년의 매출원가를 계상하였다. 선입선출법과 가중평균법에 의한 재고자산 금액은 다음과 같다.

	20X0년초	20X0년말	20X1년말
선입선출법	₩1,000	₩1,500	₩1,400
가중평균법	900	1,700	1,100

01 위의 사항이 재무제표에 적정하게 반영될 경우 비교 표시되는 20X0년말 (주)갑의 재무상태표에 계상될 이익잉여금에 미치는 영향은 얼마인가? 2013. CPA

① ₩342 감소 ② ₩101 감소 ③ ₩42 감소
④ ₩58 증가 ⑤ ₩200 증가

02 위의 사항이 재무제표에 적정하게 반영될 경우 (주)갑의 20X1년도 포괄손익계산서의 당기순이익은 얼마나 감소하는가? 2013. CPA

① ₩101 ② ₩159 ③ ₩359
④ ₩401 ⑤ ₩459

해설

X0말 이잉에 미치는 영향: 58 증가

X1년 NI에 미치는 영향: 359 감소

	W9	X0	X1
이자비용 W9 X0	(100)	(142) 100 200	(159) (200)
조정 사항	X0말 이잉 58		X1 NI (359)

1. 사할차 상각액

회사가 액면이자큼만 이자비용을 인식했으므로, 사할차 상각액만큼 추가로 이자비용을 인식해주어야 한다. 문제에 제시된 '이자율이 연 10%'라는 것은 액면이자율을 의미한다. 문제에서 유효이자율을 따로 주기도 했으며, 문제에서 언급없이 사채의 이자율을 그냥 준다면 액면이자율을 의미한다.

– X0년도 사할차 상각액: 9,520 × 12% – 1,000 = 142

– X1년도 사할차 상각액: (9,520 + 142) × 12% – 1,000 = 142 × 1.12 = 159

2. 재고자산 정책변경

선입선출법에서 가중평균법으로 변경하였으므로 재고자산의 차액을 반영하면 된다. 이때, X1년말 금액은 조정하지 않는다. 이미 X1년 기말 재고자산을 1,100으로 적용하여 매출원가를 계상했기 때문이다. 회사가 이미 정책변경 후의 금액으로 처리했으므로 추가로 조정해주면 안 된다.

답 01 ④, 02 ③

비자동조정오류

비자동조정오류는 자본적지출을 전액 비용화한 경우, 혹은 수익적 지출을 전액 자산화한 뒤 상각한 경우가 주로 출제된다. 각 상황별로 수정분개는 다음과 같다.

구분		올바른	회사	수정분개
자본적 지출	지출 시	자산	비용	비용 부인
	감가상각	O	X	감가상각비 인식
수익적 지출	지출 시	비용	자산	비용 인식
	감가상각	X	O	감가상각비 부인

사례

20X2년 말 (주)대한의 외부감사인은 수리비의 회계처리 오류를 발견하였다. 동 오류의 금액은 중요하다. 20X1년 1월 1일 본사 건물 수리비 ₩500,000이 발생하였고, (주)대한은 이를 건물의 장부금액에 가산하였으나 동 수리비는 발생연도의 비용으로 회계처리 하는 것이 타당하다. 20X1년 1월 1일 현재 건물의 잔존내용연수는 10년, 잔존가치는 ₩0이며, 정액법으로 감가상각한다. (주)대한의 오류수정 전 부분재무상태표는 다음과 같다.

구분	20x0년 말	20X1년 말	20X2년 말
건물	₩5,000,000	₩5,500,000	₩5,500,000
감가상각누계액	(2,500,000)	(2,800,000)	(3,100,000)
장부금액	2,500,000	2,700,000	2,400,000

상기 오류수정으로 인해 (주)대한의 20X2년 말 순자산 장부금액은 얼마나 변동되는가? 2020. CPA

① ₩400,000 감소   ② ₩450,000 감소   ③ ₩500,000 감소

④ ₩420,000 감소   ⑤ ₩50,000 증가

STEP 1 연도별 손익 변동표 그리기

	X1	X2
유형자산	(500,000)	
감누	50,000	50,000

정책변경, 자동조정오류, 비자동조정오류 모두 손익변동표를 먼저 그리는 것은 동일하다. 다만, 앞서 배운 정책변경과 자동조정오류는 손익이 바로 다음 기에 부호만 반대로 상쇄되면서 오류를 조정하지 않더라도 2년 후에는 오류가 자동으로 조정된다. 하지만 비자동조정오류는 다음 기가 아니라 해당 자산·부채가 제거될 때 완전히 조정된다.

1. 지출 시점: 자산화 검토
유형자산과 관련된 지출이 비용화 대상인지, 자산화 대상인지 따져보아야 한다. 회사는 장부금액에 가산하였으나, 비용처리하는 것이 타당하므로 X1년도에 비용 500,000을 인식하면서 유형자산을 줄인다.

2. 매년 말: 감가상각비 조정액=지출액/잔존내용연수
매년 말에는 차이가 발생한 부분을 감가상각해야 한다. 취득원가, 내용연수, 상각방법을 확인하여 차이를 상각해주면 된다. 회사는 500,000을 장부금액에 가산한 뒤, 10년 정액법이므로 매년 500,000 × 1/10＝50,000씩 감가상각을 추가로 인식했을 것이다. 따라서 매년 50,000씩 감가상각비를 부인한다. 이때, 잔존가치는 고려하지 않는다. 올바른 회계처리와 회사의 회계처리 사이에는 지출액에 대해서만 차이가 있는 것일뿐, 잔존가치는 똑같이 적용했을 것이기 때문이다.

 재고자산 vs 유형자산

	재고자산 (자동조정오류)	유형자산 (비자동조정오류)
자산 제거 시점	구입 후 1년 뒤	내용연수 말
전년 말 자산과 당기 초 자산이	일치	불일치

재고자산의 오류수정과 유형자산의 오류수정은 두 가지 측면에서 차이가 있다. 첫째, 재고자산 오류는 자동조정오류에 해당하지만, 유형자산 오류는 비자동조정오류에 해당한다. 재고자산은 구입 후 1년 뒤에 처분하기 때문에 1년만 지나면 오류수정분개 없이도 알아서 오류가 '자동으로' 조정된다. 따라서 재고자산 오류는 자동조정오류에 해당한다.

반면, 유형자산은 처분하기 위한 자산이 아니라, 사용하기 위한 자산이다. 유형자산은 내용연수가 지나야 상각을 통해 제거되므로 내용연수가 지나기 전에는 오류수정분개 없이 오류가 자동으로 조정되지 않는다. 따라서 유형자산 오류는 비자동조정오류에 해당한다.

둘째, 재고자산은 전년 말 자산이 당기 초 자산이 되지만, 유형자산은 전년 말 자산과 당기 초 자산이 다르다. 재고자산은 지출이 X0년에 발생하였기 때문에 X0년 말 재고가 X1년 초 재고가 되며, X1년 매출원가에도 영향을 미친다. 따라서 재고자산의 경우 손익변동표에서 X0년말의 오류를 부호만 반대로 X1년에 바로 제거하였다.

반면, 유형자산은 관련 지출이 X1년에 발생하였기 때문에 X0년 말 유형자산 장부금액과 X1년 초 장부금액이 다르며, X1년 지출의 회계처리 오류가 X0년 감가상각비에 영향을 미치지 않는다. 따라서 유형자산의 경우 X1년초에 오류가 있다고 해서 X0년의 손익을 수정하지 않는다.

STEP 2 금액 효과 구하기

	X1	X2
유형자산	(500,000)	
감누	50,000	50,000
	기초 이잉 (450,000)	NI 50,000
	기말 이잉 (400,000)	

1. 당기순이익: 해당 연도만 세로로 더하기

2. 이익잉여금: 당기순이익의 누적액

당기순이익이나 이익잉여금을 묻는다면 앞서 소급법 풀이법에서 배운대로 답하면 된다. 당기순이익은 해당 연도만 세로로 더하면 되고, 이익잉여금은 당기순이익의 누적액이다.

3. 감가상각비: '감누' 오른쪽, 당기 아래에 기록된 금액

감가상각비는 '감누' 오른편, 당기 아래에 기록된 금액으로 답하면 된다. 손익변동표는 '이익(=수익-비용)'에 미치는 영향을 표시한 것이므로, 비용인 감가상각비는 부호를 반대로 답해야 한다. '감누' 오른쪽, 'X2' 아래에 '50,000'이 양수로 표시되어 있는데, 수정분개를 통해 감가상각비는 50,000 감소한다는 뜻이다. 수정 전 감가상각비에서 50,000을 빼면 수정 후 감가상각비를 계산할 수 있다.

4. 감가상각누계액: 감가상각비의 누적액

감가상각누계액은 감가상각비의 누적액이다. 연도별로 인식한 감가상각비를 누적으로 더하면 된다. 감가상각비를 손익변동표에 표시된 금액의 부호 반대로 계산했으므로, 감가상각누계액도 부호 반대로 계산해야 한다. 손익변동표에 X2년 말까지 감누 옆에 표시된 금액의 누적액이 (+)100,000인데, X2년 말 감누를 100,000 감소시켜야 한다.

X2년 말 순자산에 미치는 효과는 X2년 말 자본(=기말 이잉)에 미치는 영향과 일치하므로 400,000 감소이다. 건물은 500,000 감소하면서, 감누는 100,000 감소한다.

 **손익변동표의 부호 해석 방법**

그대로	반대로
자산: 재고자산, 기계장치, 선급비용/미수수익	부채: 감누, 미지급비용/선수수익
수익	비용: 매출원가, 감가비
당기순이익, 이익잉여금	

손익변동표는 '이익(=수익-비용)'에 미치는 영향을 표시한 것이다. 따라서 자산, 수익, 이익, 자본은 손익변동표에 표시된 금액을 그대로 계정의 증감으로 해석하면 되지만, 부채, 비용은 손익변동표에 표시된 금액을 부호 반대로 계정의 증감으로 해석해야 한다.

예를 들어 손익변동표에 '10,000'이 표시된다면 자산, 수익, 이익, 자본의 10,000 증가를 의미하지만, 부채, 비용은 10,000 감소를 의미한다.

 회계처리

비자동조정오류의 회계처리는 앞에서 구한 각 금액들을 분개로 옮기기만 하면 된다.

이때, 이익잉여금을 주의하자. X2년도 회계처리 시에는 아직 X2년도 손익이 마감되기 전이다. 회계처리에 표시되는 이익잉여금은 기초 이익잉여금을 의미한다. 손익 변동표에서 '기초 이익잉여금'에 해당하는 금액으로 회계처리 하면 된다.

X2년도 수정분개〉

감가상각누계액	② 100,000	건물	① 500,000
이익잉여금	④ 450,000	감가상각비	③ 50,000

① X1년 자산화 부인으로 인한 건물 감소를 표시한다.
② 오류수정으로 인해 X2년말 감가상각누계액은 100,000 감소한다.
③ 손익변동표에서 X2 아래에 있는 당기손익 항목은 감가상각비뿐이다. 감가상각비를 50,000 부인한다.
④ X1년까지 변동분의 누적액을 모두 더하면 (450,000)이다. 이익잉여금을 450,000 감소시키면 대차가 일치하면서 수정분개가 끝난다.

답 ①

01 (주)대한은 20X3년 말 장부 마감 전에 과거 3년 간의 회계장부를 검토한 결과 다음과 같은 오류사항을 발견하였으며, 이는 모두 중요한 오류에 해당한다.

- 기말재고자산은 20X1년에 ₩20,000 과소계상, 20X2년에 ₩30,000 과대계상, 20X3년에 ₩35,000 과대계상되었다.
- 20X2년에 보험료로 비용 처리한 금액 중 ₩15,000은 20X3년 보험료의 선납분이다.
- 20X1년 초 (주)대한은 잔존가치없이 정액법으로 감가상각하고 있던 기계장치에 대해 ₩50,000의 지출을 하였다. 동 지출은 기계장치의 장부금액에 포함하여 인식 및 감가상각하여야 하나, (주)대한은 이를 지출 시점에 즉시 비용(수선비)으로 처리하였다. 20X3년 말 현재 동 기계장치의 잔존내용연수는 2년이며, (주)대한은 모든 유형자산에 대하여 원가모형을 적용하고 있다.

위 오류사항에 대한 수정효과가 (주)대한의 20X3년 전기이월이익잉여금과 당기순이익에 미치는 영향은 각각 얼마인가?

2021. CPA

	전기이월이익잉여금	당기순이익
①	₩15,000 감소	₩15,000 감소
②	₩15,000 증가	₩15,000 감소
③	₩15,000 감소	₩30,000 감소
④	₩15,000 증가	₩30,000 감소
⑤	₩0	₩0

해설

01.

	X1	X2	X3
재고자산	20,000	(20,000) (30,000)	30,000 (35,000)
보험료		15,000	(15,000)
유형자산	50,000		
감누	(10,000)	(10,000)	(10,000)
	기초 이잉 15,000		NI (30,000)
	기말 이잉 (15,000)		

1. 보험료

   X3년도 비용이므로 X2년에는 비용을 부인한 뒤, X3년도에 비용을 인식한다.

2. 유형자산

   자산화할 지출을 비용화하였으므로 비용을 부인한 뒤, 잔존내용연수 5년에 나누어 비용으로 인식한다. 문제에서 'X3년 말 현재 잔존내용연수가 2년이다.'라고 제시해주었는데, 상각을 X1년초부터 해야 하므로 잔존내용연수는 5년(2 + 3)이다.

참고 X3년 말 유형자산 수정분개

재고자산과 보험료를 제외한 '유형자산의' 수정분개만 표시하면 다음과 같다.

기계장치	① 50,000	감누	② 30,000
감가상각비	③ 10,000	이익잉여금	④ 30,000

3. 전기이월이익잉여금(=기초 이익잉여금)

   X3년 기초 이익잉여금에 미치는 영향은 X2년까지 표시한 금액을 전부 더하면 구할 수 있다.

   X1년 재고 20,000은 X2년에 어차피 제거되므로 상계하고 계산하는 것이 편하다.

   X3초 이익잉여금에 미치는 영향: − 30,000 + 15,000 + 50,000 − 10,000 − 10,000 = 15,000 증가

4. 당기순이익

   X3년 당기순이익에 미치는 영향은 X3 아래에 표시한 금액을 전부 더하면 구할 수 있다.

   X3년 당기순이익에 미치는 영향: 30,000 − 35,000 − 15,000 − 10,000 = 30,000 감소

 ④

02 (주)대한의 회계담당자는 20X2년도 장부를 마감하기 전에 다음과 같은 오류사항을 발견하였으며, 모두 중요한 오류에 해당한다.

> (1) (주)대한은 20X1년초에 사무실을 임차하고 2년어치 임차료 ₩360,000을 미리 지급하면서 선급임차료로 기록하였다. 이와 관련하여 (주)대한은 20X2년말에 다음과 같이 수정분개하였다.
>   (차) 임차료   360,000   (대) 선급임차료   360,000
> (2) (주)대한은 실지재고조사법을 적용하면서 선적지인도조건으로 매입하여 매기말 현재 운송중인 상품을 기말재고자산에서 누락하였다. 이로 인해 20X0년말의 재고자산이 ₩150,000 과소계상되었으며, 20X1년말의 재고자산도 ₩200,000 과소계상되었다. 과소계상된 재고자산은 모두 그 다음 연도에 판매되었다.
> (3) 20X1년초 (주)대한은 정액법으로 감가상각하고 있던 기계장치에 대해 ₩100,000의 지출을 하였다. 동 지출은 기계장치의 장부금액에 포함하여 인식하여야 하는데, (주)대한은 이를 전액 수선비로 회계처리하였다. 20X2년말 현재 동 기계장치의 잔존내용연수는 3년이다.

위 오류사항에 대한 수정효과가 (주)대한의 20X2년 전기이월이익잉여금과 당기순이익에 미치는 영향은 얼마인가? 단, 법인세 효과는 고려하지 않는다.   2015. CPA

	전기이월이익잉여금	당기순이익
①	₩80,000 증가	₩40,000 감소
②	₩100,000 증가	₩40,000 감소
③	₩80,000 증가	₩220,000 감소
④	₩100,000 증가	₩220,000 감소
⑤	영향없음	영향없음

02.

	X0	X1	X2
임차료		(180,000)	180,000
재고자산	~~150,000~~	~~(150,000)~~ 200,000	(200,000)
유형자산		100,000	
감누		(20,000)	(20,000)
	기초 이잉 100,000		NI (40,000)
	기말 이잉 60,000		

1. 임차료

회사는 X1년도에 비용을 인식하지 않고, X2년도에 2년치 비용을 전부 인식했다. 따라서 X2년에 인식한 비용 중 1년치는 부인하고, X1년도 비용으로 인식해야 한다.

2. 유형자산

자산화할 지출을 비용화하였으므로 비용을 부인한 뒤, 잔존내용연수 5년에 나누어 비용으로 인식한다. X2년 말 현재 잔존내용연수가 3년이므로 X1년 초 잔존내용연수는 5년(3 + 2)이다.

참고 X2년 말 유형자산 수정분개

기계장치	① 100,000	감누	② 40,000
감가상각비	③ 20,000	이익잉여금	④ 80,000

답 ②

60 회계변경 및 오류수정 말문제

1 정책변경 vs 추정변경 사례

정책변경	추정변경
재고자산의 원가흐름 가정 변경 (FIFO↔평균법) 투자부동산 측정기준 변경 (FV모형↔원가모형) 유형자산 측정기준 변경 (재평가모형↔원가모형)	감가상각요소의 변경 (내용연수, 잔존가치, 상각방법) 대손설정률 변경 진행기준 적용 시 진행률 변경 재고자산 진부화에 대한 추정의 변경
애매하면: 추정의 변경으로 본다!	

1. 정책변경: 측정기준의 변경

측정기준의 변경은 평가모형의 변경이라고 이해하면 된다. 어느 기준으로 측정하는지 결정하는 것이 평가모형이기 때문이다. 평가모형은 회사가 임의로 결정하는 것이다. 이를 바꾸는 것은 정책의 변경에 해당하며, 소급법을 적용한다.

2. 추정변경: 회사가 '정하는 것'이 아니라 상황에 따라 '변경되는 것'

회계추정의 변경은 이전에 추정했던 사항들이 새로운 정보나 상황에 따라 변경되는 것을 말한다. 대표적인 추정변경 사례로는 감가상각요소(취득원가, 내용연수, 잔존가치, 상각방법)의 변경이 있다. 감가상각요소는 회사가 정하는 것이 아니라 경제적 사용 정도를 합리적으로 '추정'하는 것이다. 대손설정률 변경, 진행률 변경, 재고 진부화 등도 회사가 '정하는 것'이 아니라 상황에 따라 '변경되는 것'이다. 회사가 통제할 수 없는 것이므로 추정변경 시 전진법을 적용한다.

3. 정책변경과 추정변경을 구분하는 것이 어려운 경우에는 추정변경으로 본다. ★중요!

회계정책의 변경과 회계추정의 변경을 구분하는 것이 어려운 경우 이를 추정의 변경으로 본다. 구분이 어려울 때마다 회계정책의 변경으로 보게 되면 재무제표를 소급 재작성해야 하는 번거로움이 있기 때문에 추정의 변경으로 보아 전진법을 적용한다.

이와 비슷한 내용으로, 무형자산에서 연구단계와 개발단계를 구분하는 것이 어려운 경우 연구단계로 본다는 것을 배운 바 있다. 두 내용 모두 중요한 내용이니 반드시 기억하자.

2 회계정책의 변경에 해당하지 않는 사항

① 과거에 발생한 거래와 실질이 다른 거래에 대하여 다른 회계정책을 적용하는 경우
② 과거에 발생하지 않았거나 발생하였어도 중요하지 않았던 거래에 대하여 새로운 회계정책을 적용하는 경우

위 두 경우는 회계정책 변경에 해당하지 않는 경우들이다. 요약하면 1)과거와 다른 거래, 2)과거에 발생하지 않은 거래에 새로운 정책을 적용하는 것은 정책 변경이 아니라는 것이다. 변경이라는 것은 기존의 것을 '바꾸는' 것인데, 과거에 없던 것을 적용하는 것이므로 변경이 아니라고 이해하면 된다.

3 소급적용의 제한: 적용가능한 때까지 소급적용

① 과거기간
특정기간에 미치는 회계정책 변경(or 오류)의 영향을 실무적으로 결정할 수 없는 경우, 실무적으로 소급적용할 수 있는 가장 이른 회계기간의 자산, 부채 및 자본의 기초금액을 재작성한다(실무적으로 소급재작성할 수 있는 가장 이른 회계기간은 당기일 수도 있음).

② 당기 기초시점
당기 기초시점에 과거기간 전체에 대한 새로운 회계정책 적용(or 오류)의 누적효과를 실무적으로 결정할 수 없는 경우, 실무적으로 적용할 수 있는 가장 이른 날부터 전진적으로 비교정보를 재작성한다.

회계정책의 변경과 오류수정은 모두 소급법을 적용한다. 하지만 그 적용에 제한이 있을 수 있다. 이런 경우 적용 가능한 가장 이른 기간까지 소급적용한다. 위 두 문장은 기준서 원문이다. 두 문장 모두 '소급 적용하되, 못하겠으면 할 수 있을 때까지 최대한 해봐라'라고 규정하고 있다.

예제

01 회계정책, 회계추정의 변경 및 오류에 대한 다음 설명 중 옳지 않은 것은? 　　2018. CPA

① 전기오류의 수정은 오류가 발견된 기간의 당기손익으로 보고한다.

② 전기오류는 특정기간에 미치는 오류의 영향이나 오류의 누적효과를 실무적으로 결정할 수 없는 경우를 제외하고는 소급재작성에 의하여 수정한다.

③ 회계정책의 변경과 회계추정의 변경을 구분하는 것이 어려운 경우에는 회계추정의 변경으로 본다.

④ 당기 기초시점에 과거기간 전체에 대한 새로운 회계정책 적용의 누적효과를 실무적으로 결정할 수 없는 경우, 실무적으로 적용할 수 있는 가장 이른 날부터 새로운 회계정책을 전진적용하여 비교정보를 재작성한다.

⑤ 과거에 발생하였지만 중요하지 않았던 거래, 기타 사건 또는 상황에 대하여 새로운 회계정책을 적용하는 경우는 회계정책의 변경에 해당하지 않는다.

해설

01.
전기오류 수정손익은 이익잉여금으로 보고하여 오류가 '발견된' 기간이 아닌 오류가 '발생한' 시점의 손익으로 보고한다.

④ 정책변경의 누적효과를 결정할 수 없다면, 적용가능한 가장 이른 기간까지 소급적용해야 한다.
　만약 당기 기초에도 누적효과를 결정할 수 없다면, 당기 중에 결정할 수 있는 가장 이른 날부터 '전진' 적용해야 한다. 당기 중에 결정할 수 있는 날은 아직 도래하지 않은 미래이므로 전진 적용이 맞는 표현이다.

답 ①

02 회계변경의 유형(또는 오류수정)과 전기재무제표의 재작성여부에 대한 다음의 문항 중 옳은 것은? 단, 각 항목은 전기 및 당기의 재무제표에 중요한 영향을 준다고 가정한다. 2012. CPA

문항	항목	회계변경의 유형 또는 오류수정	전기재무제표 재작성여부
①	재고자산 단위원가 계산방법을 후입선출법에서 선입선출법으로 변경함	회계추정의 변경	재작성 안함
②	패소의 가능성이 높았고 손해배상금액의 합리적 추정이 가능하였던 소송사건을 우발부채로 주석 공시하였다가 충당부채로 변경함	회계추정의 변경	재작성 안함
③	미래 경제적효익의 변화를 인식하여 새로운 회계처리방법을 채택하였으나 회계정책의 변경인지 추정의 변경인지 분명하지 않음	회계정책의 변경	재작성함
④	장기건설계약의 회계처리방법을 완성기준에서 진행기준으로 변경함	오류수정	재작성 안함
⑤	유형자산의 감가상각방법을 정률법에서 이중체감법으로 변경함	회계추정의 변경	재작성 안함

해설

02.
문제에 등장하는 '전기재무제표 재작성여부'란 소급법 적용 여부를 의미한다. '재작성함'은 소급법을 의미하고, '재작성 안함'은 전진법을 의미한다.
① 오류수정, 재작성함.
  – K – IFRS에서 후입선출법은 허용하지 않기 때문에 후입선출법을 적용한 것은 오류이다.
② 오류수정. 재작성함.
  – 충당부채로 인식할 사항을 우발부채로 공시하였기 때문에 오류이다.
③ 추정변경. 재작성 안 함.
  – 추정변경과 정책변경 중 불분명하면 추정변경으로 본다.
④ 오류수정, 재작성함.
  – 장기건설계약은 진행기준을 적용해야 하나, 완성기준을 적용했으므로 오류이다. 이를 수정하는 것이므로 오류수정이며, 재작성해야 한다.

 답 ⑤

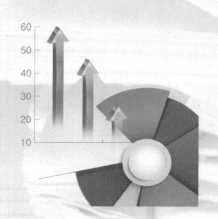

김 용 재 패 턴
회 계 학
중 급 회 계 편

📢 이 장의 출제 뽀인트! ★★

법인세회계는 기업이 납부하는 법인세에 대한 회계처리이다. 본서에서는 법인세법을 안다고 가정하고 법인세회계를 설명할 것이다. 유보 추인과 기타 세무조정을 모르는 학생은 세법을 먼저 공부한 뒤, 본 패턴을 공부하길.

법인세회계는 정말 많은 수험생이 어려워하는 주제이지만, 회계사, 세무사 시험 모두에서 정말 중요한 주제이다. 김수석이 최대한 친절하고 쉽게 기술해놓았으니, 반드시 법인세회계를 정복하길 바란다.

법인세회계

법인세회계-일반형

법인세회계는 바로 사례로 문제 풀이법을 설명한다. 법인세 회계는 구조가 복잡해서 숙달되는 데 시간이 오래 걸리니, 사례를 많이 반복해서 쉽게 문제를 풀 수 있도록 만들자.

사례

다음은 (주)대한의 법인세와 관련된 자료이다.

• 20X2년 세무조정내역

법인세비용차감전순이익	₩1,500,000
세무조정항목 :	
전기 감가상각비 한도초과	(90,000)
과세소득	₩1,410,000

• 세무조정항목은 모두 일시적차이에 해당하고, 이연법인세자산의 실현가능성은 거의 확실하다.
• 20X1년말 이연법인세자산과 이연법인세부채는 각각 ₩65,000과 ₩25,000이다.
• 20X2년 법인세율은 25%이고, 20X3년과 20x4년 이후의 세율은 각각 20%와 18%로 20X2년말에 입법화되었다.
• 20X2년말 현재 미소멸 일시적차이의 소멸시기는 아래와 같다.
감가상각비 한도초과와 토지 건설자금이자는 전기로부터 이월된 금액이다.

일시적차이	20X2년말 잔액	소멸시기
감가상각비 한도초과	₩170,000	20X3년 ₩90,000 소멸 20x4년 ₩80,000 소멸
토지 건설자금이자	(100,000)	20x4년 이후 전액 소멸

(주)대한의 20X2년도 포괄손익계산서에 인식할 법인세비용은?   2018. CPA
① ₩335,000   ② ₩338,100   ③ ₩352,500
④ ₩366,900   ⑤ ₩378,100

연도별 세율 및 EBT 적기

	X2(25%)	X3(20%)	X4~(18%)
EBT	1,500,000		

1. 연도별 세율 표시
문제에서 X2년도 법인세비용을 물었기 때문에, 당기는 X2년이다. 문제에서 X3년, X4년 이후의 세율까지 제시해주었으므로 위처럼 연도 옆에 괄호로 세율을 적자. X4년 이후는 쭉 18%이므로 'X4~'라고 적었다. 세율이 바뀌면 반드시 그 해는 구분해서 적어야 한다. 만약 세율이 전혀 바뀌지 않는다면 '당기'와 '차기~'로만 구분하면 된다.

2. EBT(법인세차감전순이익) 적기
세무조정은 법인세비용차감전순이익(EBT)에서 출발한다. 문제에서도 당기순이익이 아닌 EBT 제시했다. EBT를 당기 아래에 적자.

 세무조정

	X2(25%)	X3(20%)	X4~(18%)
EBT	1,500,000		
감가비 한도초과	(90,000)	(90,000)	(80,000)
건설자금이자			100,000

1. 당기 세무조정
세무조정은 문제에서 시키는대로 하면 된다. X2년에 전기 감가비 한도초과로 손금 산입 90,000이 발생하였으므로 X2 아래에 (90,000)을 적는다.

2. 당기 말 유보 추인
X2년말 감가비 유보 잔액은 170,000인데, X3년에 90,000이, X4년에 80,000이 손금 산입으로 추인된다. 따라서 X3과 X4 아래에 각각 (90,000)과 (80,000)을 적는다. (X2년말 유보 잔액이 170,000이므로, X2년초 유보 잔액은 260,000이었다는 것을 유추할 수 있다)
건설자금이자는 전기로부터 이월된 △유보가 100,000인데, X4년 이후 전액 소멸되므로 X4 아래에 100,000을 적는다.

STEP 3 과세소득과 법인세부담액 계산

	X2(25%)	X3(20%)	X4~(18%)
EBT	1,500,000		
감가비	(90,000)	(90,000)	(80,000)
건설자금이자			100,000
과세소득	1,410,000		
법인세부담액	352,500		

> 과세소득 = EBT±세무조정
> 법인세부담액 = 과세소득 × 당기 세율

세무조정 사항을 EBT에 반영하여 과세소득을 계산한 뒤, 당기 세율을 곱해서 법인세부담액을 구한다. 예제의 법인세부담액은 1,410,000 × 25%=352,500이다.

STEP 4 이연법인세 자산, 부채 계산

	X2(25%)	X3(20%)	X4~(18%)
EBT	1,500,000		
감가비	(90,000)	(90,000)	(80,000)
건설자금이자			100,000
과세소득	1,410,000		
법인세부담액	352,500	(18,000)	(14,400)
			18,000

> (1) 이연법인세부채 = 가산할 일시적차이 × 소멸 시점의 세율 = 100,000 × 18% = 18,000
> (2) 이연법인세자산 = 차감할 일시적차이 × 소멸 시점의 세율
> = 90,000 × 20% + 80,000 × 18% = 32,400

가산할 일시적차이(△유보)는 향후 익금산입으로 미래 과세소득을 증가시켜 법인세를 증가시키므로 부채의 성격을 띈다. 따라서 가산할 일시적차이에 '소멸 시점의' 세율을 곱해 이연법인세부채로 계상한다. 차감할 일시적차이(유보)는 향후 손금산입으로 미래 과세소득을 감소시켜 법인세를 감소시키므로 자산의 성격을 띈다. 따라서 차감할 일시적차이에 '소멸 시점의' 세율을 곱해 이연법인세자산으로 계상한다.

여기서 주의할 점은 표의 양수가 부채, 음수가 자산이라는 것이다. 이익이 클수록 법인세가 증가하기 때문이다.

STEP 5 법인세비용 계산 및 회계처리

1. 기초 제거	이연법인세부채	기초 부채	이연법인세자산	기초 자산
2. 기말 계상	이연법인세자산	기말 자산	이연법인세부채	기말 부채
3. 당기 부채&비용	법인세비용	XXX	당기법인세부채	법인세부담액

1. 기초 이연법인세 자산, 부채 제거

우리가 Step 4에서 계산한 이연법인세 자산, 부채는 '기말' 자산, 부채이다. 따라서 문제에 제시된 기초 이연법인세 자산, 부채를 제거한다.

 **'당기에 설립한', '당기 초에 영업을 시작한': 기초 이연법인세 자산, 부채 0!**

> 문제에서 '당기에 설립한', '당기 초에 영업을 시작한'이라는 키워드가 등장하면 기초 자산, 부채가 없다는 뜻이다. 이 경우 기초 자산, 부채를 제거할 필요 없이, 기말 이연법인세 자산, 부채만 계상하면 된다. 위 표현은 다른 재무회계 문제나 원가회계에서도 자주 등장하는 표현이므로 알아두자. '전기이월 일시적차이는 없다.'라는 문장도 기초 이연법인세 자산, 부채가 없다는 의미이다.

2. 기말 이연법인세 자산, 부채 계상

기초 이연법인세 자산, 부채를 전부 제거하였으므로, Step 4에서 계산한 기말 이연법인세 자산, 부채를 계상하자. 이때, 이연법인세자산, 부채는 회계기준에서 정의하는 조건이 충족되면 서로 상계할 수 있다. 상계 여부와 관계없이 법인세비용은 같으므로 법인세비용을 묻는 문제에서는 상계 여부를 신경 쓸 필요 없다. 이연법인세자산, 부채를 묻는 문제에서만 상계 여부를 신경 쓰면 된다. 상계 조건은 지금은 다루지 않고, 패턴 64에서 다룰 것이다.

3. 당기법인세부채 설정 및 법인세비용 인식

Step 3에서 계산한 법인세부담액은 '올해 내야될 세금'을 의미하며, 미지급법인세 혹은 당기법인세부채로 계상한다. 계정과목은 중요하지 않다. 본서에서는 '당기법인세부채'라는 표현을 쓰겠다. 마지막으로 법인세비용으로 대차차액을 맞춰주면 회계처리가 끝난다. 예제의 회계처리는 다음과 같으며, 예제에서 묻고 있는 법인세비용은 378,100이다.

1. 기초 제거	이연법인세부채	25,000	이연법인세자산	65,000
2. 기말 계상	이연법인세자산	32,400	이연법인세부채	18,000
3. 당기 부채&비용	법인세비용	378,100	당기법인세부채	352,500

법인세 회계가 구조가 복잡해서 숙달되는 데 시간이 오래 걸린다. 예제를 반복해서 아래와 같이
표를 그리고, 회계처리를 할 수 있도록 만들자.

	X2(25%)	X3(20%)	X4~(18%)
EBT	1,500,000		
감가비	(90,000)	(90,000)	(80,000)
건설자금이자			100,000
과세소득	1,410,000		
법인세부담액	352,500	(18,000)	(14,400)
			18,000

 ⑤

예제

01 (주)세무의 20X2년도 법인세 관련 자료가 다음과 같을 때, 20X2년도 법인세비용은? 2022. CTA

- 20X2년도 법인세비용차감전순이익 ₩500,000
- 세무조정사항
  - 전기 감가상각비 한도초과액 ₩(80,000)
  - 접대비한도초과액 ₩130,000
- 감가상각비 한도초과액은 전기 이전 발생한 일시적차이의 소멸분이고, 접대비 한도초과액은 일시적차이가 아니다.
- 20X2년 말 미소멸 일시적차이(전기 감가상각비 한도초과액)는 ₩160,000이고, 20X3년과 20X4년에 각각 ₩80,000씩 소멸될 것으로 예상된다.
- 20X1년 말 이연법인세자산은 ₩48,000이고, 이연법인세부채는 없다.
- 차감할 일시적차이가 사용될 수 있는 과세소득의 발생가능성은 매우 높다.
- 적용될 법인세율은 매년 20%로 일정하고, 언급된 사항 이외의 세무조정 사항은 없다.

① ₩94,000   ② ₩110,000   ③ ₩126,000

④ ₩132,000   ⑤ ₩148,000

01.

	X2(20%)	X3(20%)	X4~(20%)
EBT	500,000		
감가상각비	(80,000)	(80,000)	(80,000)
접대비	130,000		
과세소득	550,000		
법인세부담액	110,000	(16,000)	(16,000)

기말 이연법인세자산 = 16,000 + 16,000 = 32,000

1. 기초 제거	이연법인세부채	–	이연법인세자산	48,000
2. 기말 계상	이연법인세자산	32,000	이연법인세부채	–
3. 당기 부채&비용	법인세비용	126,000	당기법인세부채	110,000

차감할 일시적차이가 사용될 수 있는 과세소득의 발생가능성은 매우 높으므로, 이연법인세자산을 전부 인식한다.

 ③

02 (주)대한의 20X1년도와 20X2년도의 법인세비용차감전순이익은 각각 ₩815,000과 ₩600,000이다. (주)대한의 20X1년과 20X2년의 법인세와 관련된 세무조정사항은 다음과 같다.

항목	20X1년도	20X2년도
감가상각비 한도초과액	₩6,000	–
당기손익–공정가치 측정 금융자산평가이익	2,000	–
제품보증충당부채	–	₩3,000
정기예금 미수이자	–	4,000

20X1년도 세무조정 항목 중 감가상각비 한도초과액 ₩6,000은 20X2년부터 매년 ₩2,000씩 소멸되며, 당기손익–공정가치 측정 금융자산(FVPL 금융자산)은 20X2년 중에 처분될 예정이다.

20X2년도 세무조정 항목 중 제품보증충당부채 ₩3,000은 20X3년부터 매년 ₩1,000씩 소멸되며, 정기예금의 이자는 만기일인 20X3년 3월 말에 수취한다. (주)대한의 20X1년도 법인세율은 30%이며, 미래의 과세소득에 적용될 법인세율은 다음과 같다.

구분	20X2년도	20X3년도 이후
적용세율	30%	25%

(주)대한의 20X2년도 법인세비용은 얼마인가? 단, 20X1년 1월 1일 현재 이연법인세자산(부채)의 잔액은 없으며, 일시적 차이에 사용될 수 있는 과세소득의 발생가능성은 높다. 2023. CPA

① ₩176,800   ② ₩177,750   ③ ₩178,400

④ ₩179,950   ⑤ ₩180,350

02.

(1) X1년 말 이연법인세자산(부채): 이연법인세자산 1,600, 이연법인세부채 600

	X1(30%)	X2(30%)	X3~(25%)
EBT 감가상각비 FVPL 금융자산	6,000 (2,000)	(2,000) 2,000	(4,000)
과세소득		(2,000) 2,000	(4,000)
법인세부담액		(600) 600	(1,000)

X2년 법인세비용을 물었으므로, X2년 초(=X1년 말) 이연법인세자산, 부채를 계산해야 한다. X1년 말 당기법인세부채는 구할 필요가 없다.
차감할 일시적차이가 사용될 수 있는 과세소득의 발생가능성은 매우 높으므로, 이연법인세자산을 전부 인식한다.

(2) X2년 법인세 분석

	X2(30%)	X3~(25%)
EBT	600,000	
감가상각비 FVPL 금융자산 제품보증충당부채 미수이자	(2,000) 2,000 3,000 (4,000)	(4,000) (3,000) 4,000
과세소득	599,000	(7,000) 4,000
법인세부담액	179,700	(1,750) 1,000

미수이자는 X2년에 '손입 △유보' 세무조정이 발생하므로, X3년에 '익입 유보' 세무조정으로 추인된다.

|X2년 법인세 회계처리|

1. 기초 제거	이연법인세부채	600	이연법인세자산	1,600
2. 기말 계상	이연법인세자산	1,750	이연법인세부채	1,000
3. 당기 부채&비용	법인세비용	179,950	당기법인세부채	179,700

답 ④

법인세회계-자산성 검토

1. 유보는 자산이다!

이연법인세 자산은 당기에 손금 유보 처분이 발생할 때 생긴다. 차기 이후에 손입 △유보로 추인되면서 미래 과세소득을 줄이기 때문이다.

2. 이연법인세 자산의 인식 조건

기준서에서는 보수주의로 인해 이연법인세 자산에 대해서 '자산성이 인정될 때에만' 자산으로 계상할 것을 규정하고 있다.

미래에 과세소득이 양수일 때에는 법인세를 납부해야 하지만, 과세소득이 음수가 되었을 때는 법인세를 환급해주지 않기 때문에 △유보를 할만큼 충분한 소득이 확보될 때에만 이연법인세 자산을 인정한다. 지금까지는 자산성을 고려하지 않고, 자산과 부채를 같은 방식으로 계산했는데, 사실은 우리가 푼 예제에도 자산성에 대한 언급이 있었다.

패턴 61의 예제의 자적(을)표 아래를 보면, '20X0년말과 20X1년말의 차감할 일시적차이가 사용될 수 있는 과세소득의 발생가능성은 높으며'라는 단서가 등장한다. 이연법인세 자산은 전액 인정된다는 뜻이다. 이 단서가 있었기 때문에 자산의 한도를 고려하지 않고 부채와 같은 방식으로 계산할 수 있었다. 만약 위와 같은 문장이 제시되지 않는다면, 자산으로 인정하는 유보는 다음 금액을 한도로 한다.

> 자산으로 인정하는 유보 = 미래의 예상 EBT + 미래의 손금 유보 추인액

문제에서 미래에 예상되는 EBT를 제시해줄 것이다. 만약 △유보가 존재해 미래에 손금 유보로 추인된다면 미래의 과세소득은 EBT에서 유보만큼 추가로 증가할 것이다. 따라서 EBT와 손금 유보 추인액의 합이 미래에 손입할 수 있는 한도이다. 이 금액만큼만 이연법인세 자산으로 계상해야 한다. 예제를 참고하자.

예제

01 다음은 20X1년초 설립한 (주)한국의 20X1년도 법인세와 관련된 내용이다.

법인세비용차감전순이익		₩5,700,000
세무조정항목:		
	감가상각비 한도초과	300,000
	연구및인력개발준비금	(600,000)
과세소득		₩5,400,000

- 연구및인력개발준비금은 20X2년부터 3년간 매년 ₩200,000씩 소멸하며, 감가상각비 한도초과는 20x4년에 소멸한다.
- 향후 과세소득(일시적차이 조정 전)은 경기침체로 20X2년부터 20x4년까지 매년 ₩50,000으로 예상된다. 단, 20x5년도부터 과세소득은 없을 것으로 예상된다.
- 연도별 법인세율은 20%로 일정하다.

(주)한국이 20X1년도 포괄손익계산서에 인식할 법인세비용은?   2017. CPA

① ₩1,080,000   ② ₩1,140,000   ③ ₩1,150,000
④ ₩1,180,000   ⑤ ₩1,200,000

해설

01.

	X1(20%)	X2(20%)	X3(20%)	X4(20%)	X5(20%)
EBT 감가비 준비금	5,700,000 300,000 (600,000)	50,000 200,000	50,000 200,000	50,000 (300,000) 200,000	–
과세소득	5,400,000	200,000	200,000	(250,000) 200,000	
법인세부담액	1,080,000	40,000	40,000	(50,000) 40,000	

(1) 기말 이연법인세 자산, 부채
  – 부채: 200,000 × 20% × 3 = 120,000
  – 자산: 250,000 × 20% = 50,000

감가비 한도초과는 X4년에 소멸한다. 하지만 X4년도에 EBT는 50,000으로 예상되며, 유보 추인액은 200,000이므로, 손入할 수 있는 최대 금액은 250,000이다. 따라서 유보는 총 300,000이지만 250,000에 대해서만 이연법인세자산을 인정한다.

참고〉 X2, X3 과세소득 줄에 200,000을 적은 이유
연도별 EBT 50,000는 X1년 현재 아직 발생하지 않은 이익으로, X2년부터 X4년의 '당기법인세부채'에 반영될 금액이다. X1년 말 '이연'법인세자산, 부채는 X1년 말 존재하는 일시적차이에 해당하는 금액이다. X2년~X4년의 EBT 50,000은 아직 발생하지 않은 이익이므로, X1년 말 부채로 인식하지 않는다. 따라서 X2년~X4년에 제거될 가산할 일시적 차이와 관련하여 인식하는 이연법인세부채는 각각 200,000 × 20%=40,000이다.

(2) 기초 이연법인세 자산, 부채: 0
  – 당기 초에 설립하였으므로 0이다.

1. 기초 제거	이연법인세부채	–	이연법인세자산	–
2. 기말 계상	이연법인세자산	50,000	이연법인세부채	120,000
3. 당기 부채&비용	법인세비용	1,150,000	당기법인세부채	1,080,000

 ③

63 법인세회계-기타 세무조정 ★중요!

본 패턴에서는 기타 세무조정이 발생하는 자기주식처분손익 및 기타포괄손익에 대해 다룰 것이다.

STEP 1 기타 세무조정

1. 자기주식처분손익

	X1(30%)
EBT	XXX
자처익	XXX*
자처손	(XXX)*
과세소득	XXX
법인세부담액	XXX

회계에서는 자기주식처분손익을 자본거래로 인한 손익이므로 자본잉여금 혹은 자본조정으로 본다. 하지만 세법에서는 자기주식처분손익을 자산 처분 손익으로 보아 과세소득에 포함시킨다. 따라서 자기주식처분이익은 '익금산입 기타', 자기주식처분손실은 '손금산입 기타' 세무조정이 발생한다. 문제에 제시된 자기주식처분손익 금액은 세무조정으로 반영하고, 숫자 옆에 *(별표)를 작게 표시해두자.

2. 기타포괄손익: 재평가잉여금 및 FVOCI 금융자산(주식) 평가손익

	X1(30%)	X2(30%)
EBT	XXX	
재평가잉여금	20,000*	
토지	(20,000)	20,000
과세소득	XXX	
법인세부담액	XXX	

재평가모형 적용으로 인한 유형자산 평가 및 FVOCI 금융자산(주식) 평가 시에는 2줄 세무조정이 발생한다. 가령 회사가 '토지 20,000 / 재평가잉여금 20,000'을 계상했다면 세법에서는 재평가모형에 따른 평가증을 인정하지 않으므로 '손입 토지 20,000 △유보' ,'익입 재평가잉여금 20,000 기타' 세무조정이 발생한다. 따라서 당기 EBT 아래에 20,000과 (20,000)을 적는다. 이때, 재평가잉여금 금액 옆에 *(별표)를 작게 표시해두자. 회계처리할 때 필요하다. △유보는 미래

에 추인되므로 제거되는 시점에 양수로 표시하자.

> 참고 **FVOCI 금융자산(채권)의 평가손익** 심화
>
> 재평가잉여금과 FVOCI 금융자산(주식)의 평가손익은 재분류 조정 대상이 아니므로 법인세회계에서 처리방법이 똑같다. 반면, FVOCI 금융자산(채권)의 평가손익은 재분류 조정 대상이므로 처리방법이 조금은 다르다.
>
> 하지만 채권과 주식의 처리방법이 달라지는 것은 극히 예외적인 상황이며, 대부분 문제는 재평가잉여금이나 FVOCI 금융자산(주식)의 평가손익으로 출제하는 편이다. 따라서 본서에서 FVOCI 금융자산(채권)의 평가손익의 처리방법은 생략한다. 만약 문제에서 채권이 출제되면 주식과 같은 방식으로 풀자.

STEP 2 기타 세무조정 회계처리

1. 기초 제거	이연법인세부채	기초 부채	이연법인세자산	기초 자산
2. 기말 계상	이연법인세자산	기말 자산	이연법인세부채	기말 부채
3. 당기 부채&비용	법인세비용	XXX	당기법인세부채	법인세부담액
4. 기타 세무조정	법인세비용	XXX	자처손	발생액 × 당기 세율
	자처익	발생액 × 당기 세율	법인세비용	XXX
	OCI	발생액 × 미래 세율	법인세비용	XXX

기타 세무조정이 있는 경우 '3. 당기 부채&비용'까지는 배운 대로 회계처리하고, 마지막으로 '4. 기타 세무조정' 회계처리를 추가하면 된다. 이것 때문에 기타 세무조정에 해당하는 숫자 옆에 *(별표)를 작게 표시하라고 한 것이다. 별표를 하지 않으면 3번 회계처리까지만 하고 끝내는 실수를 범할 가능성이 크기 때문이다. 4번 회계처리는 자기주식처분손익 및 기타포괄손익에서 발생한 법인세효과는 발생 원천에서 조정해주는 회계처리이다.

기준서에 따르면, '당기손익 이외로 인식되는 항목과 관련된 당기법인세와 이연법인세는 당기손익 이외의 항목으로 인식된다.' "내가 싼 X는 내가 치운다."라고 기억하면 쉽게 이해될 것이다. 이를 조정하지 않으면 자본으로 인한 법인세효과가 법인세비용(PL)에 반영되기 때문이다. 법인세비용과 상계할 금액은 다음과 같이 계산한다.

1. 자기주식처분손익: 자기주식처분손익×당기 세율

자기주식처분손익은 유보 없이 당기법인세에만 영향을 주므로, 자기주식처분손익에 당기 세율을 곱한 금액을 법인세비용과 상계한다.

2. OCI: OCI 발생액×미래 세율

재평가잉여금이 20,000 발생했다고 가정할 때, 당기에는 2줄 세무조정으로 인해 당기법인세 부채에 미치는 영향은 없다. 하지만 유보는 추인되면서 미래 과세소득이 증가한다. 따라서 OCI 발생액에 미래 세율을 곱한 금액을 법인세비용과 상계한다.

1~3번 회계처리	(차) 법인세비용	(대) 이연법인세부채	
⊕			
4번 회계처리	(차) OCI	(대) 법인세비용	
↓			
올바른 회계처리	(차) OCI	(대) 이연법인세부채	

올바른 회계처리는 이연법인세부채가 OCI 때문에 발생했으므로 OCI를 줄이면서 이연법인세 부채를 계상해야 한다. 하지만 3번 회계처리까지만 하면 대차차액을 전부 법인세비용으로 맞추므로, 이연법인세부채가 전부 법인세비용의 증가로 이어진다. 따라서 4번 회계처리를 추가해서 법인세비용을 OCI와 상계해야만 올바른 회계처리가 될 수 있다.

회계처리로 자본을 제거하기: 원래 자본이 계상된 곳과 반대쪽으로!

기타 세무조정으로 인한 법인세효과를 줄일 때 법인세비용을 차변에 계상할지, 대변에 계상할지 많이 헷갈릴 것이다. 법인세는 '마찰력'이라고 생각하자. 마찰력은 힘을 일정비율 줄이는 힘을 의미한다. 법인세 효과를 고려하면 당기 중에 발생한 자기주식처분손익과 기타포괄손익의 일부를 줄이게 된다. 따라서 원래 회계처리에서 자본이 계상된 곳과 반대쪽으로 계상하면서 법인세비용과 상계하면 된다.

기중	현금 자처손	처분가액 발생액	자기주식	BV
상계	법인세비용	XXX	자처손	발생액 × 당기 세율
기중	현금	처분가액	자기주식 자처익	BV 발생액
상계	자처익	발생액 × 당기 세율	법인세비용	XXX
기중	자산	발생액	OCI	발생액
상계	OCI	발생액 × 미래 세율	법인세비용	XXX

자본이 손실이었다면 (자처손) 회계처리할 때 차변에 계상했을 것이므로, 반대로 대변에 계상하면서 법인세비용을 늘리면 된다.
자본이 이익이었다면 (자처익, 재평가잉여금) 회계처리할 때 대변에 계상했을 것이므로, 반대로 차변에 계상하면서 법인세비용을 줄이면 된다.

예제

01 아래 자료는 (주)한국의 20X1년도 법인세와 관련된 거래내용이다.

> (가) 20X1년도 (주)한국의 접대비 한도초과액은 ₩300,000이다.
> (나) (주)한국은 20X1년 6월 7일에 ₩35,000에 취득한 자기주식을 20X1년 9월 4일에 ₩60,000에 처분했다.
> (다) (주)한국이 20X1년 9월 7일 사옥을 건설하기 위하여 ₩70,000에 취득한 토지의 20X1년 12월 31일 현재 공정가치는 ₩80,000이다. (주)한국은 유형자산에 대하여 재평가모형을 적용하고 있으나, 세법에서는 이를 인정하지 않는다.

(주)한국의 20X1년도 법인세비용차감전순이익은 ₩3,000,000이다. 당기 과세소득에 적용될 법인세율은 30%이고, 향후에도 세율이 일정하다면 (주)한국이 20X1년도 포괄손익계산서에 인식할 법인세비용과 20X1년 말 재무상태표에 계상될 이연법인세 자산·부채는 각각 얼마인가? (단, (주)한국의 향후 과세소득은 20X1년과 동일한 수준이며, 전기이월 일시적차이는 없다고 가정한다.)

2010. CPA

	법인세비용	이연법인세자산·부채
①	₩900,000	이연법인세자산 ₩3,000
②	₩973,500	이연법인세자산 ₩4,500
③	₩973,500	이연법인세부채 ₩3,000
④	₩990,000	이연법인세자산 ₩4,500
⑤	₩990,000	이연법인세부채 ₩3,000

해설

01.

	X1(30%)	X2~(30%)
EBT	3,000,000	
접대비 자처익 토지 유보 토지 OCI	300,000 25,000 × (10,000) 10,000 ×	10,000
과세소득	3,325,000	10,000
법인세부담액	997,500	3,000

기초 이연법인세: 0 (전기이월 일시적차이는 없다고 가정)

기말 이연법인세
– 부채: 10,000 × 30% = 3,000

1. 기초 제거	이연법인세부채	–	이연법인세자산	–
2. 기말 계상	이연법인세자산	–	이연법인세부채	3,000
3. 당기 부채&비용	법인세비용	1,000,500	당기법인세부채	997,500
4. 기타 세무조정	자기주식처분이익	7,500	법인세비용	7,500
	재평가잉여금	3,000	법인세비용	3,000

법인세비용: 1,000,500 – 7,500 – 3,000 = 990,000

법인세비용 상계액
– 자기주식처분이익: 10,000 × 30%(X1 세율) = 3,000
– 재평가잉여금(OCI): 10,000 × 30%(X2~ 세율) = 3,000

자처익과 재평가잉여금 둘 다 이익이므로 기중에 대변에 계상했을 것이다. 따라서 법인세비용과 상계 시 차변에 계상하면서 법인세비용을 줄여야 한다.

답 ⑤

02 다음은 (주)대한의 20X1년 법인세 관련 자료이다.

> - 20X1년 법인세비용차감전순이익은 ₩500,000이다.
> - 20X1년 말 접대비 한도초과액은 ₩20,000이며, 20X1년 말 재고자산평가손실의 세법 상 부인액은 ₩5,000이다.
> - 20X1년 5월 1일에 ₩30,000에 취득한 자기주식을 20X1년 10월 1일에 ₩40,000에 처분하였다.
> - 20X1년 말 기타포괄손익 − 공정가치(FVOCI)로 측정하는 금융자산(지분상품) 평가손실 ₩20,000을 기타포괄손익으로 인식하였다.
> - 20X1년 10월 1일 본사 사옥을 건설하기 위하여 ₩100,000에 취득한 토지의 20X1년 말 현재 공정 가치는 ₩120,000이다. (주)대한은 유형자산에 대해 재평가모형을 적용하고 있으나, 세법에서는 이 를 인정하지 않는다.
> - 연도별 법인세율은 20%로 일정하다.
> - 일시적 차이에 사용될 수 있는 과세소득의 발생가능성은 높으며, 전기이월 일시적차이는 없다.

(주)대한이 20X1년 포괄손익계산서에 당기비용으로 인식할 법인세비용은 얼마인가?

2021. CPA

① ₩96,000   ② ₩100,000   ③ ₩104,000

④ ₩106,000   ⑤ ₩108,000

02.

	X1(20%)	X2~(20%)
EBT	500,000	
접대비	20,000	
재고자산	5,000	(5,000)
자처익	10,000*	
FVOCI 유보	20,000	(20,000)
FVOCI OCI	(20,000)*	
토지 유보	(20,000)	20,000
토지 OCI	20,000*	
과세소득	535,000	(25,000) 20,000
법인세부담액	107,000	(5,000) 4,000

기초 이연법인세: 0 (전기이월 일시적차이는 없다고 가정)

기말 이연법인세
– 자산: 25,000 × 20% = 5,000 (일시적 차이에 사용될 수 있는 과세소득의 발생가능성은 높음)
– 부채: 20,000 × 20% = 4,000

1. 기초 제거	이연법인세부채	–	이연법인세자산	–
2. 기말 계상	이연법인세자산	5,000	이연법인세부채	4,000
3. 당기 부채&비용	법인세비용	106,000	당기법인세부채	107,000
4. 기타 세무조정	자기주식처분이익	2,000	법인세비용	2,000
	법인세비용	4,000	OCI(FVOCI 평가손실)	4,000
	OCI(재평가잉여금)	4,000	법인세비용	4,000

법인세비용: 106,000 – 2,000 + 4,000 – 4,000 = 104,000

법인세비용 상계액
 – 자기주식처분이익: 10,000 × 20%(X1 세율) = 2,000
 – FVOCI 금융자산 평가손실(OCI): (20,000) × 20%(X2~ 세율) = (4,000)
 – 재평가잉여금(OCI): 20,000 × 20%(X2~ 세율) = 4,000

자처익과 재평가잉여금 둘 다 이익이므로 기중에 대변에 계상했을 것이다. 따라서 법인세비용과 상계 시 차변에 계상하면서 법인세비용을 줄여야 한다. 반대로, 금융자산 평가손실은 기중에 차변에 계상했을 것이므로 상계 시 대변에 계상하면서 법인세비용을 늘린다.

답 ③

1. 이연법인세자산, 부채의 유동성 분류 및 현재가치 평가

> (1) 이연법인세자산, 부채는 비유동항목으로 표시한다.
> (2) 이연법인세자산, 부채는 현재가치 평가를 적용하지 않는다.

기준서에 따르면, 이연법인세자산, 부채는 실현 시점을 통제할 수 없다. 따라서 유동항목이 아닌 비유동항목으로 분류하며, 현재가치 평가도 하지 않는다.

2. 이연법인세자산의 자산성 재검토: 매년 유동적임!

패턴 62에서, 이연법인세자산은 이연법인세부채와 달리 보수주의로 인해 '자산성이 인정될 때에만' 자산으로 계상한다고 설명했었다. 이 자산성은 매년 달라질 수 있다. 자산성이 인정되어서 자산으로 계상했더라도, 이후에 자산성이 인정되지 않는다면 법인세비용을 인식하면서 자산을 제거한다. 반대로, 자산성이 인정되지 않아 자산을 계상하지 않다가, 이후에 자산성이 인정된다면 법인세비용을 환입하면서 자산을 계상한다.

3. 법인세자산, 부채 상계 조건: 상계권리와 의도가 있음

> 기업이 법적으로 상계권리를 갖고 있으며, 순액으로 결제하거나, 자산을 실현하는 동시에 부채를 결제할 의도가 있는 경우에만 당기법인세자산, 부채를 상계한다.

'당기'법인세자산, 부채와 '이연'법인세자산, 부채의 상계 조건은 조금 다르지만, 의미가 거의 비슷하다. 위 규정은 '당기'법인세 자산, 부채 상계 조건인데, 이 내용만 기억해도 문제를 푸는 데 지장이 없다. '권리와 의도가 있는 경우에만' 상계할 수 있다는 것만 기억하자.

4. 누진세율 적용 시: 평균세율로 계산!

누진세율 적용 시에는 일시적 차이가 소멸되는 기간의 평균세율(not 한계세율)로 이연법인세 자산, 부채를 계산한다.

5. 영업권의 이연법인세부채: 인식 X

영업권에 대해서는 이연법인세부채를 인식하지 않는다. 회계사 수험생은 패턴 회계학 고급회계편 패턴 23을 참고하자. 세무사 수험생은 고급회계를 안 배우니 그냥 외우고 넘어가자.

예제

01 법인세 회계처리에 대한 다음 설명으로 옳지 않은 것은? 2016. CPA

① 이연법인세 자산과 부채는 현재가치로 할인하지 아니한다.

② 모든 가산할 일시적차이에 대하여 이연법인세부채를 인식하는 것을 원칙으로 한다.

③ 당기 및 과거기간에 대한 당기법인세 중 납부되지 않은 부분을 부채로 인식한다. 만일 과거기간에 이미 납부한 금액이 그 기간 동안 납부하여야 할 금액을 초과하였다면 그 초과금액은 자산으로 인식한다.

④ 이연법인세 자산과 부채는 보고기간말까지 제정되었거나 실질적으로 제정된 세율(및 세법)에 근거하여 당해 자산이 실현되거나 부채가 결제될 회계기간에 적용될 것으로 기대되는 세율을 사용하여 측정한다.

⑤ 이연법인세자산의 장부금액은 매 보고기간말에 검토한다. 이연법인세자산의 일부 또는 전부에 대한 혜택이 사용되기에 충분한 과세소득이 발생할 가능성이 더 이상 높지 않다면, 이연법인세자산의 장부금액을 감액시킨다. 감액된 금액은 사용되기에 충분한 과세소득이 발생할 가능성이 높아지더라도 다시 환입하지 아니한다.

해설

01.
사용되기에 충분한 과세소득이 발생할 가능성이 높아진다면 다시 **이연법인세자산을 환입한다.**
① 이연법인세자산, 부채는 현재가치 평가를 적용하지 않는다.
② 자산성 검토를 하는 이연법인세자산과 달리 이연법인세부채는 모든 일시적 차이를 인식한다.
③ 당기법인세 중 미납된 부분은 부채로 인식하고, 이미 납부한 금액이 부채 금액을 초과한다면 초과분을 자산(선급법인세, 패턴 61 예제 참고)으로 인식한다.
④ 이연법인세 자산, 부채는 일시적 차이가 소멸될 시점의 세율(미래세율)을 이용하여 측정한다.

답 ⑤

02 기업회계기준서 제1012호 '법인세'에 대한 다음 설명 중 옳지 않은 것은? 2019. CPA 수정

① 미사용 세무상결손금과 세액공제가 사용될 수 있는 미래 과세소득의 발생가능성이 높은 경우 그 범위 안에서 이월된 미사용 세무상결손금과 세액공제에 대하여 이연법인세자산을 인식한다.

② 기업이 재무상태표에 유동자산과 비유동자산, 그리고 유동부채와 비유동부채로 구분하여 표시하는 경우, 이연법인세자산(부채)은 유동자산(부채)으로 분류하지 아니한다.

③ 이연법인세 자산과 부채의 장부금액은 관련된 일시적차이의 금액에 변동이 없는 경우에도 세율이나 세법의 변경, 예상되는 자산의 회수 방식 변경, 이연법인세자산의 회수가능성 재검토로 인하여 변경될 수 있다.

④ 과세대상수익의 수준에 따라 적용되는 세율이 다른 경우에는 일시적차이가 소멸될 것으로 예상되는 기간의 과세소득(세무상결손금)에 적용될 것으로 기대되는 평균세율을 사용하여 이연법인세 자산과 부채를 측정한다.

⑤ 당기에 취득하여 보유중인 토지에 재평가모형을 적용하여 토지의 장부금액이 세무기준액보다 높은 경우에는 이연법인세부채를 인식하며, 이로 인한 이연법인세효과는 당기손익으로 인식한다.

해설

02.
기타포괄손익으로 발생한 이연법인세효과는 기타포괄손익으로 인식한다. 참고로, 토지의 장부금액이 세무기준액보다 높은 경우 손입으로 인해 △유보가 발생하므로 이연법인세부채를 인식하는 것은 맞다.
① 미래 과세소득의 발생가능성이 높은 경우(= 자산성이 있는 경우) 그 범위 내에서 이연법인세자산을 인식한다.
② 이연법인세자산, 부채는 비유동항목으로 분류한다.
③ 이연법인세자산, 부채는 일시적차이의 변동이 없더라도 재검토로 인해 변경될 수 있다.
④ 누진세율이 적용되는 경우 '평균'세율로 이연법인세자산, 부채를 계산한다.

답 ⑤

Memo

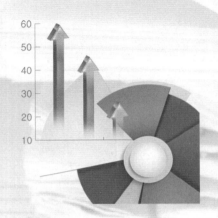

김 용 재 패 턴
회 계 학
중 급 회 계 편

이 장의 출제 뽀인트!

현금흐름표는 회계사, 세무사 모두 매년 1문제에서 2문제 가량 출제되는 매우 중요한 주제이다
하지만 많은 수험생들이 현금흐름표를 어려워한다. 김수석도 맨 처음에 현금흐름표를 들었을 때
매우 어려워했다. 하지만 이제 걱정하지 말라. 아주 쉽게 설명할 것이고, 다른 패턴과 마찬가지
로 풀이법만 외우면 답이 풀리게 되어있다. 현금흐름표의 풀이법을 정복하여 더 이상 현금흐름
표 문제에 주눅 들지 말자.

현금흐름표

1 현금흐름에 대한 이해

: 자산은 반대로, 부채는 그대로

다음은 현금흐름을 구하는 기본 원리로, 현금흐름표 전 범위에서 반복적으로 쓰일 것이므로 반드시 이해하자.

> ① B/S 식: 자산 = 부채 + 자본
> ② 증감으로 표현: △자산 = △부채 + △자본
> ③ 자산에서 현금만 분리: △현금 + △자산 = △부채 + △자본
> ④ △자본을 NI로 대체: △현금 + △자산 = △부채 + NI
> ⑤ 현금만 남기고 반대로: △현금 = NI − △자산 + △부채

① 재무상태표 항등식을 쓴 것이다.

② 재무상태표 항등식을 증감으로 표현한 것이다. △(세모)는 증감액(=기말−기초)을 의미한다.

③ 우리는 현금흐름이 알고 싶으므로 자산에서 현금만 분리한다. 이제부터 자산은 현금을 제외한 나머지 자산을 의미한다.

④ △자본을 NI로 대체한 식이다. 일반적으로 현금흐름표 문제에서는 자본거래가 없다고 가정하며, 자본은 당기순이익으로 인해서만 변동한다.

⑤ 우리는 현금흐름이 알고 싶으므로 현금만 남기고 나머지를 반대로 넘긴다.

현금흐름(CF) = NI − △자산 + △부채

위 식을 보면 현금흐름을 구하기 위해서는 당기순이익에서 자산 증감액은 차감하고, 부채 증감액은 가산해야 한다. 이를 본서에서는 '자산은 반대로, 부채는 그대로'라고 표현하겠다. 직관적으로 설명하면, 자산이 증가하면 그만큼 돈을 미리 줬거나(선급비용), 받을 돈을 못 받아서(미수수익) 현금이 감소했다는 것이고, 부채가 증가하면 줄 돈을 안 줬거나(미지급비용), 돈을 먼저 받아서(선수수익) 현금도 증가했다는 뜻이다.

본 교재에서는 설명의 편의상 '='을 기준으로 왼쪽(현금흐름)을 차변, 오른쪽(NI−△자산+△부채)을 대변이라고 부를 것이다. 대차평균의 원리를 지키면서 대차를 채우면 문제를 풀 수 있다.

또한, 본 장에서 현금흐름을 줄여서 'CF (Cash Flow)'라고 표시할 것이다. 영업활동현금흐름을 '영업CF', 재무활동현금흐름을 '재무CF' 등으로 표시할 것이다.

2 영업활동 현금흐름-직접법 ★중요!

| 현금흐름(CF) | = | NI | - | △자산 | + | △부채 |
| 영업활동 현금흐름 | = | 영업 손익 | - | △영업 자산 | + | △영업 부채 |

위에서 배운 현금흐름 공식에 '영업'과 관련된 손익과 자산, 부채만 대입하면 영업활동 현금흐름을 계산할 수 있다.

STEP 1 활동과 관련된 손익을 적는다.

현금흐름을 구하는 것이므로, 손익을 적을 땐 수익은 (+)로, 비용은 (-)로 적는다.

STEP 2 활동과 관련된 자산, 부채의 증감을 적는다.

앞서 배운 것처럼, 기초와 기말 잔액을 비교하여 자산, 부채의 증감을 적는다. 이때, 자산 증감액은 부호를 반대로, 부채 증감액은 그대로 적는다.

STEP 3 현금흐름을 구한다.

손익과 자산, 부채 증감을 모두 적었으므로 다 더해서 현금흐름을 구한다. 계산 결과 현금흐름이 (+)로 나오면 유입, (-)로 나오면 유출을 뜻한다. 이때, 자산 증감액은 표에 적을 때 부호를 반대로 적었으므로 그냥 표에 적은 숫자를 전부 다 더하면 된다. △영업 자산 앞에 '-'가 붙어있다고 해서 빼면 안 된다.

 **이연 항목들의 자산/부채 구분 방법: 계정의 의미를 생각해보자!**

	의미	구분
미수수익	안 받은 돈	자산(반대로)
선수수익	먼저 받은 돈	부채(그대로)
미지급비용	안 준 돈	부채(그대로)
선급비용	먼저 준 돈	자산(반대로)

현금흐름표 문제에서는 계정과목이 자산인지, 부채인지 구분하는 것이 매우 중요하다. 하지만 막상 계정을 보면 바로바로 떠오르지 않는 때가 많다. 이때는 위 표에 적힌 계정의 의미를 생각해보자. 자산인지, 부채인지 쉽게 생각할 수 있을 것이다. '미'는 안 한 것, '선'은 먼저 한 것, '수'는 받은 것, '급'은 준 것을 뜻한다.

3 직접법 활동별 계정과목

직접법은 영업활동을 고객, 공급자, 관리비 등으로 구분해서 각각의 현금흐름을 구한 후, 합쳐서 전체 영업활동 현금흐름을 구한다. 활동별 관련 계정은 다음과 같다.

영업활동 현금흐름	=	영업 손익	−	△영업 자산	+	△영업 부채
고객으로부터의 현금유입액	=	매출액 (대손상각비)	−	매출채권	+	선수금 대손충당금
(공급자에 대한 현금유출액)	=	(매출원가)	−	재고자산 선급금	+	매입채무
수익으로 인한 현금유입액	=	수익	−	미수수익	+	선수수익
(비용으로 인한 현금유출액)	=	(비용)	−	선급비용	+	미지급비용

1. 고객으로부터의 현금유입액

고객으로부터의 현금유입액이란 매출을 통해 고객으로부터 유입된 현금흐름을 뜻한다. 주요 계정으로는 매출액과 매출채권 및 선수금, 대손상각비와 대손충당금이 있다. 대손상각비는 비용 항목으로 표시하고, 대손충당금은 부채 항목으로 표시하면 된다. 대손충당금은 자산의 차감적 평가 계정이지만 문제 풀이 시 부채로 표시하는 것이 쉽다.

2. 공급자에 대한 현금유출액

공급자에 대한 현금유출액이란 재고자산을 매입하면서 공급자에게 지급한 현금흐름을 뜻한다. 매출원가에서 재고자산, 선급금 및 매입채무 증감을 반영하면 현금유출액을 계산할 수 있다. 비용인 매출원가는 (−)로 기록하고, 결과인 현금유출액도 (−)로 계산된다는 것을 기억하자.

> **※주의 선수금, 선급금**
>
> 선수금은 재고를 팔기 전에 돈을 먼저 받았을 경우 계상하는 부채이고, 선급금은 재고를 사기 전에 돈을 먼저 준 경우 계상하는 자산이다. 일반적으로는 재고를 외상으로 거래하기 때문에 재고가 먼저 이전된 후 나중에 현금흐름이 발생하므로 매출채권(외상매출)과 매입채무(외상매입)를 계상한다. 하지만 반대로 재고를 이전하기 전에 현금흐름이 먼저 발생하는 경우에는 선수금(매출 전에 받은 돈)이나 선수금(매입 전에 지급한 돈)을 계상한다. 따라서 고객으로부터의 현금유입액 분석 시 선수금의 증감을, 공급자에 대한 현금유출액 분석 시 선급금의 증감을 반영해야 한다.
>
> 선수금과 선급금은 이처럼 재고의 매출, 매입과 관련이 있으므로 영업활동으로 분류한다. 이후에 영업활동 현금흐름을 간접법으로 구하는 방법을 배울 때 필요하므로 기억해두자.

3. 수익으로 인한 현금유입액 및 비용으로 인한 현금유출액

수익, 비용으로 인한 현금유출입도 수익, 비용에 자산, 부채의 증감액을 반영하여 구할 수 있다. 주로, 이자손익, 급여, 보험료, 임대료 등이 출제된다. 문제 풀이방법은 동일하다.

예제

01 다음은 (주)대한의 20X1년도 재무제표의 일부 자료이다. 직접법을 사용하여 20X1년도 현금흐름표의 영업활동 현금흐름을 구할 때, 고객으로부터 유입된 현금흐름과 공급자에 대해 유출된 현금흐름으로 옳은 것은?   2010. CPA

I . 재무상태표의 일부

계정과목	기초 잔액	기말 잔액
매출채권(총액)	₩200,000	₩140,000
대손충당금	10,000	14,000
재고자산	60,000	50,000
매입채무	50,000	100,000
선수금	10,000	8,000

II . 손익계산서의 일부

계정과목	금액
매출액	₩1,500,000
매출원가	1,000,000
대손상각비	7,000
재고자산평가손실	50,000
외환차익(매입채무 관련)	20,000

(주)대한은 재고자산평가손실과 외환차익을 매출원가에 반영하지 않는다.

	고객으로부터 유입된 현금흐름	공급자에 대해 유출된 현금흐름
①	₩1,555,000	₩970,000
②	₩1,555,000	₩995,000
③	₩1,560,000	₩950,000
④	₩1,560,000	₩970,000
⑤	₩1,560,000	₩995,000

해설

01.

	현금흐름	=	영업 손익	−	△영업 자산	+	△영업 부채
고객	1,555,000		1,500,000 매출액 (7,000) 대손상각비		60,000 매출채권		4,000 대손충당금 (2,000) 선수금
공급자	(970,000)		(1,000,000) 매출원가 (50,000) 평가손실 20,000 외환차익		10,000 재고자산		50,000 매입채무

재고자산평가손실과 외환차익: 공급자와 관련된 손익이므로 위 식에 포함되어야 한다. 그런데 문제에서 '매출원가에 반영하지 않는다'고 가정했기 때문에 따로 반영해주어야 한다. 만약 매출원가에 반영되었다고 가정했다면 평가손실과 외환차익을 반영하지 말아야 한다.

답 ①

02 다음의 자료를 이용하여 (주)대한의 20X1년도 매출액과 매출원가를 구하면 각각 얼마인가?

2022. CPA

- (주)대한의 20X1년도 현금흐름표 상 '고객으로부터 유입된 현금'과 '공급자에 대한 현금유출'은 각각 ₩730,000과 ₩580,000이다.
- (주)대한의 재무상태표에 표시된 매출채권, 매출채권 관련 손실충당금, 재고자산, 매입채무의 금액은 각각 다음과 같다.

구분	20X1년 초	20X1년 말
매출채권	₩150,000	₩115,000
(손실충당금)	(40,000)	(30,000)
재고자산	200,000	230,000
매입채무	90,000	110,000

- 20X1년도 포괄손익계산서에 매출채권 관련 외환차익과 매입채무 관련 외환차익이 각각 ₩200,000과 ₩300,000으로 계상되어 있다.
- 20X1년도 포괄손익계산서에 매출채권에 대한 손상차손 ₩20,000과 기타비용(영업외비용)으로 표시된 재고자산감모손실 ₩15,000이 각각 계상되어 있다.

	매출액	매출원가
①	₩525,000	₩855,000
②	₩525,000	₩645,000
③	₩545,000	₩855,000
④	₩545,000	₩645,000
⑤	₩725,000	₩555,000

해설

02.

	현금흐름	=	영업 손익	−	△영업 자산	+	△영업 부채
고객	730,000		200,000 외환차익 (20,000) 손상차손 525,000 매출액		35,000 매출채권		(10,000) 손실충당금
공급자	(580,000)		300,000 외환차익 (15,000) 감모손실 (855,000) 매출원가		(30,000) 재고자산		20,000 매입채무

답 ①

패턴 66 영업활동 현금흐름-간접법

1 영업활동 현금흐름 - 간접법 ★중요!

패턴 65에서 직접법으로 영업활동 현금흐름을 계산하는 방식을 배웠다. 하지만 일반적으로는 영업손익을 바로 구하기보다는 당기순이익에서 출발해서 영업이 아닌 투자, 재무손익을 제거해서 영업손익을 구한다. 이를 간접법이라고 부른다. 위 간접법 식을 다음과 같이 도식화할 수 있다.

| 영업활동 현금흐름 | = | 영업 손익 | − | △영업 자산 | + | △영업 부채 |
| 영업활동 현금흐름 | = | NI − 비영업 손익 | − | △영업 자산 | + | △영업 부채 |

STEP 1 투자, 재무 I/S 계정 부인

당기순이익에는 영업 뿐만 아니라 투자, 재무 손익도 포함되어 있으므로 영업 손익을 구하기 위해서는 투자, 재무 손익을 부인해야 한다. 문제에서 손익계정이 보이면 영업인지, 비영업인지 구분한 뒤, 비영업인 경우 비용이면 가산해주어야 하고, 이익이면 차감해야 한다.

STEP 2 영업관련 B/S 계정 증감: 자산은 반대로, 부채는 그대로

재무상태표 계정의 증감을 반영하는 것은 앞에서 배운 대로 자산은 반대로, 부채는 그대로 하면 된다. 다만, 손익 계정은 '비영업' 항목들을 제거하는 것이지만, 반대로 재무상태표 계정은 '영업' 항목들을 인식하는 것이라는 점을 유의하자.

> ※주의 **자본거래 손익과 기타포괄손익은 무시할 것!**
>
> 영업현금흐름을 구하기 위해서는 투자와 재무의 'I/S'계정만 부인한다. 당기순이익에 포함되어 있지만 영업 관련 손익이 아니므로 부인해서 영업 관련 손익만 남기는 것이다. 자기주식처분손익, 감자차손익 등의 자본거래 손익과 재평가잉여금, FVOCI금융자산 평가손익 등의 기타포괄손익은 당기순이익에 포함되어 있지 않으므로 부인하면 안 된다. 문제에서 제시하더라도 없는 것으로 보고 무시하면 된다.

2 계정별 활동 구분

문제에 계정과목이 등장했을 때 영업 계정인지, 비영업 계정인지 반드시 숙지해야 한다. 다음은 주로 출제되는 계정과목을 나열한 것이다. 투자, 재무 손익과 영업 자산, 부채에 어떤 계정이 있는지 제대로 기억하자.

	영업활동	투자활동	재무활동
I/S 항목	매출액 & 대손상각비 매출원가 급여, 판관비	감가상각비 유형자산처분손익	사채상환손익
B/S 항목	매출채권 & 선수금 매입채무 & 재고자산 & 선급금 단기매매증권	토지, 건물, 기계장치 등 유형자산, 무형자산 금융자산, 대여금	납입자본, 자기주식 차입금 및 사채
일반적 분류	법인세, 이자손익, 배당금수익		배당금 지급

1. 영업활동: 매출 및 매입, 판매 및 관리 활동, 단기매매증권의 취득과 처분

대부분의 계정은 영업활동으로 분류된다. 매출, 매입, 종업원 관련 계정 등이 포함된다. 이외에도 보험료, 임차료 등의 판관비가 포함된다.

 단기매매증권이 영업활동인 이유

> 나머지 금융자산은 투자활동과 관련이 있지만 유일하게 단기매매증권은 영업활동과 관련이 있다. 왜 단기매매증권만 영업활동으로 볼까? 기준서에서는 다음과 같이 기술하고 있다.
> "기업은 단기매매목적으로 유가증권이나 대출채권을 보유할 수 있으며, 이 때 유가증권이나 대출채권은 판매를 목적으로 취득한 재고자산과 유사하다. 따라서 단기매매목적으로 보유하는 유가증권의 취득과 판매에 따른 현금흐름은 영업활동으로 분류한다."
> 금융자산을 단기매매목적으로 보유한다면 재고자산과 동일하다고 보는 것이 기준서의 관점이다. 금융자산 기준서의 개정으로 단기매매증권은 FVPL 금융자산으로 바뀌었지만, 현금흐름표 기준서에는 그대로 남아있다. 문제에서는 단기매매증권 대신 FVPL 금융자산으로 제시할 가능성이 높다.

2. 투자활동: 유·무형자산 및 금융자산의 취득과 처분

유·무형자산 및 금융자산 등의 투자자산과 관련된 활동이다. 취득, 상각, 평가, 처분 등의 활동이 있다. 감가상각비와 유형자산처분손익이 가장 많이 나오는 계정이다.

3. 재무활동: 주주와 채권자와 관련된 활동

재무활동은 기업이 보유하는 자산의 원천인 부채와 자본의 증감을 보여준다. 부채 관련 거래에는 차입금 및 사채의 발행과 상환 등이 있다. 자본거래에는 주식의 발행, 자기주식 거래 등이 있다.

4. 법인세: 재무나 투자활동에 명백히 관련되지 않는 한 영업활동

IFRS에 따르면, 법인세로 인한 현금흐름은 재무나 투자활동에 명백히 관련되지 않는 한 영업활동으로 분류한다. 따라서 대부분의 문제에서는 '투자활동이나 재무활동과 명백하게 관련된 법인세 등의 납부는 없다.'와 같은 조건을 제시해준다. 간혹가다 문제에서 법인세에 대한 언급을 누락하는 경우가 있을 수 있는데 출제자가 실수로 조건을 누락한 것이므로 영업활동으로 분류하자. '법인세로 인한 현금흐름이 투자나 재무활동에 명백히 관련된다'는 조건을 준다면 문제의 조건에 따르면 된다.

5. 이자수익, 이자비용, 배당금 수입, 배당금 지급: 회사가 선택하여 일관되게 적용 (IFRS)

한국채택국제회계기준에서는 이자 및 배당금과 관련된 현금흐름 구분은 회사가 선택하여 일관성 있게 적용하도록 규정하고 있다. 이 네 가지 현금흐름은 원칙적으로는 문제에서 제시한 구분법을 따르면 된다. 하지만 문제에서 언급하지 않았다면, 일반기업회계기준에 따라 이자수취, 이자지급, 배당금수취는 영업활동으로, 배당금지급만 재무활동으로 구분하는 것으로 보면 된다.

 **이자비용 및 사채발행차금 상각액 처리방법** ★중요!

구분	이자비용 영업비용	사채발행차금 상각액 영업 자산/부채
① 영업CF-직접법 (이자지급액)	반영	반영 (사할차 상각액 가산, 사할증차 상각액 차감)
② 영업CF-간접법	무시	
③ 영창현	부인	무시

기준서에 따르면, 이자의 수취 및 지급에 따른 현금흐름은 매 기간 일관성 있게 영업활동, 투자활동 또는 재무활동으로 분류하면 된다. 대부분 문제에서는 이자의 수취 및 지급을 영업활동으로 구분한다. 이 구분법에 따르면, 각 현금흐름 계산 시 사채할인/할증발행차금 상각액을 위와 같이 처리하면 된다.

① 영업CF-직접법: 이자의 지급을 영업활동으로 구분하므로 이자비용은 영업비용에, 사채발행차금 상각액은 영업 자산/부채에 해당한다. 따라서 직접법으로 영업CF 계산 시 이자비용과 상각액을 모두 반영하면 된다.

② 영업CF-간접법: 간접법에서는 NI에서 비영업손익을 부인하는데, 이자비용이 영업손익이므로 부인하지 않고 무시하면 된다. 상각액은 직접법과 똑같이 반영하면 된다.

③ 영창현: 영창현 계산 시에는 이자수취액 및 이자지급액을 따로 직접법으로 표시하므로 이자 관련 현금흐름을 '비영업활동처럼' 본다. 따라서 NI에서 이자비용을 부인하고, 상각액은 무시한다.

6. 발생주의 계정의 활동 구분 심화

계정	활동	계정	활동	영업 대응 계정
선수수익	영업	선수금	영업	N/A
선급비용		선급금		
미수수익		미수금	비영업	매출채권
미지급비용		미지급금		매입채무

① '~수익', '~비용': 영업
② '~금': 선 영업, 미 비영업!

표의 왼편에 있는 네 가지 항목들은 전부 영업활동으로 분류한다. 왼쪽 항목들은 계정과목이 전부 '~비용' 혹은 '~수익'으로 끝난다. 손익을 인식하면서 발생한 계정이라는 뜻이다. 이 손익은 이자, 보험료, 급여 등의 판관비 성격을 띄므로 전부 영업활동으로 분류한다.

표의 오른편에 있는 네 가지 항목들은 계정에 따라 활동이 다르다. 오른쪽 항목들은 계정과목이 전부 '~금'으로 끝난다. 손익과 무관하다는 뜻이다. 아래에 있는 미수금과 미지급금은 영업 대응 계정으로 매출채권과 매입채무가 있다. 영업 관련해서 못 받은 돈이 있다면 매출채권으로, 영업 관련해서 안 준 돈이 있다면 매입채무로 분류하지, 미수금이나 미지급금으로 분류하지 않는다. 따라서 이 둘은 영업활동으로 분류하지 않는다. 반면 선수금이나 선급금은 영업 관련 계정이 없다. 따라서 이 둘은 영업활동으로 분류한다.

영업활동 현금흐름 직접법 vs 간접법

	간접법을 사용하는 경우	직접법을 사용하는 경우
문제에 등장하는 현금흐름	'영업활동' 현금흐름	'특정' 현금흐름

이론상으로는 직접법과 간접법 어느 방식으로 풀어도 영업활동 현금흐름을 구할 수 있는데, 문제를 풀 때는 문제별로 풀어야 하는 방식이 정해져 있다.

문제에서 영업활동 현금흐름을 제시하거나, 영업활동 현금흐름을 묻는다면 간접법으로 푸는 문제이다. 반면, 문제에서 고객으로부터의 현금유입액, 공급자에 대한 현금유출액 등 '특정' 현금흐름을 제시하거나 묻는다면 직접법으로 푸는 문제이다. 물론 직접법으로도 영업활동 현금흐름 총액을 구할 수 있지만, 회계학 문제에서는 특정 현금흐름을 구할 때에만 직접법을 사용한다.

예제

01 다음은 유통업을 영위하는 (주)대한의 20X1년 현금흐름표를 작성하기 위한 자료이다. (주)대한은 간접법으로 현금흐름표를 작성하며, 이자지급 및 법인세납부는 영업활동현금흐름으로 분류한다. (주)대한이 20X1년 현금흐름표에 보고할 영업활동순현금흐름은 얼마인가?

2020. CPA

- 법인세비용차감전순이익: ₩534,000
- 건물 감가상각비: ₩62,000
- 이자비용: ₩54,000(유효이자율법에 의한 사채할인발행차금상각액 ₩10,000 포함)
- 법인세비용: ₩106,800
- 매출채권 감소: ₩102,000
- 재고자산 증가: ₩68,000
- 매입채무 증가: ₩57,000
- 미지급이자 감소: ₩12,000
- 당기법인세부채 증가: ₩22,000

① ₩556,200   ② ₩590,200   ③ ₩546,200
④ ₩600,200   ⑤ ₩610,200

해설

01.

영업CF	=	NI	−	비영업 손익	−	△영업 자산	+	△영업 부채
600,200		427,200[1]		62,000 감가비 10,000 사할차 상각액		102,000 매출채권 (68,000) 재고자산		57,000 매입채무 (12,000) 미지급이자 22,000 당기법인세부채

[1]NI: 534,000(EBT) − 106,800(법인세비용) = 427,200

(1) NI: 영업활동현금흐름은 NI에서 출발해야 하므로 EBT에서 법인세비용을 차감해서 NI를 계산한다.
(2) 사할차 상각액
    이자비용 중 사할차 상각액은 재무활동 손익으로 보기 때문에 상각액을 부인해야 한다. 문제에서 '이자지급은 영업활동현금흐름으로 분류'한다고 가정했으므로 나머지 표시이자 44,000은 영업활동으로 보아 부인하지 않고 그대로 둔다.
(3) 미지급이자, 당기법인세부채
    문제에서 '이자지급 및 법인세납부는 영업활동현금흐름으로 분류'한다고 가정했으므로, 미지급이자와 당기법인세부채는 영업 부채로 본다. 따라서 부채의 증감을 그대로 반영한다.

답 ④

02 다음은 (주)대한의 20X1년도 현금흐름표를 작성하기 위한 자료이다.

• 20X1년도 포괄손익계산서 관련 자료

법인세비용차감전순이익	₩2,150,000
법인세비용	?
이자비용	30,000
감가상각비	77,000

• 20X1년 말 재무상태표 관련 자료

계정과목	기말잔액	기초잔액	증감
매출채권	₩186,000	₩224,000	₩38,000 감소
재고자산	130,000	115,000	15,000 증가
매입채무	144,000	152,000	8,000 감소
미지급이자	9,500	12,000	2,500 감소
당기법인세부채	31,000	28,000	3,000 증가
이연법인세부채	2,600	4,000	1,400 감소

(주)대한은 간접법으로 현금흐름표를 작성하며, 이자지급과 법인세납부는 영업활동현금흐름으로 분류한다. (주)대한이 20X1년도 현금흐름표에 보고한 영업활동순현금유입액이 ₩1,884,900일 경우, 20X1년도 당기순이익은 얼마인가?

2023. CPA

① ₩1,713,600   ② ₩1,754,200   ③ ₩1,791,300
④ ₩1,793,800   ⑤ ₩1,844,100

해설

02.

영업CF	=	NI	−	비영업 손익	−	△영업 자산	+	△영업 부채
1,884,900		1,793,800		77,000 감가상각비		38,000 매출채권 (15,000) 재고자산		(8,000) 매입채무 (2,500) 미지급이자 3,000 당기법인세부채 (1,400) 이연법인세부채

이자지급과 법인세납부를 영업활동으로 분류하므로, 이자비용과 법인세비용은 부인하지 않으며, 미지급이자와 법인세부채의 증감은 반영한다.

 ④

영업에서 창출된 현금(영창현)은 많은 수험생들이 어려워하는 주제인데, 현금흐름표의 여러 주제 중 회계사 시험에 가장 많이 출제되는 주제이다. 김수석과 함께라면 영창현 충분히 정복할 수 있을 것이다. 어렵겠지만 포기하지 말고 힘내자.

1 영업활동 현금흐름-간접법과 영창현 표시법 ★중요!

영업활동 현금흐름을 표시하는 방법은 두 가지가 있다. 첫 번째는 패턴 66에서 배운대로 간접법으로 영업활동 현금흐름을 계산하는 방법이다. 두 번째는 현금흐름표에 영업에서 창출된 현금을 표시한 뒤, 그 밑에 영업활동 현금흐름을 보여주는 방법이다.

'영업에서 창출된 현금'이란 영업활동 현금흐름 중 4가지 현금흐름(이자수취, 이자지급, 배당금수취, 법인세납부)을 제외한 현금흐름을 의미한다. 편의상 본서에서는 영창현이라고 부르겠다.

NI	
투자, 재무 I/S 계정 부인	4가지 손익 부인 O
− △영업 자산 + △영업 부채	4가지 활동의 자산, 부채 안 건드림
영업에서 창출된 현금	
+이자수취	
−이자지급	CF = NI − △자산 + △부채
+배당금수취	
−법인세납부	4가지 활동의 손익 인식
	4가지 활동의 자산, 부채 반영 O
영업활동 현금흐름	

2 영업에서 창출된 현금 vs 영업활동 현금흐름 ★중요!

4가지 활동의	영창현	+ 직접법	= 영업활동 현금흐름
관련 손익	부인 O	인식	안 건드림
자산, 부채 증감	안 건드림	반영 O	반영 O

1. 영업활동 현금흐름 – 간접법: 4가지 현금흐름을 영업활동으로 처리!

영업CF	=	NI	–	비영업 손익	–	△영업 자산	+	△영업 부채
				4가지 손익을 부인하지 않음		4가지 활동의 자산, 부채 증감 반영 O		

영업활동 현금흐름을 간접법으로 계산 시에는 4가지 현금흐름을 영업활동으로 처리한다. IFRS에 따르면 '회사가 선택하여 일관되게 적용한다'고 설명했었는데, 대부분의 문제에서는 영업활동으로 본다.

따라서 관련 손익(이자수익, 이자비용, 배당금수익, 법인세비용)을 부인하지 않고, 관련 자산은 반대로, 관련 부채는 그대로 반영해서 영업활동 현금흐름을 계산한다.

2. 영업활동 현금흐름 – 영창현 표시법: 4가지 현금흐름을 비영업활동처럼 처리!

	=	NI	–	비영업 손익	–	△영업 자산	+	△영업 부채
영업에서 창출된 현금		NI		투자, 재무 손익 +아래 4개 손익		아래 자산, 부채를 제외한 영업 자산, 부채		
+이자수취		이자수익				미수이자		선수이자
–이자지급		이자비용				선급이자		미지급이자
+배당금수취		배당금수익				미수배당금		
–법인세납부		법인세비용				선급법인세 이연법인세자산		당기법인세부채 이연법인세부채
=영업CF								

영창현 계산 시에는 4가지 활동을 비영업활동처럼 처리한다. 4가지 활동을 영창현 밑에 따로 직접법으로 표시할 것이기 때문이다. 4가지 활동을 비영업활동으로 보고, 관련 손익을 부인한다. 부인된 손익은 직접법으로 반영한다.

또한, 영창현 계산 시에는 4가지 활동의 관련 자산, 부채의 증감을 반영하지 않고, 영창현 아래에 직접법으로 반영한다.

3 영업에서 창출된 현금 풀이법: 4가지 활동을 '비영업활동인 것처럼' 처리! ★중요!

STEP 1 투자, 재무 I/S 계정 부인: 4가지 활동 손익 부인

NI에 투자, 재무 손익 계정을 부인하는데, 4가지 활동과 관련된 손익도 비영업손익으로 보고 같이 부인한다.

STEP 2 영업 관련 B/S 계정 증감: 자산은 반대로, 부채는 그대로

영업 관련 계정의 증감을 자산은 반대로, 부채는 그대로 반영하는데, 4가지 활동과 관련된 계정은 비영업으로 보고 건드리지 않는다.

STEP 3 직접법 표시

Step 1에서 4가지 활동의 손익을 부인했고, Step 2에서 관련 자산, 부채의 증감을 건드리지 않았으므로, 이를 직접법으로 계산한다. 직접법은 패턴 65에서 배운대로 'CF=손익-△자산+△부채'으로 계산하면 된다. 활동별 계정과목은 다음과 같다.

현금흐름	=	손익	−	△자산	+	△부채
이자수취		이자수익		미수이자		선수이자
이자지급		이자비용		선급이자		미지급이자
배당금수취		배당금수익		미수배당금		
법인세납부		법인세비용		선급법인세 이연법인세자산		당기법인세부채 이연법인세부채

 **영업활동 현금흐름 계산 시 EBT에 대한 이해** ★중요!

(1) 간접법: NI에서 출발
(2) 영창현: EBT에서 출발

간접법으로 영업활동 현금흐름을 계산하기 위해서는 NI에서 출발해야 한다. 일반적으로 법인세비용은 영업활동으로 보기 때문에 법인세비용을 부인하지 않는다. 따라서 문제에서 EBT를 제시해주었더라도 법인세비용을 차감해서 NI를 구한 뒤, 문제풀이를 시작해야 한다. 패턴 66 예제 1번을 참고하자.

반면, 영창현은 NI에서 4가지 활동의 손익을 부인하며, 이 손익에는 법인세비용도 포함되어 있다. 영창현을 구하기 위해서는 법인세비용을 부인해야 하므로, 영창현 문제에서는 주로 NI보다, 법인세비용 차감전순이익(EBT)을 제시해준다. 따라서 영창현 문제에서 NI를 제시해주면 우리가 법인세비용을 부인하면 되고, EBT를 제시해주면 EBT에서 출발하고 법인세비용을 무시하면 된다.

	=	손익	−	비영업 손익	−	△영업 자산	+	△영업 부채
영업에서 창출된 현금	=	NI		투자, 재무 손익 이자수익, 비용 배당금수익 + 법인세비용		4가지 활동과 관련된 자산, 부채를 제외한 영업 자산, 부채		
	=	EBT		투자, 재무 손익 이자수익, 비용 배당금수익				

예제

01 다음은 제조기업인 (주)대한의 20X1년도 간접법에 의한 현금흐름표를 작성하기 위한 자료이다.

- 법인세비용차감전순이익 : ₩500,000
- 대손상각비 : ₩30,000
- 재고자산평가손실 : ₩10,000
- 건물 감가상각비 : ₩40,000
- 이자비용 : ₩50,000
- 법인세비용 : ₩140,000
- 단기매매금융자산 처분이익 : ₩15,000
- 재무상태표 계정과목의 기초금액 대비 기말금액의 증감
  - 매출채권(순액) : ₩100,000 증가
  - 매입채무 : ₩50,000 감소
  - 재고자산(순액) : ₩20,000 증가
  - 단기매매금융자산 : ₩50,000 감소
  - 미지급이자 : ₩70,000 증가

이자지급 및 법인세납부를 영업활동으로 분류한다고 할 때, 20X1년 (주)대한이 현금흐름표에 보고할 영업에서 창출된 현금은 얼마인가?   2014. CPA

① ₩ 420,000　　　　　② ₩ 456,000　　　　　③ ₩ 470,000

④ ₩ 495,000　　　　　⑤ ₩ 535,000

해설

01.

영창현	=	EBT	−	비영업 손익	−	△영업 자산	+	△영업 부채
470,000		500,000		40,000 감가비 50,000 이자비용		(100,000) 매출채권 (20,000) 재고자산 50,000 단기매매금융자산		(50,000) 매입채무

(1) 이자비용과 미지급이자

　영창현 계산 시에는 비영업활동으로 보므로 이자비용을 부인하고, 미지급이자의 증감은 반영하지 않는다.

(2) 법인세비용차감전순이익: 어차피 법인세비용을 부인해야 하므로 EBT에서 출발하면 된다.

 ③

02 다음 자료는 (주)코리아의 20X0년말과 20X1년말 재무상태표와 20X1년 포괄손익계산서 및 현금흐름표에서 발췌한 회계자료의 일부이다. (주)코리아는 이자의 지급을 영업활동으로 분류하고 있다. 다음의 자료만을 이용할 때 20X1년도 '법인세비용차감전순이익' 및 '영업에서 창출된 현금'을 계산하면 각각 얼마인가?

2015. CPA

(1) 감가상각비	₩40,000
(2) 유형자산처분손실	20,000
(3) 이자비용	25,000
(4) 법인세비용	30,000
(5) 미지급법인세의 감소액	5,000
(6) 이연법인세부채의 증가액	10,000
(7) 이자지급액	25,000
(8) 매출채권의 증가액	15,000
(9) 대손충당금의 증가액	5,000
(10) 재고자산의 감소액	4,000
(11) 매입채무의 감소액	6,000
(12) 영업활동순현금흐름	200,000

	법인세비용차감전순이익	영업에서 창출된 현금
①	₩177,000	₩250,000
②	₩172,000	₩245,000
③	₩225,000	₩192,000
④	₩167,000	₩240,000
⑤	₩172,000	₩220,000

해설

02.

	CF	=	EBT	−	비영업 손익	−	△영업 자산	+	△영업 부채
영창현	②250,000		③177,000		40,000 감가비 20,000 유형처분손실 25,000 이자비용		(15,000) 매출채권 4,000 재고자산		5,000 대손충당금 (6,000) 매입채무
이자지급	(25,000)								
법인세납부	①(25,000)		(30,000) 법인세비용						(5,000) 미지급법인세 10,000 이연법인세부채
영업CF	200,000								

① 법인세납부를 먼저 계산하여 영업활동현금흐름에서 ② 영창현을 구한 뒤, ③ EBT를 제일 마지막에 구하는 문제였다.

이자지급액은 문제에서 제시해주었기 때문에 구하지 않고 직접 대입하였다.

 ①

68 투자, 재무활동 현금흐름 심화

이 패턴의 출제경향 ▶ 투자, 재무활동 현금흐름

현금흐름표는 대부분 영업활동 현금흐름으로 출제되므로 시간이 없는 수험생은 본 패턴을 넘어가도 좋다.

1 유형자산과 차입금 관련 현금흐름

현금흐름	=	관련 손익	−	△관련 자산	+	△관련 부채
유형자산 관련 순현금흐름	=	(감가상각비) 유형자산처분손익	−	유형자산 미수금	+	감가상각누계액 미지급금
차입금 관련 순현금흐름	=	상환손익	−	N/A	+	차입금

투자활동과 재무활동 문제를 제대로 풀기 위해서는 모든 거래의 회계처리를 통해 현금 변동을 구해야 한다. 하지만 실전에서 일일이 회계처리를 해서 문제를 풀 시간은 없다.

유형자산이나 차입금 관련 현금흐름이 출제되면, 앞서 배운 영업활동 현금흐름의 직접법과 동일한 방법을 이용할 것이다. 어느 활동이나 현금을 구하는 논리가 동일하기 때문이다. 관련 손익에 자산 증감은 반대로, 부채 증감은 그대로 더하면 현금흐름을 구할 수 있다. 이 방법은 모든 상황에서 사용할 수 있는 풀이법은 아니지만 훨씬 빨리 풀 수 있다.

STEP 1 관련 손익 채우기

유형자산과 차입금과 관련된 손익계정을 적는다. 활동별로 어떤 손익계정이 대응되는지 반드시 외우자. 유형자산은 감가상각비와 유형자산처분손익이, 차입금은 상환손익이 대응된다.

STEP 2 자산, 부채 증감

손익에 자산 증감액은 반대로, 부채 증감액은 그대로 가산하면 순현금흐름을 구할 수 있다. 자산, 부채 관련해서 2가지를 유의하자.

1. 감누는 부채로, 장부금액은 자산으로

감누는 자산의 차감적 평가 계정인데, 편의상 부채로 보자. 직접법 계산 시 대손충당금을 부채로 표시하는 것과 같은 원리이다.

'장부금액'은 유형자산의 취득원가에서 감가상각누계액을 차감한 순액을 의미한다. 문제에서 장부금액이 제시되면 (이미 감누는 차감되었으므로) 감누를 고려하지 말고 자산으로 처리하면 된다.

2. 미수금, 미지급금

대부분의 거래는 현금 거래로 제시될 것이다. 하지만 간혹 외상 거래가 출제되는 경우가 있다. 이 경우 미수금, 미지급금도 고려해서 현금흐름을 구해야 한다.

가령, 유형자산을 외상으로 판매하였다면 유형자산은 감소하지만 현금흐름은 0이어서 등식이 깨진다. 미수금 증가분을 고려해주어야만 자산 변화가 없어서 현금흐름이 0이 된다.

STEP 3 현금흐름

1. 순현금흐름

Step 2까지 마치면 순현금흐름을 구할 수 있다. 문제에서 '순현금흐름'만 묻는다면 대변에 손익과 자산, 부채의 증감을 대입하여 순현금흐름만 계산하면 된다.

2. 개별 현금흐름: 취득원가, 처분가액, 차입액, 상환액

재무나 투자활동은 현금흐름이 여러 개로 구성될 수 있다. 유형자산의 경우 취득과 처분 시, 차입금의 경우 차입과 상환 시 현금흐름이 각각 발생한다. 문제에서 현금흐름 전체가 아닌 '특정' 현금흐름(ex)취득원가, 처분가액, 차입액, 상환액)만 묻는다면 대변을 먼저 마무리해서 ①순현금흐름을 구하고, ②문제 제시된 일부 현금흐름을 먼저 대입한 뒤, ③나머지 현금흐름을 채워넣어서 순현금흐름을 맞추자. 예제 1번의 해설에서 '기계장치의 처분가액'을 구하는 방법을 참고하자.

예제

01 (주)한국은 20X1년도 현금흐름표를 작성 중이다. 기계장치 관련 내역은 다음과 같으며, 당기 중 취득 및 처분 거래는 모두 현금으로 이루어졌다.

계정과목	기초금액	기말금액
기계장치	₩300,000	₩320,000
감가상각누계액	₩55,000	₩60,000

(주)한국은 당기 중 기계장치를 ₩100,000에 취득하였으며, 포괄손익계산서에는 기계장치처분이익 ₩5,000과 감가상각비(기계장치) ₩35,000이 보고되었다. (주)한국의 기계장치 관련 거래가 20X1년도의 투자활동 현금흐름에 미치는 영향은? 2017. CPA

① 현금유출 ₩45,000
② 현금유출 ₩15,000
③ 현금유출 ₩10,000
④ 현금유입 ₩5,000
⑤ 현금유입 ₩30,000

해설

01.

	CF	=	관련 손익	−	△관련 자산	+	△관련 부채
기계장치	(45,000)		(35,000) 감가비 5,000 처분이익		(20,000) 기계		5,000 감누

대변에 손익과 자산, 부채의 증감을 대입하면 순현금흐름이 45,000 유출로 계산된다.

참고 **기계장치의 처분가액**

문제에서 물어본 순현금흐름은 구했지만, 순현금흐름의 구성내역은 알 수 없다. 대변에 ①순현금흐름을 먼저 계산한 뒤, 대차가 일치해야 하므로 같은 금액을 ②에 적는다. 당기 중 기계장치를 100,000에 취득하였으며, 당기 중 취득 거래는 모두 현금으로 이루어졌으므로, 차변에 현금유출 (100,000)을 적는다. 마지막으로 기계장치 처분으로 인한 현금유입 ③55,000을 적으면 대차가 맞는다.

	CF	=	관련 손익	−	△관련 자산	+	△관련 부채
기계장치	③55,000 (처분) (100,000) (취득)		(35,000) 감가비 5,000 처분이익		(20,000) 기계		5,000 감누
계	②(45,000)		①(45,000)				

회계처리〉

투자, 재무활동 현금흐름 문제를 원칙대로 풀기 위해서는 다음과 같이 회계처리를 해야 한다. 하지만 회계처리를 하고, 자산, 부채의 금액을 맞추는 데 상당히 많은 시간이 소요된다. 회계처리를 통해 문제를 푸는 것이 얼마나 힘든지 보여주겠다. 위 방식대로 표를 그려서 문제를 풀지 못한다면 1차 시험에서는 해당 주제를 제끼는 것을 추천한다.

기계장치 회계처리				기계장치	감누
			기초	①300,000	①55,000
기계장치	100,000	현금	100,000	②400,000	55,000
현금	⑥55,000	기계장치	⑤80,000	④320,000	④25,000
감누	⑤30,000	처분이익	5,000		
감가비	35,000	감누	35,000	③320,000	③60,000

① 기초 기계장치와 감누 잔액이다.

② 기계장치 100,000 취득 후 취득원가 잔액이다.

③ 기말 기계장치와 감누 잔액이다.

④ 감가비 35,000 인식 후 기말 감누가 60,000이므로 기계장치 처분 후 감누 잔액은 25,000이며, 취득원가는 기말 잔액인 320,000과 일치한다.

⑤ 처분 후 취득원가와 감누를 맞추기 위해서 처분 시 감소하는 취득원가와 감누를 끼워넣는다.

⑥ ⑤에서 계산한 처분 시 감소하는 취득원가와 감누에 문제에서 제시한 처분이익 5,000을 반영하면 처분 시 현금수령액 55,000을 계산할 수 있다.

답 ①

2 투자, 재무 손익 금액을 문제에서 제시하지 않은 경우

: 손익 금액 직접 구하기!

현금흐름표 문제에서 감가상각비나 유형자산처분손익과 같은 투자, 재무 손익 금액을 제시하지 않고 취득, 처분 등의 거래만 제시하는 경우가 있다. 이 경우에는 거래를 보고 손익을 직접 구해야 한다. 영업활동 현금흐름을 간접법으로 계산하는 문제라면 비영업손익을 부인해야 하고, 투자활동 현금흐름을 계산하는 문제라면 비영업손익을 직접법으로 반영해야 한다. 문제에 손익을 직접 제시하지 않았다고 해서 그대로 두면 안 된다.

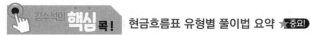 현금흐름표 유형별 풀이법 요약 ★중요

유형	풀이법
영업CF – 간접법	영업CF = NI – 투자, 재무 손익 – △영업 자산 + △영업 부채
영업CF – 영창현	영창현 = NI – '투자, 재무 + 4가지' 손익 – △영업 자산 + △영업 부채 (4가지 제외) 영업CF = 영창현 + 4가지 직접법
영업CF – 직접법	CF = 관련 손익 – △관련 자산 + △관련 부채
유형자산, 차입금 CF	

이번 장에 걸쳐서 배운 출제 유형별로 풀이법을 정리한 것이다. 반드시 숙지하여 문제별로 적절한 풀이법을 이용하자.

예제

※ 다음의 자료를 이용하여 문제 2번과 문제 3번에 답하시오.

(주)갑의 재무상태표상 각 항목의 20X1년 기초대비 기말잔액의 증감액은 다음과 같다.

자산		부채와 자본	
계정과목	증가(감소)	계정과목	증가(감소)
현금	₩?	매입채무	(₩10,000)
재고자산	90,000	장기차입금	110,000
장기투자자산	(100,000)	자본금	0
건물	300,000	이익잉여금	?
감가상각누계액	(0)		

다음은 20X1년중에 발생한 거래의 일부이다.
- 20X1년 당기순이익은 ₩300,000이다.
- 취득원가 ₩500,000(장부금액 ₩250,000)의 건물을 ₩250,000에 처분하였고, 당기에 취득한 건물 중 ₩110,000은 건물과 관련된 장기차입금 ₩110,000을 인수하는 방식으로 취득하였다.
- 장기투자자산 중 일부를 ₩135,000에 처분하였으며, 장기투자자산에 영향을 미치는 다른 거래는 없었다.

02 (주)갑의 20X1년 현금흐름표상 영업활동순현금흐름은 얼마인가?   2012. CPA

① ₩450,000   ② ₩425,000   ③ ₩415,000
④ ₩175,000   ⑤ ₩165,000

03 (주)갑의 20X1년 현금흐름표상 투자활동순현금흐름은 얼마인가?   2012. CPA

① (₩555,000)   ② (₩690,000)   ③ (₩305,000)
④ (₩195,000)   ⑤ (₩385,000)

02.

영업CF	=	NI	−	비영업 손익	−	△영업 자산	+	△영업 부채
415,000		300,000		250,000 감가비 (35,000) 장기투자자산 처분이익		(90,000) 재고자산		(10,000) 매입채무

(1) 감가상각비: 250,000

감가상각누계액

처분	250,000	기초	XXX
기말	XXX	감가비	250,000

기초 대비 기말의 감누 변동이 없으므로, 처분 자산의 감누가 당기 감가비와 일치한다. 처분 자산의 취득원가가 500,000이고, 장부금액이 250,000이므로 처분 자산의 감누는 250,000이다.

(2) 유형자산처분이익: 250,000 − 250,000 = 0
처분금액과 장부금액이 모두 250,000이므로 처분이익은 0이다.

(3) 장기투자자산 처분손익: 135,000 − 100,000 = 35,000 이익
장기투자자산은 처분 이외에 영향을 미치는 다른 거래가 없었으므로, 당기 중 감소액 100,000은 처분 자산의 장부금액이다.

답 ③

어렵고 분량만 많은 **회계학**은 이제 그만!

03.

	CF	=	관련 손익	−	△관련 자산	+	△관련 부채
건물	(440,000)		(250,000) 감가비 0 처분이익		(300,000) 건물		0 감누 110,000 장기차입금
장기투자자산	135,000		35,000 처분이익		100,000		
계	(305,000)						

건물 취득 시 장기차입금을 인수하였으므로 장기차입금은 건물과 관련이 있는 부채가 되며, 장기차입금 증가도 반영해야 한다.

참고 건물 취득으로 인한 현금유출

	CF	=	관련 손익	−	△관련 자산	+	△관련 부채
건물	250,000 처분 ③(690,000) 취득		(250,000) 감가비 0 처분이익		(300,000) 건물		0 감누 110,000 장기차입금
계	②(440,000)			①(440,000)			

대변에 ①순현금흐름을 먼저 계산한 뒤, 대차가 일치해야 하므로 같은 금액을 ②에 적는다. 당기 중 건물을 250,000에 처분하였으므로 차변에 현금유입 250,000을 적는다. 마지막으로 건물 취득으로 인한 현금유출 ③(690,000)을 적으면 대차가 맞는다.

참고 회계처리

건물 회계처리				건물	감누
기초				0	0
감가비	250,000	감누	250,000	0	250,000
현금	250,000	건물	500,000	(500,000)	0
감누	250,000	처분이익	0		
건물	②800,000	장기차입금	110,000	①300,000	0
		현금	③690,000		

① 당기 중 건물이 300,000만큼 증가해야 한다.
② 그런데 처분 회계처리까지만 하면 건물이 500,000 감소한다. 따라서 취득액이 800,000이 된다.
③ 800,000짜리 건물을 취득하면서 장기차입금 110,000을 인수하였으므로 현금유출액은 690,000이다.

장기투자자산 회계처리				장기투자자산
현금	135,000	장기투자자산	100,000	(100,000)
		처분이익	35,000	

장기투자자산은 처분 이외에 영향을 미치는 다른 거래가 없었으므로, 위 거래가 전부이다.

답 ③

김용재패턴
회 계 학
중급회계편

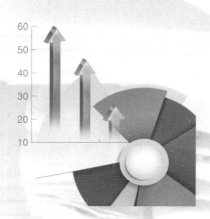

📢 이 장의 출제 뽀인트!

본 장에서는 개념체계와 재무제표 표시를 다룰 것이다. 본 장에서 다루는 주제는 회계사 1차 시험에서 매년 1문제 정도 출제되는 중요한 주제이다. 하지만 대부분의 시중 교재의 맨 앞에 있어서 수험생들이 가장 잘하는 주제이다. 따라서 본서에서는 자세한 설명을 생략하고, 시험에 많이 나왔던 문장들을 요약하는 수준으로 서술할 것이다.

개념체계 및 재무제표 표시

패턴 69 개념체계 ★중요!

1 개념체계의 위상

'개념체계'는 회계기준이 아니다. 따라서 '개념체계'의 어떠한 내용도 회계기준이나 회계기준의 요구사항에 우선하지 아니한다.

2 일반목적재무보고

1. 일반목적재무보고의 목적 및 한계

일반목적재무보고의 목적은 현재 및 잠재적 투자자, 대여자와 그 밖의 채권자가 기업에 자원을 제공하는 것과 관련된 의사결정을 할 때 유용한 보고기업 재무정보를 제공하는 것이다.

많은 현재 및 잠재적 투자자, 대여자 및 그 밖의 채권자는 정보를 제공하도록 보고기업에 직접 요구할 수 없고, 그들이 필요로 하는 재무정보의 많은 부분을 일반목적재무보고서에 의존해야만 한다. 그러나 일반목적재무보고서는 현재 및 잠재적 투자자, 대여자와 그 밖의 채권자가 필요로 하는 모든 정보를 제공하지는 않으며 제공할 수도 없다.

2. 일반목적재무보고서가 제공하는 정보

일반목적재무보고서는 보고기업의 재무상태에 관한 정보, 즉 기업의 경제적자원 및 보고기업에 대한 청구권에 관한 정보를 제공한다.

3. 보고기업의 가치를 보여주기 위해 고안된 것은 아니지만 추정하는 데 도움이 됨

일반목적재무보고서는 보고기업의 가치를 보여주기 위해 고안된 것이 아니다. 그러나 그것은 현재 및 잠재적 투자자, 대여자와 그 밖의 채권자가 보고기업의 가치를 추정하는 데 도움이 되는 정보를 제공한다.

4. 경영진: 관심은 있지만 의존 X

보고기업의 경영진도 해당 기업에 대한 재무정보에 관심이 있다. 그러나 경영진은 필요로 하는 재무정보를 내부에서 구할 수 있기 때문에 일반목적재무보고서에 의존할 필요가 없다.

5. 추정 개입

재무보고서는 정확한 서술보다는 상당 부분 추정, 판단 및 모형에 근거한다.

3 유용한 재무정보의 질적 특성: 목표, 비검적이

근본적 특성	목적적합성	예측가치, 확인가치, 중요성
	표현충실성	완전한 서술, 중립적 서술, 오류 없는 서술
보강적 특성	비교가능성	유사점과 차이점을 식별하고 이해
	검증가능성	표현충실성에 있어 합의에 이를 수 있음
	적시성	정보를 제때에 이용가능하게 하는 것
	이해가능성	정보를 명확하고 간결하게 분류하고, 특징지으며, 표시하는 것

1. 목적적합성: 예측가치, 확인가치, 중요성

(1) 목적적합한 재무정보는 정보이용자의 의사결정에 차이가 나도록 할 수 있다.

(2) 재무정보에 예측가치, 확인가치 또는 이 둘 모두가 있다면 그 재무정보는 의사결정에 차이가 나도록 할 수 있다.

(3) 재무정보가 예측가치를 갖기 위해서 그 자체가 예측치일 필요는 없다.

(4) 재무정보가 과거 평가에 대해 피드백을 제공한다면 확인가치를 갖는다.

(5) 중요성이란 기업에 특유한 측면의 목적적합성을 뜻한다.

2. 표현충실성: 완전한 서술, 중립적 서술, 오류 없는 서술

(1) 완전한 서술: 완전한 서술은 이용자가 서술되는 현상을 이해하는 데 필요한 모든 정보를 포함하는 것이다.

(2) 중립적 서술: 중립적 서술은 재무정보의 선택이나 표시에 편의가 없는 것이다. 중립적 정보는 목적이 없거나 행동에 대한 영향력이 없는 정보를 의미하지 않는다.

(3) 오류 없는 서술: 표현충실성은 모든 면에서 정확한 것을 의미하지는 않는다.

3. 비교가능성

(1) 정의: 이용자들이 항목 간의 유사점과 차이점을 식별하고 이해할 수 있게 하는 질적특성

(2) 하나의 경제적 현상에 대해 대체적인 회계처리방법을 허용하면 비교가능성이 **감소**한다.

(3) 일관성은 비교가능성과 관련은 있지만 동일하지는 않다. 비교가능성은 목표이고, 일관성은 수단이다.

(4) 비교가능성은 통일성이 아니다.

 **'비교가능성은 ~과 같다.': 무조건 틀린 말!**

> 비교가능성과 일관성 및 통일성은 관련 있는 개념이지만, 같은 개념은 아니다. 비교가능성이 다른 개념과 같다는 문장은 틀린 문장이다.

4. 검증가능성

(1) 정의: 합리적인 판단력이 있고 독립적인 서로 다른 관찰자가 어떤 서술이 **표현충실성**에 있어, 비록 반드시 완전히 의견이 일치하지는 않더라도, 합의에 이를 수 있다는 것을 의미한다.

(2) **계량화된 정보가 검증가능하기 위해서 단일 점추정치이어야 할 필요는 없다.** (범위 추정치도 검증가능한 정보임)

5. 적시성: 의사결정자가 정보를 '제때에' 이용가능하게 하는 것

6. 이해가능성

(1) 정의: 정보를 명확하고 간결하게 분류하고, 특징지으며, 표시하는 것은 정보를 이해가능하게 한다.

(2) 이해가능성은 아무런 사전 지식조차 없는 정보이용자를 대상으로 고려되어야 하는 특성이 아니다.

4 보강적 질적특성의 적용: 근본적 질적특성 우선!

1. 근본적 질적 특성 (왕) 〉 보강적 질적 특성 (졸병)

근본적 질적 특성은 보강적 질적 특성에 우선한다. 보강적 질적특성은, 정보가 목적적합하지 않거나 나타내고자 하는 바를 충실하게 표현하지 않으면, (즉, 근본적 특성이 충족되지 않으면) 그 정보를 유용하게 할 수 없다.

2. 보강적 질적 특성의 적용은 어떤 규정된 순서를 따르지 않는 반복적인 과정이다. 때로는 하나의 보강적 질적특성이 다른 질적특성의 극대화를 위해 감소될 수도 있다.

예제

01 다음은 재무보고를 위한 개념체계 중 일반목적재무보고의 목적에 관한 설명이다. 이 중 옳지 않은 것은?

2016. CPA

① 현재 및 잠재적 투자자, 대여자 및 기타 채권자는 일반목적재무보고서가 대상으로 하는 주요 이용자이다.

② 일반목적재무보고서는 주요 이용자가 필요로 하는 모든 정보를 제공하지는 않으며 제공할 수도 없다.

③ 일반목적재무보고서는 주요 이용자가 보고기업의 가치를 추정하는 데 도움이 되는 정보를 제공한다.

④ 회계기준위원회는 재무보고기준을 제정할 때 주요 이용자 최대 다수의 수요를 충족하는 정보를 제공하기 위해 노력할 것이다.

⑤ 보고기업의 경영진도 해당 기업에 대한 재무정보에 관심이 있기 때문에 일반목적재무보고서에 의존할 필요가 있다.

해설

01.
보고기업의 경영진도 해당 기업에 대한 재무정보에 관심이 있다. 그러나 경영진은 필요로 하는 재무정보를 내부에서 구할 수 있기 때문에 일반목적재무보고서에 의존할 필요가 없다.

 ⑤

02 재무정보의 질적 특성에 관한 설명으로 옳지 않은 것은? 2014. CTA

① 중요성은 개별 기업 재무보고서 관점에서 해당 정보와 관련된 항목의 성격이나 규모 또는 이 둘 모두에 근거하여 해당 기업에 특유한 측면의 목적적합성을 의미한다.

② 표현충실성을 위해서 서술이 완전하고, 중립적이며, 오류가 없어야 한다.

③ 보강적 질적 특성은 만일 어떤 두 가지 방법이 현상을 동일하게 목적적합하고 충실하게 표현하는 것이라면 이 두 가지 방법 가운데 어느 방법을 현상의 서술에 사용해야 할지를 결정하는 데에도 도움을 줄 수 있다.

④ 단 하나의 경제적 현상을 충실하게 표현하는데 여러 방법이 있을 수 있으나 동일한 경제적 현상에 대해 대체적인 회계처리방법을 허용하면 비교가능성이 감소한다.

⑤ 일관성은 한 보고기업 내에서 기간 간 또는 같은 기간 동안에 기업 간, 동일한 항목에 대해 동일한 방법을 적용하는 것을 의미하므로 비교가능성과 동일한 의미로 사용된다.

해설

02.
일관성은 비교가능성과 '동일한' 의미는 아니다. '비교가능성은 ~과 동일하다.'는 틀린 문장이다.
① 중요성의 정의이다. (O)
② 표현충실성의 3가지 요건이다. (O)
③ 두 가지 방법이 근본적 질적 특성을 '동일하게' 충족시킨다면 보강적 질적 특성을 기준으로 두 가지 방법 중에 선택할 수 있다는 뜻이다. (O)
④ 하나의 거래에 대해 대체적인 회계처리방법을 허용하면 회계처리만 봐서는 같은 거래인지 파악할 수 없으므로 비교가능성은 감소한다. (O)

 ⑤

03 재무정보의 질적 특성에 관한 설명으로 옳지 않은 것은?   2017. CTA

① 유용한 재무정보의 근본적 질적 특성은 목적적합성과 표현충실성이다. 유용한 재무정보의 질적 특성은 재무제표에서 제공되는 재무정보에도 적용되며, 그 밖의 방법으로 제공되는 재무정보에도 적용된다.

② 비교가능성, 검증가능성, 적시성 및 이해가능성은 목적적합하고 충실하게 표현된 정보의 유용성을 보강시키는 질적 특성이다. 보강적 질적 특성을 적용하는 것은 어떤 규정된 순서를 따르지 않는 반복적인 과정이다. 때로는 하나의 보강적 질적 특성이 다른 질적 특성의 극대화를 위해 감소되어야 할 수도 있다.

③ 검증가능성은 합리적인 판단력이 있고 독립적인 서로 다른 관찰자가 어떤 서술이 표현충실성이라는 데, 비록 반드시 완전히 일치하지는 못하더라도, 의견이 일치할 수 있다는 것을 의미한다. 계량화된 정보가 검증가능하기 위해서 단일 점추정치이어야 한다.

④ 표현충실성은 모든 면에서 정확한 것을 의미하지는 않는다. 오류가 없다는 것은 현상의 기술에 오류나 누락이 없고, 보고 정보를 생산하는 데 사용되는 절차의 선택과 적용 시 절차 상 오류가 없음을 의미한다. 이 맥락에서 오류가 없다는 것은 모든 면에서 완벽하게 정확하다는 것을 의미하지는 않는다.

⑤ 목적적합한 재무정보는 정보이용자의 의사결정에 차이가 나도록 할 수 있다. 재무정보에 예측가치, 확인가치 또는 이 둘 모두가 있다면 그 재무정보는 의사결정에 차이가 나도록 할 수 있다.

해설

03.
정보가 검증가능하기 위해서 단일 점추정치이어야 할 필요는 없다.
① 근본적 질적 특성 두 가지는 '목표'이다. (O)
② 보강적 질적 특성 네 가지는 '비검적이'이다. 보강적 특성끼리는 우선순위가 같으므로 서로 감소시킬 수 있다. (O)
④ 표현충실성의 '오류없는 서술'은 완벽하게 정확하다는 것을 의미하지는 않는다. (O)
⑤ 목적적합성의 정의이다. (O))

 ③

1 계속기업 가정

1. 계속기업 가정의 의의: 재무제표 작성의 기본 전제

계속기업 가정은 기업이 예측가능한 미래에 영업을 계속할 것이라는 가정을 의미한다. 경영진이 기업을 청산하거나 경영활동을 중단할 의도를 가지고 있지 않거나, 청산 또는 경영활동의 중단 외에 다른 현실적 대안이 없는 경우가 아니면 계속기업을 전제로 재무제표를 작성한다.

2. 계속기업 가정의 평가

경영진은 재무제표를 작성할 때 계속기업으로서의 존속가능성을 평가해야 한다. 계속기업의 가정이 적절한지의 여부를 평가할 때 경영진은 적어도 보고기간말로부터 향후 12개월 기간에 대하여 이용가능한 모든 정보를 고려한다. 기업이 상당기간 계속 사업이익을 보고하였고, 보고기간말 현재 경영에 필요한 재무자원을 확보하고 있는 경우에는 자세한 분석이 없이도 계속기업을 전제로 한 회계처리가 적절하다는 결론을 내릴 수 있다.

3. 계속기업 가정이 성립되지 않을 경우

계속기업으로서의 존속능력에 대한 중요한 불확실성을 알게 된 경우 경영진은 그러한 불확실성을 공시해야 한다. 재무제표가 계속기업의 기준하에 작성되지 않는 경우에는 그 사실과 함께 재무제표가 작성된 기준 및 그 기업을 계속기업으로 보지 않는 이유를 공시하여야 한다.

2 발생기준 회계

기업은 현금흐름 정보를 제외하고는 발생기준 회계를 사용하여 재무제표를 작성한다. 재무제표 중 현금흐름표는 현금기준으로 작성되므로 '모든 재무제표가' 발생기준 회계를 사용하는 것은 아니다.

3 중요성과 통합표시

1. 유사한 항목

유사한 항목은 중요성 분류에 따라 재무제표에 구분하여 표시한다.

2. 상이한 항목

상이한 성격이나 기능을 가진 항목은 구분하여 표시한다. 다만 중요하지 않은 항목은 성격이나 기능이 유사한 항목과 통합하여 표시할 수 있다.

4 상계

1. 한국채택국제회계기준에서 요구하거나 허용하지 않는 한 자산과 부채, 수익과 비용은 상계하지 아니한다.

2. 단, 재고자산에 대한 재고자산평가충당금과 매출채권에 대한 대손충당금과 같은 평가충당금을 차감하여 관련 자산을 순액으로 측정하는 것은 상계표시에 해당하지 아니한다.

평가충당금 순액 측정은 상계에 해당하지 않으므로 기준서에서 허용한다. 기준서에서 허용하기 때문에 우리가 재고자산평가충당금과 대손충당금을 배우는 것이다.

5 비교정보: 서술형 정보 포함!

한국채택국제회계기준이 달리 허용하거나 요구하는 경우를 제외하고는 당기 재무제표에 보고되는 모든 금액에 대해 전기 비교정보를 표시한다. 당기 재무제표를 이해하는 데 목적적합하다면 서술형 정보의 경우에도 비교정보를 포함한다. 서술형 정보에는 비교정보를 제외한다고 제시하면 틀린 문장이다.

6 포괄손익계산서

1. 포괄손익계산서 표시 방법

포괄손익계산서 상 비용을 표시하는 두 가지 방법으로 기능별 분류법과 성격별 분류법이 있다. 기업은 두 방법 가운데 더 신뢰성 있고 목적적합한 방법을 선택하여 적용할 수 있다.

 기능별 분류 vs 성격별 분류

기능별 분류(= 매출원가법)	성격별 분류
더욱 목적적합한 정보를 제공	미래 현금흐름 예측에 용이
자의적인 판단 개입	
기능별 분류 시 성격별 분류 정보를 추가로 주석에 공시	

(1) 기능별 분류(=매출원가법)

기능별 분류는 매출원가법이라고도 부르며, 비용을 매출원가, 물류원가, 관리활동원가 등으로 구분한다. 기능별 분류법은 정보이용자에게 더욱 목적적합한 정보를 제공할 수 있지만, 비용을 기능별로 배분하는 과정에서 자의적인 판단이 개입될 수 있다. 기능별로 비용을 분류한 기업은 성격별 분류 정보를 추가로 주석에 공시하여야 한다. 또한, 기능별 분류된 포괄손익계산서에는 수익에서 매출원가와 판관비를 차감하여 영업이익을 표시하여야 한다.

(2) 성격별 분류

성격별 분류는 비용을 그 성격(ex)원재료의 구입, 감가상각비, 급여 등)별로 표시하는 방법으로, 비용을 기능별(매출원가 vs 판관비)로 재배분하지 않는다. 성격별 분류법은 비용을 배분하지 않고 있는 그대로 표시하므로 미래 현금흐름 예측에 용이하다.

2. 당기손익

한 기간에 인식되는 모든 수익과 비용 항목은 한국채택국제회계기준이 달리 정하지 않는 한 당기손익으로 인식한다.

3. 기타포괄손익

(1) 기타포괄손익과 관련된 법인세비용

기타포괄손익의 항목(재분류조정 포함)과 관련한 법인세비용 금액은 포괄손익계산서나 주석에 공시한다.

(2) 기타포괄손익의 구성요소와 관련된 재분류조정을 공시한다.

4. 특별손익: 구분표시 불가!

수익과 비용의 어느 항목도 당기손익과 기타포괄손익을 표시하는 보고서 또는 주석에 특별손익 항목으로 표시할 수 없다.

7 부적절한 회계정책

부적절한 회계정책은 이에 대하여 공시나 주석 또는 보충 자료를 통해 설명하더라도 정당화될 수 없다.

특별손익, 부적절한 회계정책은 불가능!

특별손익은 포괄손익계산서 및 주석에 표시할 수 없다. 부적절한 회계정책은 설명하더라도 정당화될 수 없다. 둘을 묶어서 '특별손익, 부적절한 회계정책은 불가능!'이라고 같이 기억하면 쉽다.

예제

01 재무제표 표시에 대한 다음의 설명 중 옳지 않은 것은?　　2013. CPA 수정

① 한국채택국제회계기준에서 요구하거나 허용하지 않는 경우 자산과 부채 그리고 수익과 비용은 상계하지 않는다. 따라서 재고자산평가충당금을 차감하여 재고자산을 순액으로 표시할 수 없다.

② 재무제표가 계속기업의 가정하에 작성되지 않는 경우에는 그 사실과 함께 재무제표가 작성된 기준 및 그 기업을 계속기업으로 보지 않는 이유를 공시하여야 한다.

③ 계속기업의 가정이 적절한지의 여부를 평가할 때 경영진은 적어도 보고기간 말로부터 향후 12개월 기간에 대하여 이용가능한 모든 정보를 고려한다.

④ 비용을 기능별로 분류하는 기업은 감가상각비, 기타 상각비와 종업원급여비용을 포함하여 비용의 성격에 대한 추가 정보를 공시한다.

⑤ 수익과 비용의 어떠한 항목도 포괄손익계산서, 별개의 손익계산서(표시하는 경우) 또는 주석에 특별손익 항목으로 표시할 수 없다.

해설

01.
재고자산의 평가충당금은 IFRS에서 금지하는 상계에 해당하지 않는다. 따라서 순액 표시할 수 있다.
② 계속기업 가정이 충족되지 않으면 사기이(사실, 기준, 이유)를 공시한다. (O)
③ 계속기업 가정의 적절성 검토 시 적어도 12개월에 대한 정보를 고려한다. (O)
④ 기능별 분류 시에는 성격별 분류 정보를 주석에 공시해야 한다. (O)
⑤ 손익계산서에 특별손익은 표시할 수 없다. (O)

目 ①

02 기업회계기준서 제1001호 '재무제표 표시'에 대한 다음 설명 중 옳지 않은 것은? 2022. CPA

① 한국채택국제회계기준에서 요구하거나 허용하지 않는 한 자산과 부채 그리고 수익과 비용은 상계하지 아니한다.

② 계속기업의 가정이 적절한지의 여부를 평가할 때 기업이 상당 기간 계속 사업이익을 보고하였고 보고기간 말 현재 경영에 필요한 재무자원을 확보하고 있는 경우에도, 자세한 분석을 의무적으로 수행하여야 하며 이용가능한 모든 정보를 고려하여 계속기업을 전제로 한 회계처리가 적절하다는 결론을 내려야 한다.

③ 기업은 비용의 성격별 또는 기능별 분류방법 중에서 신뢰성 있고 더욱 목적적합한 정보를 제공할 수 있는 방법을 적용하여 당기손익으로 인식한 비용의 분석내용을 표시한다.

④ 유사한 항목은 중요성 분류에 따라 재무제표에 구분하여 표시하고, 상이한 성격이나 기능을 가진 항목은 구분하여 표시한다. 다만 중요하지 않은 항목은 성격이나 기능이 유사한 항목과 통합하여 표시할 수 있다.

⑤ 재무제표 항목의 표시나 분류를 변경하는 경우 실무적으로 적용할 수 없는 것이 아니라면 비교금액도 재분류해야 한다.

해설

02.
기업이 상당 기간 계속 사업이익을 보고하였고, 보고기간말 현재 경영에 필요한 재무자원을 확보하고 있는 경우에는 자세한 분석이 없이도 계속기업을 전제로 한 회계처리가 적절하다는 결론을 내릴 수 있다.

답 ②